国家社科基金
后期资助项目
GUOJIA SHEKE JIJIN HOUQI ZIZHU XIANGMU

古意

隋唐铜镜艺术风格渊源的美术考古学研究

SPIRIT OF ANTIQUITY

An Art Archaeological Study on the Origin
of the Artistic Style of Bronze Mirrors
in the Sui and Tang Dynasties

范淑英　著

上海古籍出版社

国家社科基金后期资助项目（13FKG004）

国家社科基金后期资助项目
出版说明

后期资助项目是国家社科基金设立的一类重要项目，旨在鼓励广大社科研究者潜心治学，支持基础研究多出优秀成果。它是经过严格评审，从接近完成的科研成果中遴选立项的。为扩大后期资助项目的影响，更好地推动学术发展，促进成果转化，全国哲学社会科学工作办公室按照"统一设计、统一标识、统一版式、形成系列"的总体要求，组织出版国家社科基金后期资助项目成果。

全国哲学社会科学工作办公室

目　录

壹　古意之踪

贰　古意之源

绪论：问题的提出及其研究旨趣

清涷铜华以为镜，昭察衣服观容貌，丝组杂沓以为信，清光宜佳人。[①]

这是一面汉代铜镜上铸刻的铭文，言辞简明平实地叙说了铜镜的铸造、日常生活中的功用和人们对此物寄予的情感。

在中国古代，铜镜与人们朝夕相伴，鉴貌增妍为其主要功能。此外，还可作为佩饰物、宗教法器、信物、礼品、贡品、收藏品和随葬品[②]，有着较广泛的用途。同时，它又是我国历史上存续时间最长的一类造物，若从考古发现最早的新石器时代齐家文化的铜镜算起，直到清代被水银镜所替代，铜镜的使用持续了约四千年之久。铜镜的形制简单，基本为圆板具钮形，少数带柄，但其内涵却极为丰富。这是因为，自古及今，人类所创造出的物品，在实用之外，无不附加以思想精神和意识信仰的诉求，源远流长的中国古代铜镜更是如此。表面平整、打磨光亮的铜镜满足了古人观容照貌的需要，但自齐家文化出现铜镜以来，绝大部分的铜镜镜背都装饰花纹，直观地显现了人们对这一日常用品所寄予的复杂情感和精神需求。可以说，铜镜的创造主要是为了美化容貌、端庄仪态，人们在利用铜镜美化自身的同时，也把对美的认识赋予铜镜。于是，时代不同，铜镜的形状和镜背的纹饰也有差异，由此产生的历史感和艺术性，自宋代金石学开始著录铜镜以来，一直是学者主要关注的内容。

古代铜镜史的研究以考古学和美术史为主体。考古学将铜镜作为年代研究的重要材料，主要进行分类、分型和分期的研究，分析其多样性，厘清其发展变化的脉络，作为断定有铜镜出土的遗迹年代的依据之一；美术史则从分析铜镜的装饰题材、构图等入手，探讨其图像的来源、意义和所反映的审美意识，并且探究其变化的原因。这两种研究方式多延续金石学以来著

---

① 罗振玉：《汉两京以来镜铭集录》，罗继祖主编：《罗振玉学术论著集（第6集）》，上海：上海古籍出版社，2010年，第13页。

② 关于古代铜镜的功用具体论述参见梅丛笑：《以铜为鉴——中国古代铜镜艺术》，北京：中国书店，2012年，第165～173页。

录式体例的思路，即便是整个铜镜史的撰写，也呈现出横向的断代式面貌，缺乏纵向的比较式研究成果。

在四千余年的铸镜史中，战国至汉、隋唐是两个高峰，尤其是汉、唐两代的铜镜，不仅花纹繁复，设计手法多样，工艺精湛，还装饰有反映社会信仰、习俗的铭文，艺术价值极高。汉、唐两代铜镜的艺术价值早为学者所认识，罗振玉说汉镜之美在于"刻画之精巧，文字之瑰奇，辞旨之温雅，一器而三善备焉"[①]。梁上椿对隋唐铜镜极为褒奖，认为其艺术成就远远高于汉镜，他说："隋唐之作风一洗汉式拘谨板滞之态，而作流畅华丽之姿。其取材亦一变矫揉造作之神话模型，而偏重自由、写实或故事。铸制手法亦由繁乱纷杂而转为清鲜优雅……其制镜之金工技术亦足以夸耀寰宇。"[②]梁氏将隋唐铜镜艺术风格的把握建立在与汉镜比较的基础上，即使他忽略了隋唐铜镜艺术与汉镜的联系，这一研究视角仍有一定的启发意义。本书即试图沿着这一视角，在对以往隋唐铜镜著录、研究成果和考古发掘资料的梳理基础上，通过比较汉唐铜镜装饰图文的内容，同时考察隋唐铜镜艺术风格渊源，意欲搭起汉、唐两个铜镜高峰之间的桥梁。

第一节　隋唐铜镜的著录与研究

由于铜镜是人们日常生活用品，传世和出土的隋唐镜极为丰富，不仅分布地域广泛，资料也较零散，故本节对铜镜资料的著录与研究的介绍，将侧重于大的阶段中的著录数量、研究问题和研究方法等内容。

前人对隋唐铜镜的著录与研究，大体可分三个阶段。

一、金石学阶段

时间大体上从12世纪初至20世纪初。这一阶段金石学家搜集古代铜镜，并且刊布资料。

此一时期主要进行了记录铜镜铭文、刊布拓本、判断铜镜时代的工作，有的研究也对铜镜纹饰进行了分类。属于这一阶段的成果有：内府编撰者，如北宋王黼《宣和博古图》[③]、清代乾隆时期梁诗正的《西清古鉴》和

---

① 罗振玉：《古镜图录》，楚雨楼丛书初集，1916年景印，第1页。
② 梁上椿：《岩窟藏镜》第三集《隋唐式镜》，中华民国三十年（1941）印行，第1页。
③ （宋）王黼：《重修宣和博古图》卷二八～卷三〇，《景印文渊阁四库全书》，上海：上海古籍出版社，1987年，第840册，第967～1018页。

《西清续鉴》①；个人编撰者，如清代钱坫《浣花拜石轩镜铭集录》②、冯云鹏和冯云鹓《金石索》中的《金索》③、梁廷枏《藤花亭镜谱》④、陈介祺《簠斋藏镜》⑤、徐乃昌《小檀栾室镜影》⑥、罗振玉《古镜图录》、刘体智《善斋藏镜》⑦等。其中，北宋王黼《宣和博古图》首次对铜镜进行了著录，此书将镜鉴分作乾象门、水浮门、诗辞门、善颂门、枚乳门、龙凤门、素质门、铁鉴门八类，著录铜镜总数113面，分别为汉镜68面、隋镜1面、唐镜44面。总说中论及分门别类的意图，对铜镜上所饰的铭文、花纹用古代经典中的微言大义以及阴阳五行等学说作了考证。图录中很多铜镜年代判断错误，如唐长宜子孙镜应为汉镜，龙凤门中汉凤马镜、雉马镜、海兽镜、海马葡萄镜一至六、海贝方镜、海兽朱凤镜、海马狻猊镜皆为唐镜。另外，著录的四象纹镜、瑞图镜、饕餮镜等唐镜在百余年的考古工作中尚未发现，其真伪有待进一步辨析。但是，乾象门中已将汉十二辰镜与唐十二辰镜区分出来；善颂门中著录了1面唐武德五年四神十二生肖纪年镜，这从一个侧面反映了铜镜时代判定较唐代已有进步。清梁诗正《西清古鉴》著录铜镜93面，其中有汉镜36面、唐镜35面。但是36面汉镜中，除1面素面镜外，其余28面海兽葡萄镜、4面鸾兽葡萄镜、2面龙凤葡萄镜、1面云龙镜皆应是唐镜；而唐镜中之双鱼纹镜似为金镜。由此可见，这一阶段的著录尚未解决铜镜的断代问题。值得一提的是，在个人铜镜著录方面，钱坫《浣花拜石轩镜铭集录》首次提出了葡萄镜非汉镜的说法。

二、20世纪20年代至20世纪50年代

这是隋唐铜镜研究初步开展的阶段，日本学术界成果丰富。

19世纪后半叶，日本开始了近代真正意义上的考古学发掘与研究。在日本境内弥生时代（前3世纪～3世纪）和古坟时代（3世纪后半～7世纪后半）的遗址中发现了不少中国铜镜，其中绝大多数为汉魏六朝铜镜，少数为隋唐镜。自此日人开始了中国古镜的系统研究，出版了一系列开创性的成

---

① （清）梁诗正、蒋溥等：《钦定西清古鉴》卷三九～卷四〇，《景印文渊阁四库全书》，第842册，第343～404页。
② （清）陈乃乾：《百一庐金石丛书》第五册，嘉庆二年（1797）自刻本。
③ （清）冯云鹏、冯云鹓辑：《金石索·金索》，道光滋阳县署刻后本。
④ （清）梁廷枏：《藤花亭镜谱》，道光二十五年（1845）刻本。
⑤ （清）陈介祺：《簠斋藏镜》，蟫隐庐影印。
⑥ 徐乃昌：《小檀栾室镜影》，吴昌硕题签，1914年。
⑦ 刘体智：《善斋吉金录》廿三～廿六册，民国印本。

果，著名的有富冈谦藏《古镜的研究》①、后藤守一《汉式镜》《古镜聚英》②、梅原末治《鉴镜的研究》《汉三国六朝纪年镜集录》《汉以前古镜的研究》《绍兴古镜聚英》《汉三国六朝纪年镜图说》《唐镜大观》③，等等。

在唐镜的考古发现方面，日本学术界亦取得了较大突破。大正十二年（1923），奈良县高市郡船仓町松山古坟发现1面海兽葡萄镜（梅原末治调查）。大正十四年（1925），歧阜县可儿郡长濑山古坟出土了伯牙弹琴镜（森本六尔调查）。昭和六年（1931），后藤守一发表《本邦出土的唐式镜》一文，共记录了31处遗址出土的48面唐式镜④。日人唐镜研究取得的成果主要是对禽兽葡萄镜的断代和纹饰来源的探讨。明治四十二年（1909），高桥健自根据正仓院收藏，结合汉式镜与禽兽葡萄镜并不伴随出土的情况，推断禽兽葡萄镜为唐式镜。大正六年（1917），原田淑人引证中国文献记载，认为禽兽葡萄镜的发展流行在六朝末至唐玄宗时期。昭和九年（1934），滨田耕作依据一些考古资料，提出了禽兽葡萄镜纹样起源于西亚、波斯的看法⑤。梅原末治是这一阶段较为关注唐镜的学者，其《鉴镜的研究》一书中的《中国铜镜概说》就有对唐式镜的介绍。他还搜集了日、英、美、德及中国北京梁上椿收藏的141面中国唐镜资料，出版了《唐镜大观》，此书为首部唐镜著录专门著作，上册是图版，下册有《唐镜概观》《图版解说》两部分内容。《唐镜概观》主要论述了隋镜与唐镜的变迁关系、隋唐镜的特点、唐代的宝饰背镜的制作工艺及唐代出现的古式镜的复制等问题。

这一阶段，中国学术界的成果有林钧《石庐藏镜目》⑥、梁上椿《岩窟藏镜》等。梁上椿《岩窟藏镜》共收录历代铜镜624面，其中第三集《隋唐式镜》收录136面隋唐镜。该集分概说、分论、图录三部分，其分类和断代研究，均从科学考古角度出发，具有较新颖的特色，和以往的单纯著录和附会

---

① ［日］富冈谦藏：《古镜の研究》，大正九年（1920）。

② ［日］後藤守一：《漢式鏡》，东京：雄山阁，大正十五年（1926）；《古鏡聚英》，昭和十七年（1942）。

③ ［日］梅原末治：《鑑鏡の研究》，东京：大冈山书店，大正十四年（1925）；《漢三國六朝紀年鏡集錄》，东京：冈书院，昭和六年（1931）；《漢以前の古鏡の研究》，京都：同朋舍，昭和十一年（1936）；《紹興古鏡聚英》，京都：桑名文星堂，昭和十四年（1939）；《漢三國六朝紀年鏡圖說》，京都：桑名文星堂，昭和十八年（1943）；《唐鏡大觀》，株式会社美术书院，昭和二十年（1945）。

④ ［日］後藤守一：《本邦出土の唐式鏡》，《考古学杂志》21卷12册，昭和六年（1931）。

⑤ ［日］驹井和爱：《中国古镜の研究》，大塚巧芸社，1953年，东京：岩波书店，第二次印刷，第2页。参考［日］原田淑人：《海獸葡萄鏡に就いて》，《東亞古文化研究》，1940年。［日］濱田耕作：《禽獸葡萄紋鏡に就いて》，《考古學研究》，1969年。

⑥ 林钧《石庐藏镜目》著录唐镜17种，中华民国十八年（1929）闽侯石庐印行。

经史的书籍有着本质的区别，其断代也较以往诸家更为准确。他吸收了日本学者的成果，对隋唐葡萄镜的来源、隋唐镜的制作等问题皆有论述。

三、20世纪50年代至今

这是以考古发掘为基础的科学著录与研究阶段。

日本学术界对隋唐铜镜的研究在前一阶段的基础上进一步深化和开拓。

对唐镜进行综述者，如中野政树《奈良时代的镜子——唐样式镜资料》，按工艺、镜背纹饰将唐式镜分为涂金银平脱或螺钿背、海兽葡萄等16种样式①；《汉镜和隋唐镜图录》著录了守屋孝藏收藏的隋唐镜②；保坂三郎《古代镜文化的研究3》中有对唐镜的著录与概述③。专题研究方面，海兽葡萄镜成为热点，森丰、樋口隆康、秋山进午、胜部明生、石渡美江等④对海兽葡萄镜的种类型式、年代分期、纹饰特点、纹饰来源、纹饰意义及纹饰反映的文化艺术交流等问题作了深入的探讨；冈崎敬⑤介绍了在中亚发现的唐镜，分析了7、8世纪唐朝与中亚的交流；森浩一主编的《镜》中有多篇论文讨论了中国铜镜的出土状况、古代铜镜的功能等问题，尤其是铜镜与宗教信仰的关系问题⑥；福永光司论述了道教的镜与剑作为法器的思想来源，他关注到了中国铜镜的出土情况以及唐代道士司马承祯道镜的设计⑦。

中国国内，这一阶段隋唐铜镜的著录和研究都取得了巨大的进步，形成繁荣兴盛的局面。著录方面，从1958年起，随着考古工作的推进发掘出不少铜镜，各地博物馆、考古所陆续出版了一些铜镜图录，其中刊布有隋唐铜镜出土资料的图录有：

---

① ［日］中野政樹：《奈良时代の镜子——唐样式镜の资料》，*MUSEUM*（《东京国立博物馆美術誌》）141号，1962年。

② ［日］京都国立博物館：《漢鏡と隋唐鏡図録：守屋孝蔵蒐集》，京都：京都国立博物館，1971年。

③ ［日］保坂三郎：《古代鏡文化の研究》，东京：雄山阁，1986年。

④ ［日］森豊：《海獸葡萄鏡》，中央公論社，1973年；［日］樋口隆康：《海獸葡萄鏡》，东京：吉川弘文館，1975年；［日］秋山進午：《海獸葡萄鏡と走獸葡萄鏡》，《富山大學人文學部紀要》7号，1983年；［日］勝部明生：《海獸葡萄鏡の研究》，京都：临川书店，1996年；［日］石渡美江：《楽園の图像：海獸葡萄鏡の誕生》，东京：吉川弘文館，2000年。

⑤ ［日］冈崎敬著，姚义田译：《中亚发现的唐镜》，《文博》1992年第1期。

⑥ ［日］杉木憲司、菅古文則：《中国における鏡の出土状態》，［日］小南一郎：《鏡をめぐる伝承—中国の場合》，［日］大林太良：《東アジア・北アジアの鏡と宗教》，收入森浩一主编：《鏡》，《社會思想社刊》，昭和五十三年（1978）。

⑦ ［日］福永光司：《道教における鏡と剣》，《东方学报》，昭和四十八年（1973）。收入《道教思想史研究》，东京：岩波书店，1987年。中文翻译本，见［日］福永光司：《道教的镜与剑——其思想的源流》，刘俊文主编：《日本学者研究中国史论著选译》第7卷思想宗教，北京：中华书局，1993年，第386～445页。

《唐宋铜镜》收录唐镜73面,附录隋唐镜22面[①];

《陕西省出土铜镜》,该图录没有标明每面铜镜的所属年代,但因铜镜皆出自墓葬,绝大多数有墓葬的年代,由此判断收录了隋唐镜85面[②];

《湖南出土铜镜图录》收录隋唐镜17面[③];

《四川省出土铜镜》收录唐镜2面[④];

《铜镜图案——湖南出土历代铜镜》收录隋唐镜33面[⑤];

《洛阳出土铜镜》收录隋唐镜81面[⑥];

《吉林出土铜镜》收录高句丽镜1面、唐镜1面、渤海镜1面[⑦];

《九江出土铜镜》收录唐镜38面[⑧];

《故宫藏镜》收录隋唐镜51面[⑨];

《历代铜镜纹饰》收录河北省出土和馆藏的隋唐镜66面[⑩];

《旅顺博物馆藏铜镜》收录隋唐镜48面[⑪];

《广西铜镜》收录隋唐镜30面[⑫];

《山东省博物馆藏珍·铜镜卷》收录唐镜14面[⑬];

《练形神冶 莹质良工——上海博物馆藏铜镜精品》收录隋唐镜38面[⑭];

《浙江出土铜镜》收录隋唐镜42面[⑮];

《西安文物精华·铜镜》收录了西安市文物保护考古所收藏的隋唐镜58面[⑯];

《六安出土铜镜》收录了皖西地区考古发掘出土和有明确发现地点的

① 沈从文:《唐宋铜镜》,北京:中国古典艺术出版社,1958年。
② 陕西省文物管理委员会:《陕西省出土铜镜》,北京:文物出版社,1959年。
③ 湖南省博物馆:《湖南出土铜镜图录》,北京:文物出版社,1960年。
④ 四川省博物馆、重庆市博物馆:《四川省出土铜镜》,北京:文物出版社,1960年。
⑤ 周世荣:《铜镜图案——湖南出土历代铜镜》,长沙:湖南美术出版社,1987年。
⑥ 洛阳博物馆:《洛阳出土铜镜》,北京:文物出版社,1988年。
⑦ 张英:《吉林出土铜镜》,北京:文物出版社,1990年。
⑧ 吴水存:《九江出土铜镜》,北京:文物出版社,1993年。
⑨ 郭玉海:《故宫藏镜》,北京:紫禁城出版社,1996年。
⑩ 河北省文物研究所:《历代铜镜纹饰》,石家庄:河北美术出版社,1996年。
⑪ 旅顺博物馆:《旅顺博物馆藏铜镜》,北京:文物出版社,1997年。
⑫ 广西壮族自治区博物馆:《广西铜镜》,北京:文物出版社,2004年。
⑬ 山东省博物馆:《山东省博物馆藏珍·铜镜卷》,济南:山东文化音像出版社,2004年。
⑭ 上海博物馆:《练形神冶 莹质良工——上海博物馆藏铜镜精品》,上海:上海书画出版社,2005年。
⑮ 王士伦:《浙江出土铜镜》(修订本),北京:文物出版社,2006年。
⑯ 西安市文物保护考古所:《西安文物精华·铜镜》,西安:世界图书出版西安公司,2008年。

唐镜33面^①；

《固原铜镜》收录隋唐镜41面^②；

《常德出土铜镜》收录隋唐镜35面^③；

《南阳出土铜镜》收录了1990年后在河南南阳市区3座唐墓出土的4面唐镜^④；

《仪征馆藏铜镜》收录有该地区墓葬出土和征集的唐镜7面^⑤；

《楚风汉韵——长沙市博物馆藏镜》收录隋唐铜镜29面^⑥；

《淮南市博物馆藏镜》收录唐代铜镜22面^⑦；

《千秋金鉴——陕西历史博物馆藏铜镜集成》收录隋镜35面、唐镜274面^⑧，其中一部分铜镜在《陕西省出土铜镜》中已经著录；

《洛镜铜华——洛阳铜镜发现与研究》收录洛阳市内出土的隋唐铜镜100面，其中有25面铜镜在《洛阳出土铜镜》中已经著录^⑨；

《净月澄华——辽宁省博物馆藏古代铜镜》收录传世隋唐镜23面，辽宁省出土唐镜4面，其中2面出自辽代墓葬^⑩；

《龙城宝笈——朝阳博物馆馆藏古代铜镜》收录隋唐铜镜25面^⑪；

《蚌埠市博物馆铜镜集萃》收录唐镜22面^⑫；

《镜鉴千秋——扶风县博物馆馆藏铜镜集萃》收录陕西省扶风县内发现的隋唐铜镜31面^⑬；

《对镜贴花黄——宝鸡青铜器博物院典藏铜镜精粹》收录陕西省宝鸡市内发现的隋唐镜50面、唐仿汉镜2面^⑭；

《鉴于岁月——晋祠博物馆馆藏铜镜选》收录隋唐铜镜23面^⑮；

---

① 安徽省文物考古研究所、六安市文物局：《六安出土铜镜》，北京：文物出版社，2008年。

② 宁夏固原博物馆：《固原铜镜》，银川：宁夏人民出版社，2008年。

③ 龙朝彬：《常德出土铜镜》，长沙：岳麓书社，2010年。

④ 南阳市文物考古研究所：《南阳出土铜镜》，北京：文物出版社，2010年。

⑤ 仪征博物馆：《仪征馆藏铜镜》，南京：江苏美术出版社，2010年。

⑥ 长沙市博物馆：《楚风汉韵——长沙市博物馆藏镜》，北京：文物出版社，2010年。

⑦ 淮南市博物馆：《淮南市博物馆藏镜》，北京：文物出版社，2011年。

⑧ 陕西历史博物馆：《千秋金鉴——陕西历史博物馆藏铜镜集成》，西安：三秦出版社，2012年。

⑨ 霍宏伟、史家珍：《洛镜铜华——洛阳铜镜发现与研究》，北京：科学出版社，2013年。

⑩ 辽宁省博物馆：《净月澄华——辽宁省博物馆藏古代铜镜》，沈阳：辽宁大学出版社，2013年。

⑪ 朝阳博物馆：《龙城宝笈——朝阳博物馆馆藏古代铜镜》，沈阳：辽宁人民出版社，2014年。

⑫ 蚌埠市博物馆：《蚌埠市博物馆铜镜集萃》，北京：文物出版社，2014年。

⑬ 扶风县博物馆：《镜鉴千秋——扶风县博物馆馆藏铜镜集萃》，西安：三秦出版社，2014年。

⑭ 宝鸡青铜器博物院：《对镜贴花黄——宝鸡青铜器博物院典藏铜镜精粹》，西安：三秦出版社，2014年。

⑮ 晋祠博物馆：《鉴于岁月——晋祠博物馆馆藏铜镜选》，太原：山西经济出版社，2015年。

《寿县博物馆藏铜镜集粹》收录34面唐镜[①]；

《济南市博物馆馆藏精品·铜镜卷》收录28面隋唐铜镜[②]；

《镜鉴春秋——十堰地区博物馆馆藏铜镜研究》收录唐镜34面[③]；

《镜月澄华——大同市博物馆藏铜镜》收录唐代铜镜14面，其中1面为唐仿汉镜[④]；

《古镜涵容——武汉博物馆藏铜镜》收录隋唐铜镜55面[⑤]；

《山西博物院藏品概览·铜镜卷》收录唐镜29面[⑥]；

《故宫铜镜特展图录》收录台北故宫博物院收藏的隋唐镜67面[⑦]。

以上38种铜镜图录著录有1596面隋唐铜镜，出土地点主要有陕西西安、宝鸡、扶风，河南洛阳、新郑，山西，宁夏固原，河北，辽宁朝阳、旅顺，山东，吉林，上海，浙江，江苏仪征，安徽六安、淮南、蚌埠，湖南长沙、常德，湖北，江西九江，四川，广西等。

除图录著录外，学者们通过发掘一些重要的隋唐墓地也较集中地发表了隋唐镜的资料，并且对这些出土镜进行了分类与分期，如1955～1961年在西安郊区发掘了175座隋唐墓，出土铜镜26面，报告者将铜镜的镜形分为圆形、菱花形、葵花形、四方委角（或称亚字形）、方形五型，每型下又按照镜背花纹分式，圆形12式、菱花形2式、葵花形3式、亚字形3式、方形1式[⑧]；1984～1993年在河南偃师杏园发掘了69座唐墓，共出唐镜59面，其中盛唐墓19面、中唐墓20面、晚唐墓20面（其中48面铜镜出自纪年墓）[⑨]。另外，渤海遗址出土铜镜11面，时代跨盛唐、中唐、晚唐，且形制、纹饰与唐镜几无差别，多数应为唐朝输入的[⑩]。

出土铜镜因有与墓葬相关的年代、出土位置等资料，包含有更多的研究信息，因而借助这些资料，学者们开拓了比以往两个阶段更广阔的研究领域，在以下方面皆取得了突破性的成果：

一是，隋唐铜镜的类型、年代、分期与艺术风格。

① 许建强：《寿县博物馆藏铜镜集粹》，合肥：安徽美术出版社，2017年。
② 何民：《济南市博物馆馆藏精品·铜镜卷》上册，济南：山东美术出版社，2017年。
③ 杨海莉：《镜鉴春秋——十堰地区博物馆馆藏铜镜研究》，武汉：长江出版社，2018年。
④ 大同市博物馆：《镜月澄华——大同市博物馆藏铜镜》，北京：科学出版社，2019年。
⑤ 武汉博物馆：《古镜涵容——武汉博物馆藏铜镜》，北京：文物出版社，2019年。
⑥ 山西博物院：《山西博物院藏品概览·铜镜卷》，北京：文物出版社，2020年。
⑦ 台北故宫博物院：《故宫铜镜特展图录》，台北：台北故宫博物院，1986年。
⑧ 中国科学院考古研究所：《西安郊区隋唐墓》，北京：科学出版社，1966年。
⑨ 中国社会科学院考古研究所：《偃师杏园唐墓》，北京：科学出版社，2001年。
⑩ 彭善国：《渤海物质文化研究札记》，《边疆考古研究》第20辑，北京：科学出版社，2016年，第307～320页。

　　从1979年以来，孔祥星[①]、徐殿魁[②]等先生就隋唐铜镜的类型与分期问题做了比较充分的研究。孔祥星将隋唐铜镜分作四神十二生肖镜、瑞兽镜、瑞兽葡萄镜、瑞兽鸾鸟镜、花鸟镜、瑞花镜、人物镜、盘龙镜、八卦镜、万字镜等十类，基本涵盖了常见的隋唐镜的类型。他将这些类型的铜镜大致分为隋至唐高宗时期、唐高宗以后至玄宗天宝以前、唐玄宗开元以后至德宗以前、唐德宗以后至晚唐四个阶段，并明确了瑞兽镜向瑞兽葡萄镜及花鸟镜变化的规律。徐殿魁将孔祥星的类型与分期研究又推进了一大步，他搜集了100面出自纪年墓或者本身带有纪年铭的唐镜，将它们按照镜形、花纹分型式进行细致排比分析，分作初唐（唐高祖至高宗）、盛唐（武则天至玄宗开元末年）、中唐（唐玄宗天宝年始至德宗）、晚唐（唐宪宗至哀帝）四个时期，基本厘清了唐代铜镜发展变化的轨迹，并且结合唐代社会背景对唐镜的花纹进行了讨论。台湾学者颜娟英对唐镜的艺术风格进行了综合研究[③]，提出装饰题材这一新角度，将唐镜的装饰题材分作花卉纹、植物纹、飞禽走兽、人物山水四类，并与其他唐代艺术品，如石刻、织物等作比较分析，从外来艺术、佛教和本土信仰等方面对这些题材的流行进行了解说。陈根远[④]通过对隋代纪年墓葬出土的铜镜年代的考定，发现隋墓陪葬铜镜较少，且大多沿用前朝镜。步雁、呼啸[⑤]对一种简化型神人神兽镜的年代进行了探讨，认为此型铜镜主要流行于隋至初唐。范淑英[⑥]讨论了隋唐时期复古风格铜镜的来源及其中汉镜对唐镜的影响。李彦平[⑦]对复古风格的铜镜又进一步进行了探讨，认为它是唐代铜镜生产中的一种多样化、差异化策略，对宋代以后大量仿制前代铜镜产生了一定的影响。

　　二是，唐镜纹饰、铭文及与中外文化交流。

①　孔祥星：《隋唐铜镜的类型与分期》，《中国考古学会第一次年会论文集》，北京：文物出版社，1980年，第380～399页；孔祥星、刘一曼：《中国古代铜镜》，北京：文物出版社，1984年；孔祥星、刘一曼：《中国铜镜图典》，北京：文物出版社，1992年；孔祥星、刘一曼、鹏宇：《中国铜镜图典》（修订本），上海：上海古籍出版社，2020年。

②　徐殿魁：《唐镜分期的考古学探讨》，《考古学报》1994年第3期。

③　颜娟英：《唐代铜镜文饰之内容与风格》，《"中研院"历史语言研究所集刊》第60本第2分册，1990年10月。

④　陈根远：《隋纪年墓出土铜镜的制作年代与历史价值》，《考古与文物》2010年第3期。

⑤　步雁、呼啸：《简化型神人神兽镜时代再探讨》，《中国国家博物馆馆刊》2015年第8期。

⑥　范淑英：《隋唐墓出土的"古镜"——兼论隋唐铜镜图文的复古问题》，《故宫博物院刊》2010年第6期。后收入《中国美术研究年度报告2010》，北京：人民美术出版社，2011年，第166～189页；《古代墓葬美术研究（第二辑）》，长沙：湖南美术出版社，2013年，第271～302页。

⑦　李彦平：《唐代复古风格铜镜》，《中原文物》2015年第1期。

综论唐镜纹饰艺术的研究主要有关双喜[①]、汪维寅[②]、安宁[③]、尹春洁[④]等学者的论文，对唐镜的装饰纹饰题材、内容与构图及其反映的美感形式作了比较具体的分析。在唐镜纹饰的研究中还较多地讨论了外来影响，关双喜[⑤]以打马球纹、象纹、瑞兽葡萄纹和翼马纹为例，探讨了西域文化对唐镜纹饰的影响。尹钊等人的论文[⑥]阐释了唐代海兽葡萄镜、卐字镜、狮子纹镜包含的外来艺术影响。

唐镜纹饰的专题研究主要集中在瑞兽镜、瑞（海）兽葡萄镜、植物纹和鸟纹镜、千秋镜、人物镜等唐代风格鲜明的镜式上。

关于瑞兽镜，张小丽对隋唐时期的瑞兽镜进行了考古类型学研究[⑦]，根据镜背瑞兽的数量分作五型，并分析了其铭文特点，以及图文来源、发展、演变。

关于海兽葡萄镜，王瀛三、孙传贤[⑧]、张咏梅[⑨]对海兽的名称、葡萄纹饰和海兽形象的来源做了研究，认为海兽应是狮子，西域贡狮可能是唐海兽葡萄镜中的海兽原形。张天莉[⑩]探讨了甘肃靖远发现的鎏金银盘和唐代瑞兽葡萄镜在纹饰布局和内容上的渊源关系，认为中国唐代的葡萄镜明显受到了来自西方的葡萄纹饰的影响，同时吸收了中国传统的瑞兽纹饰，形成了既具有西方特色，又兼具中国风格的独特纹样，并提出葡萄与兽类组合的纹饰应起源于古希腊的酒神崇拜的观点。王纲怀[⑪]、张婕[⑫]对一种带有蟠龙纹的海兽葡萄镜进行了型式分析和分期研究。王纲怀认为海兽葡萄镜是受到摩尼教影响而产生的铜镜品种；张婕发挥此说，认为武则天执政时期政治、经济、文化等在一定程度上受到了摩尼教信仰的影响，

① 关双喜：《唐代铜镜的装饰艺术》，《文博》1991年第4期。
② 汪维寅：《唐镜纹饰艺术浅论》，《苏州工艺美术职业技术学院学报》2005年第2期。
③ 安宁：《唐铜镜纹饰的造型、结构、造意》，《美与时代》2006年第2期下。
④ 尹春洁：《唐铜镜纹饰形式美研究》，《装饰》2009年第10期。
⑤ 关双喜：《谈西域文化对唐镜纹饰的影响》，《文博》1991年第1期。
⑥ 尹钊、刘宝、张继超：《四海兼容的盛唐文化——从唐代铜镜看中外文化的交流》，《东方收藏》2011年第6期。
⑦ 张小丽：《试论隋唐时期的瑞兽镜》，《西安文物考古研究》第2辑，西安：三秦出版社，2013年，第221～258页。
⑧ 王瀛三、孙传贤：《漫谈葡萄镜》，《中原文物》1984年第2期。
⑨ 张咏梅：《关于海兽葡萄镜的几个问题》，《中国文物报》2009年7月29日第5版。
⑩ 张天莉：《唐代铜镜中葡萄纹饰的由来》，《中国文物报》2006年7月26日第5版。
⑪ 王纲怀：《从中日出土同模唐镜说起》，《收藏家》2007年第10期；王纲怀：《蟠龙纹海兽葡萄镜的由来与演变》，《收藏家》2011年第6期。载入《止水集——王纲怀铜镜研究论集》，上海：上海古籍出版社，2010年，第155～169页。
⑫ 张婕：《唐代蟠龙海兽葡萄镜及其纹饰探读》，武汉纺织大学硕士学位论文，2014年。

摩尼教宣扬的弥勒、光、明、日等教义，为武则天巩固统治提供了理论依据，蟠龙、孔雀、海兽与葡萄等组合出现的铜镜即是摩尼教光、明、日和皇权结合的产物，并随着摩尼教的消亡而消失。王仲殊[①]对比了高松塚出土的海兽葡萄镜与陕西西安东郊唐独孤思贞墓出土的海兽葡萄镜，认为是同范镜，并由此考察了当时的中、日关系。姚君[②]、杨昔慷[③]则主要对海兽葡萄镜的形制、纹饰进行了型式分析和分期研究，姚君还将唐镜上的海兽葡萄纹与中亚、西亚等地7世纪以前的葡萄纹做了比较研究，并探讨了海兽葡萄纹饰的文化含义，认为海兽葡萄镜是一种象征吉祥、爱情、富贵的镜式。

关于植物纹和鸟纹镜，王玉轩[④]、贾昌杰[⑤]对葡萄纹镜的来源、类型、分期演变、装饰特点等进行了论述；余飞[⑥]对隋唐时期花草镜的类型、纹饰布局、发展演变和区域分布等进行了梳理，并确定了隋唐花草镜的主要植物纹饰有葡萄、荷花、牡丹、菊花、桂花、石榴、蔷薇、木芙蓉、银杏叶、石竹花等，以此为基础探讨了隋唐时期的花草文化；汪小洋、张景丽[⑦]则选择了唐代花卉纹镜作为研究对象，主要从花卉的组合和布局考察了唐花卉镜的工艺和审美特征；黄永兰[⑧]则对唐代宝相花镜的形制、花纹和演变以及宝相花镜产生的背景和历史地位做了评价；王颖[⑨]对唐代禽鸟和花枝结合的花鸟镜做了类型学分析，细致地考察了唐代花鸟镜中禽鸟和花枝的布局情况，并着重讨论了此种镜式的来源及对宋代花鸟镜的影响；王纲怀[⑩]介绍了出土和私人收藏的鹦鹉、鸳鸯等鸟纹镜，对这些禽鸟的寓意及其反映的宗教文化和社会

---

① 王仲殊：《关于日本高松塚古坟的年代问题》，《考古》1981年第3期；王仲殊：《关于日本高松塚古坟的年代和被葬者——为高松塚古坟发掘十周年而作》，《考古》1982年第4期；王仲殊：《古代的日中关系——从志贺岛的金印到高松塚的海兽葡萄镜》，《考古》1989年第5期；王仲殊：《再论日本高松冢古坟的年代及所葬何人的问题》，《考古》2009年第3期。
② 姚君：《海兽葡萄镜纹饰研究》，上海大学硕士学位论文，2008年。
③ 杨昔慷：《海兽葡萄镜的初步研究》，西北大学硕士学位论文，2010年。
④ 王玉轩：《唐镜中的葡萄纹饰装饰艺术探析》，《文物世界》2008年第4期。
⑤ 贾昌杰：《唐代铜镜上葡萄纹的初步研究》，西北大学硕士学位论文，2012年。
⑥ 余飞：《唐代花草镜的初步研究》，西北大学硕士学位论文，2009年。
⑦ 汪小洋、张景丽：《唐代花卉镜艺术特征探讨》，《荣宝斋》2010年第1期。张景丽：《唐镜中的花卉纹饰》，《收藏》2010年第9期。
⑧ 黄永兰：《唐代宝相花铜镜的历史文化意义初探》，《重庆科技学院学报（社会科学版）》2010年第23期。
⑨ 王颖：《唐代花鸟纹铜镜的考古学研究》，西北大学硕士学位论文，2014年。
⑩ 王纲怀：《唐镜中的鹦鹉》，《收藏家》2004年第7期；王纲怀：《唐代双鹦鹉镜》，《中国收藏》2009年第12期；王纲怀：《唐镜与唐诗中的鸳鸯》，《中国收藏》2009年第2期。载入前揭《止水集——王纲怀铜镜研究论集》，第189～210页。

风尚进行了初步的研究；陈浩①、吴悦②、吴元③对唐代的鹦鹉镜出现的背景及中日所藏的同类镜进行了对比分析；另外，王纲怀④还对花鸟镜中的舞马纹所反映的玄宗时期舞马表演的历史进行了解析。

千秋镜的研究，孙机⑤、孙克让⑥、高次若⑦、陈灿平⑧等论述了千秋镜产生的背景、铸造地点、类型与意义及其对唐镜发展的影响等问题。王宁⑨还对千秋镜中的重要品种蟠龙纹镜进行了专门的分析。

人物镜的研究，孔祥星⑩关注到中国古代铜镜中的人物题材，分战国、汉三国两晋南北朝、隋唐、宋金元和明清5个时期对中国古代人物镜的类型及其发展演变进行了梳理，他认为唐代是人物镜的转折时期，这一时期人物镜题材丰富，有反映神话及历史传说典故的月宫镜、飞仙镜、仙骑镜、王子乔吹笙引凤镜、真子飞霜镜、孔子荣启期镜，反映社会生活的狩猎镜、打马球镜等，且人物成为镜面的主体，更加注重画面的整体感和人物形象的塑造。罗家容⑪根据四川省三台县出土的大和元年菱花形人物故事镜对传世的"饭牛镜"提出了不同看法，认为是皇甫隆遇青牛道士或是许由巢父镜。李婷婷⑫对狩猎纹铜镜从镜形、年代、来源、装饰特点、文化因素等方面进行了专门的研究。王晓宏⑬对唐代人物镜的种类、艺术特征、文化内涵及其对后世的影响进行了分析。谭骁⑭梳理了唐、宋、金人物故事镜的题材流变，并探讨了铜镜构图的变化。

① 陈浩：《唐代鹦鹉衔绶"同模镜"刍议》，《东方博物》第十辑，杭州：浙江大学出版社，2004年，第41～44页。
② 吴悦：《唐双鹦鹉系绶纹镜》，《收藏家》2012年第9期。
③ 吴元：《唐代鹦鹉纹铜镜考辨》，《环球人文地理》2014年第2期。
④ 王纲怀：《唐镜与唐诗中的舞马》，《收藏》2009年第6期。载入前揭《止水集——王纲怀铜镜研究论集》，第211～214页。
⑤ 孙机：《中秋节·千秋镜·月宫镜》，载杨泓、孙机：《寻常的精致》，沈阳：辽宁教育出版社，1996年，第29～34页。
⑥ 孙克让：《千秋节和千秋镜》，《中国历史博物馆刊》1998年第2期。
⑦ 高次若：《漫话千秋镜与开元盛世千秋节》，《文博》2007年第1期。
⑧ 陈灿平：《唐千秋镜考》，《中国国家博物馆馆刊》2011年第5期。
⑨ 王宁：《唐代蟠龙纹铜镜的藏与识》，《收藏界》2004年第10期。
⑩ 孔祥星：《略论中国古代人物镜》，《文物》1998年第3期。
⑪ 罗家容：《从唐大和元年铜镜谈传世"饭牛镜"》，《文物》1984年第7期。
⑫ 李婷婷：《唐代狩猎纹铜镜研究》，陕西师范大学硕士学位论文，2013年。
⑬ 王晓宏：《唐代故事镜研究》，湖南大学硕士学位论文，2017年。
⑭ 谭骁：《唐宋之际人物故事镜演变研究》，陕西师范大学硕士学位论文，2018年。

　　铭文的研究,高次若①、冀和②、李随森③、张清文④等就"菱花"镜铭展开对菱花镜的考证。陈灿平⑤梳理了唐代铜镜铭文发展的脉络,对镜铭的内容来源、意义、文体及书体形式等进行了分析。胡珊珊⑥对唐镜铭文的文学价值、文体特点及渊源进行了研究。

　　三是,唐镜反映的宗教文化。

　　唐镜上的道教图像较多地引起了研究者的注意。王燕⑦认为与道教有关的铜镜可分为飞仙纹镜、月宫纹镜、真子飞霜镜、王子乔吹笙引凤镜、五岳图形镜、八卦纹镜等六类,并解说了每一类镜纹所蕴含的道教思想。在隋唐铜镜反映的道教信仰的研究方面,王育成⑧取得了重要成果,他将《道藏》刊布的道教镜图与传世和出土的道镜作了比较,发现镜图的样式基本可以在现今遗留下来的唐镜中找到,并揭示了其图文的道教教义。王育成⑨、张保民⑩还对唐代著名道士司马承祯铸造的道教镜及其宗教义理进行了阐述。韩吉绍⑪对道教中镜思想的发展历程作了综述,重点论述了唐代道教镜流行的情况。王兰兰⑫、范淑英⑬对玄宗时代千秋镜的颁赐和设计中蕴含的道教影响作了辨析。范淑英⑭提出了中晚唐道教利用古镜再造新镜的问题,并借助传奇等宣传以夸大道镜的神力。尹钊⑮选择了12面带有道教图文的唐镜,对唐代铜镜上的道教文化进行了解读。

　　对某类道教镜进行专门研究的,最多的是真子飞霜镜,其次是五岳真形镜、八卦镜及其他纹样镜。

① 高次若:《菱花镜小考》,《人文杂志》1993年第6期。
② 冀和:《关于唐代"菱花镜"之管见》,《东南文化》1998年第1期。
③ 李随森:《唐代"菱花镜"考辨》,《洛阳工学院学报(社会科学版)》2001年第3期。
④ 张清文:《"菱花镜"考释》,《金田》2012年第10期。
⑤ 陈灿平:《隋唐墓葬出土铜镜研究》第三章,北京大学博士学位论文,2011年。
⑥ 胡珊珊:《唐镜铭文文学研究》,浙江大学硕士学位论文,2013年。
⑦ 王燕:《试谈唐镜与唐代道教》,《华夏文化》2000年第2期、《东南文化》2000年第5期。
⑧ 王育成:《唐代道教镜实物研究》,《唐研究》第六卷,北京:北京大学出版社,2000年,第27～56页。
⑨ 王育成:《司马承祯与唐代道教镜说证》,《中国历史博物馆馆刊》2001年第1期。
⑩ 张保民:《含象鉴:司马承祯所铸铜镜》,《中国道教》2013年第6期。
⑪ 韩吉绍:《论道教镜》,《中国科学与文明》第1辑,济南:山东大学出版社,2010年,第40～54页。
⑫ 王兰兰:《唐玄宗千秋金鉴节献镜渊源考析》,《陕西师范大学继续教育学报》2007年第2期。
⑬ 范淑英:《仙道之象——神仙道教对唐千秋镜的影响探析》,《乾陵文化研究》(六),西安:三秦出版社,2011年,第265～277页。
⑭ 范淑英:《〈古镜记〉与中晚唐道教的古镜再造》,《唐研究》第十八卷,北京:北京大学出版社,2012年,第173～200页。
⑮ 尹钊:《唐代铜镜上的道教文化》,《东方收藏》2015年第5期。

　　真子飞霜镜是唐代带有"侯瑾之""真子飞霜"或"凤凰双镜"圈带铭文，包含有高士（或称仙人）、云山、舞凤、荷池龟钮等纹样组成画面的一类人物故事镜，也是唐镜研究的热点，对"真子飞霜"等铭文及画面含义、主题意义、产生和流行年代等，说法众多。马驰、陶亮[①]曾对宋至2008年以前有关此类镜的说法进行了综述，有8种之多，此后又有新解涌现。1980年以后是学者利用考古和文献资料研究真子飞霜镜较为集中的阶段，有从"真子飞霜"铭文出发，阐发求仙求道意涵的，如日本学者[②]称此类镜为伯牙弹琴镜。朱江[③]认为真子是真孝子的简称，飞霜即是十二操之一的履霜操的别称，整个镜纹的内容则是尹伯奇放逐于野。马驰、陶亮与此看法相同，但认为"真子"之"真"作"慎"字讲，"侯瑾之"之"瑾"应为"谨"，都有慎重、告诫之意，真子飞霜镜即为尹伯奇无罪因母谗言遭放逐的故事，告诫世人要母慈子孝，父子相亲，夫妇相敬。高至喜[④]、李海[⑤]认为真子飞霜镜中所绘人物即魏晋时期玄学代表人物嵇康。李海进一步阐发此类镜反映的是嵇康经修真炼造终于达到超越生死的境界，故用此类镜四处传扬他的高尚情操和德行。丁孟[⑥]认为"真子"是真天子之意，为舜；"飞霜"不是操名，应取义于"六月飞霜"；画面表现的是天子舜行至苍梧之野，抚琴而歌，远处凤凰闻声前来朝见，"飞霜"寓意天子舜死于苍梧之野。刘艺[⑦]认为真子飞霜镜是道教和孝道的合体，真子是大孝子曾参，竹林生笋表现的是"孟宗哭竹"；莲池表现的是"王祥卧冰"，云山、双树、舞凤等也都与孝子、孝行有关。尹钊等[⑧]认为真子并不是指某一特定的人，而是指修行、归隐或成仙的一类人。真子飞霜镜是唐人求仙思想的生动体现，画面符合道家所倡的清净无为、归隐山林、养性全生的要求。有从"凤凰双镜"铭文出发，认为真子飞霜镜表达的是爱情主题，如滕延振、石世镇[⑨]认为"真子"为仙子，借喻新娘，"飞霜"即明月，为铜镜之代称。弹琴者与凤凰左右并列，寓意"琴瑟调和""鸾凤和鸣"，梅竹相对，意为"红梅结子""绿竹生孙（笋）"，月、荷、龟恰可比成"月圆花好

① 马驰、陶亮：《"真子飞霜"镜考辩》，《辽宁省博物馆馆刊》第3辑，沈阳：辽海出版社，2008年，第510～519页。

② 转引自前揭孔祥星、刘一曼：《中国古代铜镜》，第161页。

③ 朱江：《也来谈谈扬州出土的唐代铜镜》，《文博通讯》1981年第4期。

④ 高至喜：《唐"真子飞霜"铜镜探究》，《中国文物报》1989年7月28日第3版。

⑤ 李海：《也谈"真子飞霜"镜》，《东方博物》第七辑，杭州：浙江大学出版社，2002年，第102～107页。

⑥ 丁孟：《铜镜鉴定》，桂林：广西师范大学出版社，2000年，第77页。

⑦ 刘艺：《唐代道教"孝道"的物质载体：真子飞霜镜》，《宗教学研究》2013年第1期。

⑧ 尹钊、徐文楷、张继超：《唐真子飞霜镜考》，《东方收藏》2014年第3期。

⑨ 滕延振、石世镇：《浙江宁海发现一件"真子飞霜"铜镜》，《文物》1993年第2期。

人寿"。王纲怀、孙克让[①]、刘茜、彭适凡[②]则认为此镜纹饰描述的是"唐明皇和杨贵妃爱情故事"。真子为太真，即杨贵妃，飞霜即为唐明皇和杨贵妃在兴庆宫中的寝殿"飞霜殿"。陈定荣[③]、叶康宁[④]认为此镜纹是"司马相如鼓琴"，表现的是司马相如和卓文君的爱情故事。另外，对"侯瑾之"铭文的解读也取得了进展，虽然马驰、杨洋[⑤]已注意到该铭文，但未获得正解。张清文[⑥]认为"侯瑾之"应是史书中所记载的后汉至三国时期的侯瑾，其名字后面的"之"字，应是侯瑾和天师道有关的代表符号，并对侯瑾的身份地位与画面的关系进行了比对。他还对真子飞霜镜进行了类型学分析，分五期叙述了其兴起、发展、演变的过程，并探讨了不同时期真子飞霜镜的意义，创新了以往对真子飞霜镜的研究[⑦]。

李缙云[⑧]对宋以来金石著作中著录的五岳真形镜进行了简述，其中涉及唐代资料。张勋燎[⑨]、马今洪[⑩]对两种五岳真形镜的图式、道教含义及其宗教功能进行了论述，张勋燎认为这两种镜，一种是有山水纹饰的"五岳真形图"镜，一种是带有铭文的"含象镜"，前一种镜与五岳真形图有关。值得注意的是，对这类以山水为主体纹饰的铜镜，王纲怀[⑪]、郝少晶[⑫]表达了不同认识。王纲怀认为此类镜实为"蓬莱仙境故事镜"。郝少晶认为应作山水纹饰镜看待，才能从广义上理解唐代的山水文化和山水艺术。

后晓荣[⑬]对隋唐的十二生肖镜进行了分类型研究，对其中的八卦十二生

---

① 王纲怀，孙克让：《唐代铜镜与唐诗》，上海：上海古籍出版社，2007年，第172页。
② 刘茜、彭适凡：《一面罕见的唐代铅质"凤凰双镜"铭冥用镜》，《文物鉴定与鉴赏》2010年第4期。
③ 陈定荣：《近年出土古镜及有关问题》，《江西文物》1990年第1期。
④ 叶康宁：《"真子飞霜"铜镜新解》，《收藏界》2008年第12期。
⑤ 杨洋：《唐"真子飞霜"铜镜的图像研究》，《湖北美术学院学报》2014年第4期。
⑥ 张清文：《从故宫藏"侯瑾之"铭铜镜看"真子飞霜"镜的本义》，《四川文物》2015年第4期。
⑦ 张清文：《真子飞霜镜研究》，陕西师范大学硕士学位论文，2013年。
⑧ 李缙云：《谈太仓出土的五岳真形镜》，《考古》1988年第2期。
⑨ 张勋燎：《道教五岳真形图和有关两种古代铜镜材料的研究——道教考古专题研究之二》，《南方民族考古》第三辑，成都：四川科学技术出版社，1991年，第91～112页；张勋燎：《古器物所见"五岳真形图"与道教五岳真形符》，《南方民族考古》第五辑，成都：四川科学技术出版社，1993年，第149～156页；《江苏明墓出土和传世古器物所见的道教五岳真形符与五岳真形图》，载张勋燎、白彬：《中国道教考古》第六卷，北京：线装书局，2006年，第1751～1833页。
⑩ 马今洪：《关于"五岳"题材铜镜的探讨》，载入上海博物馆：《镜映乾坤——罗伊德·扣岑先生捐赠铜镜精粹》，上海：上海书画出版社，2012年，第8～17页。
⑪ 王纲怀：《唐镜与唐诗中的蓬莱仙境》，《中国收藏》2009年第1期，载入前揭《止水集——王纲怀铜镜研究论集》，第179～188页。
⑫ 郝少晶：《仙山并照——唐代山水纹类铜镜研究》，陕西师范大学硕士学位论文，2014年。
⑬ 后晓荣、罗贤鹏：《十二生肖铜镜初论》，《四川文物》2008年第5期。

肖镜的道教含义进行了分析。李亮亮[①]从《益都金石记》所载的一面八卦镜考证了此镜的年代，并论述了八卦镜在唐代的盛行及功用。武珺[②]则对八卦纹铜镜出现在唐代的道教崇信背景、八卦纹镜的辟邪厌胜功用和八卦纹镜的主要组合纹饰和铭文特征进行了阐释。

范淑英[③]对龟钮鹤纹镜的道教含义做了解说。刘芊[④]对月宫镜中的月宫图像进行了分析，认为此类铜镜除了有神话传说的背景外，主要还是遵从道教的产物。

对唐代铜镜上的佛教文化研究较少。吴力群[⑤]认为唐代葡萄镜带有鲜明的佛教文化特色。王纲怀[⑥]搜集了6面带有迦陵频伽纹的唐代铜镜，对其名称和佛教意义进行了考订。尹钊[⑦]等搜集了8种带有佛教纹饰的唐镜，对唐代铜镜上的佛教文化进行了解读。

四是，隋唐时期铜镜的使用方式和墓葬用镜。

1961年，钱柏泉识别出1959年安阳隋张盛墓出土的一件瓷器应为挂铜镜的镜架，提出了古代铜镜有镜台悬挂和随手提取两种使用方法[⑧]。2005年，周亚依据考古出土的实物和图像资料，就手持和悬挂这两种古代铜镜的使用方式进行了细致的探讨，其中涉及唐代壁画中的照镜图像和出土的隋唐镜台资料[⑨]。朱仁星[⑩]、杨晓能[⑪]、孟晖[⑫]、孙机[⑬]、王静[⑭]、刘芳芳[⑮]在论述古

① 李亮亮：《〈益都金石记〉所载一面铜镜考》，《东方收藏》2010年第8期。
② 武珺：《说八卦纹铜镜》，《文物鉴定与鉴赏》2010年第4期。
③ 范淑英：《新见龟钮鹤纹镜的时代与意蕴》，《收藏》2012年第12期。
④ 刘芊：《唐代铜镜之月宫图像研究》，《芒种》2012年第12期。
⑤ 吴力群：《对唐代葡萄镜中佛教文化特色的认识》，《全国第七届民间收藏文化高层（湖北荆州）论坛文集》，2007年，中国知网会议论文。
⑥ 王纲怀：《唐代迦陵频伽及其文化传承》，《中国收藏》2009年第8期，载入前揭《止水集——王纲怀铜镜研究论集》，第170～178页。
⑦ 尹钊等：《唐代铜镜上的佛教文化》，《东方收藏》2015年第3期。
⑧ 钱柏泉：《镜台小说》，《考古》1961年第2期。
⑨ 周亚：《铜镜使用方式的考古资料分析》，载前揭上海博物馆《练形神冶 莹质良工——上海博物馆藏铜镜精品》，第54～66页；又见《艺术品》2014年第8期，较之前文又增补了一些考古和图像资料。
⑩ 朱仁星：《镜台与镜架》，《故宫文物月刊》1990年第6期。
⑪ 杨晓能：《纳尔逊—阿特金斯美术馆收藏的汉代铜镜和鎏金镜架》（Xiaoneng Yang, A Han Bronze Mirror and Its Gilt Bronze Standin the Nelson-Atkins Museum of Art），*Oriental Art*, 1996。
⑫ 孟晖：《能横却月，巧挂回风——闺阁中的镜台与镜匣（上、下）》，《紫禁城》2006年增刊第1、2期，北京：紫禁城出版社，2006年。
⑬ 孙机：《镜台》，《中国文物报》2012年4月11日第5版。
⑭ 王静：《中国古代镜架与镜台述略》，《南方文物》2012年第2期。
⑮ 刘芳芳：《镜台小考》，《考古与文物》2015年第3期。

代镜台发展的论文中也分析了隋唐时代的镜台资料。刘瑞霞[1]认为镜台有支架型和立柱型，对汉唐时期铜镜的置放使用方式进行了探讨。祁晓庆对敦煌石窟壁画婚礼图中有铜镜的图像进行了考察，研究了唐宋时期婚礼用镜的情况，以及婚礼中使用镜的礼俗意义[2]。杨瑾[3]、范淑英[4]探讨了铜镜与唐代女性的情感与生活，描述了盛唐时期妇女用镜的特点。

考古获得的隋唐铜镜绝大多数出自墓葬。由于墓葬出土铜镜的资料揭示了古人丧葬用镜的状况，近些年开始有学者关注到铜镜与丧葬礼俗的问题，如王锋钧对古代铜镜出土状况的研究涉及唐代，对墓顶悬镜、破镜等葬俗用镜进行了探索，这是铜镜研究的新角度和新问题[5]。索德浩针对汉唐墓葬中的破镜现象作了讨论，结合"破镜重圆"的故事对墓葬中夫妻各葬半镜在阳世及冥界的意义作了分析[6]。范淑英从流通的角度解释了唐墓中出土的个别种类的铜镜所反映的社会关系[7]；还就唐墓中铜镜常与剪刀随葬的性别含义和丧葬功能进行了探讨，认为其主要代表着女性身份和社会分工，也具有压胜功能[8]。陈灿平的博士学位论文对隋唐墓出土铜镜的类型、出土方式及其反映的社会与观念等问题进行了细致深入的研究[9]。陈倩的硕士学位论文则着重探讨了唐墓出土铜镜的位置、器物组合关系、放置方式及其反映的铜镜的使用功能[10]。

五是，唐镜的铸造技术、特种工艺和产地。

唐镜技术方面，何堂坤[11]对古代铜镜的合金成分、熔炼、铸造技术、表面处理和特种工艺等问题进行了研究，其中涉及隋唐铜镜。孙克让[12]考证了五

---

① 刘瑞霞：《镜台与镜槛——汉唐时期铜镜置镜方式刍议》，《文物世界》2018年第5期。

② 祁晓庆：《敦煌壁画婚礼图中的镜》，《敦煌研究》2015年第6期。

③ 杨瑾：《从唐代鸾鸟类铜镜看唐代女性的情感生活》，《乾陵文化研究》（六），西安：三秦出版社，2011年，第278～284页。

④ 范淑英：《菱花中的风情——铜镜与唐代妇女生活》，《艺术品》2012年第1期创刊号。

⑤ 王锋钧：《铜镜出土状态研究》，《西安文物考古研究——西安市文物保护考古所成立十周年纪念》，西安：陕西人民出版社，2004年，第70～100页；王锋钧：《中国古代置镜方式研究》，《故宫文物月刊》2000年第7期；王锋钧、杨宏毅：《铜镜出土状态研究》，《中原文物》2013年第6期。

⑥ 索德浩：《破镜考》，《四川文物》2005年第4期。

⑦ 范淑英：《唐诗所见唐代铜镜的流通及与考古资料的印证》，《考古与文物》2010年第3期。

⑧ 范淑英：《铜镜与铁剪——唐墓随葬品组合的性别含义及丧葬功能》，北京大学中国考古学研究中心：《两个世界的徘徊：中古时期丧葬观念风俗与礼仪制度学术研讨会论文集》，北京：科学出版社，2016年，第59～96页。

⑨ 陈灿平：《隋唐墓葬出土铜镜研究》，北京大学博士学位论文，2011年。

⑩ 陈倩：《唐墓中铜镜的出土状态及功能研究》，郑州大学硕士学位论文，2016年。

⑪ 何堂坤：《中国古代铜镜的技术研究》，北京：中国科学技术出版社，1992年初版；北京：紫禁城出版社，1999年再版。

⑫ 孙克让：《唐代铸镜吉日考》，《收藏家》1998年第3期。

月五日为铸镜吉日的文化渊源。董亚巍①对镜铭中有关铜镜的熔炼、铸镜吉日等问题从技术上进行了探讨，认为唐代百炼镜、五月五日江心镜等都与实际不符，是一种夸张、神秘的广告词。爱英、玉东②结合唐代透光镜的铸造，探讨了磨镜和唐代透光镜的特殊铸造技术，并认为唐代道教术士最先掌握透光镜的铸造技术。罗郁松③对战国至宋代铜镜雕版制范技术进行了初步探讨。

特种工艺镜方面，尚刚④对唐代特种工艺铜镜进行了分类，并分析了每类镜的工艺特点。刘万航⑤对平脱与螺钿工艺进行了介绍，涉及唐代的铜镜。张广立⑥、周秦⑦、王伟⑧、李书谦⑨、杨冬梅⑩、傅举有⑪、申永峰⑫等在介绍唐代漆平脱工艺的同时，论述了金银平脱镜的工艺流程及其流行时间。范淑英⑬对唐代螺钿镜的名称和复合镶嵌的工艺特点提出了看法。胡健⑭对学术界普遍认为唐代螺钿铜镜是一种漆工艺与贝壳镶嵌相结合的特种工艺镜的看法提出了质疑，认为唐代螺钿铜镜大致可分为虫胶树脂地镜背和漆地镜背两种样式，前者更接近于早期美索不达米亚螺钿工艺，应该是萨珊波斯文化影响下的产物。我国国内出土的螺钿铜镜，绝大多数应属于虫胶树脂地螺钿铜镜，而非漆地螺钿铜镜。杨忙忙⑮提出了一种用铸造法制造金背镜的方法。胡薇介绍了银背镜的制作工艺⑯。

唐镜产地方面，集中在扬州镜的讨论中。陈灿平⑰对唐代重要的铜镜产

① 董亚巍：《鄂州镜铭与古代铸镜工艺的若干问题考辨》，《鄂州大学学报》2003年第4期。
② 爱英、玉东：《唐代道教术士最先掌握透光镜的铸造技术》，《中国道教》1995年第2期。
③ 罗郁松：《试论战国至宋早青铜镜纹饰制作技术的演变——青铜镜雕版制范技术进化论》，《文物鉴定与鉴赏》2017年第6期、2017年第8期。
④ 尚刚：《唐代的特种工艺镜》，《南方文物》2008年第1期。
⑤ 刘万航：《平脱与螺钿》，《故宫文物月刊》1985年第3卷第2期。
⑥ 张广立、徐庭云：《漫话唐代金银平脱》，《文物》1991年第2期。
⑦ 周秦：《天马鸾凤铜镜与金银平脱工艺》，《金属世界》1996年第5期。
⑧ 王伟：《唐代金银平脱在漆工艺史上的地位》，《艺苑（南京艺术学院学报美术版）》1997年第4期。
⑨ 李书谦：《浅谈三门峡唐代特殊工艺镜》，《中原文物》1999年第3期。
⑩ 杨冬梅、桑鲁刚：《漫话唐代金银平脱镜》，《收藏界》2001年第9期。
⑪ 傅举有：《中国漆器金银装饰工艺之二·金银平脱漆器》，《紫禁城》2007年第4期。
⑫ 申永峰、刘小伟：《唐代金银平脱工艺浅析》，《中原文物》2010年第2期。
⑬ 范淑英：《唐代螺钿镜的定名及其工艺内涵》，《考古与文物》2014年第1期。
⑭ 胡健：《唐代螺钿铜镜的样式和工艺新探》，《中原文物》2017年第3期。
⑮ 杨忙忙、杨军昌：《唐金背禽兽葡萄镜钙化锈的清除及研究》，《考古与文物》2006年第5期。
⑯ 胡薇：《馆藏唐代银背镜》，《文物天地》2016年第6期。
⑰ 陈灿平：《唐代扬州铸镜考实》，《四川文物》2011年第4期；陈灿平：《古镜、旧镜与新镜——黑石号沉船出水铜镜的商贸特征》，上海博物馆：《大唐宝船——黑石号沉船所见9—10世纪的航海、贸易与艺术》，上海：上海书画出版社，2020年，第365～381页。

地扬州进行了考察,考证了扬州贡镜的历史及扬州镜的特征。姚义斌[①]对扬州地区铜镜制作的铜料来源、镜范、淬火和磨镜工艺进行了研究。

此外,还有孔祥星[②]、周世荣[③]、管维良[④]、梅丛笑[⑤]等学者的古代铜镜研究专著也涉及隋唐时期铜镜的艺术、文化和反映的宗教观念,包含了上述五个方面的某些内容。在古代铜镜文化研究方面,刘艺[⑥]的视野最为开阔,利用文献资料、考古资料、民俗资料的互证,尤其是文化人类学阐释对古代铜镜在社会生活中的功能进行了细致深入的解析。其专著内容集中在"镜文化与民俗""镜文化与宗教""镜文化与小说"三部分,在第三部分作者以小说为例论述了镜与民俗、镜文化中的宗教情结等与前两部分问题相关的内容,该书是目前所见有关铜镜在古代中国人习俗信仰方面资料最详、研究最深的一部学术著作,其中涉及唐代铜镜与宗教信仰、丧葬习俗的研究。而关于唐代铜镜的专门著作目前仅见王纲怀的一部,从唐代诗歌吟咏的角度对唐代铜镜的种类和镜式做了分类[⑦]。

上述成果说明第三阶段隋唐铜镜的研究不仅关注镜背纹饰和铭文,也非常关注铜镜的出土状态,铜镜研究正向着更为广泛和深入的方向发展。

第二节　隋唐铜镜的"复古"问题

从隋唐铜镜著录与研究的学术史可以看出,目前尚未有专门论述隋唐铜镜艺术风格的渊源问题的著述。但在判定某些隋唐镜的年代及进行隋唐镜类型学研究时,已有学者注意到了隋唐铜镜与汉代铜镜的联系。

清代金石学家已能判断出唐代铜镜铸造中有仿制汉镜的现象。钱坫《浣花拜石轩镜铭集录》卷二著录了唐仿汉驺氏镜、蔡氏镜两面唐仿汉镜;梁廷枏《藤花亭镜谱》卷三从铭文写法、铜镜厚薄等方面判定出五面唐摹汉

---

① 姚义斌:《唐代扬州铜镜铸造工艺的几个问题》,《"特殊与一般——美术史论中的个案与问题"第五届全国高校美术史学年会会议论文集》,2011年,中国知网会议论文。

② 前揭孔祥星、刘一曼:《中国古代铜镜》;孔祥星、刘一曼:《中国古铜镜》,台北:艺术图书公司,1994年。

③ 周世荣:《中华历代铜镜鉴定》,北京:紫禁城出版社,1993年。

④ 管维良:《中国铜镜史》,重庆:重庆出版社,2006年;管维良:《中国铜镜史》,北京:群言出版社,2013年。

⑤ 前揭梅丛笑:《以铜为鉴——中国古代铜镜艺术》。

⑥ 刘艺:《镜与中国传统文化》,成都:巴蜀书社,2004年。

⑦ 前揭王纲怀、孙克让:《唐代铜镜与唐诗》;王纲怀、孙克让:《唐镜与唐诗》,上海:上海人民出版社,2016年。

镜，分别是唐摹汉长勿相忘镜、长宜子孙镜、长宜官位镜、日光小镜和唐吕氏摹小四乳细草镜。梁上椿《岩窟藏镜》第三集著录有两面唐仿汉镜，一面是唐贞观仿汉鲁氏画像镜，一面是马家仿汉袁氏画像镜。根据唐贞观铭仿汉镜，梁上椿认为复古仿造汉式镜在唐代确已盛行，并不是以前认为的从宋开始，唐仿汉镜仍具有镜形厚重、良质白铜的唐代铜镜的特点。梅原末治《唐镜大观》下册《唐镜概观》中提出了"唐代复古式镜"的概念，并举出两面铜镜作为例证，一面葵花形博局镜，一面圆形蟠螭纹镜，说明唐代存在复古式镜的萌芽。梁上椿对唐仿汉镜的研究主要出于辨别真伪、判定年代的需要，后来许晓东《中国古代仿镜浅析》①、丁孟《唐宋以来铜镜摹古的特征及辨伪》②等研究论述唐仿汉镜的出现及特征，也是出于这样的目的。

1980年，孔祥星在发表的《隋唐铜镜的类型与分期》一文中指出隋至唐高宗时期的铜镜有沿袭汉镜传统的现象③，其后，颜娟英《唐代铜镜文饰之内容与风格》进一步阐释了这一观点，认为唐代早期铜镜的艺术风格可与汉朝衔接起来，有从复古出发以求变的特点④，将隋唐铜镜的风格渊源与"复古"相联系。

梅原末治、颜娟英提到的"复古"是中国历史发展过程中一个重要的思想文化现象。不仅在意识形态、礼仪制度层面有充分的表现，而且引发了文学艺术上诸多运动。前者以王莽的托古改制最负盛名，后者如中唐的古文运动、宋代的诗文革新运动、明代的前后七子复古运动等皆打着复古的旗号。"复古"作为中国文化的鲜明特征之一，更受到艺术史研究者的重视。以往，艺术史上的"复古"研究较多地集中在宋至清的绘画和书法方面，主要依靠传世的卷轴书画和书画史料。近三十年，借助于考古发掘的大量实物资料及西方艺术史研究方法，那些"复制过去"的器物或者图文被作为"文化再生的形式"⑤进行了重新阐释，时间跨度从三代下至明清，这些研究在探讨复古所"模仿、依托、再现和重构"⑥的样本的同时，还从政治、礼仪、制度等多个方面揭示了"复古"艺术的多样性与思想性，主要讨论的问题是新石器时代玉礼器和三代铜礼器在后世的传承和改造，着眼点多在儒学昌

---

① 许晓东：《中国古代仿镜浅析》，《故宫博物院刊》1998年第4期。
② 丁孟：《唐宋以来铜镜摹古的特征及辨伪》，《东方收藏》2011年第4期。
③ 前揭孔祥星：《隋唐铜镜的类型与分期》。
④ 前揭颜娟英：《唐代铜镜文饰之内容与风格》。
⑤ ［英］杰西卡·罗森：《古代纹饰的复兴与过去的呈现——来自商周青铜器的例子》，《祖先与永恒——杰西卡·罗森中国考古艺术文集》，北京：生活·读书·新知三联书店，2011年，第105页。
⑥ 李零：《铄古铸今——考古发现和复古艺术》，北京：生活·读书·新知三联书店，2007年，第9页。

盛的汉代和金石学兴起并初步繁荣的两宋时期，尤其是宋以后金石学兴起所导致的"复古"风在铜器、玉器、瓷器制作方面的表现[①]。在这些研究中尚有两个问题没有得到关注，一是，与"复古"紧密相关，艺术史上常常论及的"古意"未引起必要的讨论；二是，在中外文化交融的魏晋南北朝至隋唐时期，尤其是胡化十分兴盛的唐代，"复古"艺术是否存在，如果存在又是怎样的面貌？笔者在搜集研究隋唐铜镜的过程中发现，隋唐铜镜装饰纹样、铭文及其寓意与汉代铜镜艺术存在着密切的联系，隋唐铜镜艺术的繁荣恰恰是建立在学习、借鉴距离隋唐较远的汉镜艺术的基础上。这一"复古"现象引起了笔者的思考，在与汉镜的比较研究中提出了隋唐铜镜艺术风格渊源的研究课题，并将这一课题纳入隋唐时期较多地使用的文学艺术用语——"古意"的探讨中。

第三节　"古意"的提出及其定位

"古意"，是中国艺术的一个重要审美范畴。作为一个艺术标准，不仅贯穿古今，而且，通行于文学、美术和音乐等诸多艺术领域；不仅是艺术技巧的要求，也是艺术作品精神气韵的体现。

在美术史上，对"古意"无上推崇的是元代的赵孟頫。他的自跋画卷中说："作画贵有古意，若无古意，虽工无益。今人但知用笔纤细，傅色浓艳，便以为能手。殊不知古意既亏，百病横生，岂可观也。吾所作画似乎简率，然识者知其近古，故以为佳。此可为知者道，不为不知者说也。"[②]对于赵孟頫

---

① 这方面的研究成果有苏芳淑：《古人存古——玉琮在古代墓葬中的诸意义》，《古代墓葬美术研究》（第二辑），长沙：湖南美术出版社，2013年，第1～7页；[英]杰西卡·罗森：《过去在中国的多种含义》，《中国古代的艺术与文化》，北京：北京大学出版社，2002年，第419～439页；[英]杰西卡·罗森：《古代纹饰的复兴与过去的呈现——来自商周青铜器的例子》《复古维新——以中国青铜器为例》，前揭《祖先与永恒——杰西卡·罗森中国考古艺术文集》，第103～154页；陈芳妹：《宋古器物学的兴起与宋仿古铜器》，颜娟英主编：《美术与考古》下，北京：中国大百科全书出版社，2005年，第347～457页；前揭李零：《铄古铸今——考古发现和复古艺术》；巫鸿：《中国艺术和视觉文化中的"复古"模式》，《时空中的美术——巫鸿中国美术史文编二集》，北京：生活·读书·新知三联书店，2009年，第3～30页；中国国家博物馆：《宋韵——四川窖藏文物辑粹》，北京：中国社会科学出版社，2006年；刘晶晶：《论宋瓷仿古》，《装饰》2007年第7期；胡君佩：《宋瓷的器形仿古及其原因浅析》，《美术大观》2008年第2期；刘晶晶：《从宋瓷仿古看"仿""造"》，《装饰》2010年第2期；汪洁、于瑶：《清光绪时期青花瓷仿古之风盛行因素探析》，《中国陶瓷》2012年第1期等。
② （明）张丑：《清河书画舫》卷一〇下，《景印文渊阁四库全书》，第817册，第412页。

所倡导的古意，主要有三种认识，一种是复古，是恢复唐代的绘画传统，是倒退；一种是打着向前人的传统学习的旗号，目的是创新；一种认为古意即是古典主义，是指带有理想成分的，暗示一段时间性距离的简洁、庄严和正确的风格①。这三种说法本质上都暗含着对古代绘画传统的领悟。

从历史上看，一切呈现于视觉感知的美术品，其形象都非无源之水，受到时空关系中方方面面的影响，这种影响组成了复杂的美术史。它丰富了我们的视觉感知，但同时也给我们判断其来源增加了困难。其根本原因即是"古"在时间和空间上与"今"有着难以逾越的距离。《说文解字》对"古"的解说是这样的："古，故也，从十口，识前言者也，凡古之属皆从古。"②那么从"识前言者也"的解说中，可知"古"就暗含着"古意"，即对古代事物、古人的思想意趣或风范的理解，而这种理解对于认识源远流长的文明古国的美术尤其重要。

从狭义上说，美术史上的"古意"即是对本国艺术传统的探究。由于美术带有一定的技术制作性，具有手工技艺传承的特点，因而探究古意，其实践意义在于获得延续发展传统的动力。尽管说，现实总是历史发展的结果，任何一时代的美术总是接续着以前的传统，但是由于政治、经济，尤其是意识形态的变化，使得古意的内涵与形式也有着多种多样的形态。

在以往隋唐铜镜研究的基础上，本书意欲探讨隋唐铜镜艺术的渊源问题。而这一问题所涉及的"古意"便是从唐人的诗文中生发的。

唐代文艺理论中存在着"高古"和"古意"两个蕴含着与唐以前的文艺传统有关的美学概念。

唐代司空图《诗品二十四则》首次将"高古"作为诗歌的一种艺术风格进行了阐释，它列于二十四品中的第五品，司空图对此品的解说为：

> 畸人乘真，手把芙蓉。泛彼浩劫，窅然空踪。月出东斗，好风相从。太华夜碧，人闻清钟。虚伫神素，脱然畦封。黄唐在独，落落玄宗。③

司空图的"高古"把道家所想象的无限的空间和时间联系起来，营造了空气般纯净的境界。此品提及的意象有乘着真气飞升的畸人（仙人）、月光、清风、黑黝黝的太华山、静穆中传出的钟声与远古的圣人黄帝和尧帝。这些意

---

① 赵盼超：《"古意"新说》，《南京艺术学院学报（美术与设计版）》2008年第4期。
② （汉）许慎：《说文解字》第三，北京：中华书局，1996年，第50页。
③ 《全唐诗》卷六三四，中华书局编辑部点校：《全唐诗》（增订本），北京：中华书局，1999年，第10册，第7337页。

象皆有着悠远、永恒、空灵的特性。

宇文所安认为，"高古"是一种"关系到过去在现在中重现的风格"①。这种重现的风格与美术史上赵孟頫等元代人言说的"古意"含义十分接近。元代的绘画著作中就常用"古意""高古"等术语对美术作品进行评价，例如汤垕所著《画鉴》一书在高度评价了大小李将军的山水画后，说宋宗室赵千里仿效李思训及李昭道的青绿山水"妩媚无古意"；说唐代画家曹霸、韩幹画的马"命意高古不求形似，所以出众工之右耳"等等②。从汤垕对"高古"和"古意"的使用看，二者皆应属于"过去在现在中重现的风格"，似乎高古在时间上更为久远。

这种"过去在现在中重现的风格"也表现在唐代以"古意"为题的诗歌中。《全唐诗》收录有60余首题为《古意》的诗，绝大多数是五言诗，少量为七言诗。作者有王绩、骆宾王、陈子昂、崔国辅、祖咏、李颀、王昌龄、常建、李白、顾况、戎昱、戴叔伦、孟郊、白居易、贾岛、温庭筠、贯休等著名诗人。葛晓音认为唐人的《古意》诗或借古人咏怀，或效汉魏比兴，或化用汉魏意象，从内容到表现方式都可见唐人将汉魏古意视为一种创作传统③。唐人的《古意》诗，在形式上有的借用汉魏古诗的句式，有的借用其意象。如贯休《古意代友人投所知》中"客从远方来，遗我古铜镜。挂之玉堂上，如对轩辕圣"④便是汉诗"客从远方来，遗我×××"⑤的句式；白居易《古意》"脉脉复脉脉，美人千里隔。……昔为连理枝，今作分飞翮。寄书多不达，加饭终无益。心肠不自宽，衣带何由窄"⑥，可与汉诗"行行重行行，与君生别离。相去万余里，各在天一涯……相去日已远，衣带日已缓。……思君令人老，岁月忽已晚。弃捐勿复道，努力加餐饭"⑦相对照，"××复××"的句式即来自"行行重行行"，"衣带""加饭"的意象也与"行行重行行"一致；李白《古意》"君为女萝草，妾作兔丝花。轻条不自引，为逐春风斜"⑧中，"女萝""兔丝"的意象源自汉诗"冉冉孤生竹，结根泰山阿。与君为新婚，兔丝附女萝。兔丝生有时，夫妇会有宜"⑨。另外，唐代《古意》诗包含的爱惜光

① ［美］宇文所安著，王柏华、陶庆梅译：《中国文论：英译与评论》，上海：上海社会科学院出版社，2003年，第346页。

② （元）汤垕：《画鉴》，《景印文渊阁四库全书》，第814册，第422页。

③ 葛晓音：《论汉魏五言的"古意"》，《北京大学学报（哲学社会科学版）》2009年第2期。

④ 《全唐诗》卷八二七，《全唐诗》（增订本），第12册，第9398页。

⑤ 曹旭：《古诗十九首与乐府诗选评》（增订本）上，上海：上海古籍出版社，2019年，第130页。

⑥ 《全唐诗》卷四五二，《全唐诗》（增订本），第7册，第5135页。

⑦ 前揭曹旭：《古诗十九首与乐府诗选评》（增订本）上，第40页。

⑧ 《全唐诗》卷一六七，《全唐诗》（增订本），第3册，第1730页。

⑨ 前揭曹旭：《古诗十九首与乐府诗选评》（增订本）上，第78页。

阴、征人乡思、夫妻离合等对人生感悟的内容，也都与汉魏古诗一脉相承。

　　句式、意象和内容可通过视觉而感知和体悟。另外，唐代以古意为题的诗中还有一些可以经常在隋唐铜镜图纹中看到的物象，如常建《古意》中提到的"骑凤仙人"：

> 井底玉冰洞地明，琥珀辘轳青丝索。
> 仙人骑凤披彩霞，挽上银瓶照天阁。①

王绩《古意六首·三》中提到的"龟"：

> 宝龟尺二寸，由来宅深水。
> 浮游五湖内，宛转三江里。②

在贯休的《古意代友人投所知》中提到了"如对轩辕圣"的"古铜镜"，而"轩辕圣"与司空图"高古"意象中的"黄帝"相合。

　　一面时间久远的铜镜，很可能因镜上的图案与铭文使诗人产生出对古人的向往之情。这是唐人将"古镜"这一视觉呈现的物象转化为心灵感受的"古意"的显现。那么隋唐铜镜对距离久远的汉代铜镜艺术的融汇与吸收，是否也在追求这种"古意"呢？

　　制器而具古意，在宋代以来的金石学著作中，多有提及。南宋王俅《书啸堂集古录后》云："且掇古人所为，触物存戒之意以拜之。庶几不徒字画之泥，而古意之未忘也。"③他推测书画之外，古人在造器时也应不忘凸显"古意"。清梁廷枏《藤花亭镜谱序》曰："今日所存，特以两汉之器为最古，沿及六季，隋唐旧铸规模尚在，虽文质方圆之用时有变化，增减于其间，而要能不失古人意象。"④指出隋唐铜镜有古人意象。从上下文来看，这一古人意象应对应于汉魏之古意。

　　这种铜镜上的"古意"，在视觉呈现上应是"关系到过去在现在中重现的风格"。它首先在视觉上具有以往铜镜上的符号和意象；具体到隋唐铜镜上，在造型、纹饰和铭文，以及布局等方面都有视觉可见的汉镜因素，并

---

① 《全唐诗》卷一四四，《全唐诗》（增订本），第2册，第1464页。
② 《全唐诗》卷三七，《全唐诗》（增订本），第1册，第480页。
③ （宋）王俅：《啸堂集古录》，《景印文渊阁四库全书》，第840册，第89页。
④ （清）梁廷枏：《藤花亭镜谱》，《续修四库全书》，上海：上海古籍出版社，2002年，第1111册，第2页。

且传承有汉镜某些图、文的意义，少许因素甚至承自战国镜。而这些因素与隋唐时代之间有中断，应视为重现。虽然唐代的《古意》诗在描述物象的同时，还抒发了心灵可感的情绪，但美术史的研究以视觉可见的艺术品为对象，因此，本书的重点则是将隋唐镜和以前的铜镜相对比，揭示隋唐铜镜上可以看到的前代符号和意象，阐发其在美术史上的价值。

在中国历史上留下了不少与铜镜有关的隐喻，著名者如《孔子家语》有"夫明镜所以察形，往古者所以知今"①、顾恺之《女史箴图》之"修容饰性"以及李世民的镜论，都将具象的照镜行为与修心、治世等抽象的精神修养相联系。在东晋著名画家顾恺之传世名作《女史箴图》第四部分"修容饰性"中，画家借助日常生活中对镜梳妆的情景，希望人们能够像每天洗面梳头一样来修饰自己的内心。其深刻的画意，正如唐代帝王李世民所说："夫以铜为镜，可以正衣冠；以古为镜，可以知兴替；以人为镜，可以明得失。"②修饰内心的寓意以及以史为鉴的阐发，便是从铜镜照面的功能引发出去的。

但是，当人们欣赏《女史箴图》时，从图中较易看到梳妆的侍女，以及绑扎在镜架上的铜镜。图中铜镜的形制、镜钮上的绥带、镜架的样子，这些显而易见的内容会铭记于心，而其图像隐性的意义，画幅中的二行文字"人咸知修其容，莫知饰其性；性之不饰，或愆礼正，斧之藻之，克念作圣"却常常逃离我们的视线。图本与语义的紧密与疏离，会导致我们对图像的误读。对图像创造者艺术思维方式的陌生，更会导致语义上的误解。借助于图像，我们了解了古人使用铜镜的方法；借助于文字，我们认识到这一生活场景原来有着非同寻常的寓意。但是像《女史箴图》这样图本与语义互证的珍贵实例留存至今者少之又少，这种境况既给研究者留下了阐释的空间，同时也造成了研究的困境，即误读和误解很难避免。如果尽可能地搜集实物、文献资料，寻找多重证据，就会最大限度地找到阐释的可能性。

---

① 杨朝明、宋立林主编：《孔子家语通解》卷三《观周》，济南：齐鲁书社，2009年，第128页。
② （唐）吴兢：《贞观政要》卷二，上海：上海古籍出版社，1978年，第33页。

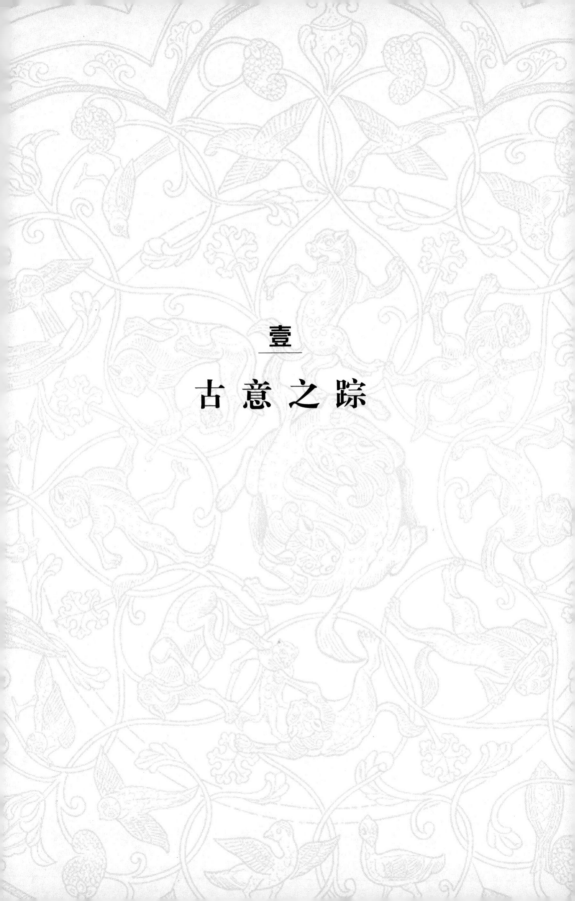

壹

古 意 之 踪

第一章　隋唐铜镜造型与图文的古意

古代铜镜的装饰因素有镜形、花纹、铭文等，镜形是载体，花纹和铭文按照一定的构图方式组合在一起，形成了不同的镜式，这些装饰因素是前人在铜镜研究时进行考古类型学分析的主要标准，隋唐铜镜也不例外。

根据以往研究，隋唐式铜镜大体可分为素面镜和花纹镜二类。素面镜有弦纹素面镜、铭文素面镜、宝相花钮座素面镜、纯素面镜等；花纹镜主要包括四神十二生肖镜、瑞兽镜、瑞兽葡萄镜、鸾鸟瑞兽镜、雀绕花枝镜、葡萄蔓枝镜、对鸟镜、人物镜、盘龙镜、瑞花镜、四夔纹镜、蝶花镜、万字镜、刻花镜、八卦镜[①]、龟鹤镜、天象山水镜等十七类。花纹镜因形状、组合形式多样，不同种类纹样之间的搭配变化较为自由，铭文也变得比较活泼，更能代表隋唐铜镜发展的艺术水平和艺术精神。

若论及十七类隋唐式花纹镜的造型、图案与铭文的设计来源，则与其他艺术门类相似，不外乎有两个方面，一方面是延续或复兴了前代已出现过的装饰因素，将以往的艺术传统作为素材进行重新创作；另一方面是受到同时代其他地区文化和艺术影响的新的创造。隋唐时期，外来影响加剧。外来艺术的装饰题材和装饰形式渗透到隋唐时期的艺术中，在这一时期的绘画、雕塑、工艺美术中不乏其例，因而探索隋唐艺术中的外来影响成为隋唐美术史研究的重要内容，尤其是工艺美术研究领域，诸如隋唐金银器中的外来影响、陶瓷器仿金银器的现象、隋唐玉器的产地和制作工匠及唐代铜镜中的外来因素等皆是重要的研究课题。但是，这不同的文化和艺术的影响中还应包括传统的文化与艺术，即在旧有思想信仰与艺术样式的影响下的新创造，这种创造连同延续或复兴了前代已出现过的造型、布局和装饰题材一起，形成了隋唐铜镜艺术中的古意。本章将以196件（组）隋唐纪年镜（墓葬出土

[①]　前十五类的分型和分式，徐殿魁有专门的研究，见《唐镜分期的考古学探讨》，《考古学报》1994年第3期。

镜及年号镜①，见附表一）为基础，并结合考古发现的铜镜及少数传世镜，对隋唐铜镜造型、图文蕴含的古意进行梳理和分析。

第一节　镜形的古意

一、隋唐铜镜镜形类别

隋代以前，铜镜的形状较为单纯。从新石器时代晚期齐家文化起至春秋时期，铜镜的镜形只有圆形，战国时期出现了少量方形镜。汉魏晋南北朝时期，铜镜又盛行圆形镜，考古只发现 2 面汉代矩形镜，一面是江西南昌西汉海昏侯刘贺墓出土，长 70.3 厘米、宽 46.5 厘米、厚 1.3 厘米，铜镜背面为素面，有五个半环状钮固定在镜框上②；另一面是山东淄博市临淄区窝托村西汉齐王墓的五号陪葬坑出土，长 115.1 厘米、宽 57.7 厘米、厚 1.2 厘米，背部也有五个半环状钮，镜背有浅浮雕连弧纹、柿蒂纹和夔龙纹③。这两面长方形镜应为穿衣镜，除此之外，汉至隋以前的铜镜基本上都是圆形镜。隋代时，仍以圆形镜为盛，但出现了一定数量的方形镜。唐代，沿着隋镜圆形和方形两种铜镜造型的总体设计思路，发展出一些新的镜形式样，使得镜形呈现出多样化的发展态势。

隋唐铜镜的镜形大体可分两类：

一类是圆形和类圆形（图 1-1-1）。圆形镜有圆形（图 1-1-1a）、圆形带柄镜（图 1-1-1b）；类圆形镜有葵花形、菱花形和内弧八角形镜（图 1-1-1c）等。葵花形为圆弧边，有八出（图 1-1-1d）和六出（图 1-1-1e）两形，有的葵花瓣边较平缓，有的较弧突，还有曲边葵花瓣（图 1-1-1f），镜形呈六边形。菱花形为尖状边，也有八出（图 1-1-1g）和六出（图 1-1-1h）两形，八出镜中还有一种曲边菱花瓣（图 1-1-1i），菱花形镜的尖瓣都较突出。

另一类是方形和类方形（图 1-1-2）。有方形（图 1-1-2a）、弧方形（图 1-1-2b）、亚字形（图 1-1-2c）、菱花瓣方形镜（图 1-1-2d）等。弧方形的四角

---

① 目前发现带有唐代"贞观元年""贞观十六年""永徽元年""上元二年""大和元年"年号的铜镜 8 面，应是宋代仿造镜。具体考证见范淑英：《宋代铸造的唐代年号镜——仿古和逐利影响下的宋代工艺美术个案》，《故宫博物院院刊》2021 年第 3 期。本书附表一已将这 5 种 8 件唐代年号镜去除。

② 王意乐、徐长青等：《海昏侯刘贺墓出土孔子衣镜》，《南方文物》2016 年第 3 期。

③ 山东省淄博市博物馆：《西汉齐王墓随葬器物坑》，《考古学报》1985 年第 2 期。

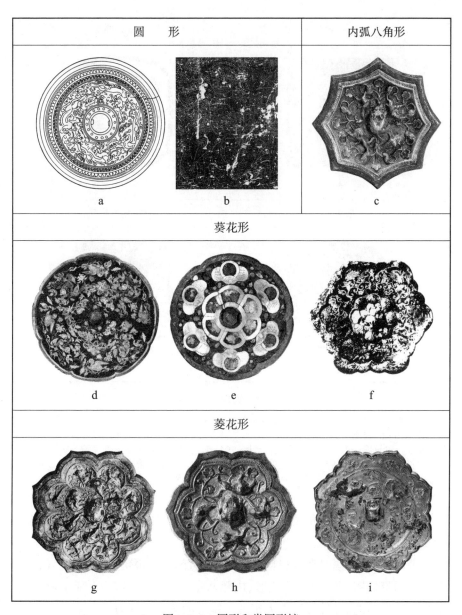

图 1-1-1　圆形和类圆形镜

a. 隋炀帝大业四年（608）苏统师墓圆形瑞兽镜线图，采自《考古与文物》2010年第3期第6页图四；b. 唐玄宗开元六年（718）韦顼墓石椁线刻执圆形带柄镜照面的侍女拓片，采自《文物参考资料》1956年第4期第31页图二；c. 唐玄宗开元二十四年（736）李倕墓内弧八角形银壳鸟兽葡萄镜，陕西考古研究院刘呆运先生供图；d. 武则天长安三年（703）张盈墓八出葵花形金银平脱花鸟镜，采自《洛镜铜华——洛阳铜镜发现与研究》下册第296页图266；e. 唐玄宗开元二十四年（736）李倕墓六出葵花形螺钿宝相花镜，陕西考古研究院刘呆运先生供图；f. 六边形嵌玉金平脱花鸟镜，采自《唐宋铜镜》图22；g. 武则天"长寿元年"（692）铭八出菱花形银壳鸾兽镜，采自《唐镜大观》第99页下图；h. 唐中宗神龙二年（706）宋祯夫妇墓六出菱花形银壳鸾兽镜，采自《洛镜铜华——洛阳铜镜发现与研究》下册第309页图276；i. 台北故宫博物院藏唐八出曲边菱花形鸾兽镜，采自《皇帝的镜子——清宫镜鉴文化与典藏》第107页图1-43

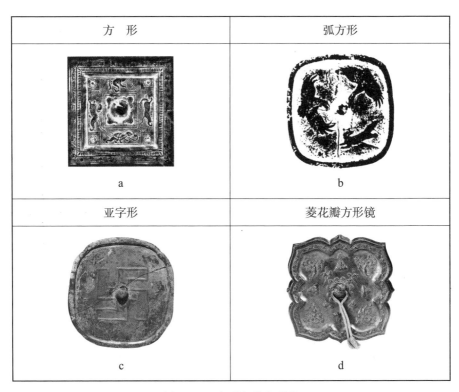

图 1-1-2　方形和类方形镜

a. 隋文帝仁寿元年（601）元威夫妇墓方形四神镜拓片，采自《考古与文物》2012年第1期第31页图一五；b. 武则天永昌元年（689）崔挈夫妇墓弧方形双鹰抓狐镜拓片，采自《文物》1987年第8期第47页图一七；c. 唐德宗贞元十年（794）李荣初夫妇墓亚字形万字镜，采自《洛镜铜华——洛阳铜镜发现与研究》下册第279页图251；d. 台北故宫博物院藏菱花瓣方形飞仙镜，采自《皇帝的镜子——清宫镜鉴文化与典藏》第111页图1-45

向外弧突，亚字形的四角则向内收进，菱花瓣方形镜由四个大尖瓣和四个小尖瓣组成近方形的造型。

可以看出，隋唐时期，汉魏晋南北朝盛行的圆形镜仍然盛行，此外，又出现了圆形带柄镜、葵花形、菱花形、内弧八角形、方形、弧方形、亚字形、菱花瓣方形镜等新的镜形样式，大大拓展了镜形的艺术表现力。

二、隋唐新式镜形的造型来源

镜形设计应看作是隋唐铜镜艺术最重要的成就。结合隋唐时期艺术发展的复杂背景，这一重要成就的获得应是综合了传统铜镜艺术和外来艺术双重影响的结果。

（一）战国汉镜影响下的方形和类方形镜

从出土纪年镜的资料来看，方形镜是隋唐最先出现的新镜形。最早的一例为隋文帝仁寿元年（601）元威夫妇墓出土的四神方镜（见图1-1-2a），边长13.2厘米，镜面素光无锈，呈银白色。镜背分内、外两区。内区凹陷，中央为方形钮座、球形钮，钮外饰柿蒂纹。钮座外浮雕青龙、白虎、朱雀、玄武四神图像，底衬云气。青龙与白虎位置颠倒，青龙尾部有一展翅飞翔的小鸟。内区四角各有一枚乳钉，饰柿蒂纹。外区有铭文一周，铭文内有栉齿纹一周。铭文为阳文楷书，共36字，部分字迹模糊，自左上角逆时针读为："永和元年三月壬午敕勒尚/方擅造时监□传庾（？）后/师匠十有一人即以/其年五月五日铸之。"据简报的作者考证，隋之前"永和"年号前后被使用三次，分别是：东汉顺帝（136～141）、东晋穆帝（345～356）、十六国后秦姚泓（416～417）。而东汉铜镜中有大量的托款"尚方"铭，蔚为风尚。此镜铭文书法风格为楷书略带隶意，已经是隋代流行的成熟的楷书体。此面铜镜应为仿汉代铜镜铭文和图案的隋代作品[1]。

隋代出现的方形镜，一种可能是受到了战国方形镜的影响。隋唐时期出现有战国式镜，如洛阳北窑唐墓出土一面圆形蟠螭纹镜（图1-1-3）。直径17.1厘米[2]。圆钮，双圈弦纹钮座。钮座内圈饰扭结的绳纹，外圈饰云纹。镜背主体纹饰以六组互相缠绕的蟠螭组成，每组均以螭首两两相对，其中三组螭首面向钮座，另外三组螭首面向镜缘。螭体均饰有纤细的连续的云雷纹，蟠螭之间空隙处留白，镜面钮座双圈、镜缘各有一道凸起的窄棱。此种铜镜纹饰具有战国镜遗风，由此推知，唐人应是受到战国方镜镜形的启发复兴了方镜镜形。

还有一种可能是以汉镜作为设计来源。上述隋四神方镜的铭文和图案有明显模仿汉镜的特点，隐含着方形镜形的汉镜渊源。汉镜虽都是圆形镜，但在镜钮附近常用方框界格出方形区域装饰花纹，如汉代博局镜（图1-1-4）[3]、草叶纹镜等镜式钮外的大方格，皆为正方形。隋唐方形和类方形镜的出现很可能与汉镜中的大方格有关。汉镜中有的大方格四角还装饰有草叶等纹饰，形成类似唐代弧方形和亚字形镜的外形效果。弧方形方格的，如1957年巩县石家庄东汉墓M11出土的变形四叶八凤镜（图1-1-5）[4]，钮座因四角加饰四叶变成了弧方形，而图1-1-6四叶八凤镜的钮座方格，四角圆

① 陕西省考古研究院、咸阳市文物考古研究所：《隋元威夫妇墓发掘简报》，《考古与文物》2012年第1期。

② 洛阳博物馆：《洛阳出土铜镜》，北京：文物出版社，1988年，图片说明第13页。

③ 台北故宫博物院：《皇帝的镜子——清宫镜鉴文化与典藏》，台北：台北故宫博物院，2016年，第46页，图1-13。

④ 霍宏伟、史家珍：《洛镜铜华——洛阳铜镜发现与研究》上册，北京：科学出版社，2013年，第179页，图133。

图 1-1-3　洛阳出土唐圆形蟠螭纹镜拓片

采自《洛阳出土铜镜》图 93

图 1-1-4　台北故宫博物院藏汉博局镜

采自《皇帝的镜子——清宫镜鉴文化与典藏》第 46 页图 1-13

图 1-1-5　巩县石家庄出土东汉变形四叶
　　　　　八凤镜

采自《洛镜铜华——洛阳铜镜发现与研究》上册第 179 页图 133

图 1-1-6　私人藏品东汉四叶八凤镜

采自《汉镜文化研究》上册第 298 页图 10

弧，四边挺直，是比较标准的弧方形①。亚字形方格的，如扬州邗江征集的一面西汉草叶纹镜（图 1-1-7），球形钮外饰柿蒂纹，其外为方框钮座，再外又

①　王纲怀：《东汉三国高凸镜面曲率半径研究》，清华大学汉镜文化研究课题组：《汉镜文化研究》上，北京：北京大学出版社，2014 年，第 298 页，图 10。

套一大方框,大方框四角上各有一草叶压住四角,形成内收的效果①。洛阳市郊区烧沟村西汉中期墓M171出土的草叶纹镜(图1-1-8),在双弦纹方钮座外每边各饰抹角四叶纹,近似亚字形②。

图1-1-7　扬州邗江征集西汉草叶纹镜　　　图1-1-8　洛阳烧沟出土西汉草叶纹镜

采自《汉广陵国铜镜》第56页图16　　　采自《洛镜铜华——洛阳铜镜发现与研究》上册第90页图40

　　受到汉镜镜钮区域设计影响的唐代类方形镜还有菱花瓣方形镜。此形镜的外观与汉镜中钮座装饰的柿蒂纹最为接近。柿蒂纹,也称作四叶纹、四瓣花纹、花叶纹、莲瓣纹等,是战国、汉代铜镜上常见的装饰纹样,从《中国铜镜图典》上刊布的战国花叶镜、山字镜、禽兽镜可见钮座外装饰尖瓣的花叶,有四叶、五叶、六叶、八叶等形式③,汉镜镜钮覆掩的柿蒂纹常见有四个大花瓣和四个大花瓣中间夹杂着四个小花瓣的八瓣柿蒂,小花瓣或尖或圆,尖瓣的八瓣柿蒂与唐代菱花瓣方形镜外形最为相似。如台北故宫博物院收藏的菱花瓣方形飞仙镜(见图1-1-2d)④,其外形为四大尖瓣中间有四个小尖瓣,镜钮为圆形,上饰花瓣纹,钮座为变形四叶外饰云头纹,此镜的钮座和外形极为相称,都是从汉镜柿蒂纹变化而来的。四大尖瓣间四小尖瓣的形式可从台北故宫博物院藏汉博局镜(见图1-1-4)及"金之青"铭四神博局镜(图1-1-9)⑤的柿蒂纹钮座见到;亦可从考古发现的一些东汉墓葬图像中找到,

①　徐忠文、周长源主编:《汉广陵国铜镜》,北京:文物出版社,2013年,第56页,图16。

②　前揭《洛镜铜华——洛阳铜镜发现与研究》上册,第90页,图40。

③　前揭《中国铜镜图典》;前揭《中国铜镜图典》(修订本)。

④　前揭《皇帝的镜子——清宫镜鉴文化与典藏》,第111页,图1-45。

⑤　前揭《中国铜镜图典》,第279页;前揭《中国铜镜图典》(修订本),第377页。

如山东嘉祥县宋山（图1-1-10）[①]、沂南汉画像石墓、密县打虎亭2号墓、肥城北大留村出土的八叶纹画像石[②]，都为四大尖瓣夹四小尖瓣呈方形的纹样。唐代菱花瓣方形镜与此种柿蒂纹极为相似。

图1-1-9　汉"金之青"铭四神博局镜拓片　　图1-1-10　嘉祥宋山汉八叶纹画像石拓片
采自《中国铜镜图典》第279页图　　　　　　采自《中国画像石全集2·山东汉画像石》
　　　　　　　　　　　　　　　　　　　　　第101页图108

（二）多种因素影响下的圆形和类圆形镜

1. 外来艺术的启发

葵花形和菱花形花式镜的出现是唐代铜镜镜形最大的变化。其外形突破了圆形的规整和束缚，形成一种像花朵一样的造型，葵花形是圆弧形的花瓣，菱花形是两条曲线组成的尖状花瓣。

我国古代早期铜镜都是圆形的。铜镜最初的功能为照面梳妆的用具，圆形镜的形状与人的脸部呈现椭圆的外形有一定关系，但也受到容器平面形状的影响。学界对铜镜起源的探讨有鉴来说、阳隧说、铜泡说，以及受多种早期金属器的光洁表面成像的启示而发明等观点[③]。因古文献中"镜"又被称为"鉴"，存在"以水鉴容"的阶段，所以以上铜镜起源的观点都注意到盛水的容器鉴对铜镜形状的影响。如李淮生认为，齐家文化出现的铜镜，是受到铜制的刀、斧、铜泡等金属器因使用摩擦等而变得日益光亮，甚至光可

---

① 中国画像石全集编辑委员会：《中国画像石全集2·山东汉画像石》，郑州：河南美术出版社、济南：山东美术出版社，2000年，图108。

② ［日］林巳奈夫著，蔡凤书译：《中国古代莲花的象征（一）》，《文物季刊》1999年第3期。

③ 对铜镜起源学说的综合论述参见何堂坤：《铜镜起源初探》，《考古》1988年第2期。

鉴人的启发，又受到传统盆鉴圆形水平面的启示，才创造出了专门用于照容妆饰的磨光圆平板铜片[①]。宋新潮认为，"以水鉴容"是中原民族传统的映照方式，在铜镜发明并传入中原地区后，这种"舶来品"并没有对中原地区人们的生活产生明显的影响，因此，"以水鉴容"的传统方式也就一直没有发生改变。春秋战国之际，民族迁徙以及诸民族间的战争，在客观上促进了各民族、各地区间的文化交流与融合，再加之社会动荡变革，中原地区商周传统礼乐制度也遭到了冲击。在这种外界条件下，铜镜开始在中原地区成为人们日常生活的照容用物[②]。正是鉴容方式的改变，促进了战国铸镜业的快速发展，这一时期不仅铜镜数量增多，出现的地域广泛，而且装饰花纹十分丰富，且镜形也发生了变化，出现了方形镜。如果考虑到镜与鉴的密切关系，方形镜的出现应受到春秋战国时期青铜鉴形制的启发，铜鉴有圆鉴、方鉴两种形状，方鉴的器口呈正方形，一般被认为是盛冰的冰鉴[③]。

　　从铜镜与容器平面存在的关联出发，鉴于中国传统器物中未见花式口的，那么，唐代新出现的花式镜最大的可能是借鉴了外来的曲瓣形金银器，包括输入品和仿制品。

　　据齐东方先生研究，隆起较高或凸鼓明显的曲瓣形器物或许可追溯到地中海沿岸地区的希腊罗马，但在萨珊时期的银器中得到了充分体现。波斯萨珊金银器对中亚地区有极大的影响，但在中亚隆起较高的曲瓣却产生了相对变浅的趋势。这一特征被后来中亚粟特银器工艺所继承[④]。5至7世纪时，在中国以外的亚洲地区中，西亚的萨珊和中亚的粟特是金银器制作的两个中心。与萨珊相比，粟特和中国的关系更为密切，唐代金银器从域外取得的借鉴，大部分应直接或间接来自粟特[⑤]。在中国发现的粟特银器及仿制品中就有俯视器口平面呈花瓣形、八角形、内弧八角形的，如广东遂溪边湾村南朝窖藏中发现的一件银碗，碗口平面为十二瓣的花瓣形；西安市文管会收藏的一件缠枝纹银碗，碗口平面为八曲花瓣形（图1-1-11[⑥]）；西安何家

①　李淮生：《中国铜镜的起源及早期传播》，《山东大学学报（哲学社会科学版）》1988年第2期。

②　宋新潮：《中国早期铜镜及相关问题》，《考古学报》1997年第2期。

③　朱凤瀚：《中国青铜器综论（上）》，上海：上海古籍出版社，2009年，第311～315页。

④　齐东方：《西安市文管会藏粟特式银碗考》，《考古与文物》1998年第6期；齐东方：《唐代金银器研究》，北京：中国社会科学出版社，1999年，第340～341页。

⑤　孙机：《中国圣火——中国古文物与东西文化交流中的若干问题》，沈阳：辽宁教育出版社，1996年，第156页。

⑥　陆九皋、韩伟：《唐代金银器》，北京：文物出版社，1985年，图10。

图 1-1-11　西安市文管会藏缠枝纹银碗线图

采自《唐代金银器》图 10

村窖藏出土的八棱形人物纹金带把杯（图 1-1-12a[①]）、八棱形伎乐纹金带把杯（图 1-1-12b[②]）、鎏金八棱形伎乐纹银带把杯，杯口平面皆呈八角形或内弧八角形[③]。后四件西安出土的金银器或晚至 7 世纪以后。

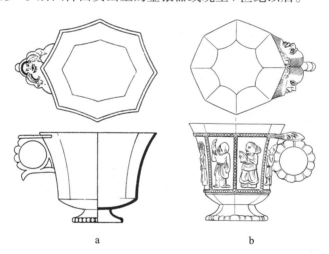

a   b

图 1-1-12　西安何家村窖藏出土金带把杯线图

a. 八棱形人物纹金带把杯，采自《唐代金银器》图 63；b. 八棱形伎乐纹金带把杯，采自《花舞大唐春——何家村遗宝精粹》第 79 页图

①　上揭《唐代金银器》，图 63。

②　陕西历史博物馆、北京大学考古文博学院等：《花舞大唐春——何家村遗宝精粹》，北京：文物出版社，2003 年，第 79 页。

③　以上列举的 5 件金银器，齐东方先生认为是粟特器物，其中 3 件何家村出土的八棱形带把杯非输入品，或为粟特工匠在中国制造。见齐东方：《唐代以前外国输入的金银器》《中国发现的粟特银碗》《唐代粟特式金银带把杯》，载入前揭《唐代金银器研究》，第 248 ～ 260、333 ～ 362 页。

　　盛唐以后流行的花式镜，纪年较早的菱花镜有武则天长寿元年（692）银壳鸾兽镜（见图1-1-1g）、长寿二年（693）素面铭文镜，纪年较早的葵花镜有武则天长安三年（703）金银平脱花鸟镜（见图1-1-1d），纪年较早的八角镜有玄宗开元二十四年（736）银壳鸟兽葡萄镜（见图1-1-1c），这些铜镜大致在7世纪末至8世纪初，晚于上述中国境内发现的粟特式金银器的年代。

　　但还发现3面特殊的花式镜，有二面的年代应是假托在盛唐以前，有一面出自初唐墓葬。分别是：

　　八卦铭文镜（图1-1-13），安徽望江县博物馆收藏，直径23厘米，八出葵花形，圆钮，钮外八卦纹，其外共有篆书铭文三圈，内圈铭文为："建元元年五月五日广陵泰守河南侯造。"中圈铭文为："花开鹤舞，月满鸿骞，龙门动色，人玉与言。"外圈铭文为："洗持以照，华容散影，时开凤盘，花不藉龙，扬光□淮。"中、外圈铭文间饰凸弦纹一周。苏方军、宋康年认为建元元年系齐高帝萧道成479年，此镜为六朝镜[1]。李缙云认为此镜的形制、纹饰应属唐代八卦镜类，而铭文中"建元元年"，或为汉代，或为六朝时期，当为伪托之作[2]。张清文认为，镜铭中的"广陵泰守"应为"广陵太守"，南唐第二任皇帝李璟皇后钟氏，其父名太章，因此南唐避偏讳"太"字，此镜应铸于南唐交泰元年（958），因此年用了三个年号，纪年混乱，工匠才采用了"建元元年"这个普适的纪年方法[3]。刘铮认为望江县八卦铭文镜应铸造于唐乾元元年（758），镜铭中所谓"建元元年"实是"乾元元年"之讹误，"广陵泰守"乃是"广陵长史"之别称。此镜不仅是目前所见最早的八卦铭文镜，而且见证了唐代安史之乱、"改州为郡"、"以载为年"等重大历史事件[4]。刘铮的考证翔实充分，只是"建元元年"亦有可能是假托汉代年号。

　　"贞观元年"素面镜（图1-1-14），四川博物院藏，直径15.5厘米，八出菱花形，圆钮，铜镜背面只竖书"贞观元年"四字铭文，无其他纹饰。对于该镜的年代存在两种看法，一种看法认为可能是后世仿造，因为铭文中的"贞"字少了一笔，为了避讳。另一种看法为张孜江提出，认为贞字少一笔有可能是制镜时疏忽所致，理由是铸镜者一般不会仿造一面没有多少经济价值的

①　宋康年：《安徽望江发现一件八卦铭文铜镜》，《文物》1988年第8期；宋康年：《安徽望江县博物馆馆藏铜镜简介》，《东南文化》1991年第2期；苏方军、宋康年：《望江博物馆藏镜》，《收藏》2011年第2期；苏方军、宋康年：《安徽望江县博物馆藏古代铜镜》，《华夏考古》2012年第4期。

②　李缙云：《古镜鉴赏》，桂林：漓江出版社，1995年，第24页。

③　张清文：《望江县藏八卦铭文镜时代重考》，《华夏考古》2016年第2期。

④　刘铮：《安徽望江县同心村出土八卦铭文镜年代考》，《四川文物》2018年第5期。

图 1-1-13 安徽望江县博物馆藏八卦铭文镜 　图 1-1-14 四川博物院藏"贞观元年"素

采自《收藏》2011 年第 2 期第 109 页图 4 　　　　　　面镜

采自《文物鉴定与鉴赏》2010 年第 6 期第
45 页图 6

实用型"素镜"，而不去仿造纹饰精美、经济价值高的铜镜，并认为该铜镜反映了唐初百废待兴的经济状况，社会文化生活尚处在一个调整时期，与唐初的社会经济状况比较吻合，不似以后大唐盛世时的雍容华贵和富丽堂皇[①]。但根据"贞观元年"镜八出菱花的每一个尖瓣较为低平，且轮廓线凹下弯曲，花瓣的底部深入镜体较深，且十分尖锐的特点判断，此镜非唐代菱花形镜。再根据"贞"字缺末笔，应是避宋仁宗赵祯讳，可知此镜为宋代镜[②]。

对鸟镜，直径 16.5 厘米，八出葵花形，鼻形钮，内区花纹为双鸾和小鸟，双鸾相对起舞，昂首展翅，双鸾上下各有一只小鸟，口衔绶带或如意云头，作飞翔状。缘部八个花瓣内，各有祥云、瑞草、蝴蝶相间装饰。该镜出自隋丰宁公主与驸马韦圆照合葬墓，丰宁公主薨于大业六年（610），先葬，韦圆照薨于武德六年（623），夫妇合葬于贞观八年（634）[③]。一般认为，葵花形镜至武则天和中宗时期始多，该纪年墓出土的对鸟镜将葵花形镜的出现提前了半个世纪。同时，按照纪年镜的资料来看，对鸟镜是从玄宗时期铸造流行的，如开元十年（722）偃师杏园卢氏墓出土的双雁荷花镜就是较早的实物[④]。而

① 张孜江：《馆藏汉唐铜镜赏析》，《收藏界》2010 年第 6 期；张孜江：《馆藏汉唐铜镜赏析》，《文物鉴定与鉴赏》2010 年第 6 期。
② 该镜铸造年代的具体考证，见范淑英：《宋代铸造的唐代年号镜——仿古和逐利影响下的宋代工艺美术个案》，《故宫博物院院刊》2021 年第 3 期。
③ 戴应新：《隋丰宁公主与韦圆照合葬墓》，《故宫文物月刊》1998 年第 16 卷第 6 期。
④ 前揭《偃师杏园唐墓》，第 76 页。

丰宁公主和韦圆照合葬墓出土的对鸟镜，也将对鸟镜的铸造上限提前了80余年。

目前，贞观八年纪年墓出土的葵花形对鸟镜还只是初唐时期出现花式镜的特例，其纪年仍晚于广东遂溪边湾村南朝窖藏中发现的粟特银器的年代。

在古代工艺美术制作中，常有低等级的材料模仿高等级的材料制作器物的现象。唐代，国泰民安、相对富足的社会孕育了奢靡享乐之风，使用金银器成了人们的追求，同时，造型别致、纹样丰富、工艺精巧的金银器也吸引了其他工艺进行仿效，陶瓷器、玉石器乃至铜器都有模仿金银器的现象。唐代官府手工业的管理呈现出一定的综合性，据《新唐书·百官志三》记载，掌冶署"掌范镕金银铜铁及涂饰琉璃玉作。……凡诸冶成器，上数于少府监，然后给之"①。这种综合性也促使不同门类的手工业相互借鉴。唐代铜镜圆形和类圆形镜形的变化与唐代金银器中碗、盘、洗、圆盒等类圆器平面的变化过程基本一致。初唐时期，由于受到外来金银器的影响，金银器中的类圆器多采用任意等分的装饰方法，在器物的外壁有九、十二或更多的分瓣，还见有S形、U形的装饰瓣，器物的口部主要是圆形器口；盛唐时期，金银器逐步完成了中国化的过程，器物多采用六、八等分，比较规整。器物的口部尽管仍以圆口为主，但出现了多瓣、菱花、葵式等器口样式；中晚唐时期，多采用四、五等分，出现了海棠、龟背、椭方等器口②。

如果从多曲瓣形金银器变化的过程来看铜镜镜形的变化，大致可得出这样的看法：六出、八出葵花形、菱花形镜式的产生很可能受到中国化的金银器器口形状的影响，其流行年代与此类型的金银器高度一致。弧方形铜镜虽然在盛唐已经出现，山西长治武则天永昌元年（689）崔挐夫妇墓出土的双鹰抓狐纹镜是最早的一例弧方形纪年镜，但其流行也是在德宗以后的中晚唐；亚字形镜则是代宗之后的中晚唐才盛行起来的。而中晚唐出现的弧方形、亚字形金银器的年代与此类铜镜年代基本一致，应是金银器分曲瓣简化的产物。弧方形的金银器年代较为明确的如偃师杏园宪宗元和九年（814）郑绍方墓出土的鸳鸯纹椭方形银盒③、亚字形的如洛阳伊川鸦岭穆宗长庆四年（824）齐国太夫人墓出土的鹤首银支架、鎏金卷草纹银粉

---

① （宋）欧阳修、宋祁：《新唐书》卷四八，北京：中华书局，1975年，第1271页。
② 韩伟：《海内外唐代金银器萃编》，西安：三秦出版社，1989年，第18～20页；张东：《唐代金银器对陶瓷造型影响问题的再思考》，《上海博物馆集刊》，2000年，第288～289页。
③ 前揭《偃师杏园唐墓》，第202页。

盒①、偃师杏园文宗大和八年（834）李归厚墓出土的双凤衔花纹银盒（图1-1-15）②、印度尼西亚爪哇岛9世纪早中期"黑石号"沉船出水的金盘（图1-1-16）等③。中晚唐金银器中还有一些云朵形、花瓣或蝴蝶形的银盒，刻意强调器物的弧曲变化，如"黑石号"沉船出水的银盒（图1-1-17）④、陕西历史博物馆藏的多曲近三角形银盒⑤，其外形与曲边菱花镜的曲边菱花瓣极其相似。

图1-1-15 偃师杏园唐李归厚墓出土双凤衔花纹银盒　图1-1-16 "黑石号"沉船出水

采自《偃师杏园唐墓》彩版7图1　　　　　　　　　　金盘

采自《宝历风物——"黑石号"

沉船出水珍品》第132页上图

图1-1-17 "黑石号"沉船出水银盒　　　图1-1-18 陕西礼泉唐郑仁泰墓出土铜盘

上海博物馆《宝历风物——"黑石号"沉船　　采自《文物》1972年第7期图版拾贰图5

出水珍品展》拍摄

① 洛阳市第二文物工作队：《伊川鸦岭唐齐国太夫人墓》，《文物》1995年第11期。

② 前揭《偃师杏园唐墓》，彩版7图1。

③ 上海博物馆：《宝历风物——"黑石号"沉船出水珍品》，上海：上海书画出版社，2020年，第132页。

④ 齐东方：《"黑石号"沉船出水器物杂考》，《故宫博物院院刊》2017年第3期，图十三。

⑤ 申秦雁主编：《陕西历史博物馆珍藏金银器》，西安：陕西人民美术出版社，2003年，第107页，图105。

圆形镜类还有一种镜形是带柄镜。古代铜镜大体可以分为东、西方两大系统。一是流行于东亚及周边区域，以古代中国为代表的圆板具钮镜系统，一是流行于西亚、中亚及近中东区域，以古代希腊、罗马、埃及等为代表的带柄镜系统。关于唐代有无带柄镜存在争论。1955年西安东郊高楼村14号墓葬出土一面带柄双凤纹镜①；新疆哈巴河县出土一面龟鹤仙人纹带柄镜，报道认为属唐代中期之物②。这两面铜镜都应是宋代镜。虽然发现有唐代带柄镜的图像资料，如开元六年（718）韦顼墓石椁线刻有一持镜侍女（见图1-1-1b）、传为大中四年（850）裴氏小娘子墓出土彩绘持镜女俑③，二女所持镜应是带柄镜，但因缺乏隋唐带柄镜实物，故对带柄镜的镜形来源暂不讨论。

2. 战国汉镜传统的影响

在萨珊、粟特金银器中罕见尖瓣的器物，尖瓣的菱花形应是唐朝的创新器形，这种器形不仅较早地出现在铜镜上，也见于铜器，陕西礼泉麟德元年（664）郑仁泰墓有一件铜盘（图1-1-18）④，平面呈六出菱花形，是目前已知菱花形纪年器中最早的一例，比“长寿元年（692）腊月头七日造”铭八出菱花形银壳鸾兽镜早近30年，比河南偃师杏园开元二十六年（738）李景由墓出土的宝相花纹六曲菱花形银盒⑤早70余年，但是，菱花形铜器数量极少，铜镜上出现菱花形不仅年代较早，而且数量远远多于铜器，因此，菱花形铜镜应是相对自主的设计。

初唐时期，铜镜的制作仍受到汉镜的影响，孔祥星曾列举过隋至初唐铜镜中的汉镜因素，如拘束谨严的布局，分区配置花纹，“规矩配置”和钮外大方格，柿蒂纹或连珠纹钮座，主题纹饰以灵异瑞兽为主，铭文带及善颂善祷的铭文内容等等⑥，孔先生列举的这些因素虽然全是图案与铭文这样的平面设计，但因铜镜自身就是平面的，所以，某些图案对镜形的设计仍具有一定的启发，其中，柿蒂纹或可成为唐代菱花形镜形的来源。

如果从铜镜传统来看，尖瓣的菱花镜与战国汉镜中钮座装饰的柿蒂纹最为相近。柿蒂纹是当时流行的纹样，大量出现在铜镜、器皿、吊顶铜莲花、

①　陕西省文物管理委员会：《陕西省出土铜镜》，北京：文物出版社，1959年，第147页，图137。
②　赵养锋：《新疆哈巴河县出土唐代铜镜》，《考古与文物》1985年第4期。
③　李秀兰、卢桂兰：《唐裴氏小娘子墓出土文物》，《文博》1993年第1期。
④　陕西省博物馆、礼泉县文教局唐墓发掘组：《唐郑仁泰墓发掘简报》，《文物》1972年第7期。
⑤　前揭《偃师杏园唐墓》，第131页。
⑥　孔祥星：《隋唐铜镜的类型与分期》，《中国考古学会第一次年会论文集》，北京：文物出版社，1980年，第394页。

画像石、壁画墓、伞盖等处的装饰上[①]。其典型特征是有四个尖瓣，但也有五、六、八瓣的。八瓣者多是四大尖瓣间四小尖瓣，也有大小相同的尖瓣者。日本学者林巳奈夫根据沂南画像石墓前室天井雕刻的柿蒂纹，结合东汉王延寿《鲁灵光殿赋》"圆渊方井，反植荷蕖"的记载，认为所谓柿蒂纹就是莲花纹[②]。而五个以上大小相同的尖瓣组成的纹样则更似莲花。这样的纹样在东周的青铜容器上发现较多，如1923年河南新郑李家楼大墓出土的两件莲鹤方壶，壶盖由10组双层并列的莲瓣构成，每一片莲瓣还是镂空的形式[③]；1935年河南汲县山彪镇一号墓出土的两对立鸟华盖壶，壶盖上装饰的透雕莲瓣与新郑莲鹤方壶基本相同，只是山彪镇的一对是单层八瓣、一对是六瓣，另外该墓出土的一件铜贝纹鼎顶盖盖心装饰六瓣莲瓣纹、一件铜牺尊有莲花柄，柄端的莲花为双层十二瓣，中心六瓣为完整的莲瓣（图1-1-19）[④]。这种六瓣的莲纹也出现在战国的铜镜上，出土的一例是1965年山西长治分水岭126号墓出土的蟠螭纹镜（图1-1-20），中心钮座外饰六个莲瓣[⑤]。与这件蟠螭纹镜相同的莲瓣纹在汉代铜镜上尚未发现，但分瓣大小相同的柿蒂纹装饰在镜钮区域却是常见的现象。如1979年扬州邗江西湖公社胡场2号西汉晚期墓出土的四菱瑞兽纹镜（图1-1-21）[⑥]，钮座装饰的柿蒂纹为八瓣，虽是柿蒂形的尖瓣，但装饰形式与分水岭蟠螭纹镜非常相似，且八瓣大小相同，亦可看作是莲瓣纹。类似的八瓣柿蒂纹还见于1993年江苏东海县尹湾西汉墓M4出土的八乳神兽规矩纹镜钮座纹饰（图1-1-22）[⑦]。

魏晋南北朝以后，佛教兴盛，作为佛教象征的莲花纹饰十分流行，常见于佛教石窟寺装饰、佛教造像、建筑、陵墓装饰以及瓷器等日常用具上。作为装饰图案的莲花纹表现形式多样，如汉魏洛阳城出土的北朝时期的莲花纹瓦当有单瓣，也有复瓣，花瓣的数量有五、六、七、八、十、十二等[⑧]；广东遂溪南朝窖藏出土的银盒，盒底内里刻十六瓣复线莲花纹，外底刻八瓣莲花

① 张朋川：《宇宙图式中的天穹之花——柿蒂纹辨》，《装饰》2002年第12期。
② ［日］林巳奈夫著，蔡凤书译：《中国古代莲花的象征（一）》，《文物季刊》1999年第3期。
③ 孙海波：《新郑彝器（下）》，中华民国二十六年（1937），第100～108页。
④ 郭宝钧：《山彪镇与琉璃阁》，北京：科学出版社，1959年，第13～17页。
⑤ 边成修：《山西长治分水岭126号墓发掘简报》，《文物》1972年第4期；韩炳华、李勇：《长治分水岭东周墓地》，北京：文物出版社，2010年，第307页。
⑥ 前揭《汉广陵国铜镜》，第202页，图88。
⑦ 连云港市博物馆：《江苏东海县尹湾汉墓群发掘简报》，《文物》1996年第8期。图片采自傅举有：《博局与汉代博局纹镜》，清华大学汉镜文化研究课题组：《汉镜文化研究》上，北京：北京大学出版社，2014年，第129页，图31。
⑧ 钱国祥：《汉魏洛阳城出土瓦当的分期与研究》，《考古》1996年第10期。

图1-1-19　汲县山彪镇一号东周墓出土
铜牺尊莲花柄端拓片

采自《山彪镇与琉璃阁》图版四二

图1-1-20　长治分水岭126号东周墓出土
蟠螭纹镜

采自《中国青铜器全集16·铜镜》第8页图8

图1-1-21　扬州胡场2号西汉晚期墓出土
四菱瑞兽纹镜

采自《汉广陵国铜镜》第202页图88

图1-1-22　江苏尹湾西汉墓M4出土八乳
神兽规矩纹镜拓片

采自《汉镜文化研究》上册第129页图31

纹,中心还刻出莲蓬和莲子(图1-1-23)[1];敦煌莫高窟北朝隋唐时期的莲花
纹藻井有单层的,也有多层的,花瓣有八、十、十二及十二瓣以上的[2],其中,
隋392窟莲花藻井(图1-1-24),双层花瓣,内层十二瓣[3],尖瓣的形状与扬州

---

[1]　遂溪县博物馆:《广东遂溪县发现南朝窖藏金银器》,《考古》1986年第3期。

[2]　莫殿霞:《敦煌石窟藻井井心莲花图案的探析》,《文物世界》2006年第6期。

[3]　中国壁画全集编辑委员会:《中国壁画全集17·敦煌·隋》,天津:天津人民美术出版社,1991
年,第159页。

图 1-1-23　广东遂溪南朝银盒外底八瓣莲
花纹线图

采自《考古》1986 年第 3 期第 244 页图四·4

图 1-1-24　敦煌隋 392 窟藻井

采自《中国壁画全集 17·敦煌·隋》第 159
页图 158

图 1-1-25　敦煌隋 407 窟藻井

采自《中国美术全集·绘画编 15·敦煌壁
画》上第 190 页图 191

邗江西湖公社胡场 2 号西汉晚期墓
出土的四菱瑞兽纹镜钮座装饰的柿
蒂纹的尖瓣基本相同，外层花瓣的
表现方法与汲县山彪镇一号墓铜牺
尊的莲花柄端的外层莲花也基本相
同；隋 407 窟藻井（图 1-1-25）是内
外层均为八瓣的莲花纹，其形状与
唐代八出菱花镜基本相同[1]。敦煌唐
代石窟中出现的叶形莲花纹与曲边
菱花镜的菱花瓣极其相似[2]。

　　另外，战国、汉镜中的连弧纹对
唐代葵花形、内弧八角镜等新式镜
形的设计也应有启发。如湖南长沙
杜家坡 M5 出土的西汉四乳云龙连
弧纹镜，圆形钮座外装饰两两相对的八连弧纹（图 1-1-26）[3]，突出的八连弧

① 中国美术全集编辑委员会：《中国美术全集·绘画编 15·敦煌壁画》上，上海：上海人民美术
出版社，2006 年，第 190 页。

② 关友惠：《莫高窟唐代图案结构分析》，马世长编：《敦煌图案》，乌鲁木齐：新疆美术摄影出
版社，1993 年，附图第 18 页，图十七。

③ 长沙市博物馆：《楚风汉韵——长沙市博物馆藏镜》，北京：文物出版社，2010 年，第 89 页，
图 67。

形似葵花形镜的外廓,凹下的八连弧,形似内弧八角形的唐镜。扬州市胡场17号墓出土的西汉"昭明"铭连弧纹镜(图1-1-27)[①],内区装饰八连弧纹,其形状与唐代内弧八角形镜完全相同。

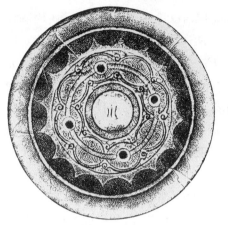 

图1-1-26　长沙杜家坡M5出土西汉四乳　图1-1-27　扬州胡场17号墓出土西汉
云龙连弧纹镜拓片　　　　　　　　　　"昭明"铭连弧纹镜拓片

采自《楚风汉韵——长沙市博物馆藏镜》　　采自《汉广陵国铜镜》第94页图37
第89页图67

由此可见,唐代类圆形的铜镜外形仍受到战国、汉代铜镜镜钮区域纹饰的影响。

三、隋唐新式镜形的古意

魏晋南北朝隋唐时期是我国铜镜艺术发展过程中的一个转折阶段,在此之前,以战国汉镜为代表,镜形单纯,主要是圆形,少量方形镜,装饰的图像和铭文充分反映了当时人们的宇宙观念、神仙和早期道教信仰。而魏晋南北朝以后,中外文化交流加剧,尤其是佛教的传播和佛教艺术的兴盛,使得铜镜艺术也发生了明显的变化。隋唐以后,镜形逐渐多元化,镜背装饰上,植物纹兴盛、瑞兽禽鸟成为主题纹样,表现出对富贵、吉祥的追求,还有反映道教、佛教等宗教内容的图文。

但在隋唐铜镜发展的过程中,镜形和纹饰的意义变化并不同时和对等。从上述隋唐铜镜镜形来源的探讨可知,虽然外来金银器的造型对铜镜的造型设计有很大启发,但是隋唐镜形受汉镜的影响更深,新式镜形明显有汉镜

----

① 前揭《汉广陵国铜镜》,第94页,图37。

中的博局纹、草叶纹、柿蒂纹、连弧纹等纹饰的影子，而这些纹饰都与当时人们的宇宙观念息息相关。

隋唐镜形有方、圆两类，其形状根源于"天圆地方"的认识，因而在镜形意义上更多地承继了战国汉镜反映宇宙观念的传统。

"天圆地方"是我国古老的天地观，据西汉论述盖天说的专著《周髀算经》记载，早在西周初年，一位名叫商高的学者在与周朝开国元勋周公对话时，就有"方属地，圆属天，天圆地方"的说法[①]。先秦著作中也多有此说，如《庄子·说剑》云："上法圆天以顺三光，下法方地以顺四时"[②]；《鹖冠子·泰录》云："无规圆者，天之文也；无矩方者，地之理也。"[③]唐代亦延续此认识，房玄龄等所著《晋书·天文志上》引《周髀》家云："天圆如张盖，地方如棋局"[④]，即天的几何形状像车盖、伞盖，近似半圆形或半球形；地的形状像棋局，为正方形。

天地有形状外，还有方位。古人的"方位观"来自对日出与日落的观察及测量日影的方法，首先是东西南北四个正方向，由此形成"十"字形图像，名曰"二绳"。尔后四方之外增加四维发展为八方，并以十二支等表示方位的各个区域，《淮南子·天文训》云："子午、卯酉为二绳。丑寅、辰巳、未申、戌亥为四钩。东北为报德之维也。西南为背阳之维。东南为常羊之维。西北为蹄通之维。""南北为经，东西为纬，故曰二绳。"[⑤]如图1-1-28所示[⑥]，子午、卯酉二绳代表最基本的一对经纬线。在此二绳之间，等分安排十二辰中其他八辰，丑与寅、辰与巳、未与申、戌与亥相钩，是为"四钩"。二绳的四头即是"四正"，四钩所在即是"四隅"，四隅之线即是"四维"，合而言之为"八维"，构成宇宙

图1-1-28 二绳、四钩、四维图示
采自《东南文化》2006年第2期第19页图二

① 程贞一、闻人军译注：《周髀算经译注》卷上，上海：上海古籍出版社，2012年，第8页。
② （清）王先谦：《庄子集解》卷八，北京：中华书局，1987年，第272页。
③ 黄怀信：《鹖冠子汇校集注》卷中，北京：中华书局，2004年，第259页。
④ （唐）房玄龄等：《晋书》卷十一，北京：中华书局，1974年，第279页。
⑤ 何宁：《淮南子集释》上册，卷三，北京：中华书局，1998年，第207页。
⑥ 武家璧：《含山玉版上的天文准线》，《东南文化》2006年第2期，第19页，图二。

模式的基本框架。

李零认为,汉代博局纹、草叶纹、柿蒂纹、连弧纹等铜镜的设计都属于这种宇宙模式,他将之称为"式图"类设计。式盘是与天文有关的占卜工具,它和古代宇宙模式的关系更直接;博局用于游戏,其图案模仿式图,寓含四方八位、九宫十二位和四维钩绳一类设计。四瓣的柿蒂纹属于四方类;八瓣的柿蒂纹、连弧纹,以及草叶纹中的四叶者示意四正四隅,可归入八位类;博局纹、草叶纹中的八叶者可归入十二位类[①]。

隋唐方形镜,为四方类;亚字形、弧方形镜似受到汉镜草叶纹的影响,可归入八位类;菱花瓣方形镜形似八瓣柿蒂纹,应属八位类。

隋唐类圆形镜,八出菱花镜、葵花镜、内弧八角镜应属八位类;六瓣菱花镜、葵花镜应属十二位类。

综上所述,隋唐铜镜除了复兴古代已有的圆形、方形镜形外,还结合对传统铜镜纹饰的研究以及外来艺术的吸取,创造出弧方、亚字形、菱花瓣方形镜等类方形镜和菱花形、葵花形、内弧八角形镜等类圆形镜,大大丰富了铜镜的造型。对外来金银器多曲造型的吸纳,开拓了对铜镜造型的认识,使得汉镜中的纹饰变成镜形成为可能。隋唐镜形着重于方、圆的各种变化,即直线、曲线的创新运用。汉代铜镜虽外形单一,但在镜背的圆形平面,以钮为中心,钮外设计方形或圆形的钮座,再结合诸如博局、柿蒂、连弧一类的符号,丰富了钮座的艺术语言,而唐镜镜形的设计则利用了这些钮座图形,将纹饰变作造型的设计。由于弧方、亚字形、菱花瓣方形、菱花形、内弧八角形等镜形与博局、柿蒂、连弧纹等汉镜纹饰有密切的关系,菱花形、葵花形镜为八出、六出的形状,其镜形的意涵皆反映了汉代以来天圆地方、四方、四隅、八位、十二位的宇宙观念,更多地复归了汉镜的思想内涵。

第二节 构图的古意

平面艺术创作的构图,意指构思与布局,是艺术创作者为了表现作品的主题思想和审美效果,在有限的平面空间,安排处理人、物的关系和位置,把个别或局部的形象通过一定的方式组成艺术的整体,也就是通常所说的章法、布局、布置、布势以及经营位置等。在中国古代画论中,常用"经营位置"来表示。唐代的绘画理论家张彦远就说:"至于经营位置,则画之总

---

① 李零:《说云纹瓦当——兼论战国秦汉铜镜上的四瓣花》,《上海文博论丛》2004年第4期。

要。"①认为构图是绘画的核心问题，应是创作过程的第一步。

古代铜镜设计亦是平面艺术的一种形式。其构图是在镜形确定后，将纹样、铭文等元素在镜背空间进行布局、组织，以形成不同的镜式。隋唐铜镜镜式主要有四神十二生肖镜、瑞兽镜、瑞兽葡萄镜、鸾鸟瑞兽镜、雀绕花枝镜、葡萄蔓枝镜、对鸟镜、人物镜、盘龙镜、瑞花镜、四夔纹镜、蝶花镜、万字镜、刻花镜、八卦镜、龟鹤镜、天象山水镜等十七类，这些镜式多数是独立设计，偶尔也会将两种以上的镜式进行复合设计。纹样是构图要安排处理的主要元素和关系，有几何纹、动物纹、植物纹、山水、人物等，其中的几何纹一般作为附属纹样，用于分区和界格，将镜背空间划分为更小的区域，以布置动物纹、植物纹、人物、铭文等。动物纹、植物纹、人物等主题纹样在分区和界格内，经过不同方式的组织，形成鲜明的形象，以表达镜式的主题思想和审美意蕴。

隋唐铜镜的构图，在镜钮设计、分区与界格安排、主题纹样的组织方式与复合式设计等方面都表现出与汉魏铜镜的密切联系，因而带有比较明显的古意。

一、镜钮设计

隋唐铜镜的镜背设计与前代铜镜一样，基本以镜钮为中心，向外分成不同的区域，形成钮与钮座、内区、外区和边缘这样的位置关系，以布置各种纹样（图1-2-1）②。在这样的设计中，镜钮因居于中心位置，成为构图的核心，是首先应予以处理的部分。隋唐铜镜的镜钮大体可分三类。

（一）几何形钮

主要是圆钮，偶见方钮。

圆钮，呈半球形，下有孔，可穿戴系挂，也称半球形钮。最早见于战国镜，1953年湖南长沙月亮山M8出土的龙纹镜③、1953年湖南长沙子弹库M15出土的三叶三龙纹镜（图1-2-2a）④为半球形镂空钮，尚不规整。到汉代时，圆钮趋于规整的圆形（图1-2-2b），且逐渐流行。魏晋时期则基本是圆钮，有大、小、扁圆钮之分（图1-2-2c）。隋唐时期，此形钮更为盛行，其形

① （唐）张彦远撰，周晓薇校点：《历代名画记》卷一《论画六法》，沈阳：辽宁教育出版社，2001年，第13页。
② 前揭孔祥星、刘一曼：《中国古代铜镜》，第10页。
③ 湖南省博物馆：《湖南出土铜镜图录》，北京：文物出版社，1960年，第65页，图39。
④ 上揭《湖南出土铜镜图录》，第64页，图38；中国青铜器全集编辑委员会：《中国青铜器全集16·铜镜》，北京：文物出版社，2012年，第9页，图9。

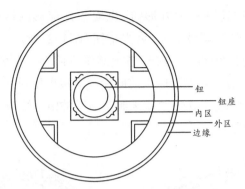

图 1-2-1　镜背构图分区示意
采自《中国古代铜镜》第 10 页图一

状成为规整光洁的正圆形（图 1-2-2d），在十七类隋唐铜镜镜式上都得到运用，是隋唐铜镜普遍使用的钮形。

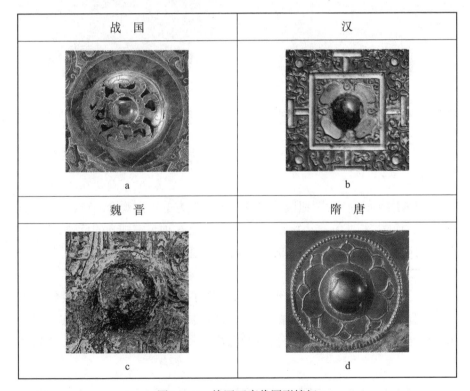

战　国	汉
a	b
魏　晋	隋　唐
c	d

图 1-2-2　战国至唐代圆形镜钮

a. 长沙子弹库 M15 出土战国三叶三龙纹镜钮，采自《中国青铜器全集 16·铜镜》第 9 页图 9；b. 洛阳车站分局宿舍楼新莽墓 96HM267 出土"永始二年"（前 15）四神博局镜钮，采自《洛镜铜华——洛阳铜镜发现与研究》上册第 142 页图 95；c. 洛阳吉利区河阳家园住宅区工地西晋中晚期墓 C9M2490 出土"位至三公"夔凤镜钮，采自《洛镜铜华——洛阳铜镜发现与研究》上册第 205 页图 163；d. 皖西博物馆藏唐双鸾衔绶纹葵花镜钮，采自《六安出土铜镜》第 191 页图 164

另外，唐镜中还有一种方形钮，也属于几何形的镜钮。如河南孟县西虢镇出土的八卦符箓星象镜，为方平钮（图1-2-3a）[①]；河南新安县磁涧乡老井村征集的含象镜，为方钮，钮上装饰交织在一起的四个山字纹（图1-2-3b）[②]。虽然，方形钮在隋唐以前的铜镜上很少见到，在唐代铜镜上使用得也不多，但方形钮上的山字纹应来源于战国的山字纹镜，不排除受到战国方形镜影响的可能。

图1-2-3a　河南孟县西虢镇出土唐八卦符
箓星象镜

采自《洛镜铜华——洛阳铜镜发现与研究》下册第291页图261

图1-2-3b　河南新安县磁涧乡老井村征集
唐含象镜

采自《洛镜铜华——洛阳铜镜发现与研究》下册第290页图260

据宋康年的研究，圆钮应是古老的天圆地方的宇宙观念的产物，也与方孔圆钱的铸造实践有一定关系[③]。方形钮也是这种宇宙观念的反映，从目前发现的唐镜实例来看，方形钮的设计只见于道教镜。

（二）动物形钮

隋至初唐时期罕见动物形钮，但出现了一种圆钮压覆动物纹钮座的钮式，如1974年西安柴油机械厂出土的隋四神规矩镜，圆钮覆压在一只伏兽的背部（图1-2-4a）[④]；上海博物馆藏隋“水华”铭十二生肖纹镜，圆钮压

---

① 霍宏伟、史家珍：《洛镜铜华——洛阳铜镜发现与研究》，北京：科学出版社，2013年，下册，第291页，图261。
② 上揭《洛镜铜华——洛阳铜镜发现与研究》下册，第290页，图260。
③ 宋康年：《从镜钮形制的演变看历代不同的文化理念》，《收藏界》2010年第3期。
④ 西安市文物保护考古所：《西安文物精华·铜镜》，西安：世界图书出版西安公司，2008年，第76页，图64局部。

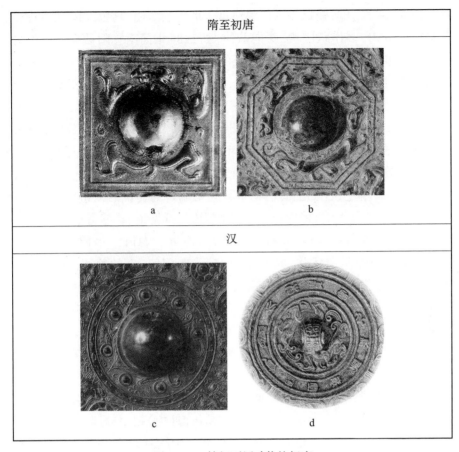

图1-2-4　镜钮下压动物纹钮座

a. 西安柴油机械厂出土隋四神规矩镜钮,采自《西安文物精华·铜镜》第76页图64;b. 上海博物馆藏隋"水华"铭十二生肖纹镜钮,采自《练形神冶 莹质良工——上海博物馆藏铜镜精品》第217页图70;c. 六安市寿县出土汉"尚方"铭六乳禽兽纹镜钮,采自《六安出土铜镜》第121页图99;d. 扬州市郊西汉墓出土"大乐贵富"铭蟠螭镜钮,采自《汉广陵国铜镜》第37页图6

在二只爬行状走兽的背部(图1-2-4b)[①]。此种镜钮的设计手法最早见于汉代镜,如1966年安徽六安市寿县爱国公社出土的"尚方"铭六乳禽兽纹镜,圆钮覆压在一只玄武的背上(图1-2-4c)[②];扬州市郊西湖镇桑蚕砖瓦厂西汉墓出土的"大乐贵富"铭蟠螭镜,半环形兽面纹钮下压在双龙的身上(图1-2-4d)[③]。

盛唐以后,圆雕动物形钮开始涌现,形象厚实,雕塑感强,有伏兽(狻

---

① 前揭《练形神冶 莹质良工——上海博物馆藏铜镜精品》,第217页,图70局部。

② 安徽省文物考古研究所、六安市文物局:《六安出土铜镜》,北京:文物出版社,2008年,第121页,图99局部。

③ 前揭《汉广陵国铜镜》,第37页,图6局部。

狲）、蟠龙、双兽、龟、蟾蜍等。伏兽钮见于瑞兽葡萄镜、鸟兽纹镜、仙骑镜、骑猎镜等镜式，多作趴伏状，头向前伸，如1984年河南宜阳县高村乡王沟村大历二年（767）牛子珍夫妇墓出土的瑞兽葡萄镜伏兽钮（图1-2-5a）①；有的瑞兽葡萄镜的伏兽钮作回首状，姿态生动，如上海博物馆藏瑞兽葡萄镜伏兽钮（图1-2-5b）②。有的瑞兽葡萄镜镜钮为双兽、蟠龙形。双兽钮，如2002年西安市灞桥区马家沟出土的菱花形金背瑞兽葡萄镜，镜钮为一对追尾式双兽（图1-2-5c），互相咬住对方的腿部，极富动感③；陕西历史博物馆藏菱花形银背鸟兽花枝镜，镜钮亦为双兽（图1-2-5d），作头尾相拥状④。蟠龙钮，如上海博物馆藏孔雀瑞兽葡萄镜的镜钮，龙头作回顾状（图1-2-5e）⑤。唐镜中以水生动物为钮，可见龟、蟾蜍等。龟钮用于瑞兽葡萄镜、鸾鸟瑞兽镜、雀绕花枝镜、人物镜、八卦镜、龟鹤镜等镜式，绝大多数的龟钮呈趴伏状，背有龟甲纹，头向前伸，有的龟钮，头侧向一边，显得十分生动，如故宫博物院藏"侯瑾之"铭真子飞霜镜的镜钮，龟首扭向左侧（图1-2-5f）⑥。《中国铜镜图典》刊布的唐月宫四神镜以蟾蜍作钮（图1-2-5g）极为罕见⑦。月宫镜一般用桂树的树干作钮，一侧有玉兔捣药，一侧为蟾蜍。该镜则将月宫内的蟾蜍设计为圆雕动物形钮，令人耳目一新。

圆雕动物形钮始见于战国，如上海博物馆藏战国交龙纹镜，为俯卧的鼠钮（图1-2-6a）⑧；汉代动物形钮，常见的是伏兽（螭）钮，如盱眙市大云山江都王陵1号墓出土的西汉蟠龙草叶纹博局镜，为伏兽钮（图1-2-6b）⑨；另外还有兽首、双龙钮等。如浙江绍兴县漓渚出土的东汉环状乳半圆方枚神兽镜，为兽首形钮⑩；故宫博物院藏东汉"吾作"铭阶段式神兽镜也是兽首钮（图1-2-6c）⑪；日本东京国立博物馆藏东汉"延熹七年"（164）铭变形四叶兽

---

① 前揭《洛镜铜华——洛阳铜镜发现与研究》下册，第233页，图196。
② 前揭《练形神冶 莹质良工——上海博物馆藏铜镜精品》，第255页，图89局部。
③ 前揭《西安文物精华·铜镜》，第88页，图76。
④ 前揭《中国青铜器全集16·铜镜》，第131页，图128。
⑤ 前揭《练形神冶 莹质良工——上海博物馆藏铜镜精品》，第249页，图86局部。
⑥ 故宫博物院：《故宫铜镜图典》，北京：故宫出版社，2014年，第174页，图142。
⑦ 前揭《中国铜镜图典》，第628页，图628；前揭《中国铜镜图典》（修订本）无此图。
⑧ 前揭《练形神冶 莹质良工——上海博物馆藏铜镜精品》，第91页，图10。
⑨ 前揭《汉广陵国铜镜》，第53页，图14。
⑩ 前揭《浙江出土铜镜》（修订本），黑白版图44；前揭《中国青铜器全集16·铜镜》，第95页，图93。
⑪ 上揭《故宫铜镜图典》，第106页，图71。

图1-2-5　唐代圆雕动物形镜钮

　　a. 河南宜阳唐牛子珍夫妇墓出土瑞兽葡萄镜钮,采自《洛镜铜华——洛阳铜镜发现与研究》下册第233页图196; b. 上海博物馆藏唐瑞兽葡萄镜钮,采自《练形神冶 莹质良工——上海博物馆藏铜镜精品》第255页图89; c. 西安市马家沟出土唐菱花形金背瑞兽葡萄镜钮,采自《西安文物精华·铜镜》第88页图76; d. 陕西历史博物馆藏唐菱花形银背鸟兽花枝镜钮,采自《中国青铜器全集16·铜镜》第131页图128; e. 上海博物馆藏唐孔雀瑞兽葡萄镜钮,采自《练形神冶 莹质良工——上海博物馆藏铜镜精品》第249页图86; f. 故宫博物院藏唐"侯瑾之"铭真子飞霜镜钮,采自《故宫铜镜图典》第174页图142; g. 唐月宫四神镜钮,采自《中国铜镜图典》第628页图628

图 1-2-6　战国、汉代圆雕动物形镜钮

　　a. 上海博物馆藏战国交龙纹镜钮，采自《练形神冶 莹质良工——上海博物馆藏铜镜精品》第91页图10；b. 盱眙市大云山江都王陵1号墓出土西汉蟠龙草叶纹博局镜钮，采自《汉广陵国铜镜》第53页图14；c. 故宫博物院藏东汉"吾作"铭阶段式神兽镜钮，采自《故宫铜镜图典》第106页图71；d. 日本东京国立博物馆藏东汉"延熹七年"铭变形四叶兽首镜钮，采自《汉镜文化研究》下册第381页图178

首镜为双龙钮(图1-2-6d)，双龙呈S形勾连[1]。与此相似的镜钮有故宫博物院藏东汉后期长宜子孙铭变形四叶八凤镜[2]，安徽霍邱汉末六朝初年墓出土的位至三公铭变形四瓣花对凤镜[3]。这些动物形钮体壁较薄，立体效果不突出，显得不够厚实。

① 清华大学汉镜文化研究课题组：《汉镜文化研究》，北京：北京大学出版社，2014年，下册，第381页，图178。
② 前揭《故宫铜镜图典》，第83页，图56。
③ 前揭《中国铜镜图典》，第389页，图389；前揭《中国铜镜图典》(修订本)，第517页，图3.333。

唐镜中圆雕动物形钮,较之前代,不仅形象更为丰富,数量大大增多,而且姿态生动,立体感强。虽然隋唐铜镜与战国、汉镜的动物钮形象上有明显的差别,但从圆钮下压动物纹的钮座、伏兽钮的趴伏姿态、双兽作勾连状等设计来看,又有着相同的设计思维。从题材来看,伏兽、蟠龙是汉以来动物钮的题材,而龟和蟾蜍不见于唐以前的铜镜镜钮。伏兽、蟠龙、龟、蟾蜍等均是汉镜装饰中常见的祥瑞动物,应有着吉祥的寓意。

（三）山石树木形钮

此形钮来源于对自然界山、石、树的模拟,唐代有用于五岳真形镜的山石钮（图1-2-7a）和用于月宫镜的桂树钮（图1-2-7b）。

此形镜钮最早见于汉代的连峰钮（图1-2-7c）,有的连峰钮形似博山,多用于星云纹镜的镜钮,其钮形与主体纹饰是一致的。

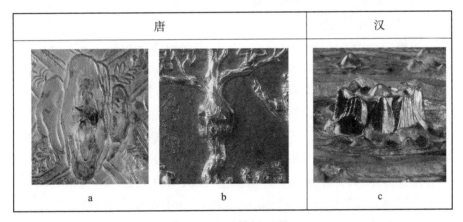

图1-2-7　山石树木形镜钮

a. 上海博物馆藏唐方形五岳真形镜钮,采自《练形神冶 莹质良工——上海博物馆藏铜镜精品》第239页图81；b. 西安市莲湖区电容器厂出土唐嫦娥月宫纹镜钮,采自《西安文物精华·铜镜》第124页图111；c. 上海博物馆藏汉星云纹镜钮侧视图,采自《练形神冶 莹质良工——上海博物馆藏铜镜精品》第132页图30

王煜认为,汉镜中的连峰钮是群峰和昆仑的象征,与越来越突出的圆钮一样,都是铜镜象天法地的意义的体现[①]。唐镜中的山石钮也当有这样的意涵。

二、分区与界格

围绕镜钮,隋至初唐时期的铜镜多采用几何纹作为辅助纹样进行内区、

---

① 王煜:《象天法地：先秦至汉晋铜镜图像寓意概说》,《南方文物》2017年第1期。

外区和边缘等的布局划分，形成鲜明的分区设计。起到分区和界格作用的几何纹有栉齿纹或锯齿纹、规矩纹、连珠纹、半月纹、柿蒂纹、方枚、半圆枚等，这些几何纹皆是汉三国铜镜常用的纹饰。盛唐以后，铜镜中的分区设计渐趋衰落，以上辅助纹样也逐渐消失。这种以几何纹作为辅助纹样进行镜背分区的手法直接承继汉镜，因而是带有古意的形式。

（一）栉齿纹、锯齿纹

栉齿纹或锯齿纹为连续的短线或三角形组成的圈带，一般作为镜背中区与外区之间纹饰的界隔，栉齿纹为细的短线组成，锯齿纹呈三角形。常见于四神十二生肖镜、瑞兽镜上，也出现在瑞花镜、葡萄蔓枝镜、瑞兽葡萄镜、雀绕花枝镜等镜式上。

1. 四神十二生肖镜

包括四神镜、十二生肖镜、四神规矩镜、四神十二生肖规矩镜、瑞兽十二生肖镜等，皆为圆形镜。

四神镜。1990年陕西西安市长安区韦曲镇隋文帝开皇九年（589）宋忻墓出土一面直径16.2厘米的四神纹镜（图1-2-8a），圆钮，连珠、双弦纹钮座，主区为四神纹，四神之间及周围衬以卷云纹，其外为卷草纹带，最外一周为三角形锯齿纹[①]。陈根远认为该镜是东汉三角缘四神镜，原因是隋代多是四神规矩纹镜，窄平缘[②]。但东汉带有四神纹的多是四乳四神镜或四神博局镜，四神多是线条勾画，罕见自由环绕的四神排列方式和浮雕效果明显的四神形象。另外，1975年洛阳郑开明二年（620）墓曾出土一面三角缘四神铭文镜[③]，陈根远认为这面镜应为隋镜。说明隋镜中也有三角缘的。将宋忻墓所出四神镜线图与1955年西安东郊灞桥65号隋墓出土的直径16.8厘米的瑞兽镜（图1-2-8b）[④]对比，可以发现这两面镜的纹饰布局完全一致，且动物的浮雕效果也相仿，只不过一个是四神纹，一个是瑞兽纹，二者都是隋镜流行的题材。宋忻墓出土的这面四神镜应是隋代铸造。

十二生肖镜。1957年西安城郊隋大业四年（608）李静训墓出土一面（图1-2-9），直径16厘米，圆钮，自钮至边缘花纹分为四组，近钮处为铭文一周，文为"光返随人长命宜新"8字；第二周为缠枝卷叶花纹；第三周分为十二格，其中分别铸成十二辰动物象，依次向左排列；最外一周为三角形锯

① 陕西省考古研究所隋唐研究室：《陕西长安隋宋忻夫妇合葬墓清理简报》，《考古与文物》1994年第1期。

② 陈根远：《隋纪年墓出土铜镜的制作年代与历史价值》，《考古与文物》2010年第3期。

③ 曾亿丹：《洛阳发现郑开明二年墓》，《考古》1978年第3期。

④ 陕西省文物管理委员会：《陕西省出土铜镜》，北京：文物出版社，1959年，第95页，图85。

图1-2-8a　西安市韦曲镇隋宋忻墓出土
四神镜线图

采自《考古与文物》1994年第1期第35页图四

图1-2-8b　西安市东郊灞桥65号隋墓
出土瑞兽镜

采自《陕西省出土铜镜》第95页图85

齿纹,镜的边缘有凸棱一周[1]。

四神十二生肖镜。1954年西安东郊郭家滩293号墓出土一面(图1-2-10a),直径19.8厘米。与大业四年李静训墓出土的十二生肖镜布局完全一样,唯铭文作"光正隋人长命宜新",第二周花纹作四神,间以卷叶纹[2]。1983年西安市蓝田县也出土一面(图1-2-10b),直径21.9厘米,花纹与293号墓出土的完全一致,唯铭文作"光正随人宜新长命",四神间以山岳纹[3]。这两面镜都应是隋镜。2001年河南偃师杜楼砖厂唐墓M1贞观二十一年(647)崔

图1-2-9　西安市城郊隋李静训墓出土十
二生肖镜

国家博物馆《镜里千秋——中国古代铜镜
文化展》拍摄

大义及妻李夫人合葬墓出土一面镜(图1-2-11),直径24.4厘米,圆钮,柿蒂纹钮座,主区四神纹,衬以云纹。四神纹外是二周锯齿纹、双弦纹。再外是铭文带,铭文:"魏宫知本姓,秦楼识旧名。风从里中出,龙就匣中生。□波

①　中国社会科学院考古研究所:《唐长安城郊隋唐墓》,北京:文物出版社,1980年,第20页。
②　前揭《陕西省出土铜镜》,第98页,图88。
③　前揭《西安文物精华·铜镜》,第75页,图63。

图1-2-10a　西安东郊郭家滩293号墓
出土隋四神十二生肖镜

采自《陕西省出土铜镜》第98页图88

图1-2-10b　西安市蓝田县出土隋四神
十二生肖镜

采自《西安文物精华·铜镜》第75页图63

图1-2-11　偃师杜楼唐崔大义夫妇合葬墓
出土四神十二生肖镜

采自《洛镜铜华——洛阳铜镜发现与研
究》下册第220页图179

菱自动，不夜月恒明。非唯照佳丽，复用压山精。"外区分做十二格，每格内铸一生肖，间以花卉纹，其外锯齿纹，卷草纹带缘[1]。1955年西安东郊郭家滩250号唐墓出土一面镜，与崔大义夫妇墓出土镜的纹饰相同，直径24厘米，铭文："镕金琢玉，图方写圆。质明采丽，菱净花鲜。龙盘匣内，鸾舞台前。对影分笑，看庄共妍。"[2]此镜也应为初唐镜。

四神十二生肖规矩镜。《宣和博古图》著录一面"武德五年"（622）纪年镜，圆钮，方形钮座，内区为四神纹，规矩配置，其外为一圈锯齿纹，锯齿纹外有铭文带，楷书铭文53字："武德五年岁次壬午八月十五日甲子扬州总管府造青铜镜一面，充癸未年元正朝贡，其铭曰：上元启祚，灵鉴飞天，一登仁寿，子万斯年。"外圈用花叶纹分割出十二长方格，浮雕十二

① 前揭《洛镜铜华——洛阳铜镜发现与研究》下册，第220页，图179。
② 前揭《陕西省出土铜镜》，第99页，图89。

生肖图像。最外为花纹带一周[①]。

四神规矩镜。西安东郊韩森寨600号初唐墓出土一面镜（图1-2-12a），直径24.6厘米，圆钮，双龙纹方座，内区四神之间饰以四规，规内有兽面各一。内外区用两道锯齿纹界隔，外区铭文带，楷书铭文："美哉圆鉴，览物称奇。雕镌合矩，镕铣应规。仙人累莹，玉女时窥。恒娥是埒，服御攸宜。"外圈花纹带有鸟、兽、鱼、龙、羽人等图案，锯齿纹及变形卷云纹缘[②]。1992年长安县南里王村贞观二十年（646）窦皦墓出土一面镜（图1-2-12b），直径29厘米，圆钮，龙纹方座，内区为四神，规矩配置，规内各有一兽面。外区内圈有铭文一周，外区外圈为十二生肖。铭文为："灵山孕珏，神使观炉。形圆晓月，光清夜珠。龙盘镂匣，凤舞雕摸。玉台希世，红庄应图。人临并笑，花映同敷。千娇集影，百福来扶。"[③]

瑞兽十二生肖镜。洛阳龙门上元三年（676）墓出土一面镜（图1-2-13），圆钮，双兽纹钮座，双勾六边形框栏。内区六个多边形框栏内浮雕六兽，似狮似虎，形态各异。内外区用凸棱和锯齿纹界隔，外区铭文带，楷书铭文："四言：淮南起照，仁寿传名。缘玉斯[围]，[熘]金勒成。时雍炎晋，节茂

图1-2-12a　西安东郊韩森寨600号初唐　　图1-2-12b　西安市长安县唐窦皦墓出土
　　　　　　墓出土四神规矩镜拓片　　　　　　　　　　　四神规矩镜

采自《西安郊区隋唐墓》第73页图三八　　　　陕西省考古研究院考古出土文物展厅拍摄

①　（宋）王黼：《重修宣和博古图》卷二九，《景印文渊阁四库全书》，第840册，第995页。
②　前揭《西安郊区隋唐墓》，第73～74页。
③　负安志：《陕西长安县南里王村与咸阳飞机场出土大量隋唐珍贵文物》，《考古与文物》1993年第6期；陕西省考古研究所：《陕西新出土文物选粹》，重庆：重庆出版社，1998年，第111页，图111。

朱明。爰模鉴澈，用凝流清。光无亏满，叶不枯荣。"外区用花叶纹分割出十二长方格，浮雕十二生肖图像，镜缘有勾连云纹图案[①]。徐殿魁认为这面瑞兽镜，四神被省略，在纹饰布局和瑞兽形态上均与北朝至隋的典型四神十二生肖镜不同，疑其为初唐时期镜。这种主区纹饰为龟甲纹的布局方式，还常用于主纹是六只瑞兽的瑞兽镜上。1977年广西钦州市双墩M4、M5隋至初唐墓中还出土一面八卦瑞兽十二生肖镜（图1-2-14），直径24.7厘米，半球形钮，内区饰云气、狮、虎等，其外有锯齿纹一周、八卦间卷草纹一周，外区分成十二格，间以花叶，每格内饰以生肖，其外为铭文带，楷书铭文："淮南起照，仁寿传名，琢玉斯表，镕金勒成，时雍炎晋，节茂朱明，援墣鉴澈，用拟流清，光无影满，叶不枯荣，图□览质，千载为贞。"[②]这是八卦符号出现于隋唐镜上较早的一例。

图1-2-13　洛阳龙门上元三年墓出土瑞兽　　图1-2-14　广西钦州县隋至初唐墓出土
　　　　　　十二生肖镜　　　　　　　　　　　　　　　八卦瑞兽十二生肖镜

采自《洛阳出土铜镜》图71　　　　　　　采自《广西铜镜》第151页图107

2. 瑞兽镜

包括瑞兽规矩镜、瑞兽铭带镜、瑞兽花草纹镜、四兽镜等。

瑞兽规矩镜。1954年西安东郊郭家滩61号隋大业七年（611）田德元墓出土一面（图1-2-15a），直径17厘米，圆钮，圆钮座，钮座外变形柿蒂纹、

---

① 前揭《洛阳出土铜镜》，图71、第11页说明文字。

② 广西壮族自治区博物馆：《广西壮族自治区钦州隋唐墓》，《考古》1984年第3期；广西壮族自治区博物馆：《广西铜镜》，北京：文物出版社，2004年，第151页，图107，此图录说明认为是隋镜。

双勾方格，主区内饰四瑞兽，规矩配置，其外栉齿纹一周。外区铭文带，曰："窥庄益态，韵舞鸾鸯。万龄永保，千代长存。能明能鉴，宜子宜孙。"半月纹带缘[①]。1954年郭家滩国棉四厂工地唐墓M61出土一面与田德元墓相同纹饰、铭文的瑞兽规矩镜，直径16.9厘米[②]。2009年洛阳市龙门站前广场唐墓出土一面（图1-2-15b），直径16.1厘米，与田德元墓出土者纹饰相似，唯铭文不同，此镜铭文为楷书五言诗："玉匣盼看镜，轻灰暂拭尘，光如一片水，影照两边人。"内外区之间及镜缘饰锯齿纹[③]。

图1-2-15a　西安郭家滩隋田德元墓出土　　图1-2-15b　洛阳龙门站前广场唐墓出土
瑞兽规矩镜　　　　　　　　　　　　　　　　瑞兽规矩镜

采自《陕西省出土铜镜》第91页图81　　　采自《洛镜铜华——洛阳铜镜发现与研究》下册第222页图181

瑞兽铭带镜。1988年长安县南里王村出土一面隋"秦王"铭带镜（图1-2-16），直径12厘米，圆钮，圆钮座，主区纹饰为四瑞兽，间以云纹，外区楷书铭文："赏得秦王镜，判不惜千金，非关欲照胆，特是自明心。"内外区及边缘有双重锯齿纹及弦纹带[④]。洛阳岳家村出土的一面镜，直径9.4厘米，与上

① 陕西省文物管理委员会：《西安郭家滩隋墓清理简报》，《文物参考资料》1957年第8期；前揭《陕西省出土铜镜》，第91页，图81。
② 陕西省文物保护研究院：《二十世纪五十年代陕西考古发掘资料整理研究》，西安：三秦出版社，2015年，上册，第616页。
③ 程永建、张翠玲：《洛阳唐代有铭铜镜综述》，《洛阳考古》2013年第1期（创刊号）；前揭《洛镜铜华——洛阳铜镜发现与研究》下册，第222页，图181；洛阳临汝孙村唐墓出土一面相同大小、纹样、铭文的铜镜，见前揭《洛阳出土铜镜》，图72。
④ 前揭《中国青铜器全集16·铜镜》，第106页，图104。

面铭文相同，唯主纹是四匹骏马①。偃师杏园武宗会昌三年(843)李郁墓出土镜，直径19.5厘米，圆钮，圆形钮座。内区八只瑞兽绕钮奔驰，两两相对，外区铭文带，楷书铭文："照心宝镜，圆明难拟。影入四邻，形超七子。菱花不落，迥风诳起。何处金波，飞来画里。"②

瑞兽花草纹镜。1955年西安东郊灞桥65号隋墓出土一面(见图1-2-8b)，圆钮，连珠纹钮座，内区四瑞兽绕钮奔驰，加饰云气纹，外区为一圈缠枝花草纹带，其外为锯齿纹一周。陕西宝鸡姜城堡1号开元十五年(727)墓出土镜(图1-2-17)③，直径13.8厘米，圆钮，内区六兽绕钮追逐，外区饰缠枝花草纹带。内外区之间凸棱下饰栉齿纹一圈。

图1-2-16 长安县南里王村出土隋"秦　图1-2-17 陕西宝鸡开元十五年墓出土
　　　　　王"铭瑞兽镜　　　　　　　　　　　　瑞兽铭带镜

采自《中国青铜器全集16·铜镜》第　采自《陕西省出土铜镜》第117页图107
106页图104

四兽镜。1989年西安市西郊陕西第十棉纺厂永徽三年(652)董僧利墓出土一面直径14.5厘米的四兽镜(图1-2-18a)，圆钮，连珠纹钮座，主区纹饰为四兽，外圈饰锯齿纹④。郑州上元三年(676)丁彻墓出土一面镜(图1-2-18b)，直径13.7厘米⑤，与上面镜纹饰基本相同。洛阳北邙出土的一面兽面云龙镜(图1-2-18c)也属此类，直径15厘米，圆钮，钮外连

①　前揭《洛阳出土铜镜》，图74。
②　前揭《偃师杏园唐墓》，第212页。
③　前揭《陕西省出土铜镜》，第117页，图107。
④　西安市文物管理处：《唐董僧利墓清理简报》，《考古与文物》1991年第4期。
⑤　郑州市文物考古研究所：《郑州唐丁彻墓发掘简报》，《华夏考古》2000年第4期。

珠、双弦纹，主区有四龙、四兽面，衬以云纹。外区一周双弦纹、倒S形勾连纹和锯齿纹各一周。1954年西安市出土的兽面云龙纹镜与此大小、纹饰基本相同[1]。

3.瑞花镜

瑞花铭带镜。西安郊区隋唐墓551号隋至初唐墓出土一面镜（图1-2-19a），直径12.7厘米，钮部已残，内区环绕钮座六个圆圈状团花纹饰，团花又由六瓣形喇叭状花瓣及卷叶纹样组成。团花之间衬以忍冬卷草纹及图案化花卉。内外区用两周锯齿纹分隔。外区一圈铭文："玉匣初看镜，轻灰暂去尘；光如一片水，影照两边人。"镜缘为锯齿纹[2]。洛阳伊川白沙杨岭唐墓出土镜（图1-2-19b），直径17.6厘米，纹样与上面几乎完全相同。唯外区铭文

图1-2-18a　西安西郊唐董僧利墓出土瑞兽镜拓片

采自《考古与文物》1991年第4期第101页图七

图1-2-18b　郑州唐丁彻墓出土四兽镜拓片

采自《华夏考古》2000年第4期第52页图八

图1-2-18c　洛阳出土唐兽面云龙镜

采自《洛阳出土铜镜》图91

---

① 前揭《洛阳出土铜镜》，图91；前揭《陕西省出土铜镜》，第96页，图86。

② 前揭《西安郊区隋唐墓》，第74页。

图 1-2-19a　西安郊区 551 号隋至初唐墓　　　　图 1-2-19b　洛阳出土唐瑞花铭带镜
　　　　出土瑞花铭带镜　　　　　　　　　　采自《洛阳出土铜镜》图 94

采自《西安郊区隋唐墓》图版肆贰·2

为："灵山孕宝，神使观炉；形圆晓月，光清夜珠；玉台□世，红妆应图；千□集影，百福来扶。"[①]

4. 葡萄蔓枝镜

湖南长沙伍家岭 11 号唐墓出土一面镜，直径 9.6 厘米，圆钮，内区葡萄蔓、叶、实缠绕，外区铭文带："照日菱花发，临池满月生，官看巾帽□，妾映点庄。"锯齿纹缘。铭文带的诗文明显缺字[②]。

5. 瑞兽葡萄镜

西安郊区 568 号麟德二年（665）刘宝墓出土一面镜，直径 10.6 厘米，钮及内区已残，内区残存二瑞兽，外区为鸾鸟葡萄纹带，内外区之间及镜缘皆饰锯齿纹[③]。西安东郊韩森寨 418 号墓出土一面镜（图 1-2-20），直径 10.9 厘米，半球钮，内区四只瑞兽呈飞奔状，衬以云纹。外区葡萄蔓枝，间隔四只小鸟。内外区凸棱下各有二周锯齿纹[④]。

6. 雀绕花枝镜

四雀镜。湖南长沙雨花亭 3 号唐墓出土一面镜，直径 9.5 厘米，八出菱花形，圆钮，内区四雀展翅绕花枝飞舞，内外区之间用宽凸棱分隔。外区用雀绕花枝组成花纹带，其外有一道锯齿纹凸棱界隔，在菱花瓣内饰以

①　前揭《洛阳出土铜镜》，图 94。
②　前揭《湖南出土铜镜图录》，第 120 页，图 94。
③　前揭《西安郊区隋唐墓》，第 74 页。
④　前揭《陕西省出土铜镜》，第 119 页，图 109。

花枝纹①。

另外，淮南市博物馆藏五月五日铭花卉镜也装饰有锯齿纹。该镜直径6.8厘米，圆形，圆钮，圆钮座。一周高圈弦纹将镜背纹饰分为内外两区，高圈内外各饰一道细弦纹。内区围绕镜钮饰缠枝花纹，外区置"五月五日"四字楷书铭文，每字间以小花朵，花朵均由九珠点构成。斜缘，上饰两周形状略有差异的锯齿纹②。

图1-2-20　西安韩森寨418号唐墓出土瑞兽葡萄镜

采自《陕西省出土铜镜》第119页图109

锯齿纹、栉齿纹在东汉至三国时期的铜镜上流行，常见的装饰方法是栉齿纹一周在内，锯齿纹一周在外。隋唐镜上多见锯齿纹，一周或二周。

隋代延续了北朝四神十二生肖镜那样的大锯齿，镜缘上的锯齿纹较大，但到初唐以后锯齿纹较小。隋至初唐是锯齿纹、栉齿纹流行的时期，高宗以后，偶见葡萄蔓枝镜、瑞兽葡萄镜和雀绕花枝镜上有锯齿纹装饰。盛唐时，铜镜纹饰的界隔已转为由较为流畅自由的花叶、蝴蝶、小鸟等纹样组成的圈带。

（二）规矩纹

隋唐铜镜上的规矩纹装饰主要见于上述四神规矩镜、四神十二生肖规矩镜和瑞兽规矩镜三类样式上，流行于隋至初唐时期，盛唐以后便消失了。

规矩镜，是西汉末至东汉时期最为流行的镜式，也延续至魏晋时期。北京市顺义县大营村西晋墓就出土过一面③。规矩纹的标准形式为中间大方格，方格的每边中间是"T""L"纹，四角为"V"纹。隋唐铜镜上的规矩纹属汉镜中的简化规矩纹，只有中间的方格和四角的"V"纹。这样就改变了汉代规矩镜图纹较小、填塞较满的图案设计方式，在较大的空间内，能够更好地表现四神、瑞兽的形体和动态。

① 前揭《湖南出土铜镜图录》，第121页，图95。
② 淮南市博物馆：《淮南市博物馆藏镜》，北京：文物出版社，2011年，第180页。
③ 北京市文物工作队：《北京市顺义县大营村西晋墓葬发掘简报》，《文物》1983年第10期。

（三）连珠纹、半月纹

连珠纹，为一个个小珠连缀成的圈带；半月纹，也被称作月牙纹、小莲瓣纹，是由一个个小的半月形连缀成带，这两种纹样主要用作钮座装饰，也偶有作内、外区之间的间隔。

1. 连珠纹

隋唐铜镜上的连珠纹，可见以下两种形式的运用：

一是，钮座圈饰。如上述隋开皇九年（589）宋忻墓的四神纹镜、西安东郊灞桥65号隋墓的瑞兽镜等，皆在钮座边有一圈，圆珠状的连珠与镜边的锯齿纹的尖角恰好形成对比。

二是，围绕钮座，在其他花纹中间也使用。常见于两种不同的瑞花镜上：

第一种是瑞花铭带镜，如1981年西安市出土的灵山孕宝铭瑞花镜（图1-2-21），直径18.1厘米，圆钮，连珠纹钮座，主区为六朵团花，团花圈以连珠纹，团花间饰忍冬，外区铭文带"灵山孕宝，神使观炉；形圆晓月，光清夜珠；玉台希世，红妆应图；千娇集影，百福来扶"[①]。

第二种是宝相花镜，如偃师杏园601号晚唐墓出土一面（图1-2-22），直径16.6厘米，圆钮，花瓣形钮座外圈以连珠纹，主区为六朵宝相花，其中三朵的花心部分以连珠作装饰[②]。南京钱家渡丁山贞元元年或三年（785或787）

图1-2-21　西安出土隋"灵山孕宝"铭瑞　图1-2-22　偃师杏园601号唐墓出土宝相
花镜　　　　　　　　　　　　　花镜线图

采自《中国青铜器全集16·铜镜》第109　采自《偃师杏园唐墓》第213页图204·6
页图107

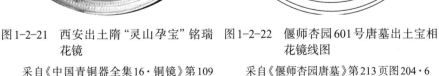

① 前揭《中国青铜器全集16·铜镜》，第109页，图107。
② 前揭《偃师杏园唐墓》，第212页、第213页204·6。

墓出土一面宝相花镜,直径19厘米,圆钮,钮座蒂形,座外绕连珠纹一圈,主区宝相花八枝[①]。

2. 半月纹

隋唐铜镜上的半月纹,主要有两种运用方式:

一是,钮座装饰。如1955年西安东郊郭家滩525号唐墓出土的瑞兽镜,直径24厘米,圆钮,圆钮座绕一圈半月纹,形成花瓣状,主区为八只瑞兽,其外锯齿纹一周,外区铭文带、卷草纹、锯齿纹各一周。铭文为:"仙人并照,智水齐名。花朝艳采,月夜流明。龙盘五瑞,鸾舞双情。传闻仁寿,始验销兵。"[②]

二是,作内、外区之间的间隔使用。如1974年西安柴油机械厂出土的四神规矩镜(图1-2-23),直径19.5厘米,圆钮,兽形钮座,座外有双线方栏。一周凸棱将镜背纹饰分成内外两区。内区主纹为四神,规矩配置,间隔的4个双线"V"字形框内各有一个兽面。其外装饰半月纹一周、锯齿纹一周。外区有楷书"仙山并照"铭,铭文外有锯齿纹一周,卷草纹缘[③]。

连珠纹、半月纹作钮座装饰在汉镜上已经出现,常见于东汉画像镜、神兽镜上。如1971年浙江绍兴

图1-2-23 西安柴油机械厂出土隋四神规矩镜

采自《西安文物精华·铜镜》第76页图64

县娄宫出土的东汉神仙车马画像镜的钮座即是连珠纹装饰(图1-2-24)[④];绍兴县出土的东汉神仙车马画像镜,素圆钮座外有一圈半月纹界格钮座和主区(图1-2-25)[⑤]。隋唐时期,连珠纹、半月纹主要在隋至初唐的四神十二生肖镜、瑞兽镜上使用,盛唐以后,连珠纹还在使用,但使用范围狭窄,只是在宝相花镜上得到运用。

---

① 南京市文物保管委员会:《南京钱家渡丁山发现唐墓》,《考古》1966年第4期。
② 前揭《陕西省出土铜镜》,第113页,图103。
③ 前揭《西安文物精华·铜镜》,第76页,图64。
④ 前揭《浙江出土铜镜》(修订本),彩版图15。
⑤ 前揭《浙江出土铜镜》(修订本),黑白版图23。

图1-2-24 浙江绍兴出土东汉神仙车马
画像镜
采自《浙江出土铜镜》彩版图15

图1-2-25 浙江绍兴出土东汉神仙车马
画像镜
采自《浙江出土铜镜》黑白版图23

（四）柿蒂纹

因形似柿蒂而得名，是在圆钮外四出的尖角花叶状纹样。隋唐式铜镜上的柿蒂纹主要用作钮座装饰，可分隔镜钮与内区花纹。如上述西安东郊郭家滩61号隋大业七年（611）田德元墓出土的瑞兽规矩镜、郭家滩国棉四厂工地唐墓M61出土的瑞兽规矩镜、偃师唐贞观二十一年（647）崔大义夫妇合葬墓出土的四神十二生肖镜、西安东郊郭家滩250号唐墓出土的四神十二生肖镜、洛阳市龙门站前广场唐墓出土的瑞兽规矩镜，钮座都是柿蒂纹。崔大义夫妇合葬墓出土的四神十二生肖镜的柿蒂纹（图1-2-26a），四个大尖瓣间隔四个小半月纹，半弧线内有三个小乳丁，弧线上有短栉齿纹。郭家滩国棉四厂工地唐墓M61出土瑞兽规矩镜的柿蒂纹（图1-2-26b），四个大尖瓣是一尖两弯的勾云形；洛阳市龙门站前广场唐墓瑞兽规矩镜的柿蒂纹（图1-2-26c），四个大尖瓣也是一尖两弯勾云形，尖部有三个小弧线装饰，四个大尖瓣间以四个小尖瓣。这些柿蒂纹钮座的造型、尖瓣上的小弧线装饰及其四大尖瓣间隔四小尖瓣的形式，皆与汉镜上的柿蒂纹（图1-2-27）有直接的渊源关系。

（五）方枚、半圆枚

隋唐铜镜上的方枚、半圆枚主要用于神人神兽镜上。如洛阳出土的隋神人神兽镜（图1-2-28a），直径33厘米，圆钮，双线八角形钮座，内区纹饰四神和东王公、西王母，外围有"宜君大吉"印记和涡纹。外区依次排列绳纹、铭文、十二生肖、水藻、鸾凤等各一圈。铭文为："淮南起照，仁寿传名。琢玉

图1-2-26　唐镜柿蒂纹钮座

　　a. 偃师杜楼唐崔大义夫妇合葬墓出土四神十二生肖镜柿蒂纹钮座,采自《洛镜铜华——洛阳铜镜发现与研究》下册第220页图179；b. 西安郭家滩国棉四厂工地唐墓M61出土瑞兽规矩镜柿蒂纹钮座拓片,采自《二十世纪五十年代陕西考古发掘资料整理研究》上册第616页；c. 洛阳市龙门站前广场唐墓出土瑞兽规矩镜柿蒂纹钮座,采自《洛镜铜华——洛阳铜镜发现与研究》下册第222页图181

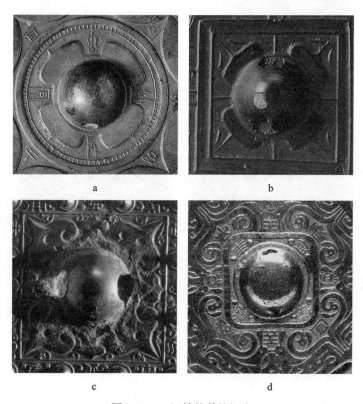

图1-2-27　汉镜柿蒂纹钮座

　　a. 洛阳市吉利区东汉墓M12出土"长宜子孙"铭云雷纹镜柿蒂纹钮座,采自《洛镜铜华——洛阳铜镜发现与研究》上册第170页图122；b. 安徽寿县垱口魏岗孜窑厂出土东汉四神博局镜柿蒂纹钮座,采自《淮南市博物馆藏镜》第129页；c. 故宫博物院藏新莽"王氏"铭四神博局镜柿蒂纹钮座,采自《故宫铜镜图典》第64页图40；d. 私人收藏东汉四叶八凤镜上的柿蒂纹,采自《汉镜文化研究》上册第298页图10

斯表,熔金勒成。时雍炎晋,节茂朱明。爰模鉴徹,用拟流清。光无亏满,叶不枯荣,圆形览质,千载为贞。"[①]1978年陕西永寿出土的一面隋神人神兽镜（图1-2-28b）,直径25厘米,纹饰、铭文与上面大体相同,但是外区花纹带更为复杂,有鸟、兽、羽人等。一般方枚内应有文字,但多数不清,半圆枚内有涡纹。2012年洛阳市洛龙区龙盛小学唐墓M23出土一面神兽镜（图1-2-28c）,直径15.4厘米,圆钮,圆钮座,主区纹饰为两组不同的神兽,四只瑞兽两两相对,间以四个兽面。外区为一周方枚和半圆枚相间排列,方枚内铭文无法辨识。勾云纹缘。此镜镜体厚重,纹饰罕见[②]。

图1-2-28a 洛阳出土隋神人神兽镜

采自《中国青铜器全集16·铜镜》第104页图102

图1-2-28b 陕西永寿出土隋神人神兽镜

采自《中国青铜器全集16·铜镜》第105页图103

图1-2-28c 洛阳龙盛小学唐墓M23出土神兽镜

采自《洛镜铜华——洛阳铜镜发现与研究》下册第223页图182

① 前揭《中国青铜器全集16·铜镜》,第104页,图102。
② 前揭《洛镜铜华——洛阳铜镜发现与研究》下册,第223页,图182。

方枚、半圆枚是东汉至三国时期神兽镜上常见的纹饰，一般以方枚分格，格内铸铭文，半圆枚内装饰涡纹。如1997年绍兴福全公社出土的东汉环状乳半圆方枚神兽镜（图1-2-29），直径10.5厘米，十一个方枚和半圆枚间隔排列环绕在内区花纹之外周，每个方枚上有铭文，连起来为"吴作明镜，幽涷三商，其师□"①。隋唐铜镜上装饰的方枚与半圆枚与神兽镜的形式相同，但是神人神兽为龟甲纹分隔的界格方式却是隋至初唐的新形式，未见于东汉至三国时期。

图1-2-29　绍兴出土东汉环状乳半圆方枚神兽镜

采自《浙江出土铜镜》（修订本）彩版图38

三、主题纹样的组织方式

隋唐铜镜主题纹样的组织方式，已有学者进行过研究。田自秉认为大体有对称、散点、单独、旋转、满花五种②。尚刚采纳了这一分析，认为对称式最流行，大多为相似对称，如瑞兽、双鸟、雀绕花枝、飞仙；散点式，如团花、折枝花；单独式，如盘龙、万字纹；旋转式，如缠枝花、狩猎、打马球；满花式，主要为瑞兽葡萄。若从构图的疏密讲，大体在8世纪之前，相当繁满，显得拘谨；进入8世纪后，则渐趋简化，显得舒展自由③。

安宁认为唐镜纹样的组织方式有多层式、相对式、独纹式和放射式。多层式是以镜正中为圆心，把镜身分割成有节奏变化的数层，按照需要将花纹分别安排于各层内；相对式包括对称式和S形式两种；独纹式，整个镜背只有一个纹样，比如一朵大花，镜钮即花心，花瓣多面对称向外伸展，有丰腴、饱满的装饰风格，如万字镜、宝相花镜。放射式有向心、离心、旋转、交叉等不同形式，唐镜中这样的纹饰最多，画面生动活泼，具有强烈的节奏美④。

学者们对唐镜主题纹样的组织方式有过概括总结，但这些手法并非唐

① 前揭《浙江出土铜镜》（修订本），彩版图38。
② 田自秉：《中国工艺美术史》，北京：东方出版中心，1985年，第214页。
③ 尚刚：《唐代工艺美术史》，杭州：浙江文艺出版社，1998年，第206页。
④ 安宁：《唐铜镜纹饰的造型、结构、造意》，《美与时代》2006年第2期下。

镜的独创，战国、汉镜构图设计中已经运用，兹以四分式、旋转式、满花式和独纹式的纹样组织方式来说明。

（一）四分式

四分式是在钮座外有方形规矩纹，在四边各安排一个主题纹样的组织方法。四分式手法在隋至初唐的四神规矩镜、四神十二生肖规矩镜、瑞兽规矩镜上得到充分的应用。

这种手法最早见于汉镜，如扬州市城北乡东风砖瓦厂西汉木椁墓出土的四虎纹博局镜（图1-2-30a），直径10厘米，圆形，圆钮，柿蒂纹钮座，博局纹划分的四方内饰四只同向的白虎[1]。1999年安徽省寿县埝口魏岗孜窑厂出土的东汉四神博局镜（图1-2-30b），直径10厘米，圆形，圆钮，柿蒂纹钮座，座外一周双线方格纹，方格外 "T、L、V" 纹将主纹分四区，内填青龙、白虎、朱雀、玄武四神纹[2]。2001年仪征市新集镇华丰村砖瓦厂出土的东汉四鸟纹简化博局镜（图1-2-31a），直径9.2厘米，圆形，圆钮，圆钮座。"V" 纹划分的四方内均配饰一同向飞翔的禽鸟[3]。淮南市博物馆藏东汉四神简化博局镜（图1-2-31b），直径10.2厘米，圆钮，圆钮座，钮座外弦纹内饰短直线纹，主纹以四个乳丁和 "V" 纹分区，四区内填饰四神图案[4]。如果去掉四虎纹博

图1-2-30a　扬州西汉木椁墓出土四虎纹博局镜

采自《汉广陵国铜镜》第207页图89

图1-2-30b　安徽寿县埝口魏岗孜窑厂出土东汉四神博局镜

采自《淮南市博物馆藏镜》第129页

① 前揭《汉广陵国铜镜》，第207页，图89。
② 前揭《淮南市博物馆藏镜》，第129页。
③ 前揭《汉广陵国铜镜》，第279页，图122。
④ 前揭《淮南市博物馆藏镜》，第154页。

图1-2-31a　仪征市新集镇出土东汉
四鸟纹简化博局镜

采自《汉广陵国铜镜》第279页图122

图1-2-31b　淮南市博物馆藏东汉简化
四神博局镜

采自《淮南市博物馆藏镜》第154页

局镜、四神博局镜方格外的"T、L"纹，该镜的图案布局和组织与隋唐四神规矩镜、瑞兽规矩镜基本相同。四鸟纹简化博局镜、四神简化博局镜虽然钮座外不是方格纹，但"V"纹的布局和四个鸟纹、四神的排布都与隋唐四神规矩镜、瑞兽规矩镜一致。由此可知，隋至初唐镜中的四分式纹样组织手法直接来自汉镜。

　　盛唐以后，这种四分式手法还有一些变化。首先是方格的范围扩大了，其次有的方格变成了八卦的形式。如洛阳博物馆征集的十二生肖飞仙镜（图1-2-32a），直径17.7厘米，圆形，龟钮，方钮座。钮外环列三重方格，第一重方格内饰水波纹，四角有花枝和山纹；第二重方格内八桃形纹与祥云纹相间，桃形纹内各有一字篆书铭文，合读为"物为真澄，质朗神征"；第三重方格内环列十二生肖，方格外每边有一乘云驾鹤飞仙，其中有两飞仙手捧日、月，日中有金乌，月中有桂树[1]。故宫博物院藏日月星辰八卦纹镜（图1-2-32b），直径16.5厘米，圆形，山字纹方钮。钮四边为同样的方块，以示五岳，四隅各铸篆书铭文四字，共16字，读为"天地含为，日月贞明，写规万物，洞鉴百灵"，铭文外为方框形的水波纹和八卦图像。方框的四隅与镜缘相接，上下为日月，两侧为星辰，日月星辰间各置云朵[2]。这两面铜镜，虽然方框的大小、形式发生了变化，但方框外每边安排一组纹样的组织手法还保持不变。

---

① 前揭《洛镜铜华——洛阳铜镜发现与研究》下册，第262页，图231。
② 前揭《故宫铜镜图典》，第190页，图159。

图1-2-32a　洛阳博物馆藏唐十二生肖飞　图1-2-32b　故宫博物院藏唐日月星辰
　　　　　仙镜　　　　　　　　　　　　　　　　　八卦纹镜

采自《洛镜铜华——洛阳铜镜发现与研　　采自《故宫铜镜图典》第190页图159
究》下册第262页图231

（二）旋转式

旋转式，一般是将四个以上的主题纹样——禽鸟、瑞兽、人物等，环绕镜钮或钮座作同向分布，有的鸟兽之间饰以花枝。主要有四神镜、四神十二生肖镜、瑞兽镜、瑞兽十二生肖镜、鸾鸟瑞兽镜、雀绕花枝镜以及人物镜中的狩猎镜、打马球镜等。

旋转式的纹样组织方式，在战国镜上就已得到使用，如山西长治分水岭53号墓出土的双圈兽纹镜，直径8.2厘米，圆形，小环钮，小圆钮座，镜背中部有一圈素带将纹饰分为内外二区，内区为三个躯体和尾巴均呈S形的小兽，外区为五个尾巴呈S形的虎形兽[1]。1978年陕西凤翔雍城出土一面直径9.8厘米的相同纹饰的战国镜（图1-2-33a）[2]。这两面镜的兽纹呈同向旋转式分布。汉代四乳、五乳、六乳、七乳禽兽镜的禽兽纹样也多采用旋转式的组织方式。如淮南市博物馆藏东汉四乳龙虎镜（图1-2-33b），直径10厘米，圆形，圆钮，圆钮座。主区纹饰为双龙双虎，间以乳丁纹，龙虎皆同向奔走[3]。皖西博物馆藏西汉六乳四神禽兽纹镜（图1-2-33c），直径13.5厘米，圆形，圆钮，柿蒂纹钮座，主区纹饰为等距离分布的六个柿蒂纹座乳丁间饰朱雀、白虎、玄武、瑞兽、青龙、禽鸟，四神与瑞兽、禽鸟皆同向奔走[4]。这类铜镜与隋唐

---

① 前揭《中国铜镜图典》，第66页，图66；前揭《中国铜镜图典》（修订本），第82页，图2.64。
② 前揭《中国青铜器全集16·铜镜》，第31页，图31。
③ 前揭《淮南市博物馆藏》，第127页。
④ 安徽省文物考古研究所、六安市文物局：《六安出土铜镜》，北京：文物出版社，2008年，第63页，图42。

图1-2-33a　陕西凤翔雍城出土战国双圈
　　　　　兽纹镜

　采自《中国青铜器全集16·铜镜》第31页
图31

图1-2-33b　淮南市博物馆藏东汉四乳
　　　　　龙虎镜

采自《淮南市博物馆藏镜》第127页

旋转式纹样的组织方式基本相同。

（三）满花式

满花式是镜背纹饰没有明显的分区，图案连为一体，形成繁缛的装饰效果的纹样组织方法，尤以唐镜中的瑞兽葡萄镜为代表。如西安马家沟神龙二年（706）唐太州司马阎识微夫妇墓出土的鸟兽葡萄金背镜（图1-2-34），直径19.7厘米，八出菱花形，镜背贴金，双兽钮，镜背以一周凸棱分为内外两区。内区为八组高浮雕神兽与缠枝葡萄纹，葡萄藤在每组神兽周围均形成一个圆圈，神兽姿态有攀援状、站立回首状、母子嬉戏状等。

图1-2-33c　皖西博物馆藏西汉六乳四神
　　　　　禽兽纹镜

采自《六安出土铜镜》第63页图42

外区为八组高浮雕成对禽鸟，有凤凰、孔雀、鹦鹉及鸿雁等，姿态各异[1]。该镜虽有内外区，但内区缠枝葡萄藤伸入外区，形成过梁效果，将外区图案连在一起。

---

[1]　西安市文物保护考古研究院：《西安马家沟唐太州司马阎识微夫妇墓发掘简报》，《文物》2014年第10期。

满花式组织方式较早地见于战国楚式镜菱形纹镜的设计,如上海博物馆藏折叠式菱形纹镜(图1-2-35),直径11.5厘米,三弦钮,圆钮座,纹饰由地纹与主纹组合而成。地纹为羽翅纹,主纹为折叠式菱形宽带内饰四瓣花纹,共有九块,其中只有以镜钮为中心的一块是完整的。中心块和与其相接的四大块中是完整的四瓣花,其余四小块只有单花瓣①。此镜不分区,镜背花纹连为一体成为满地装,与唐代绕梁瑞兽葡萄镜的纹样组织手法是相同的。

图1-2-34　西安马家沟唐阎识微夫妇墓
　　　　　出土鸟兽葡萄金背镜线图

采自《文物》2014年第10期第43页图四八

图1-2-35　上海博物馆藏战国折叠式菱形
　　　　　纹镜拓片

采自《练形神冶 莹质良工——上海博物
馆藏铜镜精品》第84页图7

（四）独纹式

独纹式是主区只有一个纹样的图案组织手法,目前发现有盘龙镜、鸾鸟镜、狮纹镜等镜式使用了这种手法。其中,数量最多的是盘龙镜,鸾鸟与狮纹镜很少见。

1984年,偃师杏园村开元二十六年(738)李景由墓出土一面盘龙镜(图1-2-36),直径24厘米,八出葵花形,圆钮,主纹为一弓背曲颈回首的盘龙,周边衬以流云五朵②。

1955年西安东郊西光厂工地M609唐墓出土一面鸾鸟镜(图1-2-37),直径15.5厘米,八出葵花形,圆钮,主纹为一只回首扬尾的

---

① 前揭《练形神冶 莹质良工——上海博物馆藏铜镜精品》,第84页,图7。
② 前揭《洛镜铜华——洛阳铜镜发现与研究》下册,第264页,图233。

鸾鸟[1]。

陕西历史博物馆藏一面唐狮纹镜（图1-2-38），八出葵花形，圆钮，主纹为一只逆时针方向环绕着镜钮的狮子，张口露齿，怒目侧视，有如咆哮[2]。

这种独纹式的鸟、兽镜，最早见于汉镜中，如河北满城西汉窦绾墓出土一面盘龙连弧纹镜（图1-2-39），直径4.8厘米，出窦绾玉衣左手中，形体很小，似是随身携带之物。弓形钮，钮外为一条双线盘龙绕钮盘旋[3]。东汉龙虎镜类的单龙镜也是独纹式设计，如淮南市博物

图1-2-36　偃师杏园唐李景由墓出土盘龙镜

采自《洛镜铜华——洛阳铜镜发现与研究》下册第264页图233

图1-2-37　西安西光厂工地M609出土唐鸾鸟镜

采自《二十世纪五十年代陕西考古发掘资料整理研究》下册第437页

图1-2-38　陕西历史博物馆藏唐狮纹镜

采自《文博》2014年第1期第45页图三·3

---

① 前揭《陕西省出土铜镜》，第148页，图138；前揭《二十世纪五十年代陕西考古发掘资料整理研究》，下册，第437页彩图。

② 侯晓斌：《唐代狮子纹样与相关活动略考》，《文博》2014年第1期。

③ 中国社会科学院考古研究所、河北省文物管理处：《满城汉墓发掘报告》，北京：文物出版社，1980年，上册，第265页；河北省文物研究所：《历代铜镜纹饰》，石家庄：河北美术出版社，1996年，第26页，图18。

馆藏东汉盘龙镜（图1-2-40），直径10厘米，圆形，圆钮，圆钮座。绕钮座装饰一盘龙纹，盘龙独角，张口，獠牙，颈部细长，四肢张开，后肢粗壮有力，尾卷曲[①]。

图1-2-39　满城窦绾墓出土西汉盘龙　　　图1-2-40　淮南市博物馆藏东汉盘龙镜
连弧纹镜拓片　　　　　　　　　　　拓片

采自《历代铜镜纹饰》第26页图18　　　　采自《淮南市博物馆藏镜》第171页

　　汉唐独纹镜的设计略有差异。汉代独纹镜虽然主体动物纹很突出，但镜缘部分还有连弧纹、锯齿纹、栉齿纹等装饰纹带，而唐代独纹镜则为素缘，使得主体动物纹更加凸显。

　　此外，隋唐铜镜还有散点式、对称式两种纹样组织手法，虽然这两种纹样组织形式在战国、汉镜中没有明显的表现，但也应受到战国以来铜镜纹样组织手法的启发。

　　散点式是团花、折枝花等植物纹组织手法，见于瑞花铭带镜、瑞花镜、宝相花镜等镜式。隋唐以前，铜镜很少以植物纹作主题装饰纹样，这种针对植物纹样的组织手法虽未见汉镜的直接影响，但其构思颇类似于旋转式组织手法。

　　对称式是将对鸟、对兽、飞仙等主题纹样相向并列，或在上下配置两个其他纹样的组织手法。其中，对鸟镜中的两只鸟纹有S形旋转的方式。如1956年陕西西安路家湾1042号M7天宝四载（745）墓出土的双鸾衔绶镜（图1-2-41），直径14.1厘米，六瓣葵花形，圆钮，主纹为两只口衔长绶带的

---

　　①　前揭《淮南市博物馆藏镜》，第170～171页。

鹦鹉，S形旋转排列①。这种S形旋转的两只鸟纹的组织手法构思与汉六朝的夔凤镜有相似之处，如河南洛阳烧沟东汉中期墓出土的一面夔凤镜（图1-2-42），直径9.3厘米，圆形，圆钮，圆钮座，座外两只同形夔凤作S形卷曲，身躯几乎是一条不加修饰的曲线，没有粗细之分，但两端结构清晰，一端为龙头，有角张口，一端为凤头，圆眼尖喙，两组夔凤之间又是龙凤相对，独具匠心②。

图1-2-41　西安路家湾天宝四载墓出土双　　图1-2-42　洛阳烧沟汉墓出土夔凤镜拓片
　　　　　　鸾衔绶镜　　　　　　　　　　采自《中国铜镜图典》第466页图466

采自《陕西省出土铜镜》第141页图131

四、复合式设计

复合式是将两种以上的镜式通过合理布局组合成更为复杂的图像，这种设计在唐镜中偶有发现。

（一）与雀绕花枝纹组合

1963年朝阳师范学院2号唐墓出土的四瑞兽小鸟葡萄纹镜（图1-2-43），直径10.2厘米，圆形镜，圆钮，内区四瑞兽绕钮同向奔走，外区四只长尾小鸟追逐在葡萄枝叶间，伸嘴啄食饱满的果实，与内区奔跑的瑞兽相呼应③。此镜是将瑞兽镜与雀绕花枝镜两种镜式分为二区，采用环带式布局组合在一起。

①　前揭《陕西省出土铜镜》，第141页，图131。
②　前揭《中国铜镜图典》，第466页，图466；前揭《中国铜镜图典》（修订本），第628页，图3.444。
③　辽宁省博物馆：《净月澄华——辽宁省博物馆藏古代铜镜》，沈阳：辽宁大学出版社，2013年，第28～29页。

西安地区征集的云涛雀绕花枝镜（图1-2-44），直径10.6厘米，八出菱花形，圆钮，二周凸弦纹将镜背纹饰分成三区，内区饰四山及云海纹，四山及钮组成五岳；中区饰四只飞鸟口衔花枝同向飞翔，外区的八个菱瓣内间饰两种不同的折枝花[1]。1955年西安市东郊高楼村958厂（西高958工地）唐墓M703曾出土一面镜，直径10.4厘米，八出葵花形，图案与西安地区征集的云涛雀绕花枝镜完全相同[2]。此镜式是将五岳真形镜与雀绕花枝镜两种镜式采用环带式布局进行了复合设计。

图1-2-43　朝阳师范学院2号唐墓出土四瑞兽小鸟葡萄纹镜

采自《净月澄华——辽宁省博物馆藏古代铜镜》第29页

图1-2-44　西安征集唐云涛雀绕花枝镜

采自《西安文物精华·铜镜》第95页图82

（二）与生肖纹组合

2015年河南孟津县朝阳镇伯乐村出土一件十二生肖八卦铭文镜，直径17.7厘米，圆形，山岳形圆钮，内区钮外双线界格，方框内呈水波纹，以代"四渎"，方框外侧置四座山峦，与钮上山岳成五岳，形成五岳四渎图案。主体纹饰采用线性白描手法，依次勾勒出十二生肖动物图案；生肖图案外侧为八卦纹。外区篆书铭文环饰一周形成铭文带，有"天地成，日月明；五岳灵，四渎清；十二精，八卦贞；富贵盈，子孙宁；皆贤英，福禄并"30字[3]。《唐代铜镜与唐诗》曾刊布一面与此镜大小、镜形、纹饰极为相近的铜镜（图1-2-45），

---

①　前揭《西安文物精华·铜镜》，第95页，图82。

②　前揭《二十世纪五十年代陕西考古发掘资料整理研究》，上册，第685页。

③　雷博：《唐代十二生肖八卦铭文铜镜》，《洛阳考古》2017年第3期。

直径17.6厘米，圆钮，外区篆书30字铭文为："天地成，日月明；五岳灵，四渎清；十二肖，八卦贞；富贵显，子孙宁；皆贤英，福禄并。"[①]

（三）与月宫纹组合

洛阳16工区76号兴元元年（784）墓出土的双鸾月宫海龙镜（图1-2-46），直径17.3厘米，八出葵花形，圆钮，上方有一圆形月亮，月内有桂树、玉兔捣药和蟾蜍，月亮两旁各衬托一朵浮云；其下镜钮左右两边各有一只长尾凤鸟口衔绶带，相对飞翔；镜钮下方为盘龙图，一蛟龙跃出海面，龙身两侧衬有一升一降的云朵纹[②]。此镜是将月宫、盘龙和对鸟三种题材的镜式，按照对鸟镜的布局方式进行了复合设计。

《中国铜镜图典》刊布有一面月宫四神镜（图1-2-47），直径16厘米，圆形，蟾蜍钮，用弦纹圈分内外二区，内区为月宫，钮上一株桂树，钮下山岳纹，钮左为嫦娥，钮右为玉兔捣药。外区为青龙、白虎、朱雀、玄武及四朵云纹相间环绕。此镜即是将四神镜和月宫镜二种镜式组合在一起[③]。

（四）人物纹组合

上海博物馆藏高逸图镜（图1-2-48），直径16.7厘米，圆形，圆钮，钮上方有双鹤翱翔于云端，右上一人长袖宽袍，带一卧牛，其下一人于树下溪畔，

图1-2-45　张铁山藏唐十二生肖八卦铭文镜

采自《唐代铜镜与唐诗》第221页图94

图1-2-46　洛阳16工区76号墓出土唐双鸾月宫海龙镜

采自《洛镜铜华——洛阳铜镜发现与研究》下册第254页图222

---

① 前揭王纲怀、孙克让：《唐代铜镜与唐诗》，第220页。

② 河南省文化局文物工作队第二队：《洛阳16工区76号唐墓清理简报》，《文物参考资料》1956年第5期；前揭《洛阳出土铜镜》，图120；前揭《洛镜铜华——洛阳铜镜发现与研究》，下册，第254页，图222。

③ 前揭《中国铜镜图典》，第628页，图628；前揭《中国铜镜图典》（修订本）无此图。

图1-2-47　唐月宫四神镜

采自《中国铜镜图典》第628页图628

图1-2-48　上海博物馆藏唐高逸图镜拓片

采自《练形神冶 莹质良工——上海博物馆
藏铜镜精品》第274页图99

临水而坐，一手掩耳，应是"许由洗耳、巢父饮牛"。左侧一人戴冕旒，后有侍者执伞，另一老者坐于山洞中，当为"帝王问道"。下为四位高士围坐棋台，正坐谈论，疑为"商山四皓"①。天津市艺术博物馆藏弈棋人物镜与此镜镜形、纹饰完全相同，直径16.4厘米。刊布者认为左下方的人物故事是周文王访贤②。

1965年三门峡市印染厂M36元和四年（809）墓出土一面神仙人物镜（图1-2-49），直径22厘米，六出葵花镜，圆钮，钮上方高山耸立，山半腰有一位神仙端坐在祥云之上。钮下方有一草庐，草庐内有一圆形座垫，一股瑞气从庐中直冲山腰，化作祥云。草庐两边为花草树木，一只可爱的小兔子双腿直立于草庐右边，草庐下海浪起伏，绵延无边，海水中有一只鹿，鹿左边一头牛形蛟龙，即水怪。草庐右上饰荷叶、荷花。钮左仁立两人，峨冠博带，皆着宽袖长裙，后人给前人撑着曲柄华盖，皆仰视钮上方端坐祥云之上的仙人。钮右有一人，头戴冠，着长衣，端坐吹笙；其前一只凤鸟昂首振翅，翘尾，挺立在云朵之上，似是在随笙乐翩翩起舞；空中有一只瑞鸟，展翅俯冲。此镜钮右方的图案为王子乔吹笙引凤，是唐代人物镜中常见的题材，其他人物，据河南省文物考古研究院衡云花考证，上方是浮丘公，左方是武则天，全镜图案就是后人把武则天巡幸升仙太子庙，立升仙太子碑并撰写碑文，与浮丘公接王子乔升

① 前揭《练形神冶 莹质良工——上海博物馆藏铜镜精品》，第274页，图99。

② 李东琬：《唐代弈棋人物镜》，《紫禁城》1989年第1期。

仙等故事联系起来，用图样表示出来，构成一幅生动的神仙人物故事图案，描绘出一则超越时空的传奇故事[①]。

　　以上这两种人物镜，由三组以上人物故事图组成，是更为复杂的复合式设计。

　　这种复合式设计手法在汉镜的图文设计上已出现。实例有：

　　2009年江苏仪征市新城镇长田砖瓦厂5号西汉墓出土一面"日日有意"铭瑞兽连弧纹镜（图1-2-50），直径18厘米，圆形，圆钮，圆形钮座。座外一周瑞兽纹，分别为奔跑的兽与曲蹲的老虎相对、二兽相斗、昂首的兔子，周围填以卷云纹、鸟纹等。瑞兽纹外为内向八连弧纹带，弧间补以八朵相同的花卉纹，之间各夹一篆字铭，合为"同心同心"双铭。其外两周短斜线之间有铭文"日日有意（喜），月有富，乐毋（无）有事，宜酒食，居而必安，毋（无）忧患，美人会，芋（竽）瑟侍，心志孅（欢），乐已栽（哉），固常然"[②]。此镜是将连弧铭带镜和多乳禽兽镜进行了复合式设计，并在内区去掉了一般多乳禽兽镜上的乳丁纹，整体设计、经营布局打破常规。

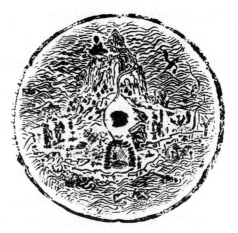

图1-2-49　三门峡市印染厂M36元和四年墓出土神仙人物镜拓片

采自《华夏考古》2007年第3期第130页图一

图1-2-50　仪征市新城镇长田砖瓦厂5号西汉墓出土"日日有意"铭瑞兽连弧纹镜

采自《汉广陵国铜镜》第133页图56

　　1958年安徽淮南市唐山公社出土一面东汉龙虎对峙镜（图1-2-51），直径19.55厘米，圆形，圆钮，圆钮座。内区有一高浮雕硕大盘龙，环绕乳丁与虎对峙，龙虎皆大张口、怒目、侧身，饰凸起的羽状纹。内区与外区间以双细

---

① 河南省考古研究所：《河南三门峡市印染厂唐墓清理简报》，《华夏考古》2002年第1期；衡云花：《一面唐代神仙人物镜考》，《华夏考古》2007年第3期。

② 前揭《汉广陵国铜镜》，第133页，图56。

线弦纹。外区六个四叶柿蒂座小乳丁分成六个环绕区。一、二区各饰一匹飞马，前马张口回首，后马张口低首，马首后鬃毛直立，两飞马鬃前有反文名"赤诵马"和"王桥马"。三区饰螭龙，侧身，头部后有长角，作飞奔状。四区饰鸟瞰状螭龙，龙首伏于腹上，双目怒视，独角后甩。五区饰长颈回首状龙，张口圆目。六区饰正面螭龙，口部夸张有巨齿。外区与边缘间饰一周双弦纹、一周栉齿纹和一周双弦纹。镜缘饰变形勾连螭纹[1]。宝鸡青铜器博物院也收藏有一面类似纹样的铜镜（图1-2-52），直径20.7厘米，圆形，圆钮，圆钮座，内区钮座压在青龙身上，龙虎上方悬挂一枚"五铢"钱，外区六乳与六禽兽相间分布，朱雀在上，玄武在下；右侧为辟邪、瑞鸟，左侧为麒麟、獬豸。其外为圈带铭文："悬璧作竟（镜）法尚方，湅（炼）合铜锡明而光，巧工刻之成文章，左龙右虎辟不羊（祥），朱鸟玄武顺阴阳，子孙烦（繁）息富贵昌，寿敌金石乐未央，长保二亲宜姑公兮。"铭文带与缘之间为一周栉齿纹，缘饰两周锯齿纹，间饰一周波折纹[2]。这两面镜皆是将龙虎镜与多乳禽兽镜分区组合所成的复合式设计。

图1-2-51　淮南市唐山公社出土东汉龙虎　　图1-2-52　宝鸡青铜器博物院藏汉"悬
　　　　　　对峙镜　　　　　　　　　　　　　　　　　璧"铭六乳四神镜
　采自《淮南市博物馆藏镜》第164页　　　采自《对镜贴花黄——宝鸡青铜器博物院
　　　　　　　　　　　　　　　　　　　　　典藏铜镜精粹》第73页图47

---

① 前揭《淮南市博物馆藏镜》，第164页。

② 宝鸡青铜器博物院：《对镜贴花黄——宝鸡青铜器博物院典藏铜镜精粹》，西安：三秦出版社，2014年，第73页，图47。

第三节　主题纹样的古意

隋唐铜镜的主题纹样有动物纹、人物纹、植物纹、天象山水等,其中动物纹包括自然界存在的动物和想象的动物(神异动物);人物纹包括现实人物、历史人物和神话传说人物。虽然魏晋以后,因受佛教等外来宗教、文化与艺术的影响,植物纹装饰逐渐兴盛,但在隋唐铜镜装饰上,主题纹样仍以人物纹、动物纹、天象为主,不仅主题纹样的类别与战国、汉镜基本相同,而且不少纹样也延续着汉镜的形式和语义,成为与古意对接的视觉因素。下面主要选取纪年墓出土的铜镜(包括传世的纪年镜),辅助以其他典型镜例,对这三类主题纹样的古意作一分析。

一、动物纹

动物纹是隋唐铜镜中的主要装饰纹样,但目前学界仍未见相对综合深入的研究。孙磊《铜镜中的动物世界》一文,分神话传说中出现的动物、现实生活中存在的动物和经艺术加工再创造出的动物三类,简要梳理了历代出现在铜镜中的60余种动物纹饰,其中涉及隋唐铜镜出现的青龙、白虎、朱雀、玄武、盘龙、玉兔、天马、鹿、十二生肖、麒麟、狮子、骆驼、大象、犀牛、孔雀、鹤、鹊、雁、鸳鸯、鹦鹉、鹰、蜂、蝶、蜻蜓、蝉、龟、蟾蜍等[1];李世葵、陈琛《唐代铜镜中动物纹样的图像学研究》仅对鸳鸯、龙凤、海兽、鸾鸟、四神十二生肖、神仙人物中的禽兽作了初步的介绍[2]。古代铜镜中的动物种类数量众多,进行系统的研究具有相当的难度。这里仅从隋唐时期的动物分类和文化观念、隋唐铜镜动物纹样的种类和特征及隋唐镜动物纹样个案三个角度加以概说。

(一)隋唐时期有关动物的分类和文化观念

隋唐时代的人们应掌握一定的动物知识。玄宗时期,徐坚等为玄宗诸皇子作文时检查事类,编了一部精要的类书《初学记》,这部三十卷本类书的最后二卷,即是有关动物的事类,第二十九卷为兽部,有狮子、象、麟、马、牛、驴、驼、羊、豕、狗、鹿、兔、狐、鼠、猴十五种;第三十卷为鸟部、鳞介部、虫部,有凤、鹤、鸡、鹰、乌、鹊、雁、鹦鹉、龙、鱼、龟、蝉、蝶、萤十四种[3]。这

---

① 孙磊:《铜镜中的动物世界》,《中国民族博览》2017年第8期。
② 李世葵、陈琛:《唐代铜镜中动物纹样的图像学研究》,《设计》2018年第1期。
③ (唐)徐坚等:《初学记》卷二九、卷三〇,北京:中华书局,2004年,下册,第697～752页。

部书是为初步学习所用，因而反映了唐人对动物的基本知识。《初学记》延续了武德七年（624）欧阳询、令狐德棻等编纂的大型类书《艺文类聚》的动物分类法。《艺文类聚》第九十卷至九十七卷，以鸟部三卷、兽部三卷、鳞介部和虫豸部二卷收录了90余种动物。卷九十八、九十九祥瑞部中还列举了龙、麟、凤皇、鸾、比翼、乌、雀、燕、鸠、雉、马、白鹿、狐、兔、驺虞、白狼、比肩兽、龟、鱼等19种动物。

　　唐人对动物的分类和动物祥瑞的观念，皆继承了汉魏传统，并在传统的基础上形成了对动物的文化观念，这些观念深刻地影响了隋唐时代的动物装饰，也鲜明地体现在了铜镜动物纹装饰方面。

　　第一，动物祥瑞有政治寓意。

　　隋唐以前，有关祥瑞的理论和详细记载保存在《宋书·符瑞志》中，共三卷。在首卷的开篇即阐述了祥瑞与帝王政治的关系：

> 　　夫体睿穷几，含灵独秀，谓之圣人，所以能君四海而役万物，使动植之类，莫不各得其所。百姓仰之，欢若亲戚，芬若椒兰，故为旗章舆服以崇之，玉玺黄屋以尊之。以神器之重，推之于兆民之上，自中智以降，则万物之为役者也。性识殊品，盖有愚暴之理存焉。见圣人利天下，谓天下可以为利；见万物之归圣人，谓之利万物。力争之徒，至以逐鹿方之，乱臣贼子，所以多于世也。夫龙飞九五，配天光宅，有受命之符，天人之应。《易》曰："河出《图》，洛出《书》，而圣人则之。"符瑞之义大矣[①]。

其后篇幅又具体叙述每种祥瑞的名称、祥瑞意义、出现的条件及曾经出现过的记录，这些具体的记载也与帝王政治密切相关。属于符瑞的事物、现象众多，有动物、植物、天象、宝物等，其中动物类符瑞数量最多，有麒麟、凤凰、神鸟、黄龙、灵龟、龙马、白象、白狐、赤熊、九尾狐、白鹿、三角兽、一角兽、六足兽、比肩兽、獬豸、白虎、白獐、银麂、赤兔、比翼鸟、赤雀、白兔、苍乌、赤乌、白乌、三足乌、白燕、白雀、玉马、白鸠、玉羊、玉鸡、白鱼、比目鱼、白雉、天鹿、角端、周印、飞菟、泽兽、要嬲、同心鸟、跌枪蹄、河精等40余种[②]。

　　从《艺文类聚》的记载来看，初唐时，除了19种动物祥瑞外，还有庆云、甘露、木连理、目芝和鼎等，虽然，比起汉魏时期的祥瑞种类和数量大大减

---

① （梁）沈约：《宋书》卷二七，北京：中华书局，1974年，第759页。
② （梁）沈约：《宋书》卷二八至卷二九，第791～874页。

少，但祥瑞与帝王政治的密切关系一以贯之。

第二，动物装饰与政治等级身份地位有密切关系。

《旧唐书·舆服志》载唐初天子车舆所用的装饰纹样包括青龙、白虎、升龙等[1]。武则天对朝服进行了革新，她于"延载元年五月，内出绣袍，以赐文武三品以上官。其袍文，仍各有炯诫。诸王则饰以盘龙及鹿，宰相饰以凤池，尚书饰以对雁，左右卫将军饰以对麒麟，左右武威卫饰以对武，左右鹰扬卫饰以对鹰，左右千牛卫饰以对牛，左右豹韬卫饰以对豹，左右玉钤卫饰以对鹘，左右监门卫饰以对狮子，左右金吾卫饰以对豸。又铭其襟背，各为八字回文，其词曰'忠正贞直，崇庆荣职''文昌翊政，勋彰庆陟''懿冲顺彰，义忠慎光''廉正躬奉，谦感忠勇'"[2]。这一制度为玄宗继承，"开元十一年六月，敕诸卫大将军、中军郎将袍文：千牛卫瑞牛文，左右卫瑞马文，骁卫虎文，武卫鹰文，威卫豹文，领军卫白泽文，金吾卫辟邪文，监门卫狮子文。每正冬陈设，朝日着甲，会日着袍"[3]。从这些记载来看，唐代宫廷动物装饰广泛涉及了鸟、兽、鳞介和虫豸四类动物，并且将动物与职守和品级对应。

中唐至五代后唐时期敦煌俗文学说唱故事类作品《百鸟名——君臣仪仗》，拟人化地将鸟与君臣等级对应起来，"山有大虫为长，鸟有凤凰为尊""白鹤身为宰相""翠碧鸟为执坛侍御""鹞子为游奕将军""仓鹰作六军神策""孔雀王专治禁门""鸿雁专知礼部""鸿鹤太史修文""突厥鸟权知蕃馆"，还有庶民的鸟儿野鸭、鹦鹉、巧女子、念佛鸟、灵鹊、吉祥鸟等等[4]。而鸟类所比拟的职守和品级深受文化传统的影响[5]。由此可看出，唐代动物装饰与政治等级身份地位所具有的关联性。

（二）隋唐铜镜动物纹样的种类和特征

按照唐代类书的分类，隋唐铜镜常见的动物纹样有兽部的狮子、麒麟、鹿、马、犀、兔；鸟部的鸟、凤、鸾、鸿雁、鹤、孔雀、鹦鹉、雁、鸭、鹰、鹊、雀、燕、鸳鸯等；鳞介部的龙、蛇、龟和虫豸部的蛱蝶、蜜蜂、蜻蜓，与前代铜镜上的动物纹样相比，有一定的继承和变化，显现出自身装饰题材的特征。

目前，考古发现最早的动物纹铜镜是河南三门峡市上村岭虢国墓地M1612出土的双钮鸟兽纹铜镜，该镜为圆形，平板，背面中央有两个平行的弓形钮，无钮座，以线描的形式饰以一只鹿、一只展翅的鸟、两只相对的兽。

① （后晋）刘昫等：《旧唐书》卷四五，北京：中华书局，1975年，第1932页。
② （唐）杜佑：《通典》卷六一《嘉礼六》，北京：中华书局，1996年，第1725～1726页。
③ （宋）王溥：《唐会要》卷三二《舆服下》，上海：上海古籍出版社，2006年，第680～681页。
④ 刘瑞明：《敦煌抄卷〈百鸟名〉研究》，《敦煌学辑刊》1989年第2期。
⑤ 张鸿勋：《敦煌唱本〈百鸟名〉的文化意蕴及其流变影响》，《敦煌研究》1992年第1期。

墓葬的年代大体为西周晚期到春秋早期。但是这面铜镜融合了草原风格和东北风格，而非中原铸造①。

战国时期，铜镜上装饰动物纹样逐渐增多，动物种类主要有蟠螭、蟠虺、龙、虎、怪兽、兽面、饕餮、夔龙、夔凤、凤、鸟，以及狩猎镜中的坐骑——马和猎取的虎、豹等。

汉代，是铜镜动物纹样繁盛的时代。除了延续战国时代的蟠螭、蟠虺、龙、虎、凤、鸟、兽首等纹样外，还有大量反映汉代神仙思想的仙禽、神兽以及与仙人等神灵组合在一起的动物。仙禽类有朱雀、凤鸟、三足乌、仙鹤等；神兽有青龙、白虎、龟与玄武、天禄与辟邪、麒麟、飞廉、天马、玉兔、蟾蜍、九尾狐、熊、猿、鹿、羊、鱼等；仙人与禽兽组合的图像如羽人饲（戏）龙（虎、凤、鹿、雀、玄武等）、仙人骑虎（鹿、龙、凤、龟、羊、鹤、麒麟等）②。另外，汉镜上还偶有大象、犀牛、孔雀的图像。

隋唐铜镜上动物的丰富性与汉镜一脉相承，但也有一定的差异，表现出自身的动物纹样特点：一是，反映祥瑞、神仙思想的仙禽、神兽仍然存在；二是，狮子、鹦鹉、孔雀等动物纹样，因为佛教的传播，在唐镜上流行；三是，因为植物纹样的流行，与之配合的鸟的种类数量大大增加，并出现了蜂蝶、蜻蜓等与花枝的组合。而其中的第一个特点，应直接根植于汉镜的传统，从而带有深深的古意。

唐法琳《辨证论·道家无金刚密迹师子》对唐以前的动物传统做过论述，曰：

> 按九流百氏之书，羽虫三百六十，凤为其上；毛虫三百六十，麟为其上；甲虫三百六十，龙为其上。《春秋》云：麟凤五灵，王者之嘉瑞。③

从隋唐铜镜上的动物纹样可知，汉镜中的龙、凤、龟、麒麟，作为大瑞，仍是隋唐铜镜最重要的动物纹样。汉镜上开始出现并流行的四神，在隋唐铜镜上十分盛行，并产生了与十二生肖的组合，十二生肖的动物纹样代替了汉镜上的十二干支铭文，更加形象、生动。汉镜仙人乘骑鹿、龙、凤、鹤的形式在唐镜上得到保留。汉镜中常见的捣药的玉兔，在唐镜上与蟾蜍组成月宫的图像。但在隋唐铜镜上，作为祥瑞的虎、鱼、狐的图像很罕见。虎只在四神、

---

① 宋新潮：《中国早期铜镜及其相关问题》，《考古学报》1997年第2期；李彦平、袁濛茜：《虢国墓地出土的双钮鸟兽纹铜镜及相关问题》，《华夏考古》2015年第1期。

② 杨玉彬：《汉镜神仙思想研究》，载前揭《汉镜文化研究》，上册，第191～214页。

③ （唐）法琳：《辨证论》卷八，《大正藏》，台北：新文丰出版公司，1983年，第52册，第547页。

十二生肖镜中出现,不再作为独立的纹样。

(三) 唐镜中的龟纹

出现在铜镜上的动物,即便有些是现实生活中存在的,但由于附着了人们的思想意识,从而变成具有某种功能或象征的动物装饰。隋唐铜镜上的动物,如四神、十二生肖、龙、凤、麒麟、玉兔、蟾蜍等,前人多有研究,下面将选择延续汉代传统但又具有鲜明的唐代特点的一种动物形象——龟作个案分析。

早在汉镜上就已出现了龟纹,或作为华盖下的座子,或作为羽人的坐骑,或与其他神异动物组成花纹带。而唐代铜镜上的龟纹,就只有一种形式,即是铸成龟形的镜钮。虽然,龟形钮在汉镜中已有发现,1994年徐州北郊西汉宛朐侯刘执墓出土一面西汉早期人物画像镜为龙龟合体钮,钮身作龟形,龟背为半圆形龟甲片,龟足向前后外侧伸出,足趾清楚,龟尾向右侧弯曲。龟首为龙首形,张口,圆目,头颈鳞片清晰可辨,从左侧向后弯曲,伏于龟背[1]。但此镜的龟钮不同于唐镜写实的龟形钮,并且目前也只是特例,远没有达到唐代盛行的程度。

从著录和刊布的考古资料来看,单独的龟形钮兴起于唐代,有瑞兽葡萄镜、鸾鸟瑞兽镜、雀绕花枝镜、月宫镜、飞仙镜、真子飞霜镜、龟鹤镜、八卦镜、十二生肖飞仙镜、龟自卜镜等十余类常见的镜式,成为唐镜一个鲜明的特征。这些镜式中的龟纹,可分三类。

1. 单独的龟形

用一圆雕的龟作钮,爬行状,此类龟钮最多,主要见于以下镜类:

瑞兽葡萄镜。附表一纪年镜中有4面瑞兽葡萄镜的镜钮为龟形。最早的一面出自陕西华阴市高宗咸亨元年(670)宋素夫妇墓(图1-3-1a),直径11.2厘米,以一道凸弦纹将镜背分为内外两区。中心镜钮为一高凸爬葡的海龟,内区龟钮旁绕饰四只卧姿昂首的海狮,海狮间衬饰四株束枝背分式阔叶绕枝葡萄纹;外区饰八只飞翔的瑞鸟,飞鸟间衬饰八株束枝阔叶葡萄纹,每两串葡萄间饰一个海石榴。镜沿面斜刹,两圈弦纹间排列一周三瓣花纹[2]。山西长治武则天天授二年(691)冯廓夫妇墓出土一面,直径10厘米,内区葡萄纹间有瑞兽,外区葡萄纹间有长尾鸟[3]。山东莘县中宗景龙三年(709)张弘夫妇墓出土一面(图1-3-1b),直径12.8厘米,高凸棱线将纹饰分为内、

---

① 李银德、孟强:《试论徐州出土西汉早期人物画像镜》,《文物》1997年第2期。

② 陕西省考古研究院、华阴市文物旅游局:《陕西华阴市唐宋墓发掘简报》,《考古与文物》2018年第3期。

③ 长治市博物馆:《山西长治市唐代冯廓墓》,《文物》1989年第6期。

图1-3-1a　陕西华阴市唐宋素夫妇墓出土　图1-3-1b　山东莘县唐张弘夫妇墓出土瑞
　　　　　瑞兽葡萄镜　　　　　　　　　　　　　兽葡萄镜

采自《考古与文物》2018年第3期第38页图　采自《文物》2017年第4期第16页图一〇
五二

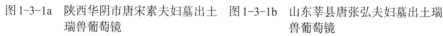

外两区。内区装饰有雀鸟和神兽，形态各异，体形肥硕，间饰缠枝葡萄纹。外缘饰一周雀鸟及葡萄枝叶纹[1]。河南温县睿宗景云二年(711)杨履庭夫妇墓出土的一面，直径10.7厘米[2]。此镜与江苏镇江中唐墓M3出土直径10.8厘米的龟钮瑞兽葡萄镜近似[3]，内区饰四狮，间缠枝瑞兽葡萄纹，瑞兽葡萄纹延蔓外区，缘内饰三瓣花纹。

鸾鸟瑞兽镜。仅有河南灵宝市文物管理所收藏的一面(图1-3-2)，直径18.5厘米，八出菱花形，龟钮旁有鸾鸟和瑞兽各一对，鸾兽相间，同向排列，以花枝相隔。四鹊和四花枝相间分置在菱花瓣内[4]。

雀绕花枝镜。扬州高邮棱塘公社出土的一面，直径19.2厘米，八出菱花形，八弧饰花枝相间。圆弧内区上下左右饰飞雀四只，飞雀间以花枝[5]。浙江金华市万佛塔塔基出土的一面(图1-3-3)，龟钮外饰有四禽四花草。四禽的姿态十分生动[6]。

嫦娥月宫纹镜。上海博物馆藏一面(图1-3-4)，直径19厘米，八出菱花形，窄平缘。内切圆将纹饰分为内外两区。内区龟钮左上方嫦娥披带凌

① 莘县文物管理所：《山东莘县黄庙唐代张弘墓发掘简报》，《文物》2017年第4期。
② 河南省文化局文物工作队：《河南温县唐代杨履庭墓发掘简报》，《考古》1964年第6期。
③ 镇江博物馆：《江苏镇江唐墓》，《考古》1985年第2期。
④ 胡小平：《灵宝市文物管理所藏部分铜镜》，《中原文物》2009年第3期。
⑤ 黄俐平：《精美的扬州唐代铜镜》，《艺术市场》2004年第6期。
⑥ 浙江省文物管理委员会：《金华市万佛塔塔基清理简报》，《文物参考资料》1957年第5期。

图1-3-2　河南灵宝市文物管理所藏唐鸾
　　　　　鸟瑞兽镜

采自《中原文物》2009年第3期第104页图八

图1-3-3　浙江金华万佛塔出土唐雀绕花
　　　　　枝镜

采自《文物参考资料》1957年第5期第
46页图十六

空而起，左手托"大吉"方牌，右手托果盘，果盘内有三个水果。左下方玉兔杵臼捣药；钮右上方一株桂树至顶，桂树下一蟾蜍跳跃。钮下方为波光粼粼的池塘，上铸一"水"字，嫦娥与玉兔、桂树与蟾蜍之间对称地填充以流云一朵。外区四组蜂蝶恋花与四组卷草相间环列[①]。2009年河北元氏县南白楼墓地M3久视元年（700）李无畏夫妇墓出土一面，直径19.2厘米，镜形、纹饰与上海博物馆藏镜完全相同，只是池塘上缺"水"字，可能是锈蚀掉了[②]。

图1-3-4　上海博物馆藏唐月宫镜拓片

采自《练形神冶 莹质良工——上海博物馆藏铜镜精品》第266页图95

　　飞仙镜。陕西千阳县图博馆藏一面，直径16.3厘米，八出菱花形，内区四仙人骑兽跨鹤，同向绕钮腾飞，间以祥云，仙人背后有飘带舒卷，外区有花卉飞蜂蝶，菱形边缘[③]。

<hr>

①　前揭《练形神冶 莹质良工——上海博物馆藏铜镜精品》，第266页，图95。
②　武汉大学考古学与博物馆学系、河北省文物局南水北调文物保护办公室、元氏县博物馆：《河北元氏县南白楼墓地唐代墓葬发掘简报》，《考古》2018年第8期。
③　李新秦、范晓祖：《千阳县图博馆收藏的历代铜镜》，《文博》1990年第6期。

图1-3-5 湖北京山孙桥镇出土唐龟鹤镜
拓片

采自《考古》1993年第4期第343页图二

龟鹤镜。1984年湖北京山孙桥镇出土一面（图1-3-5），直径21.9厘米①；20世纪80年代初，湖南省常德地区文物工作队收集到一面，直径21.8厘米②；近几年，安徽省怀宁县窖银咀老城改造时，在两座唐墓中各出一枚半镜，两枚半镜可以重合，重合后的直径22.5厘米③。以上三面镜，镜形、纹饰、铭文基本相同，镜为八出葵花形，龟形钮，龟作伸首具足直尾的趴伏状。钮外以凸弦纹一道将纹饰分为两区，主区为四只鹤纹，四鹤姿态各异，两两相对。龟首所对二鹤，左边一只振翅举足回首，作顾步状；右边一只曲颈抖翅，两腿微屈，神态闲适。龟尾所对二鹤，左边一只，身体前倾，举步伸首欲啄食；右边一只，曲颈低首，两腿叉开，正专心地啄食水中的食物。外区为铭文带，篆书铭文32字，京山出土为："伏龟飞鹤，□往风来。隐间明照，宫光洞开。同物永影，所鉴俱回。既摘宝奁，何须玉台。"怀宁出土者为："伏龟飞鹤，齿往参失。将□明□，宫光洽开。合物以影，取鉴俱回。既捐宝匜，何须王鬲。"两镜铭文文字应相同，个别文字的差异很可能是工匠不认识篆书所致。窄素缘。

八卦镜。镜背主区纹饰有八卦卦象，可分三型：

Ⅰ型 八卦纹镜。中国国家博物馆收藏的一面（图1-3-6a），圆形，龟钮外环绕八卦④。

Ⅱ型 铭文八卦纹镜。山西省博物馆藏的一面（图1-3-6b），圆角方形，边长15.5厘米，平沿，龟钮。钮台四周饰八卦纹，八卦纹外周为篆铭，每边四字，共16字。文为："水银阴精，辟邪卫灵。形神日照，保护长生。"⑤

Ⅲ型 铭文十二生肖八卦纹镜。1975年湖北沔阳县张沟出土的一面，

① 熊学斌：《湖北京山县孙桥镇出土一面唐代铜镜》，《考古》1993年第4期，第343页；1995年第10期，第882页。
② 刘廉银：《常德地区收集的孙吴和唐代铜镜》，《文物》1986年第4期。
③ 江用虎、金晓春：《取土场解译"破镜重圆"》，《艺术市场》2003年第7期。
④ 杨桂荣：《馆藏铜镜选辑（五）》，《中国历史博物馆馆刊》1994年第1期。
⑤ 胡振祺：《山西省博物馆拣选的部分文物》，《文物季刊》1989年第2期。

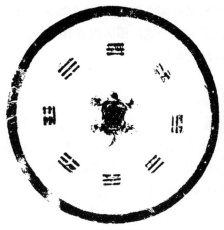

图1-3-6a　中国国家博物馆藏唐八卦镜拓片

采自《中国历史博物馆馆刊》1994年第1期
第127页图107

图1-3-6b　山西征集唐八卦铭文镜

采自《文物季刊》1989年第2期图版柒图3

直径27.4厘米，圆形，龟钮，中间以三道凸弦纹分隔出四个相等的部分。从里到外，一圈为乾、兑、坤、离、巽、震、艮、坎8个楷书字；二圈为对应的八卦符号；三圈为十二生肖图；四圈为篆书铭文：“水银呈阴精，百炼得为镜。八卦寿象备，卫神永保命。”[①]

十二生肖飞仙镜。洛阳博物馆收藏的一面（见图1-2-32a），直径17.7厘米，圆形，龟钮，龟背饰八卦。图案分为四组：第一组龟钮四周饰水波纹象征东海，四角分饰桂树、方丈、蓬莱、瀛洲仙山；第二组饰篆书铭文一周，由龟首左旋读为“物为真澄，质朗神征”，铭文间饰花草；第三组为十二生肖图；最后一组对应龟首饰“羲和护日”，对应龟尾饰“常羲浴月”，龟身两侧饰仙人乘凤图[②]。浙江武义出土一面（图1-3-7），八出葵花形，直径14.8厘

图1-3-7　浙江武义出土唐十二生肖飞仙镜

采自《浙江出土铜镜》（修订本）彩版图70

---

① 姚高悟：《沔阳出土的唐代铜镜》，《江汉考古》1986年第4期。

② 郭凤娥、沈淑玲：《洛阳博物馆馆藏的几件铜镜》，《中原文物》1991年第1期；前揭《洛镜铜华——洛阳铜镜发现与研究》下册，第262页，图231。

米，龟钮，龟形叶状纹钮座，钮外单线方格，格内饰水波纹，四角为仙山，方格外又一单线大方格，其间环列十二生肖，大方格分成的四区内各有一乘云的飞仙，其中二个飞仙手持圆状物，当是日月的象征[①]。

2. 伏于莲叶上的龟形

真子飞霜镜。数量较多，画面几乎相同，铭文有五型：

Ⅰ型　"真子飞霜"铭。浙江宁海征集的一面（图1-3-8a），直径24厘米，圆形，龟钮，荷叶形座。主纹分成上下左右四组，上为云中浮日和铭文"真子飞霜"4字；下为水中浮荷；右有伯牙抚琴；左有一凤凰昂首独立[②]。

Ⅱ型　"凤凰双琴"铭文带。故宫博物院藏一面（图1-3-8b），直径21.5厘米，内区纹饰与上面基本相同，外区环绕一圈篆书铭文，铭辞为"凤凰双镜南金装，阴阳各为配，日月恒相会，白玉芙蓉匣，翠羽琼瑶带，同心人，心相亲，照心照胆保千春"，共计40字[③]。

Ⅲ型　无以上二种铭文。偃师大槐树肃宗至德元载（756）窦承家墓（YHM3）出土一面，直径16厘米，亦为八出葵花形[④]。

Ⅳ型　以上二种铭文兼有。浙江衢州市文物管理委员会收藏的一面（图1-3-8c），直径24厘米，既有"真子飞霜"4字，四周也有40字铭文，镜为八出葵花形[⑤]。

Ⅴ型　"侯瑾之"铭。故宫博物院收藏一面（图1-3-8d），方形，边长14.6厘米[⑥]。镜上方云中浮日纹下有纵长方形边框，内有楷书"侯瑾之"3字。

十二生肖八卦纹镜。中国国家博物馆收藏的一面（图1-3-9），直径15.5厘米，八出葵花形，龟钮，荷叶纹钮座。钮外环绕八卦纹，八卦纹以外又环列十二生肖，十二生肖均作跳跃奔跑状。素缘[⑦]。

十二地支八卦纹镜。城固县文化馆收藏一面，直径21厘米，圆形，龟钮，圆钮座，类荷叶形状。主纹分内外区，内区环列八卦，外区为十二地支铭文，铭文自龟尾起按顺时针方向排列。花纹锈蚀严重[⑧]。

山水人物纹镜。1955年陕西西安出土一面（图1-3-10），直径17厘米，

---

① 前揭《浙江出土铜镜》（修订本），彩版图70，文字说明第223页。

② 前揭《浙江出土铜镜》（修订本），彩版图64。

③ 前揭《故宫铜镜图典》，第173页，图141。

④ 前揭《偃师杏园唐墓》，第142页。

⑤ 前揭《浙江出土铜镜》（修订本），彩版图65，文字说明第223页。

⑥ 前揭《故宫铜镜图典》，第174页，图142。

⑦ 杨桂荣：《馆藏铜镜选辑（五）》，《中国历史博物馆馆刊》1994年第1期。

⑧ 郑荣：《城固县文化馆藏汉、唐、宋镜简介》，《文博》1992年第3期。

图1-3-8a 浙江宁海征集唐真子飞霜镜
采自《浙江出土铜镜》(修订本)彩版图64

图1-3-8b 故宫博物院藏唐真子飞霜镜
采自《故宫铜镜图典》第173页图141

图1-3-8c 浙江衢州市文物管理委员会藏
唐真子飞霜镜
采自《浙江出土铜镜》(修订本)彩版图65

图1-3-8d 故宫博物院藏唐真子飞霜方镜
采自《故宫铜镜图典》第174页图142

圆形,龟钮,荷叶钮座,沿镜边装饰一周起伏的山峦,有雀鸟栖于山间。山与龟钮之间饰以水浪纹。四仙人或撑船,或骑鱼龙、海龟、水禽,傲立于波浪之中[①]。

3. 龟背纹

龟自卜八卦镜。故宫收藏有一面(图1-3-11),直径18.15厘米,龟背纹

---

① 陕西省博物馆:《隋唐文化》,上海:学林出版社,1990年,第180页。

图 1-3-9 国家博物馆藏唐八卦十二生肖镜拓片

采自《中国历史博物馆馆刊》1994年第1期第128页图109

图 1-3-10 西安市出土唐山水人物镜

采自《隋唐文化》第180页图二九

图 1-3-11 故宫博物院藏唐龟自卜镜拓片

采自《故宫藏镜》第119页图119

钮，以二道弦纹将镜背分为三区，内区八卦纹，中区篆书铭文，外区楷书铭文，内容与中区相同，铭文右旋："龟自卜，镜自照，吉可贞，光不耀。"①《中国古代铜镜》著录有一面明代篆文镜，直径19厘米，应为唐龟自卜镜，龟钮，钮外有一周弦纹，其外有篆书铭文一周，铭文左旋："龟自卜，镜自照，吉可贞，光不耀。"其外有一周弦纹，宽素缘②。

从以上所列举的镜类可知，龟钮镜几乎贯穿了唐镜发展的始终，与圆钮一样盛行不衰。

从其形制来源看，当受到了汉代的龟钮印章的影响，《初学记》引卫宏《汉旧仪》："列侯，黄金印，龟钮，文曰印；丞相、将军，黄金印，龟钮，文曰章；中二千石，银印，龟钮，文曰章。"③因为印章穿系绶带佩于身，与铜镜穿带绑

① 前揭郭玉海：《故宫藏镜》，第119页，图119。
② 赵力光、李文英：《中国古代铜镜》，西安：陕西人民出版社，1997年，第173页，图261。
③ （唐）徐坚等：《初学记》卷二六《印第三》，下册，第624页。

扎在镜架或手持绶带使用有相似之处。

从其图纹来看，龟纹的设计思想当源于中国古老的灵龟崇拜。其象征意义不外乎《史记·龟策列传》中所言的龟筮决疑，助衰养老，长寿成仙。

《史记·龟策列传》："王者决定诸疑，参以卜筮，断以蓍龟，不易之道也。"① 而用龟占卜在于龟这种动物所具有的神性。清代《渊鉴类函》总结了古书中对龟形象特征的认识：《大戴礼》曰："甲虫三百六十，而神龟为之长。"《洛书》曰："灵龟者黝文五色，神灵之精也。能见存亡，明于吉凶。"《洪范五行》曰："龟之言久也，千岁而灵，此禽兽而知吉凶者也。"《原说苑》曰："灵龟五色，色似玉，背阴而负阳，上隆象天，下平法地，转运应四时，蛇头龙颈，左睛象日，右睛象月，知存亡吉凶之变。又龟千岁能与人言。"《拾遗记》曰："神龟八足六眼，背负七星日月八方之图，腹有五岳四渎之象。"② 龟甲占卜即是因为龟的种种神异性能，最重要的是它能知吉凶。

商周时期盛行龟卜，唐代置太卜署，以龟占卜，即是重要的职责，《新唐书·百官志三》载太卜署：

　　掌卜筮之法：一曰龟，二曰五兆，三曰易，四曰式。祭祀、大事，率卜正卜日，示高于卿，退而命龟，既灼而占，先上旬，次中旬，次下旬。小祀、小事者，则卜正示高、命龟、作，而太卜令佐莅之③。

重庆云阳明月坝遗址曾出土有灼痕的唐代卜甲，据白彬研究，唐代的龟卜，用于卜日、卜葬、卜出行、卜名求官、杂卜五个不同方面，是使用比较频繁的占卜方式④。

占卜用的龟甲，同时也是手工艺制作时可以参照的形象来源之一，如天马—曲村遗址北赵晋侯墓地11M31号西周墓棺内随葬有玉龟背形饰⑤，扶风黄堆老堡子西周墓95FHM29出土一玉串饰（图1-3-12），由1件方玉饰、1件长玉管、1件椭圆形炭精饰、5节料管、1枚料珠、1枚黄色玛瑙珠、1枚红色玛瑙珠和8枚玉珠组成。椭圆形炭精饰即为龟背甲的形象⑥。

————————

①　（汉）司马迁：《史记》（修订本）卷一二八，北京：中华书局，2013年，第3889页。

②　《御定渊鉴类函》卷四四〇，《景印文渊阁四库全书》，第993册，第679～682页。

③　（宋）欧阳修、宋祁：《新唐书》卷四八，第1245～1246页。

④　白彬：《重庆云阳明月坝遗址出土唐代卜甲的初步研究》，《四川大学学报（哲学社会科学版）》1998年第4期。

⑤　山西省考古研究所、北京大学考古学系：《天马——曲村遗址北赵晋侯墓地第三次发掘》，《文物》1994年第8期。

⑥　周原博物馆：《1995年扶风黄堆老堡子西周墓清理简报》，《文物》2005年第4期。

图 1-3-12　扶风西周墓出土玉串饰

采自《文物》2005年第4期第24页图四八

　　唐镜中的龟自卜镜，龟钮作龟背纹，无头及四足，即是商周以来，占卜所用龟甲的描绘。龟自卜的铭文说明此类镜很可能充当占卜的用具。而八卦符号更具有道教所谓"八卦寿象备，卫神永保命"的护佑功能。

　　助衰养老，长寿成仙的象征意义鲜明地表现在"伏叶之龟"的形象上。《史记·龟策列传》："余至江南，观其行事，问其长老，云龟千岁乃游莲叶之上，著百茎共一根。又其所生，兽无虎狼，草无毒螫。江傍家人常畜龟饮食之，以为能导引致气，有益于助衰养老，岂不信哉！"又说："有神龟在江南嘉林中。嘉林者，兽无虎狼，鸟无鸱枭，草无毒螫，野火不及，斧斤不至，是为嘉林。龟在其中，常巢于芳莲之上。左胁书文曰：'甲子重光，得我者匹夫为人君，有土正，诸侯得我为帝王。'"[1]真子飞霜镜之类的伏于莲叶上的龟钮正是长寿成仙、富贵吉祥的象征。

　　由于汉以来，人们对龟水族嘉瑞的认识，龟就成为一种祥瑞动物。《宋书·符瑞志中》："灵龟者，神龟也。王者德泽湛清，渔猎山川从时则出。五色鲜明，三百岁游于蕖叶之上，三千岁常游于卷耳之上。知存亡，明于吉凶。禹卑宫室，灵龟见。玄龟书者，天符也。王者德至渊泉，则雒出龟书。"[2]在唐代，龟与麟、凤、龙皆属大瑞之类的祥瑞[3]，在祥瑞图像中也有龟的身影。敦煌文献伯2683号《瑞应图》中有龟纹及龟伏于荷叶之上的纹饰（图1-3-13）[4]，说明6世纪时，龟与伏于莲叶之龟都被视为符瑞图像。《金索》著

---

① （汉）司马迁：《史记》（修订本）卷一二八，第3891、3894页。

② （梁）沈约：《宋书》卷二八，第800页。

③ 《全唐文·禁奏祥瑞诏》，在太宗所下的此诏书中可以看出，不崇信祥瑞的太宗仍对"麟、凤、龟、龙大瑞之类"的祥瑞很看重，依旧要表奏（《全唐文》卷四，北京：中华书局，1983年，第57页）。

④ 黄永武主编：《敦煌宝藏》，台北：新文丰出版公司，1985年，第123册，第294页上栏。此图的年代为6世纪（见巫鸿：《武梁祠——中国古代画像艺术的思想性》，北京：生活·读书·新知三联书店，2006年，第101页。）

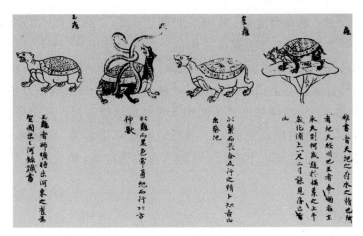

图1-3-13　敦煌伯2683号《瑞应图》局部

采自《敦煌宝藏》第123册第294页

录一面唐出瑞图镜（图1-3-14），圆形，圆钮，方钮座，内区方格外对置龟、蛇，四角有祥云四朵，中区和外区为瑞图，并有题名。《金索》著录文字为："镜大汉尺一尺五寸半，重今秤十二斤。镜边刻禽兽鱼竹草树合璧金胜并出瑞图十四字间以十二生肖。中刻凤凰、嘉禾、合树连、比翼、连理竹、金胜、同心鸟、嘉麦、嘉瓜、比目鱼、连理树、合璧之瑞，与博古图同。惟彼作合欢，此作合树连，未解。"[①]

图1-3-14　唐出瑞图镜拓片

采自清道光滋阳县署刻本《金索六》

瑞兽葡萄镜是龟钮镜中最早的镜类，出土于高宗咸亨元年（670）宋素夫妇墓的一面，镜钮似海龟。出自武则天天授二年（691）冯廓夫妇墓的一面，龟背没有纹路的细节刻划，显得较为稚拙。纪年较早的龟钮镜还有河北元氏县南白楼墓地M3久视元年（700）李无畏夫妇墓出土的月宫镜，龟钮规整，且有较细致的龟背纹。龟钮镜出现于武则天权力上升并建立大周王朝的时期，当不是偶然现象。龟为玄武，

① （清）冯云鹏、冯云鹓辑：《金石索·金索六》，《续修四库全书》编纂委员会编：《续修四库全书》，据清道光滋阳县署刻后本影印，上海：上海古籍出版社，1995年，第894册，第276页下栏。

因玄武与"武"姓音合之故，武则天时期崇尚龟。《旧唐书·舆服志》载："天授元年九月，改内外所佩鱼并作龟。久视元年十月，职事三品以上龟袋，宜用金饰，四品用银饰，五品用铜饰，上守下行，皆从官给。神龙元年二月，内外官五品已上依旧佩鱼袋。"[①] 从这一记载来看，给龟及龟袋的作法并未持久，短暂的佩龟反映了武则天对龟的极度崇尚。从纪年镜来看，瑞兽葡萄镜龟钮的出现是武则天改行龟袋改革的前奏，龟袋虽被废止，但龟钮镜却一直延续了下来，很可能因为龟为祥瑞、镜又非礼制用品的缘故。

二、人物纹

隋唐铜镜中的人物镜主要有嫦娥奔月镜、仙骑镜、飞仙镜、真子飞霜镜、三乐镜、王子乔吹笙引凤镜、狩猎纹镜、打马球镜、乐师弄狮子镜、弈棋镜、五岳镜等11型[②]，其中嫦娥奔月镜即是月宫镜，因存在月宫中无嫦娥的形式，五岳镜又重在山水的描绘，特归入天象山水类进行叙述。其余9型，只有狩猎纹镜、打马球镜、乐师弄狮子镜描绘的是现实人物，而余下的6型镜上的人物大体可归入历史、神话传说人物。历史、神话传说人物因具有悠久的传承，其人物形象及其象征意义表现出浓厚的古意。

除了主纹是历史、神话传说的人物外，隋唐铜镜的辅助纹样里还有类似的人物纹，这些带有古意的人物形象包括东王公、西王母、羽人、骑禽兽仙人、飞仙、仙道人物等。

（一）东王公、西王母

隋唐装饰有东王公、西王母形象的铜镜数量较少，洛阳出土的隋神人神兽镜（见图1-2-28a）、陕西永寿出土的一面隋神人神兽镜（见图1-2-28b）的内区花纹中，东王公、西王母对称分布在龟甲纹界格的梯形内，正面端坐，有翼。洛阳镜无龙虎；永寿镜东王公、西王母前有凭几，左、右各有一龙、一虎，似象征着龙虎座（图1-3-15a、1-3-15b）。

这种端坐有翼的东王公、西王母的正面像是东汉至魏晋时期神人神兽镜上最常见的形象。如故宫博物院藏东汉"余作"铭环绕式神兽镜中的东王公、西王母（图1-3-15c、1-3-15d）即是此种样式，隋神人神兽镜上的东王公、西王母形象当脱胎于汉镜。东王公戴三山冠，西王母不戴冠，正面端坐于龙虎座上，弯曲卷云状的羽翼，这些特点都与汉镜吻合。

---

① （后晋）刘昫等：《旧唐书》卷四五，第1954页。
② 管维良：《中国铜镜史》，重庆：重庆出版社，2006年，第214～223页。

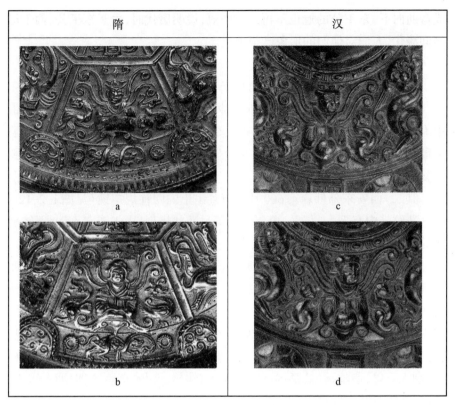

隋	汉
a	c
b	d

图 1-3-15　隋、汉铜镜上的东王公、西王母

　　a、b. 陕西永寿出土隋神人神兽镜上的东王公和西王母，采自《中国青铜器全集16·铜镜》第105页图103；c、d. 故宫博物院藏东汉"余作"铭环绕式神兽镜上的东王公和西王母，采自《故宫铜镜图典》第111页图76

　　从汉镜上有关东王公、西王母的铭文来看，东王公、西王母形象与汉人长寿成仙的思想有关，如镜铭："元兴元年（105）五月丙午日天大赦，广汉造作尚方明镜，幽涑三商，周刻无极，世得光明，长乐未央，富且昌，宜侯王，师命长，生如石，位至三公，寿如东王父、西王母、仙人子，立至公侯。""永康元年（167）正月丙午日作尚方明竟……上有东王父、西王母，生如山石，大吉。""中平六年（189）正月丙午日，吾作明竟，幽涑三羊自有己，除去不羊宜孙子。东王公、西王母，仙人玉女大神道。长吏买竟位至三公。古人买竟百倍田，家大吉，天日月。"[①]

　　目前东王公、西王母仅见于隋镜，唐以后不见。在河南孟津出土的一面唐仿汉银背画像镜[②]纹饰中有东王公与西王母，但是卷云状向上的羽翼，变

---

　　① 引自前揭《浙江出土铜镜》（修订本），第52～53页镜铭123、129、134。

　　② 孙机:《孟津所出银壳画像镜小议》，《中国文物报》1990年9月20日第3版。

成弯曲向下,东王公的冠也不再是三山冠,说明唐代时,由于东王公、西王母信仰淡化,人们对他们的形象已很陌生。

（二）羽人

隋唐铜镜中的羽人形象,目前见于刊布的有四例:

其一,陕西永寿出土的隋神人神兽镜（见图1-2-28b）,外区花纹带中有羽人、飞鸟、奔兽等。羽人有三个,皆为正面,肩生双翼,翅膀的羽毛雕刻得较为精细,其中一个羽人为坐姿,另外两个作飞翔状,一手托圆形物。

其二,西安东郊韩森寨600号初唐墓出土的四神规矩镜（见图1-2-12a）外区花纹带中有羽人,与鸟、兽、鱼、龙等呈环状排列,由于图案不清,不知羽人的形貌和动作。

其三,1957年西安市东郊王家坟出土的初唐四神规矩镜,直径24.5厘米,圆形,圆钮,钮座围绕二重大方格,方格内为双龙对称环绕镜钮,方格外为四神,规矩配置,四神之间以双线V字形相隔,内外区以凸弦纹相隔。外区内圈是铭文带,铭文32字:"美哉圆鉴,览物称奇。雕镌合矩,镕铣应规。仙人累莹,玉女时窥。恒娥是埒,服御攸宜。"外圈图案区依次为白虎、神怪、羽人骑兽、迦陵频伽、摩羯、仙鹤、羽人、仙鹤、天马、迦陵频伽、羽人骑龟、仙鹤、摩羯、神怪、仙鹤、羽人[①]。

其四,陕西历史博物馆藏羽人瑞兽葡萄镜（图1-3-16a）。直径11.2厘米,伏兽钮,凹背高缘,一周凸梁将镜背花纹分为内外区。内区围绕钮座分布四组母子兽,四周空间填衬环绕的葡萄藤蔓;凸梁外区环列飞鸟、走兽、飞翔的天马,中间夹杂着一位飞升的羽人[②]。此镜与武则天神功二年（697）西安独孤思贞夫妇墓出土的瑞兽葡萄镜花纹布局完全相似（图1-3-16b）[③],且工艺精美,应为武则天时期铸造。

羽人是中国古代传说中的仙人。何谓仙?《释名·释长幼》说:"老而不死曰仙。"[④]《楚辞·远游》:"仍羽人于丹丘兮,留不死之旧乡。"王逸注:《山海经》言:有羽人之国,不死之民。或曰:人得道,身生羽毛也[⑤]。朱子

---

① 韩建武:《两面精美的初唐铜镜》,《收藏家》2009年第5期。
② 冀东山:《神韵与辉煌——陕西历史博物馆国宝鉴赏·玉杂器卷》,西安:三秦出版社,2006年,第113页,图54。
③ 中国社会科学院考古研究所:《唐长安城郊隋唐墓》,北京:文物出版社,1980年,图版六〇,图1。
④ （唐）徐坚等:《初学记》卷二三,下册,第549页。
⑤ （汉）王逸:《楚辞章句》卷五,《景印文渊阁四库全书》,第1062册,第50页。

图1-3-16a　陕西历史博物馆藏唐羽人瑞　　图1-3-16b　西安城郊唐独孤思贞墓出土
　　　　　　兽葡萄镜　　　　　　　　　　　　　　　　瑞兽葡萄镜

采自《神韵与辉煌——陕西历史博物馆国　　采自《唐长安城郊隋唐墓》图版六〇图1
宝鉴赏·玉杂器卷》第113页图54

注："羽人,飞仙也。丹邱,昼夜常明之处也。不死之乡,仙灵之所宅也。"①汉
代时升天与升仙观念盛行,羽人便成了人们信仰的对象,图画羽人也成了为
道学仙的代名词。王充《论衡·无形篇》中讲道:"图仙人之形,体生毛,臂
变为翼,行于云,则年增矣,千岁不死。"②同书《道虚篇》说:"人能生毛羽,毛
羽备具,能升天也。……为道学仙之人,能先生数寸之毛羽,从地自奋,升楼
台之陛,乃可谓升天。"③因而在汉代遗留下来的不同门类艺术品中都有羽人
的形象。

　　据贺西林研究,汉代艺术中的羽人形象以人首人身,肩背出翼,两腿生
羽者最为流行,常出现在三类图像组合中:1. 翱翔于云天,与天帝、雷公、雨
师、风伯、电母等天庭诸神济济一堂;2. 出没于仙庭,与捣药玉兔、蟾蜍、九
尾狐、三足乌等灵瑞一同陪侍在西王母或东王公周围;3. 游戏于祥禽瑞兽
中,与龙、虎、鹿、朱鸟、凤凰、熊等祥瑞戏舞。羽人的行为状态常见有驭龙、
驭虎、骑鹿、骑天马、驭云车(龙、虎、鹿、鱼、鸟等骖驾的车)、戏龙、戏虎、戏
凤、戏鹿、侍奉、六博。还见有驾鹤、乘鱼、骑象、驭翼羊、戏天马、戏熊、射猎、
抚琴、吹奏、捣药、献药等。其中不少羽人手握延年益寿的仙草,还有些羽人
秉持象征王命的符或节④。

①　(宋)朱熹:《楚辞集注》卷五,《景印文渊阁四库全书》,第1062册,第350页。
②　(汉)王充:《论衡》卷二,《新编诸子集成》之《论衡校释》,北京:中华书局,1990年,第66页。
③　(汉)王充:《论衡》卷七,上揭《论衡校释》,第318页。
④　贺西林:《汉代艺术中的羽人及其象征意义》,《文物》2010年第7期。

图1-3-16c 羽人（图1-3-16a局部）

以上四面隋唐镜中的羽人都有人首人身、肩背出翼的特点。最清楚者是瑞兽葡萄镜上的羽人，图录条目的作者认为这一羽人，深目锥鼻，头戴虚顶尖帽，身穿左衽大翻领的胡服，系腰带，是一个胡人形象。肘部和大腿上生有羽翅，左手抚胸，左脚屈踏，右臂和右脚向后伸展，表现出凌空飞翔的姿态（图1-3-16c）[1]。这一形象虽然没有高出头顶的双耳，但比较符合两腿生羽的汉代羽人特征。而从羽人的排列来看，以上四面铜镜皆符合汉代第三类羽人图像组合，即与祥瑞动物戏舞。西安王家坟出土镜中的羽人有骑兽、乘龟的，这种羽人形象在汉画像石中就有，河南南阳麒麟岗东汉晚期画像石墓有羽人骑兽、羽人乘龟等图像[2]，山东曲阜市韩家铺石椁画像中也有乘龟的羽人[3]。可以看出，隋至武则天时期，这种人首人身、肩背出翼的羽人仍延续着汉代艺术的图像及组合特征。

但在唐镜里，还有一些人面鸟身的形象，有的学者将之定名为迦陵频伽[4]，有的称之为羽人，如金银平脱羽人飞凤纹葵花镜（图1-3-17a），该镜传1951年郑州出土[5]，直径36.5厘米，圆钮，重瓣莲花钮座，主纹为双羽人和双凤展翅飞翔。间饰石榴花、蜂蝶、禽鸟和流云。重瓣莲花及羽人、飞凤由银片平贴，花鸟则由金片构成。参差错落，显得富丽堂皇。纹饰中的两个羽人为人首鸟身的贵妇形象，面庞丰满，眉目清秀，颈上有连珠项链，右手托盘，左手上扬，背生巨大的羽翼，上身裸露。这面铜镜上的羽人已经脱离了汉代人首人身、从地自奋的羽人形象，好似在天空自由自在飞翔的鸾鸟。

据徐殿魁的研究，玄宗时期金银平脱镜开始铸造并盛行，至晚唐还有发现。葵花形是中唐时期最为流行的镜形[6]，那么这面铜镜铸于中唐的可

① 前揭冀东山《神韵与辉煌——陕西历史博物馆国宝鉴赏·玉杂器卷》，第112页。

② 中国画像石全集编辑委员会：《中国画像石全集6·河南汉画像石》，郑州：河南美术出版社、济南：山东美术出版社，2000年，第102～116页，图版说明第44～45页。

③ 张道一：《汉画故事》，重庆：重庆大学出版社，2007年，第309页图。

④ 前揭王纲怀、孙克让《唐代铜镜与唐诗》图版6和图版6-1有两面迦陵频伽纹镜，一面为私人收藏，另一面为日本梅原末治《唐镜大观》图64著录。

⑤ 沈令昕：《上海市文物保管委员会所藏的几面古镜介绍》，《文物参考资料》1957年第8期。

⑥ 徐殿魁：《唐镜分期的考古学探讨》，《考古学报》1994年第3期。

能性较大。金银平脱羽人飞凤纹葵
花镜上的羽人形象虽然在铜镜上
少见，但在唐代墓葬石刻中不乏其
例。如开元九年（721）薛儆墓出土
的墓志盖上刻有着衣的捧盘羽人（图
1-3-17b），人面鸟身，双爪站立[①]；天
宝元年（742）李宪夫妇墓石椁立柱
上就有人面鸟身手托盘的贵妇状羽
人（图1-3-17c），与金银平脱镜上的
羽人形象基本相同，但也有两只鸟爪
者，呈站立状[②]。这一形象也见于开
元二十五年（737）武惠妃墓出土的
石椁上，贵妇状人面鸟的两只鸟爪
立于花头之上[③]。这是佛教中的迦陵
频伽？还是玄宗时期羽人的新面貌？中宗朝，
就有将佛教诸天伎乐与飞仙同时装饰在一件

图1-3-17a　郑州出土唐金银平脱羽人花
鸟葵花镜

采自《中国青铜器全集16·铜镜》第115页图
113

图1-3-17b　山西万荣县唐薛儆墓志盖上的羽人线图
采自《唐代薛儆墓发掘报告》第55页图七一

图1-3-17c　陕西蒲城县唐李
宪墓石椁立柱上
的羽人线图

采自《唐李宪墓发掘报告》第
190页图一九五·1

---

①　山西省考古研究所：《唐代薛儆墓发掘报告》，北京：科学出版社，2000年，第55页，图七一。
②　陕西省考古研究所：《唐李宪墓发掘报告》，北京：科学出版社，2005年，第190页，图一九五·1。
③　武惠妃墓石椁现存陕西历史博物馆库房，参观所得。

器物上的现象，如安乐公主为洛州昭成佛寺所造的百宝香炉，其上装饰镶嵌的花纹就有花草、飞禽、走兽，诸天伎乐，麒麟、鸾凤、白鹤、飞仙等[①]。考虑到玄宗时期对神仙道教的崇信[②]，这一时期在多座墓葬中发现的人面鸟身与铜镜上类似的形象，也不排除羽人的可能。

（三）骑禽兽仙人

在唐镜中有一类仙骑镜，主纹为仙人驾驭神禽异兽飞行的样子。神禽异兽的种类主要有鸾凤、鹤、龙、天马、鹿、狮子等。按其衬托的背景可分二型。

Ⅰ型，衬托以云纹。此种镜较多，如：

湖北郧县唐开元十二年（724）阎婉墓出土的菱花形仙人骑鸟兽镜（图1-3-18a），直径11厘米，钮周有鸾鸟、瑞兽各一对，鸾、兽相间，同向排列，以云纹衬底。鸾、兽背上各坐一人，人头后有帔带。四只蝴蝶及四枝花草分置在菱花瓣内[③]。

故宫藏菱花形仙人骑鸟兽镜（图1-3-18b），直径21.1厘米，圆钮，内区对称饰四仙人，分别骑马、骑鹤、骑鹿、骑凤，前有云气纹，仙人帔带飘舞，表现出飞行的状态。外区折枝花纹与云气纹相间[④]。

图1-3-18a　湖北郧县唐阎婉墓出土菱花　　　图1-3-18b　故宫博物院藏唐菱花形
　　　　　　形仙人骑鸟兽镜拓片　　　　　　　　　　　　仙人骑鸟兽镜拓片
采自《文物》1987年第8期第38页图一四　　　采自《故宫藏镜》第84页图84

①　（唐）张鷟：《朝野佥载》卷三，《隋唐嘉话　朝野佥载》，北京：中华书局，1997年，第69页。
②　本书第五章详述。
③　湖北省博物馆、郧县博物馆：《湖北郧县唐李徽、阎婉墓发掘简报》，《文物》1987年第8期。
④　前揭郭玉海：《故宫藏镜》，第84页，图84。

1972年西安市郭家滩出土的菱花形仙人骑龙骑狮菱花镜（图1-3-18c），直径25.5厘米，半球形钮，内区对称饰四仙人，二人骑龙、二人骑狮子，衬以繁密的云气纹，描绘四兽在云间疾驰。外区为鸾鸟与飞仙间隔排列[1]。

上海博物馆藏鎏金菱花形仙人骑鸟兽镜，直径12.2厘米，内区四位仙人分别骑狮、马、凤、鹤，凌空飞舞，鸟、兽下各有一云朵。外区花枝和蝴蝶相间排列[2]。

Ⅱ型　衬托以仙山。

西安东郊郭家滩89号唐墓出土的菱花形仙人骑兽镜（图1-3-19），直径为12.4厘米，内区为二仙人骑瑞兽绕钮奔驰，间以两座仙山，外区花枝、蝶、流云相间[3]。

如果将以上铜镜中仙人所驾驭的神禽异兽与汉代艺术中羽人的坐骑相比较，就会发现，龙、鹿、天马、鹤吻合，虎、象、翼羊不见，汉代艺术中多见羽人驾凤鸟拉的车，而仙骑镜中多是仙人骑在凤鸟的身上，但表达的显然都是升仙的含义。唐代诗歌中有许多有关仙人的诗句，最鲜明的形象就是骑凤、鹤、鹿、龙等鸟兽，如王昌龄《就道士问周易参同契》："仙人骑白鹿，发短耳何长。时余采菖蒲，忽见嵩之阳。"[4]常建《古意》："仙人骑凤披彩霞，挽上银瓶照天阁。

图1-3-18c　西安郭家滩出土唐仙人骑龙骑狮菱花镜

采自《中国青铜器全集16·铜镜》第155页图152

图1-3-19　西安郭家滩89号唐墓出土菱花形仙人骑兽镜

采自《陕西省出土铜镜》第129页图119

---

[1]　前揭《中国青铜器全集16·铜镜》，第155页，图152。

[2]　前揭《练形神冶 莹质良工——上海博物馆藏铜镜精品》，第272，图98。

[3]　前揭《陕西省出土铜镜》，第129页，图119。

[4]　《全唐诗》卷一四一，《全唐诗》（增订本），第2册，第1431页。前两句借用了汉诗《长歌行》中的诗句。

黄金作身双飞龙,口衔明月喷芙蓉。"① 韩偓《仙山》:"一炷心香洞府开,偃松皴涩半莓苔。水清无底山如削,始有仙人骑鹤来。"② 顾况《相和歌辞·短歌行六首·六》:"轩辕皇帝初得仙,鼎湖一去三千年……骑龙驾景游八极。"③ 陈陶一《飞龙引》:"有熊之君好神仙,餐霞炼石三千年。一旦黄龙下九天,骑龙栉栉升紫烟。"④ 吕岩《敲爻歌》:"再安炉,重立鼎,跨虎乘龙离凡境。"⑤

Ⅱ型仙骑镜中的仙人又和山发生了联系。《释名·释长幼》说:"仙,迁也,迁入山也,故制字人傍山也。"⑥ 仙也作仚,《说文解字注》:"仚,人在山上儿,从人山。"⑦ 故这一型仙骑镜的画面本质上与Ⅰ型没有差别。

(四)飞仙

主区中的仙人,不生翅膀,也不骑鸟兽,但作飞翔姿态。这一类型的唐镜较之仙骑镜数量少。有的学者称之为飞天镜⑧。根据飞仙形象的差异,可分二型。

Ⅰ型　飞仙作贵妇状,体态丰腴。

1955年西安东郊韩森寨1号天宝四载(745)墓出土的葵花形飞仙镜(图1-3-20a),直径25.3厘米,圆钮,钮两侧飞仙腾飞于云朵之上,飞仙为贵妇形象,头上簪花,面容丰满,衣裙迎风飘飞。两手托举一四瓣花形物。钮上端卷云重重,钮下端大树山峦⑨。洛阳庞家沟唐墓出土的一镜,大小、花纹与之相仿⑩。

Ⅱ型　体态较瘦。

台北故宫博物院所藏一例,是一件极少见的方形菱花飞仙镜(见图1-1-2d)。四角菱边肥大,中腰菱花瘦小。中心长度19.5×19.5厘米,圆钮上有花草纹,钮座为环绕的尖瓣花枝,钮外四座仙山、四只飞禽,飞禽下各有一云朵,四角四飞仙帔带迎风飘举,双手各持一株灵芝草,飞升在云气之上⑪。

① 《全唐诗》卷一四四,《全唐诗》(增订本),第2册,第1464页。
② 《全唐诗》卷六八二,《全唐诗》(增订本),第10册,第7892页。
③ 《全唐诗》卷一九,《全唐诗》(增订本),第1册,第216页。
④ 《全唐诗》卷七四五,《全唐诗》(增订本),第11册,第8558页。
⑤ 《全唐诗》卷八五九,《全唐诗》(增订本),第12册,第9776页。
⑥ (唐)徐坚等:《初学记》卷二三,下册,第549页。
⑦ (清)段玉裁:《说文解字注》卷八上,杭州:浙江古籍出版社,1998年,第383页。
⑧ 如前揭王纲怀、孙克让《唐代铜镜与唐诗》图74-3,张铁山藏飞天山峦禽鸟镜。
⑨ 前揭《陕西省出土铜镜》,第128页,图118。图片采自前揭《中国青铜器全集16·铜镜》,第141页,图138。
⑩ 前揭《洛阳出土铜镜》,图88。
⑪ 前揭王纲怀、孙克让《唐代铜镜与唐诗》,图74-2;前揭《皇帝的镜子——清宫镜鉴文化与典藏》,第111页,图1-45。

图1-3-20a　西安韩森寨天宝四载墓出土　　图1-3-20b　绍兴坡塘乡曙光大队出土
　　　　　 葵花形飞仙镜　　　　　　　　　　　　　　 唐葵花形飞仙飞鹤镜

采自《中国青铜器全集16·铜镜》第141页　　　采自《浙江出土铜镜》彩版图69
图138

　　1980年浙江绍兴坡塘乡曙光大队出土的葵花形飞仙飞鹤镜（图1-3-20b），直径18.3厘米，圆钮，钮之外是四朵长云纹呈方形分布，其外上、下二仙飞舞，一仙左手持花枝，一仙右手持麈尾，左右二鹤展翅，以花枝补间，极为精细飘逸[1]。

　　《论衡·雷虚篇》载：“物无翼而飞谓仙人。画仙人之形为之作翼。”[2]说明仙人也有无翼而飞的形象。II型镜中飞仙所持大多为仙草一类的物品，与汉时的羽人所执灵芝等仙草应无差别。I型镜飞仙类似现实中的贵妇，这一特征也见于壁画中，天宝元年（742）李宪墓墓道西壁最南端绘有鹤衔绶带引导的两个乘风踏云、面南飞行的人物形象，画面空白处散布云纹。这两个人物仅存下部，腰束带，穿袍服，应为唐代男装，从这两个飞人无翼而飞的体态特征及与仙鹤伴行的情况来看，也应归为飞仙，且是现实人物的形象。李宪墓的纪年与西安天宝四载（745）墓出土镜的纪年相差不多，或可说明这种现实人物式的飞仙流行的时代在玄宗时期。

　　（五）仙道人物

　　无论有翼而飞，无翼而飞，还是驾鸟兽而飞，前三类仙人的形象重在表现飞离尘世去往天上世界。而这类仙道人物则多在自然山水间，虽是现实人物，但表达着求仙的含义，亦可称为道教仙人。这类铜镜有四种基本形

---

① 前揭《浙江出土铜镜》（修订本），彩版图69。

② （汉）王充：《论衡》卷六，前揭《论衡校释》，第305页。

式,数量多,但纪年墓出土的极少。

一是,王子乔吹笙引凤镜。洛阳出土一面葵花形镜(图1-3-21),直径12.9厘米,圆钮,钮上端修竹一丛,下端山岳层云,左侧王子乔端坐吹笙,右侧鸾凤从空中闻声而至[①]。主题图案立意鲜明,镜背留白处很多。

图1-3-21　洛阳出土唐葵花形王子乔吹笙
　　　　　引鸾镜

采自《中国青铜器全集16·铜镜》第164页图161

图1-3-22　洛阳出土唐葵花形三乐镜

采自《中国青铜器全集16·铜镜》第165页图162

仙人王子乔的形象最早见于汉镜,王子乔与仙人赤松子常组合成"松乔"图像。西汉中晚期以来的镜图中配置有大量的神仙人物图像,其中有不少根据铭文或榜题可以直接指证为"松乔"图式的画像镜。汉镜"松乔"图像一般成对出现在同一幅镜图中,也有少量仅见王子乔或赤松子的图式。镜图常见的典型"松乔"图式,主要有"仙人乘骑"型、"仙人对弈"型、"仙人捣药"型、"仙人持药"型、"仙人采药"型、"仙人侍奉"型、"仙人神鱼"型[②],这些图式与汉镜中的羽人或仙人图像特征基本相同。

唐代人物镜中的仙人王子乔为独立的图像,吹笙引鸾的描绘与道书《列仙传》所载王子乔的形象相合:"王子乔者,周灵王太子晋也,好吹笙作凤凰鸣。游伊洛之间,道士浮丘公接以上嵩高山,三十余年后求之,于山上见柏良曰:'告我家七月七日待我于缑氏山巅。'至时,果乘白鹤驻山头,望之不得到,举手谢时人。数日而去,亦立祠于缑氏山下及嵩高首焉。"[③]画面

①　前揭《中国青铜器全集16·铜镜》,第164页,图161。
②　吕勤娟:《汉镜"松乔"图像研究》,《文物鉴定与鉴赏》2014年第5期。
③　《道藏》,北京:文物出版社、上海:上海书店、天津:天津古籍出版社,1988年,第5册,第68页。

中修竹和山岳点明了仙人所处的环境。

二是，三乐镜，又称孔子荣启期问答镜。洛阳北郊出土一面葵花形镜（图1-3-22），直径12.9厘米，圆钮，在钮上端的扁长方形界格内铭文三行9字"孔夫子问曰答荣启期"，下有垂柳一株，左为孔夫子手执曲杖，右为荣启期作答言状[①]。这一主题是对《列子·天瑞篇》孔子遇荣启期故事的图解。《列子·天瑞》曰："孔子游于泰山，见荣启期行乎郕之野，鹿裘带索，鼓琴而歌。孔子问曰：'先生所以乐，何也？' 对曰：'吾乐甚多：天生万物，唯人为贵。而吾得为人，是一乐也；男女之别，男尊女卑，故以男为贵。吾既得为男矣，是二乐也；人生有不见日月、不免襁褓者，吾既已行年九十矣，是三乐也。贫者士之常也，死者人之终也，处常得终，当何忧哉？' 孔子曰：'善乎！能自宽者也。'"[②]镜下的柳树象征郕之野。

三是，真子飞霜镜。上述龟钮真子飞霜镜中已有五型的陈述，这五型中有的是圆钮。这类镜数量不少，但只有一面出自纪年墓，即偃师杏园唐墓至德元载（756）窦承家墓出土的葵花形镜[③]。其余大致能推断出土墓葬年代的有三面，河北邯郸城区唐墓M402出土一面圆形镜，直径15.4厘米，墓葬年代的下限约属玄宗开元末或天宝初[④]；河南新郑唐墓出土一面，直径22厘米，墓葬的年代上限不会早于唐代中期[⑤]；广东曲江县唐墓出土一面八出葵花形镜，直径15.5厘米，墓葬年代为中唐至晚唐[⑥]。或可推测这类镜流行的时代应在玄宗以后。这类镜中的铭文和花纹有不同的解释，达8种之多[⑦]。仔细审视真子飞霜镜的画面组成，可以发现其与隋至初唐诗人王绩《古意六首·一》所提及的物象基本相合，此诗为："幽人在何所，紫岩有仙躅。月下横宝琴，此外将安欲。材抽峄山干，徽点昆丘玉。漆抱蛟龙唇，丝缠凤凰足。前弹广陵罢，后以明光续。百金买一声，千金传一曲。世无钟子期，谁知心所属。"[⑧]诗中之"幽人"当为仙人，在月下弹琴，仙人的周围有峄山、昆丘，还有蛟龙、凤凰。真子飞霜镜中下方的水当是蛟龙的象征。

四是，弈棋镜，也有称作高士镜、高逸图镜。上海博物馆收藏一面圆形镜（见图1-2-48），直径16.7厘米，圆钮、莲瓣钮座。钮上方有双鹤翱翔于云

---

① 前揭《中国青铜器全集16·铜镜》，第165页，图162。
② 杨伯峻：《列子集释》，北京：中华书局，2013年，第22～24页。
③ 前揭《偃师杏园唐墓》，第142页。
④ 邯郸市文物保护研究所：《邯郸城区唐代墓群发掘简报》，《文物春秋》2004年第6期。
⑤ 李宏昌：《河南新郑清理一座唐墓》，《中原文物》2002年第6期。
⑥ 吴孝斌：《广东曲江县发现一座唐墓》，《考古》2003年第10期。
⑦ 参考本书绪论关于真子飞霜镜的研究简述。
⑧ 《全唐诗》卷三七，《全唐诗》（增订本），第1册，第480页。

端。右上一人长袖宽袍，带一卧牛，其下一人于树下溪畔，临水而坐，一手掩耳，似为"许由洗耳、巢父饮牛"。左侧一人戴冕旒，后有侍者执伞，另一老者坐于山洞中，当为"帝王闻道"。下为四位高士围坐棋台，正作谈论，疑为"商山四皓"。

以上四种形式的铜镜，前两种语义明确。王子乔是道教所推崇的不死仙人，荣启期在魏晋南北朝常与竹林七贤一起组成一组画像，这种高士的画像亦有成仙的含义和护佑功能，这一点郑岩先生已有研究[1]。

后两种形式说法较多，虽难以断定画面的确切含义，但画中人物的行为特征，弹琴、弈棋却与汉代羽人的行为特征中的抚琴、六博相合。仙人抚琴、六博具有自娱、娱神的目的[2]。而一般人也可以通过抚琴来求仙，《后汉书·仲长统传》评述其欲"卜居清旷"时，说他"与达者数子，论道讲书……弹《南风》之雅操，发清商之妙曲。……永保性命之期。如是，则可以陵霄汉，出宇宙之外矣"[3]。

值得注意的是，这些仙道人物穿着的服装皆与目前所见到唐代壁画及唐代传世绘画上的人物衣装有所不同。唐代男子多着窄袖圆领袍或翻领袍，而以上四种镜上的人物都穿着宽袖、宽大的袍子，这种服装常见于魏晋南北朝的绘画中，如《洛神赋图》、宁懋石室、元谧石棺上的人物皆着这种宽袍大袖，对唐人来说这种服装或许就是古装。而在唐代笔记小说中，古装人物往往是仙人。《神仙感遇传》记载，唐宰相韩滉出行，泊一山下，"上岸寻求，微有鸟径，行五六里，见一人乌巾，岸帻古服，与常有异"。此人原是东海广桑山之使者[4]。《传奇》载，唐大中初，有陶太白、尹子虚二老人入山采松脂、茯苓，见一神仙，"古服俨雅"[5]。这种古装的仙人在唐墓壁画中也有发现。景云元年（710）节愍太子墓第一天井北壁过洞口的上部，在云气缭绕的背景中绘有执旌、节的仙人，仙人束发于头顶后部成一环髻状，颇似《女史箴图》中仕女的发式，在仙人彩带飘起之处，残存有仙鹤的鹤尾[6]。这种古装的仙人是唐代仙人的又一形象，与贵妇状的飞仙显然走的是不同的路线，山林里的仙人从服装到行为尽可能地合乎古意。

---

① 郑岩：《魏晋南北朝壁画墓研究》，北京：文物出版社，2002年，第209～235页。
② 贺西林：《汉代艺术中的羽人及其象征意义》，《文物》2010年第7期。
③ （南朝宋）范晔：《后汉书》卷四九，北京：中华书局，1973年，第1644页。
④ （宋）李昉等：《太平广记》卷一九"韩滉"条，北京：中华书局，1961年，第132页。
⑤ （宋）李昉等：《太平广记》卷四○"陶尹二君"条，第253页。
⑥ 陕西省考古研究所、富平县文物管理委员会：《唐节愍太子墓发掘报告》，北京：科学出版社，2004年，第47页。

三、天象山水纹

唐代铜镜上始有天象山水纹样,较多的是对月宫和五岳四渎的描绘。

(一)月宫

唐代月宫镜出土和传世的数量较多,大体有四型。

Ⅰ型　月宫镜。仅见一面上海博物馆藏的"开元十年"(722)纪年铭葵花形镜(图1-3-23)。直径16.1厘米,兽钮,兽口噬咬一奔马,兽钮左面有一棵桂树,右面有玉兔捣药,下面有跳跃的蟾蜍。图案外围有三圈铭文,云:"杨府吕氏者,其先出于吕公望,封于齐八百年,与周衰兴,后为权臣田儿所篡,子孙流进,家子(于)淮扬焉,君气高志精,代罕知者,心如明镜,曰:得其精焉。常云:秦王之镜,照胆照心,此

图1-3-23　上海博物馆藏唐月宫镜

采自《练形神冶 莹质良工——上海博物馆藏铜镜精品》第263页图93

盖有神,非良公所得。吾每见古镜极佳者,吾今所制,但恨不得,停之多年,若停之一二百年,亦可毛发无隐矣。蕲州刺史杜元志,好奇赏鉴之士,吾今为之造此镜,亦吾子之一生极思。开元十年五月五日铸成,东平邵吕神贤之词。"[1]铭文共156字。

Ⅱ型　双鸾月宫海龙镜。洛阳涧西兴元元年(784)墓出土一面(见图1-2-46),直径17.3厘米,钮两侧双鸾衔绶飞舞,上端流云托月,月宫中有桂树、玉兔和蟾蜍。钮下端流云间巨龙出海,形象生动又颇具想象力[2]。陕西历史博物馆藏一面(图1-3-24),直径15.3厘米,纹饰基本相同,唯月宫旁无云朵,海龙旁云朵皆向下[3]。

Ⅲ型　嫦娥月宫纹镜。河北元氏县久视元年(700)李无畏夫妇墓出土一面、上海博物馆藏一面(见图1-3-4),龟钮,有"大吉"铭文。此类镜多是树木钮,无"吉"字铭文的,纹饰基本相同,有桂树、捣药之玉兔和蟾蜍、嫦娥组成的圆形画面,如1969年西安市莲湖区电容器厂出土的一面(图

---

①　前揭《练形神冶 莹质良工——上海博物馆藏铜镜精品》,第262页录文、263页图。

②　前揭《洛阳出土铜镜》图120;前揭《洛镜铜华——洛阳铜镜发现与研究》,第254页,图222。

③　前揭《中国青铜器全集16·铜镜》,第149页,图146。

图1-3-24　陕西历史博物馆藏唐双鸾月宫
海龙镜

采自《中国青铜器全集16·铜镜》第149页图146

1-3-25),直径14.1厘米[①]。

Ⅳ型　仙女月宫镜。2007年郑州市上街区东方明珠小区唐墓出土一面(图1-3-26),直径15.6厘米,圆形,窄边。镜背中部一株桂树,左侧为一飞舞仙女,头戴冠,右手背后,左手弯曲托盘,身后衣带卷曲飘拂,脚下树旁有一个四腿张开的蟾蜍。桂树右侧也有一仙女,头戴高冠,双臂作舞蹈状,衣带卷曲飘逸,脚下树旁有一白兔,直立,双耳竖起,两前肢握杵作捣药状[②]。此型月宫镜很少见。

图1-3-25　西安市莲湖区出土唐嫦娥月宫
纹镜

采自《西安文物精华·铜镜》第124页图111

图1-3-26　郑州上街区东方明珠小区唐墓
出土仙女月宫镜

采自《收藏界》2007年第11期第113页图28

关于月中的景象,中国古代文献中有很多记载,《春秋元命苞》曰:"月之为言,阙也。两设以蟾蜍与兔者,阴阳双居,明阳之制阴,阴之倚阳。"[③]《淮

----

① 前揭《西安文物精华·铜镜》,第124页,图111。
② 张文霞、张倩:《郑州新出土铜镜鉴赏(三)》,《收藏界》2007年第11期。
③ (宋)李昉等:《太平御览》卷四,北京:中华书局,1995年,第21页上栏。

南鸿烈·精神训》："月中有蟾蜍。"①《淮南鸿烈·览冥训》："羿请不死之药于西王母，姮娥窃以奔月。"高诱注："姮娥，羿妻。羿请不死之药于西王母，未及服之，姮娥盗食之，得仙，奔入月中，为月精也。"②唐代文献中提到月宫有桂树，徐坚《初学记》卷一引晋虞喜《安天论》曰："俗传月中仙人桂树。"③封演《封氏闻见记》卷七记载："月中云有蟾蜍、玉兔并桂树，相传如此，自昔未有亲见之者。"④

　　文献所言的月宫有蟾蜍、玉兔、桂树和姮娥，但综合这四个形象的圆形月宫纹，在汉魏时期尚未发现。根据冉万里对汉代以来月宫图像进行的梳理可知，汉代的月宫图像在圆形月宫内有蟾蜍、桂树（图1-3-27a），或蟾蜍、奔驰的玉兔，或蟾蜍、捣药玉兔（图1-3-27b），或蟾蜍、奔驰的玉兔和桂树；或仅有蟾蜍，或仅有捣药玉兔，或桂树和奔驰的玉兔，或图像下方绘制出月牙，上方绘制蟾蜍，月牙下方则绘制出一飞翔的女子形象，此种图像仅见于长沙马王堆一号汉墓出土的帛画之上，被称为嫦娥奔月图⑤。魏晋南北朝时期出现中间桂树、一边玉兔捣药、一边蟾蜍的图像（图1-3-27c）⑥。

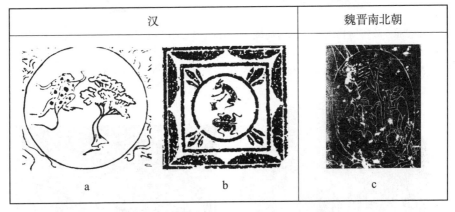

汉		魏晋南北朝
a	b	c

图1-3-27　汉、魏晋南北朝时期的月宫图像

　　a.洛阳西汉卜千秋墓壁画线图，采自《秦汉研究》第八辑第55页图一·1；b.安徽萧县圣泉乡圣村M1汉画像石拓片，采自周水利《安徽萧县新出土的汉代画像石》，《文物》2010年第6期第61页图一〇；c.北魏石棺盖内月宫图拓片，采自《洛阳北魏世俗石刻线画集》第59页图67

① 刘文典撰，冯逸、乔华点校：《淮南鸿烈集解》卷七，北京：中华书局，1989年，第221页。

② 上揭《淮南鸿烈集解》卷六，第217页。

③ （唐）徐坚等：《初学记》卷一，上册，第8页。

④ （唐）封演撰，赵贞信校注：《封氏闻见记校注》，北京：中华书局，2005年，第67页。

⑤ 冉万里：《汉代以来月宫图像的考古学观察》，《秦汉研究》，第八辑，西安：陕西人民出版社，2014年。

⑥ 图见黄明兰：《洛阳北魏世俗石刻线画集》，北京：人民美术出版社，1987年。北周建德元年（572）匹娄欢石棺盖上亦有此种月宫图。

汉代铜镜中玉兔捣药常与西王母图像相伴，如故宫藏东汉博局镜西王母的旁边有捣药的玉兔（图1-3-28a）[1]，有的与其他仙禽瑞兽组合在一起，如故宫藏东汉龙虎纹镜的外区的玉兔捣药（图1-3-28b）[2]。汉镜中也发现蟾蜍和桂树在一起的图像，如故宫藏李氏铭龙虎镜（图1-3-28c、1-3-28d），龙虎尾间有嫦娥、蟾蜍、桂树、药杵，应是月宫图，但桂树只有稀疏的枝叶，蟾蜍左肢举箭，右肢执弓。嫦娥双手持杆。蟾蜍与嫦娥似作搏斗状[3]。

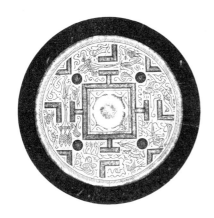

图1-3-28a　故宫博物院藏东汉博局镜
拓片

采自《故宫藏镜》第34页图34

图1-3-28b　故宫博物院藏东汉龙虎纹镜
拓片

采自《故宫藏镜》第44页图44

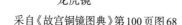

图1-3-28c　故宫博物院藏东汉李氏铭
龙虎镜

采自《故宫铜镜图典》第100页图68

图1-3-28d　故宫博物院藏东汉李氏铭
龙虎镜局部月宫图

---

[1]　前揭郭玉海：《故宫藏镜》，图34。
[2]　前揭郭玉海：《故宫藏镜》，图44。
[3]　前揭《故宫铜镜图典》，第100页，图68。

唐代四型月宫镜都有桂树、蟾蜍、玉兔，与魏晋南北朝的月宫图像一脉相承。《朝野佥载》记载："中宗令扬州造方丈镜，铸铜为桂树，金花银叶，帝每骑马自照，人马并在镜中。"①这种镜中的桂树高大繁茂，与"开元十年"月宫镜、双鸾月宫海龙镜中的桂树似有一定的差异，应是河北元氏县南白楼墓地 M3 久视元年（700）李无畏夫妇墓出土镜、西安市莲湖区电容器厂出土镜、郑州市上街区东方明珠小区唐墓出土镜等有嫦娥和枝叶茂盛的桂树这种样式的月宫镜。根据"开元十年"月宫镜的铭文可知，此镜是受到极佳之古镜的促动而为好奇赏鉴之士所铸，其铭文呈多圈的排列，与重圈铭汉镜有一致性，但其画面则与汉镜有很大的不同，考虑到河北元氏县久视元年（700）李无畏夫妇墓出土的八出菱花形嫦娥月宫镜的实例，可以推断"开元十年"月宫镜应是一面仿古镜，其图纹仿自魏晋南北朝的月宫纹。

河北元氏县南白楼墓地 M3 久视元年（700）李无畏夫妇墓出土和上海博物馆藏的龟钮月宫镜，龟钮的下端还有一滩水纹和一个"水"字。《酉阳杂俎·天咫》："旧言月中有桂、有蟾蜍，故异书言月桂高五百丈，下有一人常斫之，树创随合。人姓吴名刚，西河人，学仙有过，谪令伐树。释氏书言，须弥山南面有阎扶树，月过，树影入月中。或言月中蟾桂，地影也；空处，水影也。"②那么，水纹显然表现的是水影。

月宫镜中因有女仙、嫦娥、玉兔捣不死之药，具有长寿成仙的寓意。嫦娥飘舞的画面又颇与玄宗梦游广寒宫的记载相合，《龙城录》"明皇梦游广寒宫"条载："开元六年，上皇与申天师、道士鸿都客，八月望日夜，因天师作术，三人同在云上游月中。……其间见有仙人道士，乘云驾鹤，往来若游戏。……下见有素娥十余人，皆皓衣乘白鸾往来，舞笑于广陵大桂树之下。又听乐音嘈杂，亦甚清丽。上皇素解音律，熟览而意已传。顷天师亟欲归，三人下若旋风。忽悟，若醉中梦回尔。次夜，上皇欲再求往，天师但笑而不允。上皇因想素娥风中飞舞袖，被编律成音，制《霓裳羽衣舞曲》。自古洎今，清丽无复加于是矣。"③嫦娥月宫镜、仙女月宫镜应与诸如玄宗游月宫之类的故事寓意相合，暗含长寿成仙之意。

（二）五岳四渎

主要画面的中心是四出的山脉，加钮的山形为五岳，周有流水，有三型。

Ⅰ型　五岳四渎占据整个镜背画面。如，上海博物馆藏五岳真形方镜

①　（唐）张鹭：《朝野佥载》卷三，前揭《隋唐嘉话　朝野佥载》，第69页。

②　（唐）段成式撰，曹中孚校点：《酉阳杂俎》前集卷一，上海：上海古籍出版社，2012年，第5页。

③　（唐）柳公权：《龙城录》，转引自上海古籍出版社编：《唐五代笔记小说大观》，上海：上海古籍出版社，2000年，上册，第143页。

图1-3-29 上海博物馆藏唐五岳真形方镜拓片

采自《练形神冶 莹质良工——上海博物馆藏铜镜精品》第238页图81

（图1-3-29），此镜呈曲缘方形，云纹钮，钮座为山形，上刻草纹。四角耸出四座各具形态的山峦，群峰屹立，叠嶂相连，山上有树木花草，山间有云气和飞鸟。山与山之间有椭圆圈，当是水纹，象征四渎。

Ⅱ型 除单独的五岳四渎画面外，这一图纹还可与人物画像相结合。如三门峡市印染厂元和四年（809）墓出土的葵花形镜（见图1-2-49），直径22厘米，圆钮，四方出四山，山上有灵禽，山周有流水。右侧的人物图应是王子乔吹笙引凤，左侧是帝王闻道，上方山顶有一坐着的仙人，下方有一草庐①。

Ⅲ型 将五岳四渎作为整个镜背图案的组成部分。如西安地区征集的云涛雀绕花枝镜（见图1-2-44），内区为五岳四渎纹，外区为雀绕花枝纹。2015年河南孟津县朝阳镇伯乐村出土一件十二生肖八卦铭文镜，直径17.7厘米，圆形，山岳形圆钮，内区钮外双线界格，方形框内呈水波纹，以代"四渎"，方框外侧置四座山峦，与钮上山岳成五岳，形成五岳四渎图案。主体纹饰采用线性白描手法，依次勾勒出十二生肖动物图案；生肖图案外侧依次为八卦图纹。外区篆书铭文环饰一周形成铭文带，有"天地成，日月明；五岳灵，四渎清；十二精，八卦贞；富贵盈，子孙宁；皆贤英，福禄并"30字②。

五岳四渎纹饰应是汉代仙山、仙人信仰延续的结果。五岳图形又被道教神秘化。"五岳真形图"是道教之御符，传为三天太上大道君所撰。持东岳泰山之符，可保人长寿；持南岳衡山之符，可免他人伤害及火灾；持中岳嵩山之符，可免身劳而致巨富；持西岳华山之符，可免兵刃之灾；持北岳恒山之符，可免水灾而致福禄。《藏经》曰："五岳之神，分掌世间人物，各有攸属。如太山乃天地之孙，群灵之府，为五岳祖，主掌人间生死、贵贱、修短。衡岳主掌星象分野，水族鱼龙。嵩岳主掌土地、山川，牛羊食啖。华岳主宰

① 河南省文物考古研究所：《河南三门峡市印染厂唐墓清理简报》，《华夏考古》2002年第1期；衡云花：《一面唐代神仙人物镜考》，《华夏考古》2007年第3期。
② 雷博：《唐代十二生肖八卦铭文铜镜》，《洛阳考古》2017年第3期。

金、银、铜、铁，飞走蠢动。恒岳主掌江河淮济，四足负荷等事。"《抱朴子》曰："修道之士，栖隐山谷，须得五岳真形图以佩之，则山中魑魅虎虫、一切妖毒皆莫能近。"可见此图主要用来驱魔避邪。李白在诗中说："五岳寻仙不辞远。"道家学说，当是这种山峦纹镜产生的背景[①]。

第四节　铭文的古意

古代铜镜以铭文作为装饰，始于战国，兴于汉魏、隋唐。铜镜铭文的发展变化，王士伦曾作过细致的分析，他认为由于各个历史时期社会思想意识的变化，文学的发展和书体的演变，铜镜铭文曾发生四次大的变革，这就是战国至西汉中叶、西汉末至东汉、隋唐、两宋四个阶段[②]。

从20世纪80年代起，有关隋唐铜镜的铭文研究取得了一些成果。孔祥星对隋至初唐铜镜的20种铭文进行了列表说明[③]；王士伦就隋和初唐铜镜铭文的内容以及骈体文句法形式特点等进行了分析[④]；昭明、洪海发现汉唐铭文在内容上的关联，分升仙驱鬼、爱情相思、质量自夸、吉祥祝愿四大类进行了列举[⑤]；胡珊珊对唐镜铭文从文学角度进行了专门研究，注意到唐镜镜铭与汉镜镜铭之间存在着继承与革新，特别分析了唐镜三言镜铭、篆书镜铭与汉镜镜铭的密切联系。其关注点跨越了隋至初唐的骈文镜铭，论述了中晚唐镜铭的书体和道教属性[⑥]。

铭文作为一种装饰，与花纹的显著差别在于书写形式及文词意义。本节主要从书写形式——书体入手，对隋唐铜镜出现的楷书铭文、隶书铭文和篆书铭文的布局、文体及内容中的古意进行说明。文中主要以考古出土的隋唐铜镜为据，并参考个别传世镜，兹将这些隋唐镜的铭文资料按照书体归类列表（表1-4a、1-4b、1-4c），其中未注明镜形者，皆为圆形镜。

---

① 前揭《练形神冶 莹质良工——上海博物馆藏铜镜精品》，第238页文、图。《藏经》《抱朴子》引自（明）高濂著，王大淳点校：《遵生八笺》卷八《起居安乐笺》下，杭州：浙江古籍出版社，2019年，第378页。

② 王士伦：《浙江出土铜镜》，北京：文物出版社，1987年，第23页；前揭《浙江出土铜镜》（修订本），第38页。

③ 孔祥星：《隋唐铜镜的类型与分期》，《中国考古学会第一次年会论文集（1979）》，北京：文物出版社，1980年，第380～385页；前揭孔祥星、刘一曼：《中国古代铜镜》，第139～142页。

④ 上揭《浙江出土铜镜》，第29页；前揭《浙江出土铜镜》（修订本），第44页。

⑤ 昭明、洪海：《古代铜镜》，北京：中国书店出版社，1997年，第52～61页。

⑥ 胡珊珊：《唐镜铭文文学研究》，浙江大学硕士学位论文，2013年。

表1-4a 隋唐铜镜楷书铭文表

镜铭	言句	镜类	径 cm	出土地	年代	资料来源
光正随人，长命宜新。	四言	四叶连弧纹铭文镜	不详	1956年河南陕县刘家渠汉唐墓葬刘伟夫妇墓	隋开皇三年（583）	《一九五六年河南陕县刘家渠汉唐墓葬发掘简报》《考古通讯》1957年第4期
		四叶连弧纹铭文镜	12.2	1956年西安西郊三桥南	推定为隋	《陕西省出土铜镜》，第105页，图95
		十二生肖铭文镜	16	2006年陕西西安长安区张绰夫妇墓	隋大业三年（607）	《西安长安隋张绰夫妇合葬墓发掘简报》《文物》2018年第1期
		四神十二生肖铭文镜	19.8	1955年西安东郊郭家滩唐墓M293	唐肃宗乾元元年以后	《二十世纪五十年代陕西考古发掘资料整理研究》，上册，第534～535页
光返随人，长命宜新。	四言	十二生肖铭文镜	16	1957年西安城郊隋李静训墓	隋大业四年（608）	《唐长安城郊隋墓》，第20页，图版一二·1
窥庄益态，韵舞鸾驾。万龄永保，千代长存。能明能鉴，宜子宜孙。	四六	四兽规矩铭带镜	17	1954年西安东郊郭家滩隋田德元墓	隋大业七年（611）	《陕西省出土铜镜》，第91页，图81
		四兽规矩铭带镜	16.9	1954年西安郭家滩国棉四厂工地唐墓M61	唐	《二十世纪五十年代陕西考古发掘资料整理研究》，上册，第615～616页

（续表）

镜　铭	言句	镜　类	径cm	出　土　地	年　代	资料来源
昭仁口德，益寿延年。至理贞壹，鉴保长全。氛庄起态，辩皂增妍，开花散影，净月澄圆。	四八	四兽规矩铭带镜	18.4	1956年西安东郊韩森寨东南9#第153号隋墓	隋	《陕西省出土铜镜》图82，第92页
杨府可则，盘龙斯铸。徐稚经赋，孙承皇赋。散池菱影，开云桂树。玉面方窥，仙刀永故。	四八	四兽兽面铭带方形镜	14.7	1955年西安东郊邓家滩013.5第646号隋墓	隋	《陕西省出土铜镜》图80，第90页
团团宝镜，皎皎升台。鸾窥自舞，照日花开。临池似月，睹皂（貌）娇来。	四六	四神规矩铭带镜	14.2	1958年长沙陆家冲隋墓M3	隋	《湖南出土铜镜图录》，第115页，图89
玉匣聊开镜，轻灰暂试尘。光如壹片水，影似两边人。		四兽铭带镜	14.2	广东英德洸洗镇M37	中唐	《广东英德洸洗镇南朝隋唐墓发掘》，《考古》1963年第9期
玉匣聊开镜，轻灰暂试尘。光如壹片水，影似两边人。	五四	四兽规矩铭带镜	16.5	2016年长沙枫树山隋墓M40	隋	《长沙枫树山古墓出土四瑞兽纹铜镜》，《收藏家》2018年第8期
玉匣初开镜，轻灰暂去尘。光如一片，影照两边人。		瑞花铭带镜	12.7	西安郊区隋唐墓M551	隋至初唐	《西安郊区隋唐墓》，第74页
玉匣初开镜，轻灰去尘。光如一片，影照两边人。		四兽规矩铭带镜	16	1955年西安西郊大土门	唐	《陕西省出土铜镜》，第93页，图83（注：前二句作"玉匣盼开盖，轻灰试夜尘。"）

（续表）

镜　铭	言句	镜　类	径 cm	出土地	年　代	资料来源
玉匣盼开镜，轻灰暂拭尘。光如一片水，影照两边人。	五四	四兽规矩铭带镜	16.1	2009年河南洛阳龙门站前广场唐墓	唐	《洛镜铜华》，下册，第222页，图181
		四兽规矩铭带镜	16.1	河南临汝孙村	唐	《洛阳出土铜镜》，图72，图版说明第11页（注：前二句作"玉匣盼看镜，轻灰轻拭尘。"）
		四兽铭带镜	9.5	新疆吐鲁番地区木纳尔墓地M311	定为隋镜	《新疆吐鲁番地区木纳尔墓地的发掘》，《考古》2006年第12期
赏得秦王镜，判不惜千金。非关欲照胆，特是自明心。	五四	瑞兽铭带镜（残存1/3）	15	1987年广东电白唐代许夫人墓	唐龙朔元年（661）	《广东电白唐代许夫人墓》，《文物》1990年第7期
		方框四兽铭带镜	13.8	1955年西安东郊灞桥146号唐墓	唐	《陕西省出土铜镜》，第100页，图90
		四神规矩铭带镜	16	1957年长沙陈家大山墓1	唐	《湖南出土铜镜图录》，第117页，图91
		四兽铭带镜	12.5	河南三门峡庙底沟M183	盛唐	《三门峡庙底沟唐末墓葬》，第109~111,176~177页（注：锈蚀，有"照胆"2字铭）

（续表）

镜　铭	言句	镜　类	径 cm	出土地	年　代	资料来源
赏得秦王镜，判不惜千金。非关欲照胆，特是自明心。	五四	四兽铭带镜	9.4	河南洛阳岳家村415号墓	唐	《洛阳出土铜镜》，图74，图版说明第11页
		八格东王公西王母铭四神铭带花纹带镜	25	1978年陕西永寿县永太公社孟村大队二队	定为隋	《陕西永寿孟村发现隋代铜镜》，《文物》1982年第3期(注：后四句为"光无亏满，叶不枯荣。图形览质，千载为贞"，"徹"作"徹"。)
淮南起照，仁寿传名。琢玉斯表，铭金勒成。时雍炎晋，节茂未明。援摸鉴徹，用拟流清。光无影满，叶不枯荣。图口览质，千载为贞。	四十二	六兽八卦十二生肖铭带镜	24.7	1977年广西钦州M4，M5夫妇合葬墓，每墓出一半、半镜复合	隋	《广西壮族自治区钦州隋唐墓》，《考古》1984年第3期；《广西铜镜》第151页，图107
		八格东王公西王母铭四神铭带花纹带镜	33.2	1978年洛阳博物馆征集于河南登封	隋	《洛镜铜华》，下册，第219页，图178(注：后四句为"光无亏满，叶不枯荣。图形览览，千载为贞"，"徹"作"徹"。)

（续表）

镜　铭	言句	镜　类	径 cm	出土地	年　代	资料来源
淮南起照，仁寿传名。缘玉斯表，熔金勒成。时雍炎晋，节茂未明。爱模鉴澈，用凝流清。光无亏满，叶不枯荣。	四十	六格六兽铭带十二生肖镜	24.1	河南洛阳龙门唐上元三年(676)墓	隋	《洛阳出土铜镜》，图71，图版说明第11页
阿房照胆，仁寿悬官。菱藏影内，月挂壶中。看形必写，望里如空。山魑敢出，水质斯工。聊书玉篆，永镂青铜。	四十	四神规矩十二生肖铭带镜	21.8	1976年广西兴安县兴安镇上游街隋墓	隋	《广西出土古代铜镜选介》，《文物》1997年第5期;《广西铜镜》，第150页，图106
绝照览心，圆辉烛面。藏宝匣而光掩，挂玉台而影见。鉴罗绮于后庭，写衣簪乎前殿。	杂言	四兽规矩十二生肖铭带镜	20.1	1978年陕西永寿县永太公社孟村大队二队	定为隋	《陕西永寿孟村发现隋代铜镜》，《文物》1982年第3期
仙山并照，智水齐名。花朝艳采，月夜流明。龙盘五瑞，鸾舞双情。传闻仁寿，始验销兵。	四八	四兽铭带镜	18.6	西安郊区隋唐墓M577	隋至初唐	《西安郊区隋唐墓》，第72页

（续表）

镜　铭	言句	镜　类	径cm	出土地	年　代	资料来源
仙山并照，智水齐名。花朝艳采，月夜流明。龙朝玉瑞，鸾舞双情。传闻仁寿，始闻销兵。	四八	八兽铭带镜	24	1955年西安东郊郭家滩525号唐墓	唐	《陕西省出土铜镜》，第113页，图103（注：铭文首句为"仙人并照"）
		四神规矩铭带镜	22	1955年长沙丝茅冲3区M39	唐	《长沙北郊丝茅冲清理的唐代木砖室墓》，《文物参考资料》1956年第2期《湖南出土铜镜图录》，第116页，图90
练形神冶，莹质良工。如珠出匣，似月停空。当眉写翠，对脸传红。绮窗绣幌，俱含影中。	四八	六兽铭带镜	17.3	西安郊区隋唐墓M576	隋至初唐	《西安郊区隋唐墓》，第73页
		鸟兽瑞花铭带镜	16.9	2009年洛阳连霍高速玉家段唐墓M1	唐	《洛镜铜华》，下册，第268页，图238（"练"作"涑"。）
		六兽铭带镜	20	浙江临安县水邱氏墓	昭宗天复元年(901)	《晚唐钱宽夫妇墓》，第83页（"练"作"涑"。）
美哉圆鉴，览物称奇。雕人累莹，玉女时窥。恒娥是埒，服御依宜。	四八	四神规矩花纹铭带镜	24.6	西安郊区隋唐墓M600	隋至初唐	《西安郊区隋唐墓》，第73~74页
		八圈八兽铭带镜	21.2	1955年西安东郊郭家滩352号唐墓	唐	《陕西省出土铜镜》，第110页，图100（注：首句作"裘哉圆鉴"；第四句作"答光应现"）

（续表）

镜　铭	言句	镜　类	径cm	出土地	年　代	资料来源
灵山孕玉，神使观炉。形圆晓月，光清夜珠。龙盘镂匣，凤舞雕摸。玉台希世，红庄应图。人临并笑，花映同敬。千娇集影，百福来扶。	四十二	四神规矩铭带十二生肖花纹带镜	29	1991年陕西长安县南里王村窦曒墓	不早于贞观二十年(646)	《陕西长安县南里王村与咸阳飞机场出土大量隋唐珍贵文物》,《考古与文物》1993年第6期;《陕西新出土文物选粹》,第111页,图110
灵山孕宝，神使观炉。形圆晓月，光清夜珠。玉台希世，红妆应图。千娇集影，百福来扶。	四八	四兽规矩铭带镜	18.3	1955年西安东郊韩森寨	唐	《陕西省出土铜镜》,第94页,图84
		瑞花铭带镜	17.6	河南伊川白沙杨岭	唐	《洛阳出土铜镜》,图94,图版说明第13页
魏宫知本姓，秦楼识旧名。凤从里中出，龙就匣中生。口波菱月动，不夜照恒明。非唯照佳丽，复用压山精。	五八	四神铭带十二生肖镜	25	河南偃师城关镇前杜楼村唐崔大义夫妇墓	唐贞观二十一年(647)	《河南偃师三座唐墓发掘简报》,《中原文物》2009年第5期;《洛镜铜华》,下册,第220页,图179
光流素月，质禀玄精。澄空鉴水，照回疑清。终古永固，莹此心灵。	四六	五兽铭带镜	15	1954年西安东郊郭家滩338号唐墓	唐	《陕西省出土铜镜》,第114页,图104;《二十世纪五十年代陕西考古发掘资料整理研究》,上册,第538页

（续表）

镜　铭	言句	镜　　类	径 cm	出土地	年　代	资料来源
光流素月，质禀玄精。澄空鉴水，照回凝清。终古永固，莹此心灵。	四六	五兽铭带镜	14.2	1954年西安东郊郭家滩123号唐墓	唐	《二十世纪五十年代陕西考古发掘资料整理研究》，上册，第518～520页
		四端兽葡萄铭带镜	10	1987年江西大余县唐墓	唐	《大余县出土唐代铜镜和铁钱》《江西文物》1990年第1期
		四端兽葡萄铭带镜	10.3	浙江杭州雷峰塔五代地宫	唐	《杭州雷峰塔五代地宫发掘简报》《文物》2002年第5期
盘龙丽匣，舞凤新台。鸾惊影见，日曜花开。团疑璧转，月似轮回。端形鉴远，胆胆光来。	四八	六格六兽铭带镜	18.7	绍兴县出土	隋至初唐	《浙江出土铜镜》（修订本），黑白版图110，图版说明第237页
		六格六兽铭带镜	18.8	1956年西安西郊三桥东第189号唐墓	唐	《陕西省出土铜镜》，第115页，图105
照日菱花发，临池满月生。官看巾帽口，妾舞点点庄。	五四	葡萄蔓枝铭带镜	9.6	1958年长沙伍家岭M11	唐	《湖南出土铜镜图录》，第120页，图94
镕金琢玉，图方写圆。质明采丽，菱净花鲜。龙盘匣内，鸾舞台前。对影分笑，看佳共妍。	四八	四神铭带十二生肖镜	24	1955年西安东郊郭家滩250号唐墓	唐	《陕西省出土铜镜》，第99页，图89

（续表）

镜　铭	言句	镜　　类	径 cm	出土地	年　　代	资料来源
鉴若止水，光如电耀。仙客来磨，灵客往照。鸾翔凤舞，龙腾麟跳，写态征神，凝兹巧笑。	四八	方格鸾兽铭带花纹带镜	24.5	1972年陕西乾陵唐章怀太子夫妇墓	唐景云二年（711）	《唐李贤墓出土的鸟兽纹铜镜》，《文物》1983年第7期；《唐"鉴若止水"铜镜赏析》，《文博》2005年第5期
照人宝镜，圆明难拟。影入四邻，形超七子。菱花不落，回风诧起，何处金波，飞来画里。	四八	八兽铭带镜	19.5	偃师杏园唐李郁夫妇墓	唐会昌三年（843）	《洛镜铜华》，下册，第225页，图184（注：铭文"画"似为"匣"。）
永寿之镜		万字纹铭文弧方形镜	不详	1956年河南陕县刘家渠唐墓M5	唐开成三年（838）	《一九五六年河南陕县刘家渠汉唐墓发掘简报》，《考古通讯》1957年第4期
绝上药铜，五月五日。百炼铜		八卦铭四神铭文亚字形镜	20	1972年浙江端安县	唐	《浙江出土铜镜》（修订本），黑白图版图113，图版说明第237页
精金百炼，有鉴忠极。子育长生，形神相识。	四四	八卦铭文弧方形镜	14.8	1954年西安东郊郑家滩39号唐墓	唐	《陕西省出土铜镜》，第103页，图93；《二十世纪五十年代陕西考古发掘资料整理研究》，上册，第503页
		八卦铭文弧方形镜	15.2	河南郑州高新技术产业开发区M23夫妇合葬墓	唐末	《河南应用技术职业学院唐墓简报》，《黄河黄土黄种人》2021年第4期（下）

（续表）

镜　铭	言句	镜　类	径cm	出土地	年　代	资料来源
上圆下方，象于天地。中列八卦，备著阴阳。辰星镇定，日月贞明。周流为水，以名四渎，内置连山，以旌五岳。	四十	双凤八卦铭带菱花形镜	22.3	故宫博物院藏	唐	《故宫藏镜》第117页，图117
百练神金，九寸圆形。禽兽翼卫，七曜通灵。鉴□天地，威□□□。□山仙□，奔轮上清。	四八	天象铭带镜	24.7	1973年浙江上虞县文化站征集	唐	《浙江上虞县发现唐代天象镜》，《考古》1976年第4期

表 1-4b　唐镜隶书铭文表

镜　　铭	言句	镜　　类	径	资料来源
杨府吕氏者，其先出于吕公望，封于齐八百年，与周衰兴，后为权臣田儿所篡，子孙流进，家子（于）淮扬焉，君气高志精，代字知者，心如明镜，曰：得其精焉。常云：秦王之镜，照胆照心，此盖有神，非良公所得。吾每见古镜极佳者，吾今所制，但恨不得，停之多年，亦可毛发无隐矣。吾子之一生极思。开元十年五月五日铸成，东平郡吕神亦元年朴元志，若奇赏鉴之士，吾今为之造此镜，蕲州刺史神贤之词。	散文	月宫多圈铭带葵花形镜	16.1	《练形神冶　莹质良工——上海博物馆藏铜镜精品》，第 262 页，图 93
透光宝镜，仙传炼成。八卦阳生，欺邪主正。	四四	八卦铭文镜	不详	《金索·六·唐透光镜》

表 1-4c　唐镜篆书铭文表

镜铭	言句	镜类	径	出土地	年代	资料来源
伏龟飞鹤,口住风来。隐间明照,宫光洞开。同物永积,所鉴俱回。既摘宝匣,何须玉台。	四八	龟鹤铭带葵花形镜	21.9	1984年湖北京山县孙桥镇	唐	《湖北京山县孙桥镇出土一面唐代铜镜》,《考古》1993年第4期,1995年第10期
伏龟飞鹤,皆生今失。将口明口,宫光洽水。合物以影,取鉴俱回。既摘宝匣,何须王南。	四八	龟鹤铭带葵花形镜	22.5	安徽省怀宁县筶银咀唐墓(2墓各出半面)	唐	《取土场解译"破镜重圆"》,《艺术市场》2003年第7期
日月贞明,天地合为。写规万物,洞鉴百灵。	四四	日月星辰八卦铭文镜	25	河南巩县石家庄5号墓	唐	《洛阳出土铜镜》,图81,图版说明第12页
天地合为,日月贞明。写规万物,洞鉴百灵。	四四	四山日月星辰八卦铭文镜	20.7	河南磁涧老井村	唐	《洛阳出土铜镜》,图83,图版说明第12页
物为真澄,质朗神征。	四二	十二生肖飞仙铭文镜	17.7	洛阳博物馆征集	唐	《洛镜铜华》,第262页,图231
凤凰双镜南金装,阴阳各为配,日月恒相会。白玉芙蓉匣,翠羽琼瑶带。同心人,心相亲,照心胆保千春。	杂言	真子飞霜镜	22	2009年河南孟津县连霍高速服务区东工地唐墓M18	唐	《洛镜铜华》,第263页,图232

（续表）

镜铭	言句	镜类	径	出土地	年代	资料来源
凤凰双镜南金装，阴阳各为配，日月恒相会。白玉芙蓉匣，翠羽琼瑶带。同心人，心相亲，照心照胆保千秋。	杂言	黄子飞霜镜	21.4	1983年湖南常德市三湘酒厂工地	唐	《常德地区收集的孙吴和唐代铜镜》，《文物》1986年第4期
水银阴精，辟邪卫灵。形神长照，保护长生。	四四	八卦铭文弧方形镜	15.6	扬州	唐	《扬州新出土的几面唐镜》，《文物》1986年第4期
水银呈阴精，百炼得为镜。八卦寿象备，卫神永保命。	五四	八卦十二生肖铭镜	27.4	1975年湖北沔阳县张沟	唐	《沔阳出土的唐代铜镜》，《江汉考古》1986年第4期
长庚之英，白虎之精。阴阳相资，山川效灵。宪天之则，法地之宁。分列八卦，顺考五行。百灵无以逃其状，万物不能遁其形。得而宝之，福禄来成。	杂言	四神十二生肖八卦二十八星宿铭带镜	不详		唐	《金索·六·唐二十八宿镜》
天地成，日月明；五岳灵，四渎清；十二精，八卦贞；富贵盈，子孙宁；皆贤英，福禄并。	三十	十二生肖八卦铭带镜	17.7	2015年河南孟津县朝阳镇伯乐村	唐	《唐代十二生肖八卦铜镜》《洛阳考古》2017年第3期
龟自卜，镜自照。吉可贞，光可耀。	三四	八卦铭文镜	18.15	故宫博物院藏	唐	《故宫藏镜》，第119页，图119（注：有楷书同铭）

一、楷书铭文

楷书是隋唐时期盛行的书体，隋唐铜镜铭文也以楷书数量最多，内容最丰富，延续时间最长。从表1-4a可见，楷书铭文从隋代开始持续至中晚唐。

（一）隋至盛唐

1."光正随人"铭、"窥庄益态"铭

"光正随人，长命宜新"四言二句铭是目前所见隋唐纪年镜中最早出现的铭文，出自1956年发掘的河南陕县刘家渠隋文帝开皇三年（583）刘伟夫妇墓，为四叶连弧纹圆形镜。原出土报告未有该镜的图片，据文字描述，应与1956年西安西郊三桥南出土的四叶连弧纹铭文镜（图1-4-1a）相同。该镜纹饰完全仿自汉镜，唯铭文为楷书，铭文位于连珠纹钮座外，呈散射状分布，四叶与四乳丁间各一字，在四叶纹外圈弦纹的位置以顺时针方向排列。这种四叶、乳丁间饰散射状铭文的布局方式，也仿自汉镜，如扬州西湖乡砖瓦厂出土的"铜华"铭连弧纹镜（图1-4-1b）[1]，柿蒂纹钮座的四叶间饰"长乐未央"篆书铭文各一字，呈散射状，在柿蒂纹外的凸圈纹的位置顺时针读取；扬州市西北绕城郭坟出土的"家常贵富"铭四乳铭文镜（图1-4-1c）[2]，中区四枚八连珠座乳丁与"家常贵富"四字铭相间配列，在镜钮处逆时针方向读出。

1957年西安城郊隋大业四年（608）李静训墓出土的"光返随人"铭十二生肖镜，应与"光正随人"同铭，但排列方式与四叶连弧纹镜不同。十二生肖纹是隋镜的代表纹饰，其铭文呈一圈散射状排列于钮外，顺时针方向读出，与1955年西安东郊郭家滩唐墓M293出土的四神十二生肖铭文镜（图1-4-2a）铭文排列方式相同，二者的差异是李静训墓镜铭文外圈是缠枝纹，郭家滩唐墓M293镜铭文外圈是四神纹。这种铭文呈散射状排列在一

图1-4-1a　西安西郊三桥南出土隋"光正随人"铭四叶连弧纹镜

采自《陕西省出土铜镜》第105页图95

---

① 前揭《汉广陵国铜镜》，第120页，图50。

② 前揭《汉广陵国铜镜》，第84页，图32。

图1-4-1b　扬州西湖乡砖瓦厂出土西汉 "铜华" 铭连弧纹镜拓片

采自《汉广陵国铜镜》第120页图50

图1-4-1c　扬州西北绕城郭坟出土西汉 "家常贵富" 铭四乳铭文镜拓片

采自《汉广陵国铜镜》第84页图32

图1-4-2a　西安东郊郭家滩唐墓M293出 土四神十二生肖铭文镜拓片

采自《二十世纪五十年代陕西考古发掘资 料整理研究》上册第535页

图1-4-2b　江苏盱眙大云山江都王陵13 号墓出土西汉 "君子之方" 铭 花卉纹镜拓片

采自《汉广陵国铜镜》第66页图21

圈内的方式在汉镜中即可见到，江苏盱眙大云山江都王陵13号墓出土 "君子之方" 铭花卉纹镜(图1-4-2b)①即是一例，钮座方框外有一周阳文篆书铭文："视父如帝，视母如王，爱其弟，敬其兄，忠信以为长，有君子之方。" 在钮座的位置，逆时针方向读出。其排列不是汉镜常见的顺向环绕式，而是散射

①　前揭《汉广陵国铜镜》，第66页，图21。

状。可见，散射状排列一周的铭文布局方式，虽是隋唐铜镜铭文的一种常见排列，但也应来自汉镜。

"窥庄益态，韵舞鸾鸯。万龄永保，千代长存。能明能鉴，宜子宜孙。"四言六句铭，最早的纪年资料是隋炀帝大业七年（611）田德元墓的四兽规矩铭带镜，与1954年郭家滩国棉四厂唐墓M61出土的四兽规矩铭带镜（图1-4-3）应为同模镜。该镜的铭文顺向环绕镜的外区形成铭文带，这种铭文排列方式在汉镜中最为常见。

图1-4-3　郭家滩国棉四厂唐墓M61出土"窥庄益态"四兽规矩铭带镜拓片

采自《二十世纪五十年代陕西考古发掘资料整理研究》上册第616页

由此可见，从隋代开始，散射状排列一周和环绕式圈带排列这两种隋唐镜铭的布局方式就已经确立，它们都受到了汉镜铭文布局的影响。

从文体、内容来看，"光正随人，长命宜新"四言二句铭，与汉镜中的铭文"见日之光，天下大明""见日之光，长乐未央"[①]等文词特点也很近似。"窥庄益态""能明能鉴"说明铜镜的日常用途；"万龄永保，千代长存""宜子宜孙"表述了铜镜的神异功能，其文词内容与"千秋万岁，延年益寿""长宜子孙"[②]等汉镜镜铭一脉相承。

2. "昭仁□德"等四言铭

隋至初唐流行四神镜、四神十二生肖镜、瑞兽十二生肖镜、瑞兽镜、瑞花镜等镜式，其上常有四言铭文装饰，呈环绕式圈带排列，镜形基本为圆形，少数为方形。出土镜铭文除了上述"窥庄益态"铭外，有"昭仁□德""杨府可则""团团宝镜""仙山并照""练形神冶""美哉圆鉴""灵山孕珏""光流素月""盘龙丽匣""镕金琢玉""照心宝镜"等，有六、八、十或十二句。其中"照心宝镜"铭瑞兽镜虽出自偃师杏园晚唐会昌三年（843）李郁夫妇墓，但应是一面隋至初唐镜；天复元年（901）水邱氏墓出土的"练形神冶"铭瑞兽镜，也应是一面隋至初唐镜。这两面镜很可能是作为家传宝镜随葬的。

这些四言铭文都是环绕式圈带排列在镜背内外区花纹之间或外区。

①　前揭《浙江出土铜镜》（修订本），第46页镜铭33、34。
②　前揭《浙江出土铜镜》（修订本），第46页镜铭15、第45页镜铭1。

内区的四神、瑞兽作规矩或环绕式布局，铭文与花纹的布局方式皆来自汉镜。

西安西郊三桥东189号唐墓出土的"盘龙丽匣"铭瑞兽镜（图1-4-4a）、绍兴县出土的"盘龙丽匣"铭瑞兽镜（图1-4-4b）内区有六个半包围的六边形龟甲纹界格，界格内各有一只瑞兽。这种内区为半包围六边形龟甲纹界格的，还见于三面"淮南起照"铭镜，分别是陕西永寿县永太公社孟村大队二队出土（见图1-2-28b）、洛阳博物馆征集（见图1-2-28a），以及河南洛阳龙门上元三年（676）墓出土（见图1-2-13）。冉万里认为魏晋南北朝时期，随着陆上"丝绸之路"的繁荣，源自西方的单纯的抽象式几何形龟甲纹迅速地在北方中原地区流行，并且发生了变化，在龟甲之内装饰动物、人物、花草等图案[①]。"盘龙丽匣"铭瑞兽镜、洛阳龙门上元三年（676）墓"淮南起照"铭瑞兽镜龟甲纹内装饰的瑞兽，陕西永寿县永太公社孟村大队二队出土和洛阳博物馆征集的"淮南起照"铭镜龟甲纹内的东王公、西王母、四神纹饰以及外区的鸟兽花纹带等，都深受汉镜花纹及布局的影响，这些铜镜将外来的龟甲纹与汉镜传统融合进行了创新性改造。

"昭仁□德"等四言铭也包含汉镜铭文中常见的颂祷内容。赞美铜镜之精妙，如："美哉圆鉴，览物称奇""练形神冶，莹质良工，如珠出匣，如

图1-4-4a　西安西郊三桥东189号唐墓　　图1-4-4b　绍兴县出土隋至初唐"盘龙丽
　　　　　出土"盘龙丽匣"铭瑞兽镜　　　　　　　　匣"铭瑞兽镜

采自《陕西省出土铜镜》第115页图105　　采自《浙江出土铜镜》（修订本）黑白版图110

---

① 冉万里：《龟甲延寿——龟甲纹反映的东西方文化交流》，《丝路豹斑——不起眼的交流，不经意的发现》，北京：科学出版社，2016年，第141页。

月停空"。夸耀铜镜之功能，如："昭仁口德，益寿延年。至理贞壹，鉴保长全""千娇集影，百福来扶""端形鉴远，胆照光来"。描写闺阁整妆，如："当眉写翠，对脸传红，绮窗绣幌，俱含影中。"这些四言骈体铭文，与相似内容的汉镜铭文，如"尚方作竟佳且好""朱氏明竟快人意""青盖作竟四夷服"①"清涷铜华以为镜，照察衣服观容貌，丝组杂沓以为信，清光宜佳人"②等相比，更为含蓄，形式感、文学性更强。

为了增强语句的优美，隋唐铜镜中还有将四言铭与六言铭结合的圈带铭文，"绝照览心"铭即是一例。隋唐镜铭以四言、五言最为常见，汉镜铭文多见四言、七言、三言，也有少数六言者，如"内清质以昭明，光辉象夫日月。心忽扬而愿忠，然壅塞而不泄"③。隋唐镜铭"绝照览心，圆辉烛面。藏宝匣而光掩，挂玉台而影见。鉴罗绮于后庭，写衣簪乎前殿"，以四六句的句式突出了骈体文句法讲究对仗，注重形式美，华丽纤巧的文体特点。

3."玉匣聊开镜"等五言铭

"玉匣聊开镜""赏得秦王镜"五言四句铭装饰在瑞兽镜或瑞花镜的外区，"魏宫知本姓"五言八句铭装饰在内区四神与外区十二生肖镜纹之间，都为环绕式圈带排列。

五言镜铭不见于汉镜，当是隋唐时期五言诗创作对铜镜铭文产生了一定的影响。其内容有表示爱情相思的，如："玉匣聊开镜，轻灰暂拭尘，光如一片水，影照两边人""赏得秦王镜，判不惜千金。非关欲照胆，特是自明心"。有述说铜镜神异功能的"非唯照佳丽，复用压山精"，延续着汉镜铭文的主题。

4.带有葡萄纹、鸟兽纹的铭文

出土镜有江西大余县唐墓和浙江杭州雷峰塔五代地宫出土的瑞兽葡萄镜，内区为瑞兽葡萄纹，外区为"光流素月"四言六句铭文带，锯齿纹缘。这种内外区分区明显、有锯齿纹缘的瑞兽葡萄镜与西安郊区麟德二年（665）刘宝墓出土的瑞兽葡萄镜④相似，应是高宗时期的镜式。湖南长沙伍家岭M11出土的葡萄蔓枝铭带镜，内区为葡萄蔓枝，外区为"照日菱花发"五言四句铭文带，锯齿纹缘，很可能也是高宗时期的镜式。

陕西乾陵唐章怀太子夫妇墓出土的"鉴若止水"铭镜（图1-4-5），圆钮

---

① 前揭《浙江出土铜镜》（修订本），第49～50页镜铭77、79、82。
② 前揭《浙江出土铜镜》（修订本），第47页镜铭39。
③ 前揭《浙江出土铜镜》（修订本），第47页镜铭35。
④ 前揭《西安郊区隋唐墓》，第74页说明、图片见图版肆壹·3。

图1-4-5　陕西乾县唐章怀太子夫妇墓
出土"鉴若止水"铭鸟兽纹镜
乾陵博物馆拍摄

外为半月纹圆钮座，其外双弦纹方格，应是规矩纹的方框，但内区中的四个"V"纹已变成四个花草瓣，内区为二鸾鸟、二瑞兽，作规矩布局，内外区之间有一周栉齿纹、一周"鉴若止水"四言八句楷书铭文，外区鸟兽纹间饰花草纹，其外有一圈栉齿纹，花草纹缘。从"灵妃往照"的铭文推测，这面铜镜很可能是章怀太子之妃清河房氏生前所用，花纹铭文设计参考瑞兽规矩铭文带镜，当是高宗时期铸造，下限不应晚于睿宗景云二年（711），这是隋至初唐时期楷书铭带纪年镜中最晚的一例。

带有葡萄纹、鸟兽纹楷书铭文带镜内外分区、规矩布局、环绕式圈带铭文、半月纹、栉齿纹、锯齿纹界格等装饰形式都延续着汉镜的传统。铭文也继承了汉镜铭文的主题，夸耀铜镜的精良和图纹之美，如"光流素月，质禀玄精""鉴若止水，光如电耀。仙客来磨，灵妃往照。鸾翔凤舞，龙腾麟跳"。描写整妆，如"官看巾帽□，妾映点庄""写态征神，凝兹巧笑。"

（二）中晚唐

高宗以后，用楷书铭文装饰铜镜的现象逐渐消失。但到中晚唐时，楷书铭文装饰又恢复起来。出土的铭文镜都带有宗教色彩，铭文的布局方式也有变化。

"精金百炼"铭八卦纹弧方形镜（图1-4-6），八卦纹作规矩纹的方框形，其外为楷书铭文"精金百炼，有鉴思极。子育长生，形神相识"。每边4字，散射状排列，逆时针读出。其排列方式与江苏盱眙大云山江都王陵13号墓出土"君子之方"铭花卉纹镜（见图1-4-2b）的铭文排列相同。

图1-4-6　西安东郊郭家滩39号唐墓出
土"精金百炼"铭八卦纹镜
拓片

采自《二十世纪五十年代陕西考古发掘资料整理研究》上册第503页

"上圆下方"铭双凤八卦纹葵花形镜（图1-4-7）、"百练神金"铭天象镜（图1-4-8）采取环绕式圈带铭文的排列方式，顺时针读出，这种铭文布局来自汉镜，隋至初唐盛行。但这两面镜的纹饰已脱离了汉镜传统。

图1-4-7 故宫博物院藏唐"上圆下方"铭　　图1-4-8 浙江上虞出土唐"百练神金"铭
双凤八卦纹葵花形镜拓片　　　　　　　天象镜拓片
采自《故宫藏镜》第117页图117　　　　采自《考古》1976年第4期第277页

"绝上药铜"铭四神八卦纹亚字形镜（图1-4-9a），铭文"绝上药铜""百炼铜""五月五日"作直行排列。这种铭文排列方式常见于东汉晚期至魏晋时期的夔凤纹镜，如西安北郊东汉晚期墓1993HHZM7出土的夔凤纹镜（图1-4-9b），钮的上下有两行直线，内置铭文"长宜子孙"[1]。"绝上药铜"铭文排列相对自由，中间夹杂着四个卦符。

以上这四面楷书铭文镜皆有八卦纹，都应是道教镜。

"永寿之镜"铭万字纹弧方形镜（图1-4-10），4字铭文夹杂在万字符之间，"永寿之镜"延续了"千秋万岁，延年益寿"汉镜铭文的主题，但布局较为自由。该镜应是佛教镜。

根据以往唐镜考古学的分期研究，亚字形、弧方形等镜形和八卦纹、万字纹等纹饰都流行于中晚唐[2]，以上铭文镜都应属于这一时期。

二、隶书铭文

仅见两面镜。

---

①　程林泉、韩国河：《长安汉镜》，西安：陕西人民出版社，2004年，第151页。
②　徐殿魁：《唐镜分期的考古学探讨》，《考古学报》1994年第3期。

图1-4-9a　浙江瑞安县出土唐"绝上药铜"铭四神八卦纹亚字形镜

采自《浙江出土铜镜》(修订本)黑白版图113

图1-4-9b　西安北郊东汉晚期1993HHZM7出土夔凤纹镜拓片

采自《长安汉镜》第151页图四十六·2

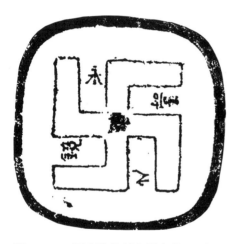

图1-4-10　河南陕县刘家渠唐墓M5出土"永寿之镜"铭万字纹弧方形镜拓片

采自《考古通讯》1957年第4期第17页图四

"开元十年"铭月宫镜(图1-4-11a),铭文分三圈排列,凸弦纹界格。文字类似魏碑体,楷书结构,但有明显的隶书笔意。从铭文可知,此镜为扬州吕氏所铸。从铭文"吾每见古镜极佳者,吾今所制,但恨不得"及"蕲州刺史杜元志,好奇赏鉴之士,吾今为之造此镜,亦吾子之一生极思",可知吕氏当受古镜的触动,为杜元志造镜。此镜的月宫纹不同于唐代常见的嫦娥月宫纹,有汉魏古意。铭文的排列应受到汉重圈铭文镜的影响,如扬州邗江西湖乡朱塘村出土的西汉"日光·铜华"铭重圈镜(图1-4-11b),内圈铭文为"见日之光,天下大明,千秋万世,长毋相忘,宜侯王";外圈铭文为"清治铜华以为镜,丝组为纽以为信,清光明乎服者富贵番昌,镜辟不羊(祥)"[①]。铭文间以凸弦纹界格。

"透光宝镜"铭八卦纹镜(图1-4-12),应是道教镜,铭文结体呈扁方形,

———————————

① 前揭《汉广陵国铜镜》,图59。

图1-4-11a 上海博物馆藏唐"开元十年"
铭月宫镜拓片

采自《练形神冶 莹质良工——上海博物馆
藏铜镜精品》第262页图93

图1-4-11b 扬州邗江西湖乡朱塘村出土
西汉"日光·铜华"铭重圈铭
文镜拓片

采自《汉广陵国铜镜》第140页图59

笔画线条无粗细变化，提按、波挑圆
转，气息流畅。八卦是中晚唐铜镜
中流行的装饰，此镜的年代应属这
一时期。

三、篆书铭文

篆书铭文是中晚唐铜镜上出现
的铭文装饰。

（一）布局方式

表1-4c的12面篆书铭文镜铭
文的布局方式主要有三种。

1. 环绕式圈带排列

"伏龟飞鹤"四言八句铭（见图

图1-4-12 唐"透光宝镜"铭八卦纹镜

采自清道光滋阳县署刻本《金索六》

1-3-5)、"凤凰双镜南金装"（见图1-3-8b、1-3-8c)、"长庚之英"（图1-4-13）
杂言铭，以及"天地成"三言十句铭（见图1-2-45）等篆书铭文镜，皆为内
外分区，最外区为铭文带的布局方式，铭文字数在30字以上，环绕式圈带排
列。这种排列方式，承继汉镜，常见于隋至初唐楷书铭文镜上，内区花纹有
龟鹤纹、真子飞霜镜中的人物纹、四神十二生肖、八卦二十八星宿纹等，虽然
四神十二生肖是隋至初唐镜中常见的纹饰，但与八卦、二十八星宿等纹饰组

图1-4-13 唐"长庚之英"铭四神十二生
肖八卦二十八星宿镜

采自清道光滋阳县署刻本《金索六》

合是中晚唐镜的特点，龟鹤纹、真子飞霜镜中的人物纹等也是中晚唐铜镜流行的纹饰。

2. 散射状排列

"物为真澄"四言二句铭（见图1-2-32a）、"水银阴精"四言四句铭（图1-4-14a）、"水银呈阴精"五言四句铭（图1-4-14b）、"龟自卜"三言四句铭（见图1-3-11）等铭文呈散射状排列，铭文字数在8～20个。

"物为真澄，质朗神征"8字铭文，每个字外套桃形纹装饰，散射状排列在第一道和第二道方格纹之间，顺时针方向读出。此铭文镜中的方格纹及方格外散射状排列铭文的方式都源自汉镜，但有明显的变化，方格扩大，铭文附加有图案装饰。

图1-4-14a 扬州出土唐"水银阴精"铭
八卦纹镜拓片

采自《文物》1986年第4期第92页图七

图1-4-14b 湖北沔阳县张沟出土唐"水银呈阴精"铭八卦纹镜拓片

采自《江汉考古》1986年第4期第33页图6

"水银阴精，辟邪卫灵。形神日照，保护长生"16字铭文沿八卦纹组成的方框散射状排列，每边4字。这种排列形式源自汉镜方格外散射状排列铭文的方式，有汉镜遗风。

"水银呈阴精，百炼得为镜。八卦寿象备，卫神永保命"20字铭文沿逆

图1-4-15　河南巩县石家庄5号墓出土唐　图1-4-16　故宫博物院藏唐"天地含为"
　　　　　"日月贞明"铭日月星辰八卦　　　　　　　　铭四山日月星辰八卦纹镜拓片
　　　　　纹镜拓片　　　　　　　　　　　　　　　采自《故宫藏镜》图121

　　　　　采自《洛阳出土铜镜》图81

时针方向散射状排列在最外区，每个字之间有一短竖线隔开。一周铭文与内区、中区花纹之间以凸弦纹圆圈界格。"龟自卜，镜自照。吉可贞，光不耀"12字篆书铭文沿顺时针方向排布在中区，外区一周楷书铭文与篆书铭文对应。两周铭文之间以凸弦纹圆圈界格。汉镜与隋至初唐镜铭文作一圈布局的，多采用环绕式圈带排列，罕见散射状排列的。这两种铭文镜铭文呈散射状排列成一周，虽然不是汉镜的传统，但用凸弦纹圆圈界格的方式与汉代重圈铭文镜的设计基本相同。

　　3. 方枚式排列

　　"天地含为"四言四句铭文4字一组呈方枚式排列。

　　河南巩县石家庄5号墓出土的"日月贞明"铭日月星辰八卦纹镜(图1-4-15)，八卦纹作大方框，方框内用曲线表示四渎，其内是凸弦方格，方格内划分为九宫格，四角是山脉纹，与中心的山形钮组成五岳纹。九宫格每边中间格为铭文，"日月贞明，天地含为。写规万物，洞鉴百灵。"每句铭文组成方枚，中间有十字格。与汉镜方枚形铭文排列一致。

　　河南磁涧老井村出土的同铭镜与故宫博物院收藏的四山日月星辰八卦铭文镜(图1-4-16)完全相同，九宫格内每边中间和镜钮是四个山字组成的图案，代表五岳，四角是"天地含为"16字铭文组成的方枚，但每个方枚中间没有十字格，铭文也不是按顺序排列，而是四句中各取一字，组成一个方枚。

　　(二) 文体内容

　　篆书铭文中的句子有四言、五言、七言、三言等。

　　单纯的四言、五言铭与隋至初唐镜的铭文文体相同。

七言、三言常见于汉镜铭文。七言铭，如：

　　汉有善铜出丹阳，和以银锡清且明，左龙右虎主四彭（旁），朱爵玄武顺阴阳，八子九孙治中央。

　　尚方作竟真大好，上有仙人不知老，渴饮玉泉饥食枣，徘徊神山采其草，寿敝金石西王母。

　　青盖作竟四夷服，多贺国家人民息，胡虏殄灭天下复，风雨时节五谷熟，长保二亲得天力①。

三言铭，如：

　　上大山，见神人。食玉英，饮澧泉。驾交龙，乘浮云。宜官秩，保子孙。

　　上华山，凤皇集，见神□，保长久，寿万年。周复始，传子孙，福禄□，日以□，食玉英，饮澧泉，驾青龙，乘浮云，白虎□②。

　　唐镜中的杂言铭，是将不同字数的句子组成长篇幅的铭文。有七言句、五言句和三言句的组合，如"凤凰双镜南金装，阴阳各为配，日月恒相会，白玉芙蓉匣，翠羽琼瑶带，同心人，心相亲，照心照胆保千春"；有四言句和七言句的组合，如"长庚之英，白虎之精。阴阳相资，山川效灵。宪天之则，法地之宁。分列八卦，顺考五行。百灵无以逃其状，万物不能遁其形。得而宝之，福禄来成"。这种不同字数的句子组成的铭文也见于汉镜，如七言句和三言句组合的"昭（照）貌明镜知人清，左龙右虎□天菁，朱爵（雀）玄武法列星。八子十二孙居安宁，宜酒食，乐长生"③。四言句、七言句组合的"太康三年六月卅日，吾作明竟，幽涑三商，四夷自服，多贺国家人民息，胡虏殄灭，时雨应节，五谷丰孰（熟）天下复"④。

　　唐镜篆书铭文的内容基本为夸耀铜镜的神异功能，祈求富贵、长寿与安康。如"物为真澄，质朗神征""写规万物，洞鉴百灵""水银阴精，辟邪卫灵。形神日照，保护长生""照心照胆保千春""百灵无以逃其状，万物不能遁其形。得而宝之，福禄来成""富贵盈，子孙宁；皆贤英，福禄并"，与汉镜铭文表达的思想相合，因而带有明显的古意。

---

①　以上三铭见前揭《浙江出土铜镜》（修订本），第48页镜铭58、第49页镜铭71、第50页镜铭82。

②　以上二铭见前揭《罗振玉学术论著集（第6集）》，第14～15页。

③　前揭《浙江出土铜镜》（修订本），第47页镜铭43。

④　前揭《浙江出土铜镜》（修订本），第55页镜铭167。

第五节　仿古镜

隋唐墓葬中出土过一定数量的仿古镜（附表二），其纹饰设计手法有复制与仿制二种。复制即是照古镜原样制作，有的可以达到与古镜原物一致的逼真效果，但也有的与原物有差异；仿制则是在原物的基础上，融入了新的创造。前者类似于美术作品的摹拓，后者类似于对临。

一、复制

由于唐代复制镜没有采取在原物上翻模的办法，故而与原物风格有异。此类镜，考古发掘出土的有仿照汉代的博局镜、龙虎镜、乳丁禽兽镜、连弧纹镜、神兽镜、人物画像镜、日光镜等七种镜式。

（一）仿汉博局镜

1955年西安市东郊001工地秦川机械厂唐墓M265出土一面禽兽博局镜（图1-5-1），直径12.5厘米，圆形，圆钮，柿蒂纹钮座，外围双线方格纹，方格外"TVL"纹将内区纹饰分为四区，分别填饰鸟和圆形物（似太阳，圆圈中有金乌）、二瑞兽、瑞兽和圆形物（圆内物象模糊）、瑞兽和羽人，其外为一周栉齿纹、二周锯齿纹[1]。此镜柿蒂纹、鸟兽纹皆为线条形，但不似汉代博局镜精细，线条较粗，鸟兽、羽人的形象也不似汉镜的灵动，应为唐仿汉镜。

图1-5-1　西安秦川机械厂唐墓M265出土禽兽博局镜拓片

采自《二十世纪五十年代陕西考古发掘资料整理研究》上册第210页

1955年西安市东郊韩森寨唐墓（004工地14#M10）出土一面四神简化博局镜（图1-5-2）[2]，直径13.8厘米，圆钮，方格四乳钮座，钮座外方格内有铭文带，铭文左旋，每边3字："常

---

[1]　陕西省文物保护研究院：《二十世纪五十年代陕西考古发掘资料整理研究》，西安：三秦出版社，2015年，上册，第210页。

[2]　前揭《陕西省出土铜镜》，第175页，图165；上揭《二十世纪五十年代陕西考古发掘资料整理研究》，上册，第296页。

图1-5-2　西安韩森寨唐墓M10出土四神简化博局镜拓片

采自《二十世纪五十年代陕西考古发掘资料整理研究》上册第296页

图1-5-3　西安郊区隋唐墓561出土仿汉式博局镜

采自《西安郊区隋唐墓》图版肆柒·1

贵富，乐未央，长相思，毋相忘。"铭文为篆体，方格铭文带外四角各有一乳钉和"V"字纹，间隔有"L"纹和青龙、白虎、朱雀、玄武四神纹，素平缘。此镜"TVL"纹不完全，一般称为简化博局镜。虽然该镜的镜形、纹饰皆类汉镜，但四神没有繁密的云纹作为背景填充，留白较多，四神的形体刻画和风格也与汉镜有别，当为唐仿汉镜。

1955～1961年发掘的西安郊区隋唐墓M561出土一面直径16.9厘米的仿汉式博局镜①（图1-5-3），此镜花纹有些模糊，但可以看出该镜与1999年河南郑州市区地质医院中唐墓出土的直径17.1厘米的仿汉式云纹博局镜花纹基本相同，皆为半球形钮，柿蒂状钮座，钮座外为单线方格与双线方格，其间饰乳丁，乳丁间似有铭文，方栏外饰八个乳丁及规矩纹间变形卷云纹，再外有两周凸弦纹，窄素缘②。这两面博局镜的纹饰题材颇类汉镜，但从花纹风格上看，与汉镜迥异，尤其是方格内区域面积较大的布局方式不同于汉镜，显系仿汉的制品。

1982年江苏仪征胥浦唐墓M9出土一面直径12.8厘米的四神博局镜③，半球形钮，方钮座，内区饰"TVL"纹、四乳钉、四神，其外饰一圈栉齿纹、边缘饰二周锯齿纹。M9的年代在安史之乱后。出土的这面铜镜，纹饰

---

① 前揭《西安郊区隋唐墓》，第74页文，图版肆柒，图1。

② 郑州市文物考古研究所：《郑州市区两座唐墓发掘简报》，《华夏考古》2000年第4期。地质医院唐墓的年代，发掘者推断当在公元760～800年间。

③ 吴炜：《江苏仪征胥浦发现唐墓》，《考古》1991年第2期。

不甚清晰。周长源等认为是唐仿汉镜,理由是该镜包浆极佳,泛青色,有厚重之感,具有唐镜特征[1]。

1992年河南巩义北窑湾中唐墓M14出土一面直径13厘米的仿汉博局镜。圆拱形钮,钮座为变形四叶纹。双线方框外为博局纹,四方八区各置一瑞兽或凸起圆月。宽缘,其上两周三角纹[2]。

近年来发掘的唐墓中又出土三面仿汉博局镜。

洛阳红山工业园区唐墓出土一面,直径10.6厘米,圆形,圆钮,双线方格。内区有"TVL",间以八乳和动物纹。其外为两圈弦纹,间以栉齿纹。外圈为蟠螭和云气纹。该墓的年代为中唐时期[3]。

西安市紫薇田园都市K区M23出土一面,直径13.5厘米,圆形,镜面平直,半球形钮,柿蒂纹钮座。座外为双线方格,方格外有"TV",间以乳丁和四神、小鸟纹。其外两周凸弦纹之间夹一周铭文,铭文模糊不清,隐约可辨有"上有仙人"等字,最外为一周栉齿纹。缘面由内向外分别为锯齿纹、凸弦纹、S形双线蔓草纹。M23为宪宗元和十二年(817)墓葬。

西安市世家星城M137出土一面镜,与紫薇田园都市K区M23出土的镜形、纹饰相似,直径13.2厘米,唯图案、铭文更加模糊。M137为中晚唐之际或晚唐墓[4]。

（二）仿汉龙虎镜

西安贞观十七年(643)王怜夫妇墓出土两面龙虎镜,直径9.15厘米,均残,圆形,半球钮,圆钮座,素窄平缘,缘边斜刹。一周凸弦纹将镜背分为内外二区,内区饰龙虎各一,龙虎间有铭文"青盖"2字,外区饰栉齿纹、锯齿纹各一周。镜面平整光滑,但纹饰不甚清晰,很可能是唐代铸造[5]。

1954年西安市东郊郭家滩国棉四厂工地唐墓M5出土一面龙虎镜,直径8.4厘米[6];1955年西安市西郊三桥至户县一部专用线工地唐墓M268出土一面龙虎镜(图1-5-4),直径8.8厘米,这两面铜镜纹饰与王怜夫妇墓出土的龙虎镜基本相同,龙虎间也有"青盖"2字铭文,但铭文和外区的锯齿纹

① 周长源、束家平、马富坤:《铸镜广陵市,菱花匣中发——析扬州出土的唐代铜镜》,《艺术市场》2006年第1期。
② 河南省文物考古研究所、巩义市文物保管所:《巩义市北窑湾汉晋唐五代墓葬》,《考古学报》1996年第3期。
③ 洛阳市第二文物工作队:《洛阳红山工业园区唐墓发掘简报》,《文物》2011年第1期。
④ 张小丽:《西安新出土唐代铜镜》,《文物》2011年第9期。
⑤ 陕西省考古研究院:《西安南郊唐贞观十七年王怜夫妇合葬墓发掘简报》,《文博》2012年第3期。
⑥ 前揭《二十世纪五十年代陕西考古发掘资料整理研究》,上册,第584页。

不似汉镜规整，应是唐仿汉镜[①]。

　　1956年西安东郊王家坟163号唐墓出土一面灵鼍镜（图1-5-5）[②]，直径11.7厘米，圆钮，圆钮座，主区纹饰为同向环绕的二龙，其外有一周栉齿纹，边缘上饰锯齿纹、双线波折纹、锯齿纹各一周。此镜颇类汉三国时期的龙虎镜，但汉至三国时期龙虎镜的龙虎头部皆为侧面，而这面龙虎镜龙头为正面。另外，圆钮外由一个扁圆与三个">"、三个"<"组成的钮座装饰，在汉至三国时期也很少见，此镜应为唐仿汉镜。

图1-5-4　西安三桥至户县一部专用线工　图1-5-5　西安东郊王家坟163号唐墓出
　　地唐墓M268出土龙虎镜拓片　　　　　　　土灵鼍镜
　　采自《二十世纪五十年代陕西考古发掘资　　采自《陕西省出土铜镜》第107页图97
料整理研究》下册第150页

　　西安世家星城 M74出土一面龙虎镜，直径8.9厘米，圆形，镜面平直，圆钮，钮外浮雕三只虎作爬行状，其外饰凸弦纹、锯齿纹和单线波折纹。M74为中晚唐之际或晚唐墓[③]。

（三）仿汉乳丁禽兽镜

　　1954年西安市东郊郭家滩国棉四厂工地唐墓M39出土一面仿汉式七乳鸟兽镜（图1-5-6），直径14厘米，圆钮，以一周宽带将镜背纹饰分为内外二区。内区为盘龙，身躯大部分压在镜钮下。外区为七个带座乳丁，座为两周凸弦纹间以短斜线，乳丁间饰以禽兽，有龙、鹿、禽鸟、羽人等。缘饰复线锯齿纹。该镜纹饰线条较粗，鸟兽动态不似汉镜灵活，应为唐仿

①　前揭《二十世纪五十年代陕西考古发掘资料整理研究》，下册，第150页。
②　前揭《陕西省出土铜镜》，第107页，图97。
③　张小丽：《西安新出土唐代铜镜》，《文物》2011年第9期。

汉镜[1]。

1955～1961年发掘的西安郊区隋唐墓M415出土一面仿汉式七乳鸟兽镜，直径14.6厘米，该镜镜形、钮、钮座及花纹与郭家滩国棉四厂工地唐墓M39出土的七乳鸟兽镜基本相同。M415发掘者认为此镜是模仿汉镜造的，原因是花纹的线条较粗，镜缘不如汉镜平直，钮和座的形状和纹饰也不相同。M415年代大致为中唐左右[2]。

陕西凤翔南郊唐墓M221、河南三门峡庙地沟唐墓M171、M201也各出土一面与郭家滩国棉四厂工地

图1-5-6　西安市东郊郭家滩国棉四厂唐墓M39出土七乳鸟兽镜拓片

采自《二十世纪五十年代陕西考古发掘资料整理研究》上册第590页

唐墓M39出土的七乳鸟兽镜基本相同的唐仿汉镜，直径分别为14.6厘米、14.75厘米和14.6厘米，纹饰较为模糊。其中，陕西凤翔南郊唐墓M221出土的仅存多半个。凤翔南郊唐墓M221为唐玄宗至代宗时期（8世纪初至8世纪中期稍后）[3]，河南三门峡庙地沟唐墓M171为中唐时期，M201为中唐末晚唐初[4]。

1954年宝鸡市南康工地唐墓M6出土一面仿汉七乳禽兽镜（图1-5-7a），直径18.9厘米，圆钮，圆钮座，座外九枚小乳丁间以小花蕾纹，二周弦纹间为8字形勾连云纹带，其外二周栉齿纹间为七乳四神禽兽纹，七乳均有内向连弧纹座。缘部饰一周锯齿纹一周粗线条云纹[5]。该镜与广州东汉前期墓出土的直径18.2厘米的尚方铭七乳四神镜（图1-5-7b）[6]大小、纹饰都十分相似。但内区的8字形勾连云纹呆板，与汉镜圆转流动的勾连云纹有差异，缘部的锯齿纹不甚规整，云纹也不如汉镜流畅，且整体

① 前揭《二十世纪五十年代陕西考古发掘资料整理研究》，上册，第590页。

② 前揭《西安郊区隋唐墓》，第75页文，图版肆柒，图2。

③ 陕西省考古研究院、西北大学文博学院：《陕西凤翔隋唐墓——1983～1990年田野考古发掘报告》，北京：文物出版社，2008年，第226、246页。

④ 河南省文物考古研究所：《三门峡庙底沟唐宋墓葬》，郑州：大象出版社，2006年，第92、135页。

⑤ 前揭《二十世纪五十年代陕西考古发掘资料整理研究》，下册，第172页。

⑥ 前揭《中国铜镜图典》，第344页，图344；前揭《中国铜镜图典》（修订本），第462页，图3.278。

图1-5-7a　宝鸡市南康工地唐墓M6出土
　　　　　七乳禽兽镜拓片

采自《二十世纪五十年代陕西考古发掘资
料整理研究》下册第172页

图1-5-7b　广州东汉墓出土尚方七乳
　　　　　四神镜拓片

采自《中国铜镜图典》第344页图344

图案相对模糊，应为唐仿汉镜。

　　1993年三门峡水工厂晚唐墓M5出土一面直径17厘米的七乳四神瑞兽镜，半圆钮，钮外饰重圈和射线纹，里圈环列九乳，间以云纹。外圈饰青龙、白虎、朱雀、玄武，间以瑞兽和七乳。外饰射线纹，边饰平素纹，间以几何和花草纹带[1]。图案不甚清晰，应为仿汉镜。

　　宁夏吴忠西郊中晚唐墓M106出土一面仿汉四乳鸟纹镜（图1-5-8），直径9.7厘米，圆形，圆钮，圆钮座，座外饰四个乳丁间四只小鸟纹，其外饰栉齿纹，缘部饰一周锯齿纹和一周水波纹。局部模糊，镜面呈厚质白铜的特点，应是唐仿汉镜[2]。

　　四川阆中文管所藏一面唐五乳鸟纹镜（图1-5-9），直径9厘米，圆形，半球形钮，圆钮座，其外五乳丁间饰单线雏鸟纹，外有一周栉齿纹，缘部有锯齿纹、弦纹和水波纹，从风格上看近似汉镜，明显的是镜沿外高、内低呈斜沿，已渐趋三角沿[3]。此镜与国家博物馆藏东汉五乳鸟纹镜花纹、大小极为相似[4]。

①　三门峡市文物工作队：《三门峡市水工厂唐墓的发掘》，《华夏考古》1993年第4期。
②　宁夏文物考古研究所、吴忠市文物管理所：《吴忠西郊唐墓》，北京：文物出版社，2006年，第255页。
③　张启明：《阆中馆藏铜镜选鉴》，《四川文物》1992年第6期。
④　杨桂荣：《馆藏铜镜选辑（三）》，《中国历史博物馆馆刊》1993年第1期，图88。

图1-5-8　宁夏吴忠唐墓M106出土四乳
　　　　　鸟纹镜

采自《吴忠西郊唐墓》彩版一八·3

图1-5-9　阆中文管所藏唐五乳鸟纹镜拓片

采自《四川文物》1992年第6期封三图六

（四）仿汉连弧纹镜

内蒙古乌审旗郭梁M5，为唐元和癸巳年（813）麻府君墓，出土一面直径15.5厘米的仿汉式连弧纹铭文镜。镜面光洁，钮及钮座皆为圆形，内区饰八连弧纹，中区有铭文和锯齿纹各一周。铭文："炼冶同华清而明，以之为镜宜文章，长年益寿去不祥，与天无极。"外区饰卷云纹，边缘较窄[①]。

乌兰察布盟博物馆藏唐仿汉连弧纹铭文镜，直径17厘米，圆形，半球形钮，十二连珠纹钮座。内区为内向十六连弧纹，连弧纹两侧为细弧纹。外区为铭文带，铭文为隶书"家常富贵"4字，间隔有四乳丁纹，四乳周围有八个连珠，四字与四乳用弦弧纹连接起来，内向十六连弧缘[②]。

国家博物馆藏一面唐仿汉连弧散叶纹镜（图1-5-10），直径9.7厘米，圆形，圆钮，柿蒂纹钮座，外围双线方栏，内向十六连弧缘。方栏外四角各饰一三叶纹，方栏四边对应乳丁及桃叶纹[③]。此镜柿蒂纹钮座和桃形叶与汉镜有异。

山西介休市博物馆馆藏唐仿汉连弧星云镜（图1-5-11），直径16厘米，圆形，连峰钮，内区饰海棠花叶纹，其外内向十六连弧纹，外区饰乳丁、花叶纹饰，内向十六连弧缘。刊布者称此镜为唐海棠花卉乳丁纹铜镜[④]。

①　内蒙古文物考古研究所：《内蒙古文物考古文集》第二辑，北京：中国大百科全书出版社，1997年，第494页、493页图一四·1。

②　郝利平、侯文军：《乌兰察布盟博物馆馆藏铜镜》，《内蒙古文物考古》2003年第1期，图一·1。

③　杨桂荣：《馆藏铜镜选辑（五）》，《中国历史博物馆刊》1994年第1期，图83。

④　温春爱、郭建秀：《赏心悦目青铜镜——介休市博物馆馆藏青铜镜赏鉴》，《文物世界》2011年第3期。

图1-5-10　国家博物馆藏唐连弧散叶纹镜拓片

采自《中国历史博物馆馆刊》1994年第1期第123页图83

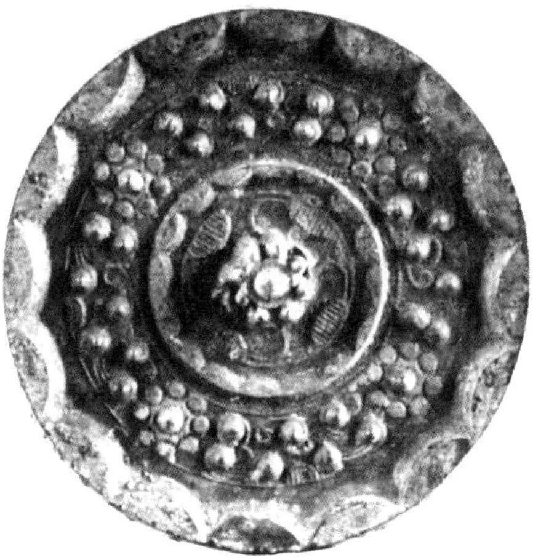

图1-5-11　介休市博物馆藏唐连弧星云纹镜

采自《文物世界》2011年第3期第59页图五

（五）仿汉神兽镜

西安贞观十四年（640）郑乩意夫妇墓出土一面三段式神兽镜（图1-5-12）。直径15.7厘米，圆形，镜面稍凸，半圆钮，圆钮座，钮座外横向两道凸棱将镜面分为上、中、下三区。上区为高浮雕端坐的东王公与西王母，有两瑞兽分列两边；中区钮座两边分别列坐东王公及西王母，身边各有一侍者；下区中间部位为手执杖的东王公与一羽人，两旁分别环列瑞兽。之外为一隶体的铭文带，首尾以小连珠纹相隔。其

图1-5-12　西安市唐郑乩意夫妇墓出土三段式神兽镜

采自《收藏界》2012年第7期第124页图7

外一周短竖线纹，再外有双线三角纹、卷云纹及小连珠纹。铭文曰："惟汉始兴，世有九长，东夫西母，九子显章幽，冻铜锡耳，金精，保守福禄，位父宜兄，男尊女贵，死内璜璜。"[①]此镜缘平直，且镜面呈白质厚铜的特点，铭文中"金精"也不见于汉镜，很可能是唐仿汉镜。

---

① 关林：《西安发现唐郑乩意及夫人柳氏墓》，《收藏界》2012年第7期。

（六）仿汉人物画像镜

西安市东南三环 M69 出土一面人物画像镜，直径约 12 厘米，圆形，镜面外凸，半球形钮，圆形钮座，三角缘。座外四神仙乘坐四辆车呈逆时针方向分布，其外为两周凸弦纹和一周栉齿纹，再外为两周双线凸弦纹之间夹一周锯齿纹和一周 S 形勾连纹[①]。镜面纹饰模糊。

（七）日光镜

河南三门峡庙底沟唐墓 M151 出土一面仿汉日光镜，直径 10.2 厘米。圆钮，八连弧钮座纹钮座。镜背纹饰分为内外两区，内区为两周凸弦纹夹铭文带，铭文："见日之光，天下大明。"铭文之间以 "'""◇" 为间隔，字迹已模糊不清。外区纹饰为一周较大的连珠纹，宽缘凸起很高。通体绿、红锈，局部透水银古，为仿汉镜[②]。

二、仿制

在模仿战国、汉镜的基础上，从纹样、镜形、工艺等方面加以变化，融入唐代新因素。

（一）纹样创新

铜镜皆为圆形，纹饰有古意，但并未在隋唐以前的铜镜中发现相同或近似的纹样。

圆形蟠螭纹镜。洛阳北瑶墓 3 出土一面，直径 17.1 厘米[③]；陕西省拣选一面，直径 17 厘米（图 1-5-13）[④]。圆钮，双圈弦纹钮座。钮座内圈饰绳纹，外圈饰云纹。镜面主体纹饰以六组互相缠绕的蟠螭组成，每组均以螭首两两相对，其中三组螭首面向钮座，另外三组螭首面向镜缘。螭体均饰有纤细的连续的云雷纹，蟠螭之间空隙处留白，镜面钮座双圈、镜缘各有一道凸起的窄棱。此种铜镜可能是唐人仿照战国秦汉时期的蟠螭纹而设计铸造的。

圆形方格四叶纹镜。1955 年西安市东郊高楼村 958 厂（西高 958 工地）唐墓 M625 出土一面（图 1-5-14），直径 20.8 厘米[⑤]；国家博物馆藏一面，直径 21.2 厘米[⑥]；上海博物馆藏一面，直径 21.8 厘米。这三面镜镜背网状分割为二十一格，其中九格为完整的菱形格，居中一格置钮，周围八格内饰四叶

① 张小丽：《西安新出土唐代铜镜》，《文物》2011 年第 9 期。
② 前揭《三门峡庙底沟唐宋墓葬》，第 76 页。
③ 前揭《洛阳出土铜镜》，图 93，图片说明见第 13 页。
④ 关双喜：《陕西省博物馆收藏一面唐代蟠螭纹铜镜》，《考古与文物》1983 年第 3 期。
⑤ 前揭《二十世纪五十年代陕西考古发掘资料整理研究》，上册，第 682 页。
⑥ 杨桂荣：《馆藏铜镜选辑（五）》，《中国历史博物馆馆刊》1994 年第 1 期，图 84。

图 1-5-13 陕西省拣选唐圆形蟠螭纹镜 图 1-5-14 西安市高楼村唐墓 M625 出土
　　　　　　拓片　　　　　　　　　　　　　　　　 方格四叶纹镜拓片

采自《考古与文物》1983年第3期第41页图一　　　采自《二十世纪五十年代陕西考古发掘资
　　　　　　　　　　　　　　　　　　　　　　料整理研究》上册第682页

纹，其余十二格皆不完整[①]。此镜的设计似受到战国楚式镜之菱形纹镜的
启发[②]。

　　圆形柿蒂纹镜。河南陕县刘家渠开皇三年（583）刘伟墓出土一面铜
镜，花纹为汉式，外围有锯齿纹，中间作四叶蒂纹及连弧纹，但四叶蒂纹已
似莲瓣，而"光正随人，长命宜新"的8字铭文已为当时的骈文[③]。根据文字
描述，刘伟墓出土的这面镜与1956年西安西郊三桥南出土的直径12.2厘
米"光正随人，长命宜新"铭连弧纹镜应为同纹镜（见图1-4-1a）[④]。西安郊
区隋唐墓417号隋至初唐期墓中出土一面直径7.3厘米的柿蒂纹镜，薄胎弓
形钮，主要花纹为柿蒂纹，间饰菱形纹，外有一道栉齿纹。607号墓随葬一
面直径3.7厘米的小镜，外缘有连珠纹带。宁夏固原南郊隋唐墓地麟德元年
（664）史索岩夫妇墓、咸亨元年（670）史诃耽夫妇墓、咸亨元年（670）史铁棒
墓也出土过内区为柿蒂纹、外缘有连珠纹带的小铜镜（图1-5-15）[⑤]。

　　柿蒂纹钮座是汉镜中流行的装饰，在柿蒂纹之间间隔铭文也很常见，铭
文主要有"长乐未央""长宜子孙""长宜高官"等吉祥语。如扬州西湖乡砖

①　前揭《练形神冶 莹质良工——上海博物馆藏铜镜精品》，第276页，图100。
②　参见邓秋玲：《论楚国菱形纹铜镜》，《南方文物》1996年第2期。
③　黄河水库考古工作队：《一九五六年河南陕县刘家渠汉唐墓葬发掘简报》，《考古通讯》1957
　　年第4期。
④　前揭《陕西省出土铜镜》，第105页，图95。
⑤　罗丰：《固原南郊隋唐墓地》，北京：文物出版社，1996年，第35、36、58、60、81页。

瓦厂出土的"铜华"铭连弧纹镜（见图1-4-1b）[1]、洛阳西汉晚期墓出土的四乳禽兽纹镜即是这种布局[2]。唐代圆形柿蒂纹镜仿自汉镜，但有的柿蒂纹的形状与汉代有差异。

圆形四乳叶纹镜。陕西咸阳隋文帝仁寿元年（601）尉迟运夫妇合葬墓出土一面（图1-5-16），直径5.1厘米，圆钮，钮外有四个乳钉，中间填补叶状花纹。镜的内区圆和镜的边缘有凸棱二周、锯齿纹二道[3]。乳丁纹、锯齿纹皆类汉镜，但叶纹与汉镜纹饰不同。

图1-5-15　宁夏固原唐史铁棒墓出土　　　图1-5-16　陕西咸阳隋尉迟运夫妇墓出土
　　　　　　柿蒂纹小镜　　　　　　　　　　　　　　四乳叶纹小镜
采自《固原铜镜》第217页图版一四四　　　采自《中国北周珍贵文物》图版二三〇

圆形连珠纹镜。西安东南三环5标段M47出土一面（图1-5-17），直径7.7厘米，圆形，镜面外凸，半球形钮，三角缘。钮外饰一周连珠纹，其外有十四个小乳丁，每个乳丁外有一周椭圆形连珠纹，再外为一周锯齿纹、连珠纹、凸弦纹、栉齿纹以及两周凸弦纹和一周双线波折纹。5标段M47为高宗至玄宗时期墓葬[4]。连珠纹作为主区纹样不见于汉镜，当是将唐代连珠纹与汉代乳丁结合后的新纹样。西安郊区605号中晚唐时期墓出土直径4.3厘

① 前揭《汉广陵国铜镜》，第120页，图50。
② 前揭《中国铜镜图典》，第258页，图258；前揭《中国铜镜图典》（修订本），第351页，图3.167。
③ 负安志：《中国北周珍贵文物——北周墓葬发掘报告》，西安：陕西人民美术出版社，1993年，第100页，图版二三〇。
④ 张小丽：《西安新出土唐代铜镜》，《文物》2011年第9期。

米的连珠纹小镜（图1-5-18），钮外饰锯齿纹、连珠纹、栉齿纹各一道①。纹样来自汉镜，但目前还未发现相同纹样的汉镜。

图1-5-17　西安东南三环5标段唐墓M47出土连珠纹镜

采自《文物》2011年第9期第84页图一六

图1-5-18　西安郊区605号唐墓出土连珠纹小镜

采自《西安郊区隋唐墓》图版肆叁·3

图1-5-19　河北元氏县南白楼墓地久视元年改葬墓M2出土圆形四乳花卉纹镜线图

采自《考古》2018年第8期第80页图五·1

圆形四乳花卉纹小镜。河北元氏县南白楼墓地3座久视元年（700）的改葬墓共出土五面形制、大小完全相同的铜镜，其中M2李琎夫妇墓出土两面，M3李无畏夫妇墓出土一面，M32李仙童夫妇墓出土两面。镜为圆形，桥形钮。纹饰分内外两区，内区有花卉纹和弧边菱形纹，外区为两周叶脉纹组成的几何纹带。直径7.26厘米（图1-5-19）②。

（二）镜形变化

方形四神镜。隋文帝仁寿元年（601）元威、于宜容合葬墓出土一面

---

① 前揭《西安郊区隋唐墓》，第74页。

② 武汉大学考古学与博物馆学系、河北省文物局南水北调文物保护办公室、元氏县博物馆：《河北元氏县南白楼墓地唐代墓葬发掘简报》，《考古》2018年第8期。

（图1-5-20），边长13.2厘米，镜面素光无锈，呈银白色。镜背分内外两区。内区凹陷，中央为方形钮座、球形钮，钮外饰柿蒂纹。钮座外浮雕青龙、白虎、朱雀、玄武四神图像，底衬云气。青龙与白虎位置颠倒，青龙尾部有一展翅飞翔的小鸟。内区四角各有一枚乳丁，饰柿蒂纹。外区有铭文一周，铭文内有栉齿纹一周。铭文为阳文楷书，共36字，部分字迹模糊，自左上角逆时针读为"永和元年三月壬午敕勒尚/方擅造时监□传庚（？）后/师匠十有一人即以/其年五月五日铸之"。此面铜镜应为仿汉代铜镜铭文和图案的隋代作品①。镜形与汉镜明显不同。

内弧八角形八花镜。2008年洛阳市涧西区中信重机公司盛唐墓EM722出土一面（图1-5-21），直径3.6厘米，拱形钮。绕钮一周饰八朵花卉，四瓣花四朵，五瓣花四朵，相间排列，宽平素缘②。该镜镜形仿自汉镜的连弧纹，拱桥形钮多见于战国、西汉镜，四瓣花仿柿蒂纹。

葵花形四夔龙镜。西安东郊韩森寨东南59号唐墓出土一面，直径9.6厘米③；西安东郊黄河机械厂中晚唐墓出土一面，直径9.8厘米（图1-5-22a）④；偃师杏园中唐墓M2503

图1-5-20　陕西咸阳隋元威夫妇墓出土方形四神镜拓片

采自《考古与文物》2012年第1期图版五·5

图1-5-21　洛阳涧西盛唐墓EM722出土内弧八角形八花镜

采自《洛镜铜华——洛阳铜镜发现与研究》下册第267页图237

---

① 陕西省考古研究院、咸阳市文物考古研究所：《隋元威夫妇墓发掘简报》，《考古与文物》2012年第1期。

② 前揭《洛镜铜华——洛阳铜镜发现与研究》，下册，第267页，图237。

③ 前揭《陕西省出土铜镜》，第174页，图164。

④ 徐进：《西安东郊黄河机械厂唐墓清理简报》，《考古与文物》1992年第1期，第26页图三·1。

出土一面，直径10.2厘米[①]；辽宁省博物馆藏一面，直径10.45厘米[②]。这四面镜基本相同，皆圆钮，圆钮座，座外生出十字形变形四叶，将镜背分为相等的四瓣，每瓣内各有一含珠曲背的夔龙，两组头部相对，其间饰以变形云纹。近缘部双环线内饰连珠纹一圈，宽素缘。此种铜镜的图案布局和风格与《中国铜镜史》所述汉代变形四叶龙虎镜、箭形四叶四龙镜（图1-5-22b）极为相似，夔龙的尾部与简化四叶四龙镜（图1-5-22c）的龙的尾部形式相类[③]。

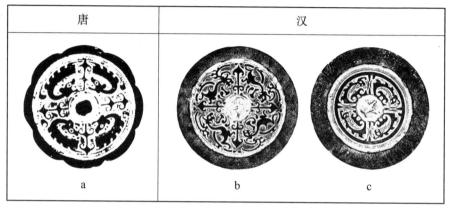

唐	汉
a	b c

图1-5-22　汉唐四龙纹镜比较

　　a. 西安东郊黄河机械厂中晚唐墓出土葵花形四夔龙镜拓片，采自《考古与文物》1992年第1期第26页图三·1；b. 东汉龙纹镜拓片，采自周世荣《铜镜图案》（北京：人民美术出版社，1986年）第44页左上图；c. 东汉龙纹镜拓片，采自《铜镜图案》第45页左下图

　　葵花形博局镜。河南巩义王沟新村唐墓M5出土一面（图1-5-23），直径10厘米，八出葵花形，桥形钮，圆钮座，座外有双线方栏，方栏外饰四个"T"形纹与"V"形纹，内饰缠枝花枝。图案外饰一周凸弦纹和一周斜短线纹。外缘饰一周齿状三角纹。墓葬年代推断为675～680年[④]。宁夏固原市南塬唐墓出土一面（图1-5-24），直径10.9厘米，八出葵花形，圆钮，四叶纹

①　前揭《偃师杏园唐墓》，第141页文，第143页图134-1。徐殿魁《唐镜分期的考古学探讨》一文载玄宗天宝十三载（754）偃师杏园郑夫人墓出土一面葵花形四夔龙镜，《考古学报》1994年第3期。《偃师杏园唐墓》报告中该墓没有铜镜出土，这面葵花形四夔龙镜为M2503出土，本书采纳考古报告的资料。

②　辽宁省博物馆：《净月澄华——辽宁省博物馆藏古代铜镜》，沈阳：辽宁大学出版社，2014年，第220～221页。

③　管维良：《中国铜镜史》，重庆：重庆出版社，2006年，第114～115页图190、191、193。

④　郑州市文物考古研究院、巩义市文物管理局：《河南巩义王沟新村唐墓M5发掘简报》，《文物春秋》2016年第3期。

图1-5-23　河南巩义王沟新村唐墓M5出
土葵花形博局镜拓片

采自《文物春秋》2016年第3期第22页图一〇·1

图1-5-24　宁夏固原市南塬唐墓出土葵花
形博局镜拓片

采自《固原南塬汉唐墓地》第44页图一三B·1

钮座,座外双线方栏,栏内钮侧有两小乳丁,栏外为八乳博局纹间饰鸟纹。
外围两组双弦间以横齿纹,宽缘上饰一周锯齿纹和一周双线波折纹,间以
一道弦纹相隔①。西安紫薇田园都市K区M47也出土一面同形同纹镜,直径
10.7厘米。M47为高宗至玄宗时期墓葬②。此镜式镜纹与汉代禽鸟博局镜基
本相同,但葵花形却是盛唐、中唐时期较多出现的镜形,故而此镜应是盛唐、
中唐时仿汉代铜镜装饰因素而制成的唐镜。

葵花形七乳云龙纹镜。洛阳北郊晚唐墓葬C8M949出土一面,直径
12.4厘米,六出葵花形,圆钮,弦带连珠纹钮座,座外依次饰平素纹、射线纹、
七乳云龙纹,窄平素缘③。该镜纹饰仿汉七乳鸟兽镜,但镜形为盛唐、中唐流
行的葵花形。

亚字形龙虎镜。黄石市新下陆1号唐墓出土,边长12.6厘米,亚字形
镜,镜背饰有凸起的龙、虎等纹饰,其外有隶书铭文一圈:"青器作竟大母伤,
巧工 刻 之成文章。左龙右雨辟不羊, 宋 □隍阳子孙用其□中央兮。"④该墓
年代的上限不早于肃宗乾元六年(763),为中唐以后的墓葬。此镜镜形、纹

①　宁夏文物考古研究所、固原市原州区文管所:《宁夏固原市南塬唐墓发掘简报》,《考古与文
物》2007年第5期,第37页图一三;宁夏文物考古研究所:《固原南塬汉唐墓地》,北京:文物
出版社,2009年,第44页。

②　张小丽:《西安新出土唐代铜镜》,《文物》2011年第9期。

③　洛阳市文物工作队:《洛阳北郊清理的一座晚唐墓》,《考古与文物》1998年第6期。

④　黄石市博物馆:《黄石市新下陆一号唐墓》,《江汉考古》1984年第1期。

饰与中国国家博物馆收藏的唐代龙虎镜（图1-5-25）非常相似，该镜边长12.9厘米，铭文为："青盖作镜大母伤，巧工刻之成文章。左龙右虎劈不羊，朱雀玄武顺阴阳，子孙备具居中央兮。"[1]龙虎纹饰，尤其是铭文文辞和隶书写法皆应仿自东汉三国镜，但是亚字形的镜形却是唐镜的创造。

图1-5-25　国家博物馆藏唐仿汉龙虎镜拓片

采自《中国历史博物馆馆刊》1994年第1期第127页图106

方形连弧纹花叶纹镜。1998年西安市雁塔区瓦胡同出土一面（图1-5-26a），边长14.9厘米，圆钮，方形钮座，座四角各饰一乳丁。镜内缘饰内向十六连弧纹。镜背图案为内方外圆的格局。钮座外四边形方框每面各有3字篆书铭，顺时针读为："长相思，毋相忘，常贵富，乐未央。"方框四角各饰一组"X"形几何图案。主区四方各有一柿蒂纹饰，方框四角各饰一展开的忍冬纹。

在近缘处均布八枚小乳丁，装饰在柿蒂和忍冬之间[2]。此镜花纹与四川成都出土的一面直径16厘米的汉代四花瓣四花叶镜（图1-5-26b）[3]铭文、花纹几乎相同，唯采用了方形镜的镜形。以连弧纹作外缘的汉镜基本作圆形，这面唐仿汉镜的方镜形应是附加了唐代因素。

四兽四方枚镜。洛阳北窑唐墓出土一面方形四兽四方枚镜（图1-5-27a），边长10.1厘米，圆钮，葵花形钮座，座外四瑞兽作奔驰状，间以四方枚，方枚内铭文模糊，其外饰栉齿纹一周，宽素缘。此镜与洛阳吕庙出土的直径11.4厘米的东汉四方枚羽人画像镜（图1-5-27b）纹饰相仿[4]，大方枚的布局形式不见于其他种类的隋唐铜镜中。此镜推断为仿制镜，钮座的形式应是唐代的样式。1974年合肥建华窑厂宋墓出土一面等边八角形四兽四方枚镜（图1-5-27c），对角最大直径13.6厘米，小圆钮，圆钮座，座外浮雕四瑞兽与四方枚，相间排列，方枚上有铭文"汉家长安""黄帝□□""富贵昌蕃"

---

①　杨桂荣：《馆藏铜镜选辑（五）》，《中国历史博物馆馆刊》1994年第1期，图106。

②　前揭《西安文物精华·铜镜》，第134页，图120。

③　该镜铭文亦为"长相思，毋相忘，常贵富，乐未央"，见前揭《中国铜镜图典》，第184页，图184；前揭《中国铜镜图典》（修订本），第225页，图3.41。

④　前揭《洛阳出土铜镜》，图80、图56。

图1-5-26a　西安市雁塔区出土唐仿汉
草叶四花镜

采自《西安文物精华·铜镜》第134页图120

图1-5-26b　四川成都出土汉四花瓣
四花叶铭文镜拓片

采自《中国铜镜图典》第184页图184

图1-5-27a　洛阳唐墓出土四兽四方枚
方形镜

采自《洛阳出土铜镜》图80

图1-5-27b　洛阳吕庙出土东汉四方枚
羽人画像镜

采自《洛阳出土铜镜》图56

"服者公卿"。其外为短线纹和波浪纹各一周，素宽平缘。程红认为此镜和
洛阳北瑶唐墓出土的方形四兽四方枚镜大致相同，应为唐代镜①。

---

① 程红：《合肥出土、征集的部分古代铜镜》，《文物》1998年第10期，图七。

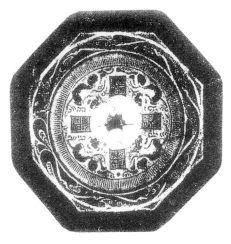

图1-5-27c　合肥建华窑厂宋墓出土等边
八角形四兽四方枚镜拓片

采自《文物》1998年第10期第84页图七

图1-5-28　河南孟津出土银背画像镜

采自《洛阳出土铜镜》彩图4

（三）工艺变化

圆形银背画像镜（图1-5-28）。洛阳孟津出土，直径22厘米，圆形，镜背用一整块银板锤打成纤细的画像纹饰，嵌入镜缘内加以固定。半球形钮，双弦纹和连珠纹钮座。主纹饰分为四区，纹饰与东汉神人车马画像镜极为相像。外区有铭文带，首尾以五小乳相间，铭文为："永元五年四夷服，多贺国家人民息。胡虏殄灭天下复，风雨时节五谷孰，长保二亲得天力。吴，胡伤里。"其外饰栉齿纹、锯齿纹和折线水波纹各一周[1]。

这面银背镜在《洛阳出土铜镜》上据永元五年的纪年铭文被定为东汉镜。但是，孙机、何志国指出该镜并非东汉镜，理由如下：

其一，人像的冠式和羽翼与汉画像镜不同。汉画像镜的神像如东王公头上多见山字形冠，神仙肩上生出羽翼皆为向上伸出的S形，而银背镜神人冠式则形似莲花状，羽翼弯曲向下。

其二，羽人的特征和组合不同。汉画像中的羽人的耳朵高耸出头顶，非常突出，有汉诗《长歌行》为证："仙人骑白鹿，发短耳何长！"且羽人多成排跪在东王公、西王母之侧。银背镜的仙人耳朵与常人相似，没有羽人长耳的特点，肩部也没有羽翅；夹恃在神人两侧的竟是两排飞鸟，这在汉镜中从未见过。

其三，银背镜的做法、铭文格式和书法风格也与汉镜不同。银背嵌于铜镜多见于盛唐以后。汉镜铸地和铸工一般排在铭文首句，银壳镜铭文没有铸工，铸地却放在铭文句末，与通常汉镜格式不同。汉镜铭文的书法一般是

---

[1]　苏健：《洛阳发现银壳画像铜镜》，《文物》1987年第12期。

隶书,也见篆书,但银背镜却是楷书。

其四,铜镜形制。一般而言,东汉画像镜比较平整,镜面略呈弧形,镜缘较宽且平。但是,银背镜却是"窄高镜缘",并且,栉齿纹和锯齿纹之间高出的凸棱与高而窄的镜缘使得该镜显得很深,这种形制特征多见于唐镜。唐代海兽葡萄纹镜、团花镜,甚至素面镜等,都有镜中高出一周凸棱的特征,这应当是唐代铜镜的时代风格之一。

其五,莲花形制。银壳镜两组人像座垫之下都有莲花,但这些莲花与汉代至三国时期的莲花图案形制和构图方式不同。汉代至三国时期有两种形制的莲花:其一是盛开的莲花,莲瓣、花芯俱全,莲瓣呈椭圆形;其二是侧立的莲花,莲蓬凸出高耸,莲瓣末端尖锐,向下呈覆莲。细审银壳镜两组人像座垫之下的莲花,其一是两层莲瓣组成的仰莲座;其二是人像下端的仰莲座有枝条和叶片,形成一束独立的花束,游离于人像之下。这种独立的花束的构图方式常见于唐代金银器的装饰图案之中。

此镜很可能是唐朝参考汉代画像镜制造的仿制品,不可能是汉镜[①]。

圆形金背四神规矩纹铁镜(图1-5-29a)。上海市文物保管委员会收藏,直径20.5厘米,金背直径15厘米,半球形钮,柿蒂纹钮座,座外双线大方格,格内有十二乳及十二辰铭:子、丑、寅、卯、辰、巳、午、未、申、酉、戌、亥,相间排列。方格外配以双线规矩纹及八乳、四神、鸟兽、仙人和骑兽仙人,外缘流云纹圈[②]。

这面铁镜的年代在最初发表资料时被定为汉中期,原因是金背錾刻的纹饰是汉代流行的四神规矩纹。但是,金背镜是盛唐以后才兴起的特种工艺镜,所以这面金背镜的年代还存在商榷的可能。

全洪对东汉魏晋南北朝时期出土的铁镜进行了统计,截至1990年

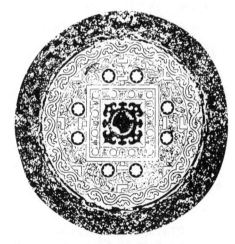

图1-5-29a　上海市文物保管委员会藏圆
形金背四神规矩纹铁镜拓片

采自《文物参考资料》1957年第8期第35页

---

① 孙机:《孟津所出银壳画像镜小议》,《中国文物报》1990年9月20日第3版;何志国:《试论河南孟津出土"老子浮屠镜"的年代以及相关问题》,《敦煌研究》2006年第1期;何志国:《"仙佛模式"和"西王母+佛教图像模式"说商榷——再论佛教初传中国南方之路》,《民族艺术》2005年第4期。

② 沈令昕:《上海市文物保管委员会所藏的几面古镜介绍》,《文物参考资料》1957年第8期。

以前，全国共发现属于这一时期的铁镜约140面，东汉60多面，魏、西晋30面，东晋十六国30面，南北朝不到10面，可看出东汉是较多使用铁镜的时期。一般铁镜纹样种类较少，大约有连弧纹、变形四叶纹或夔凤纹、柿蒂纹或加流云纹等，素镜居绝大多数，却不见那时流行的规矩镜、神兽镜、画像镜和位至三公镜等复杂的纹样。为了弥补铁镜上难于铸造复杂纹饰的不足，这一时期较少施用于铜镜上的金银错工艺较多地用到了铁镜上[①]。

汉至魏晋时期，施加金银装饰的铁镜发现有九面：

河北定县汉熹平三年（174）中山穆王刘畅墓出土一面错金铁镜[②]。

河北涿州市上念头村东汉墓出土两面直径17.2厘米的错金铁镜，有卷云纹图案[③]。

河南安阳市安阳县西高穴村安丰乡东汉晚期曹操高陵出土一面金错铁镜[④]。

河南南阳市东郊汉代宛城遗址东汉晚期墓M10出土直径16.4厘米鎏错金纹饰的铁镜，此镜扁圆大钮，钮外纹饰分主纹和地纹。主纹为粗线条凹面阴纹，采用鎏金工艺，钮外饰变形四叶纹，近缘处饰不规则连弧纹和弦纹各一周。地纹采用错金工艺，为细线卷草纹、火焰纹等。另外，钮部和缘部外侧立面分别饰错金三角锯齿纹两周及一周，平直缘[⑤]。

河南洛阳机车工厂东汉晚期墓C5M346出土直径13.1厘米金错铁镜，半球形钮，有连弧云气纹和"长宜子孙"4字铭文[⑥]。

甘肃武威雷台汉墓出土一面直径21厘米的金银错变形四叶八凤纹铁镜，半球形钮，钮周围错四蒂形蔓枝花纹，四蒂纹之间错篆书"长宜子孙"4字。下方错鸾凤四组，每组二只，两两相向，边缘错连弧状的蔓枝花十六组[⑦]。墓葬属东汉末年。

辽宁北票北燕太平七年（415）冯素弗墓出土一面直径27厘米的金错铁镜，圆钮，钮外错刻大柿蒂纹方座[⑧]。

① 全洪：《试论东汉魏晋南北朝时期的铁镜》，《考古》1994年第12期。
② 定县博物馆：《河北定县43号汉墓发掘简报》，《文物》1973年第11期。
③ 史殿海：《涿州上念头东汉墓葬发掘简报》，《文物春秋》2007年第3期。
④ 霍宏伟：《洛阳西朱村曹魏墓石牌铭文中的镜鉴考》，《博物院》2019年第5期；河南省文物考古研究所、安阳县文化局：《河南安阳市西高穴曹操高陵》，《考古》2010年第8期。
⑤ 张方、卓远：《河南南阳出土一件汉代铁镜》，《文物》1997年第7期。
⑥ 程永建：《洛阳出土铁镜初步研究》，《华夏考古》2011年第4期。
⑦ 甘肃省博物馆：《武威雷台汉墓》，《考古学报》1974年第2期；黄展岳认为铭文为"永保长寿"，见黄展岳：《关于武威雷台汉墓的墓主问题》，《考古》1979年第6期。
⑧ 黎瑶渤：《辽宁北票县西官营子北燕冯素弗墓》，《文物》1973年第3期；刘宁、刘博：《北燕冯素弗墓出土的铁镜》，《辽宁省博物馆馆刊》2011年。

中国国家博物馆收藏一面直径16.5厘米的东汉金错铁镜，圆钮，镜背金错卷云纹、规矩纹、五兽、云纹和锯齿纹（图1-5-29b）[①]。

魏武帝《上杂物疏》曰："御物有尺二寸金错镜一枚，皇太子杂纯银错七寸铁镜四枚，贵人至公主九寸铁镜四十枚。"[②] 由发掘和文献记载的情况可知，金银错是东汉至魏晋时期铁镜的主要装饰工艺，流行于皇室和贵族中间。

上海市文物管理委员会藏的这面金背铁镜，花纹为复杂的规矩纹，使用了东汉魏晋南北朝出土铁镜中没有见到的金背镜的特殊工艺，因而可能不是东汉镜。考虑到金背镜在唐代盛行的状况，推定它为唐仿东汉镜。

图1-5-29b　中国国家博物馆藏东汉金错五兽纹铁镜

采自《收藏家》2009年第3期第56页图10

① 傅举有：《春秋战国汉代的特种工艺镜（上）》，《收藏家》2009年第3期。
② （宋）李昉等：《太平御览》卷七一七，服用部一九"镜"条，第3178页上栏。

第二章　唐代特种工艺镜的工艺来源

　　唐代在铜镜发展史上是一个繁荣期，除了铸铜之外，还出现了镶嵌、涂饰等装饰铜镜的特殊工艺，施加这些特殊工艺的铜镜被称为特种工艺镜。对于唐代的特种工艺镜，尚刚先生给予了极高的评价。他认为，在中国历史上，唐是特种工艺镜种类最多的时代，且其种类之多远非其他时代可以比拟。它们构成了一个彩色炳焕的铜镜世界①。尤其是唐代首创的螺钿镜和金银平脱镜更是受到了广泛的赞誉。那么，这些美轮美奂的特种工艺镜是一种全新的首创，还是继承传统的创新，本章将予以探讨。

第一节　特种工艺镜的名称及其种类

一、钿镂之工与特种工艺镜

　　铜镜上施加的镶嵌、涂饰等装饰工艺，学术界一直称为特种工艺，在唐代应属于"钿镂之工"。

　　《新唐书·百官志》少府条记载：

　　　　钿镂之工，教以四年；车路乐器之工，三年；平漫刀矟之工，二年；矢镞竹漆屈柳之工半焉；冠冕弁帻之工，九月。教作者传家技，四季以令丞试之，岁终以监试之，皆物勒工名。②

　　《唐六典》少府监条云：

---

① 尚刚：《唐代的特种工艺镜》，《南方文物》2008年第1期。
② （宋）欧阳修、宋祁：《新唐书》卷四八，第1269页。

凡教诸杂作，计其功之众寡与其难易而均平之，功多而难者限四年、三年成，其次二年，最少四十日，作为等差，而均其劳逸焉。[①]

"钿镂之工"应指镶嵌、雕刻工艺。"钿"字的含义有二：

一是用金翠珠宝等制成的形如花朵的首饰，唐代有金钿、花钿、翠钿等说法，如陆畅《云安公主出降杂咏催妆二首·二》："少妆银粉饰金钿，端正天花贵自然。闻道禁中时节异，九秋香满镜台前。"[②]张夫人《拾得韦氏花钿以诗寄赠》："今朝妆阁前，拾得旧花钿。粉污痕犹在，尘侵色尚鲜。曾经纤手里，拈向翠眉边。"[③]花蕊夫人《宫词》："翠钿贴靥轻如笑，玉凤雕钗袅欲飞。拂晓贺春皇帝阁，彩衣金胜近龙衣。"[④]

二是指镶嵌工艺，《原本广韵》曰："钿，宝钿，以宝饰器，又音田。"[⑤]因而钿即是以金银玉石等宝物装饰器具的含义。从文献记载来看，唐代施加钿作工艺的器物很多，有日用器具、乐器、车马器等。日用器具，如白居易《长恨歌》："唯将旧物表深情，钿合金钗寄将去。"[⑥]齐己《谢人惠端溪砚》："保重更求装钿匣，闲将濡染寄知音。"[⑦]杜牧《咏袜》："钿尺裁量减四分，纤纤玉笋裹轻云。"[⑧]白居易《六年秋重题白莲》："素房含露玉冠鲜，绀叶摇风钿扇圆。"[⑨]李贺《恼公》："钿镜飞孤鹊，江图画水滨。"[⑩]还有赐蕃客的"宝钿带"[⑪]"金钿带"[⑫]等；乐器，如温庭筠《和友人悼亡（一作丧歌姬）》："宝镜尘昏鸾影在，钿筝弦断雁行稀。"[⑬]元稹《六年春遣怀八首·三》："今日闲窗拂尘土，残弦犹迸钿箜篌"[⑭]；车马器，如杜牧《街西长句》："银鞦骢袅嘶宛马，

① （唐）李林甫：《唐六典》卷二二，北京：中华书局，2005年，第572页。
② 《全唐诗》卷四七八，《全唐诗》（增订本），第7册，第5478页。
③ 《全唐诗》卷七九九，《全唐诗》（增订本），第12册，第9080页。
④ 《全唐诗》卷七九八，《全唐诗》（增订本），第12册，第9066页。
⑤ 佚名：《原本广韵》卷四，影印文渊阁四库全书，上海：上海古籍出版社，1987年，第236册，第158页。
⑥ 《全唐诗》卷四三五，《全唐诗》（增订本），第7册，第4829页。
⑦ 《全唐诗》卷八四五，《全唐诗》（增订本），第12册，第9625页。
⑧ 《全唐诗》卷五二四，《全唐诗》（增订本），第8册，第6044页。
⑨ 《全唐诗》卷四四九，《全唐诗》（增订本），第7册，第5092页。
⑩ 《全唐诗》卷三九一，《全唐诗》（增订本），第6册，第4422页。
⑪ （宋）欧阳修、宋祁：《新唐书》卷四八《百官志三·中尚署》，第1270页。
⑫ 如天宝初，玄宗赐拔悉蜜使者紫文袍、金钿带、鱼袋（《新唐书》卷二一七下《回鹘传》，第6143页）；开元末，册封皮逻阁为云南王，赐锦袍、金钿带七事（《新唐书》卷二二二上《南蛮传上》，第6270页）等。
⑬ 《全唐诗》卷五七八，《全唐诗》（增订本），第9册，第6776页。
⑭ 《全唐诗》卷四〇四，《全唐诗》（增订本），第6册，第4523页。

绣鞯璁珑走钿车。"①剑南节度使郭英乂所制"钿驴鞍"②等；织物，如白居易《燕子楼三首·二》："钿晕罗衫色似烟，几回欲著即潸然。自从不舞霓裳曲，叠在空箱十一年。"③

从文献所见唐代的钿作器物，可归纳出唐代钿镂之工的几个特点：

首先，钿镂之工列于诸工之首，属于"功多而难者"，学习时间是最长的。学习这一技术，不仅需要掌握复杂的镶嵌、雕刻工艺，而且装饰所用大多为贵重的金银玉石，且种类繁多，需要一定的时间学习掌握其性能。

钿装所用的珍宝，在唐代有七宝、百宝、杂宝等说法。七宝，出自佛教经典，七宝的名数，"诸经论所说少异。法华经受记品曰：'金、银、瑠（琉）璃、砗磲、码磘、真珠、玫瑰七宝合成。'无量寿经上就树说七宝：'金、银、瑠（琉）璃、玻璃、珊瑚、码磘、砗磲。'智度论十曰：'有七种宝：金、银、毗琉璃、颇梨、车渠、马瑙、赤真珠（此珠极贵，非珊瑚也）。'阿弥陀经曰：'亦以金、银、瑠（琉）璃、玻璃、砗磲、赤珠、码磘而严饰之。'般若经以金、银、瑠（琉）璃、砗磲、玛瑙、虎珀、珊瑚为七宝。"④魏晋至隋唐时期佛教兴盛，以七宝装饰物品也得到皇室、贵族的推崇。如《魏书·食货志》载，北魏和平二年（461）秋，诏中尚方作黄金合盘十二具，径二尺二寸，镂以白银，钿以玫瑰，其铭曰："九州致贡，殊域来宾，乃作兹器，错用具珍。锻以紫金，镂以白银，范围拟载，吐耀含真。纤文丽质，若化若神，皇王御之，百福惟新。"⑤《隋书·礼仪志》载，后齐"季秋大射，皇帝备大驾，常服，御七宝辇"⑥。张鷟《朝野佥载》："张易之为母阿臧造七宝帐，金银、珠玉、宝贝之类罔不毕萃，旷古以来，未曾闻见。"⑦《新唐书·张皇后传》："上皇在蜀，以七宝鞍赐后。"⑧《太平广记》"李龟年"条引《松窗录》言："太真妃持玻璃七宝盏，酌西凉州蒲桃酒。"⑨至于百宝则更为奢华，张鷟《朝野佥载》记载："洛州昭成佛寺有安乐公主造百宝香炉，高三尺，开四门，绛桥勾栏，花草、飞禽、走兽，诸天妓乐，麒麟、鸾凤、白鹤、飞仙，丝来线去，鬼出神入，隐起钑镂，窈窕便娟。真珠、玛瑙、瑠（琉）璃、琥珀、玻璃（璃）、珊瑚、玤璜、琬琰，一切宝贝，用钱三万，府库之物，尽于

① 《全唐诗》卷五二一，《全唐诗》（增订本），第8册，第5998页。
② （后晋）刘昫等：《旧唐书》卷一一七《郭英乂传》，第3397页。
③ 《全唐诗》卷四三八，《全唐诗》（增订本），第7册，第4884页。
④ 丁福保：《佛学大辞典》，北京：文物出版社，1984年，第58页。
⑤ （北齐）魏收：《魏书》卷一一〇，北京：中华书局，1974年，第2851页。
⑥ （唐）魏徵、令狐德棻：《隋书》卷八，北京：中华书局，1973年，第166页。
⑦ （唐）张鷟：《朝野佥载》卷三，前揭《隋唐嘉话 朝野佥载》，第69页。
⑧ （宋）欧阳修、宋祁：《新唐书》卷七七，第3498页。
⑨ （宋）李昉等：《太平广记》卷二〇四，第1550页。

是矣。"[1] "真珠、玛瑙、瑠（琉）璃、琥珀、玻瓈、珊瑚、玒瑹"即是七宝，"琬琰"为玉名，百宝应涵盖了唐代所有的玉石、宝石。2001年，唐李倕墓出土了公主所戴的花冠，冠饰由金、银、铜、铁不同材料构成骨架，镶嵌有玻璃、绿松石、红宝石、琥珀、珍珠、玛瑙、贝壳等饰件，几乎使用了唐代所有金属材料和装饰材料[2]，这顶花冠也当属宝钿。

其次，钿镂之工列于诸工之首，不属于专门制作某一类器物或某一材质的器物。从文献记载和实物资料来看，钿镂工艺可施加在漆木器、金银器、铜铁器、玉石器以及织物上。漆木器上者，如下文所举的正仓院螺钿；金银器上者，如西安何家村窖藏出土的金把杯（图2-1-1）、扶风法门寺地宫出土的"金筐宝钿真珠装"的"真金函"（图2-1-2）；玉石器上者，如法门寺地宫出土的"金筐宝钿真珠装"的"琉珷石函"（图2-1-3）；铜铁器上者，如西安韩森寨出土的直径4.7厘米的圆形宝钿镜（图2-1-4）[3]，镜背镶嵌金筐，内嵌绿松石。因钿镂之工可施加于各类器物之上，掌握这一工艺的工匠，应对各类器物的制作方法都比较熟悉，才能更好地利用材料的不同颜色、光泽，互相配合，取得最好的装饰效果。

珠光宝气增加了工艺品的装饰效果，但同时也助长了社会的奢侈之风。玄宗以后，朝廷曾多次诏令，禁绝奢侈浮华的工艺品，钿镂便在禁绝之列。

图2-1-1　西安何家村窖藏出土金把杯
采自上海博物馆《周秦汉唐文明大展》

图2-1-2　陕西扶风法门寺地宫出土
金筐宝钿真珠装纯金宝函
采自上海博物馆《周秦汉唐文明大展》

---

[1] （唐）张鷟：《朝野佥载》卷三，前揭《隋唐嘉话　朝野佥载》，第70页。
[2] 陕西考古研究院文物保护研究部：《陕西文物科技保护研究综述》，《考古与文物》2008年第6期。
[3] 前揭《陕西省出土铜镜》，第135页，图125。

图 2-1-3　陕西扶风法门寺地宫出土
金筐宝钿真珠装珷玞石函
采自上海博物馆《周秦汉唐文明大展》

图 2-1-4　西安韩森寨出土圆形宝钿镜
采自《陕西省出土铜镜》第 135 页图 125

史书记载的诏令有肃宗至德二载（757）十二月诏："准式，珠玉、宝钿、平脱、金泥、织成、刺绣之类一切禁断。"[①]代宗"广德二年（764）二月乙亥，南郊礼毕，赦曰：'朕思素俭敦，以淳风必约，严章以齐侈俗，其珠玉、器玩、宝钿、杂绣等一切禁断。'"[②]代宗大历七年（772）六月"丁丑，诏诫薄葬，不得造假花果及金平脱、宝钿等物。"[③]《文苑英华》载唐文宗《诛逆人苏佐明德音》诏："先造供禁中床榻，以金筐瑟瑟杂宝钿、真珠码碯装饰，宜停造。"[④]从这些诏书所用的文辞可以推知，钿镂之工所用的泛称应是宝钿。此外，文献中还有"宝装"的名称，含义应与宝钿相同。

　　诏书的禁令是社会风尚的反映，肃宗、代宗、文宗都有禁绝钿镂等奢侈品的诏令，文宗以后无此类禁绝诏令，说明多次禁断之后，晚唐已经奏效。根据表 2-1 考古发现的唐代特种工艺纪年镜表来看，武周至唐文宗时期是镶嵌手法装饰铜镜的特种工艺镜流行的时期，文宗以后衰落。其盛衰轨迹基本合于唐代诏令的情况。这从一个侧面也说明，特种工艺镜与"宝钿"的密切关系。

　　属于钿镂之工的唐代特种工艺镜的类别，学界有不同认识。徐殿魁先生归纳为银壳镜、金银平脱镜、螺钿镜、错金镶料镜、铅花镜、鎏金镜等六

①　（宋）王钦若等：《册府元龟》卷五六《帝王部·节俭》，北京：中华书局，1982 年，第 626 页下栏。
②　（宋）王钦若等：《册府元龟》卷五六《帝王部·节俭》，第 627 页下栏。
③　（后晋）刘昫等：《旧唐书》卷一一《代宗本纪》，第 300 页。
④　（宋）李昉等：《文苑英华》卷四三九《翰林制诏》，北京：中华书局，1966 年，第 2222 页上栏；
　　又载（宋）王钦若等：《册府元龟》卷一六〇《帝王部·革弊二》，第 1931 页上栏。

种①；尚刚先生认为有螺钿镜、宝装镜、宝钿镜、金银平脱镜、金（银）背镜等五类。比较两位学者的分类可以发现，金银平脱镜和金（银）壳（背）镜的分类一致，尚刚先生未将铅花镜、鎏金镜列入特种工艺镜，他所认为的螺钿镜、宝装镜即是徐殿魁先生所述之螺钿镜，而宝钿镜即是错金镶料镜。针对前三种特种工艺镜的分类，尚刚先生明确地提出了区分方法："在隋唐五代，纯嵌蚌片的应是螺钿，既嵌蚌片、又加嵌玉石之类的当为宝装，纯嵌玉石之类的或即宝钿；螺钿、宝装的图案与装饰面平齐，宝钿的图案高于装饰面。"②由此可知，这种铜镜分类上的差别实质上是由于他们对唐代镶嵌工艺的名称及其内涵认识差异所致，尤其是厘清螺钿、宝装和宝钿应是探讨唐代特种工艺镜的类别及其来源的基础。

二、螺钿镜的定名及其工艺内涵

"螺钿镜"一名常见于中国古代铜镜和漆器研究的论著中，是指在唐代出现的一种漆工艺与贝壳镶嵌相结合的特种工艺镜，用贝、蚌壳薄片经细细剪裁，再剔刻出各种人物鸟兽虫鱼，用大漆黏合在镜背上，又经反复细致打磨抛光制成。

在镜背上嵌螺钿虽是唐人的首创，但是螺钿作为漆器的髹饰工艺却源远流长。按照明代漆工黄成所著《髹饰录》对螺钿的解说："螺钿，一名甸嵌，一名陷蚌，一名坎螺，即螺填也。百般文图，点、抹、钩、条，总以精细密致如画为妙。又分截壳色，随彩而施缀者，光华可赏。又有片嵌者，界郭理皱皆以划文。又近有加沙者，沙有细粗。"③可知螺钿工艺需具备两个条件：一是以蚌制物为嵌料；二是蚌制物须镶附在以漆作地的器物上，并组成一定形状的花纹。螺钿、陷蚌、坎螺、螺填等名称突出了其镶嵌物为蚌片的特点。根据考古出土的以蚌制物作为漆器嵌料的资料，大致可勾勒出螺钿在唐、五代以前的发展脉络：螺钿起源于商代，西周至春秋为发展时期，战国以后衰落，唐、五代勃兴④。这一发展脉络也能从文献中得到印证。

《尚书·周书·顾命》记载有王所设四种不同质料的几："四几曰：华玉

---

① 徐殿魁：《唐镜分期的考古学探讨》，《考古学报》1994年第3期。

② 尚刚：《唐代的特种工艺镜》，《南方文物》2008年第1期。

③ 王世襄：《髹饰录解说——中国传统漆工艺研究》（修订版），北京：文物出版社，1998年，第101页。

④ 张永山：《螺钿起源试探》，《华夏考古》1989年第2期；周南泉、叶琦枫：《螺钿源流》，《故宫博物院院刊》1981年第1期；傅举有：《厚螺钿漆器——中国漆器螺钿装饰工艺之一》，《紫禁城》2007年第10期。

几、漆几、文贝几、雕玉几，王设几于左右，优至尊也。"①其中的文贝几应是镶嵌蚌饰和画有花纹的几案，这一定名说明"西周时期的工匠已经能够将嵌蚌贝制物的漆器与其它纹饰的漆器区别开来，并且这种命名也突出了用蚌贝镶嵌漆器的特点"②。

《周礼·地官》中记载西周有"掌蜃"一职，其职责"掌敛互物蜃物，以共闉圹之蜃，祭祀共蜃器之蜃，共白盛之蜃。"宋罗愿《尔雅翼·释鱼·蜃》解释说："蜃器之蜃，郑司农以为蜃可以白器，令色白，盖谓以灰饰之云尔。"而罗愿认为："司农以为白器令色白者，亦似未当。盖剖壳错入器中，合为文彩，如今所谓螺钿器之类。"③

《资治通鉴·陈纪》载：陈武帝"性俭素，常膳不过数品，私宴用瓦器、蚌盘"。胡三省注："蚌盘者，髹器以蚌为饰，今谓之螺钿。"④

《晋东宫旧事》曰："皇太子纳妃，有玳瑁钿镂镜台一。"⑤

以上是传世文献中提到的唐以前与螺钿工艺相关的材料。

2016年，中国重要考古发现洛阳市寇店镇西朱村南一号曹魏墓出土200余件刻铭石牌，其中有"车琚镜"刻铭，据霍宏伟先生的考证，车琚，即车渠、砗磲，属于双壳纲簾蛤目的一科，壳大而厚，形状略呈三角形，两壳同形。壳表面有沟垄，如车轮之渠，因以得名。东汉晚期，即建安二十年（215）凉州平定，中原与西域的交通线重新开通，来自西域的车渠进入中原内地，大的被制作成酒杯、碗等器物，小的加工成佩饰。西朱村南一号曹魏墓中刻铭石牌中，就有车渠制成的镜、爪锤、佩、跳脱等小件器物。他认为，车渠镜应是后人所说的螺钿镜，"车琚镜"石牌是目前所见最早关于螺钿镜的文字记载⑥。

然而，西朱村南一号曹魏墓没有车渠类实物出土，也可能因墓葬被盗的原因，该墓也未出土镜鉴，不能与"车琚镜"的文字记载相互印证。"车琚镜"这一名称，不像《晋东宫旧事》所记述的镜台那样，强调钿镂工艺，因而是否为用钿镂法制成的铜镜，还有待新的考古发现的证实。

值得注意的是，上述文献中给"蜃器"释义的罗愿及为"蚌盘"作注的胡三省皆为南宋人⑦。而在唐代文献中并未见螺钿一名，也罕见对漆器螺钿

---

① （清）乾隆十三年敕撰：《钦定礼记义疏》卷七八，《景印文渊阁四库全书》，上海：上海古籍出版社，1987年，第126册，第519页。

② 张永山：《螺钿起源试探》，《华夏考古》1989年第2期。

③ （宋）罗愿：《尔雅翼》卷三一，《景印文渊阁四库全书》，第222册，第506～507页。

④ （宋）司马光：《资治通鉴》卷一六七，北京：中华书局，1976年，第5188页。

⑤ （宋）李昉等：《太平御览》卷七一七，服用部一九"镜台"条，第3180页上栏。

⑥ 霍宏伟：《洛阳西朱村曹魏墓石牌铭文中的镜鉴考》，《博物院》2019年第5期。

⑦ 检索文献可知，北宋末年至南宋，明代黄成《髹饰录》所言"螺钿""螺填""陷蚌"（转下页）

工艺的记载。

唐时期，日本开始以"螺钿"称谓蚌壳镶嵌工艺制成的器物。真人元开成书于宝龟十年（779）的鉴真传记《唐大和上东征传》记载，鉴真和尚于天宝二年（743）自扬州第二次东渡日本，带去"螺钿经函五十口"[①]。正仓院藏东大寺《延历十二年（793）六月十一日曝凉使解》载有螺钿紫檀琵琶、螺钿紫檀五弦琵琶和螺钿紫檀阮咸，《齐衡三年（856）六月廿五日杂财物实录》记录有平螺钿背圆镜、八角镜[②]。

（接上页）等名称开始较多地出现，而以"螺钿"使用得最为普遍。除罗愿、胡三省外，相关文献有：北宋沈括《长兴集·谢赐戎服表》中有"乌漆和泥金陷蚌装花鞘手刀一口"。（卷三，《景印文渊阁四库全书》，第1117册，第272页。）宋徽宗词："螺钿珠玑宝盒妆，琉璃瓮里建芽香。兔毫连盏烹云液，能解红颜入醉乡。"（毛晋《二家宫词》卷上，《景印文渊阁四库全书》，第1416册，第708页。）徐兢《宣和奉使高丽图经》载高丽"地少金银而多铜器，用漆作不甚工，而螺钿之工细密可贵。"（卷二三，《景印文渊阁四库全书》，第593册，第867～868页。）其"骑兵所乘鞍韂极精巧，螺钿为鞍韂，鞦辔以柏枝马瑙石间错黄金乌银为饰。"（卷一五，《景印文渊阁四库全书》，第593册，第848页。）苏籀《栾城遗言》："公闻以螺钿作茶器者，云：'凡事要敦简素，不然天罚。'"（《景印文渊阁四库全书》，第864册，第175页。）南宋胡铨《澹庵文集·经筵玉音问答》："坐者乃入内，取通朱螺钿屏风至。"（卷二，《景印文渊阁四库全书》，第1137册，第26页。）洪遵《翰苑群书·翰苑遗事》记载"上所常御者"有"紫青石方砚一、琴光螺钿匣一"等文房用具（卷一二，《景印文渊阁四库全书》，第595册，第409页。）周辉《清波杂志·思陵俭德》："高宗践阼之初，躬行俭德，……尝诏有司毁弃螺填倚卓等物，谓螺填淫巧之物，不可留。"（《清波杂志校注》卷一，北京：中华书局，1997年，第8页。）徐梦莘《三朝北盟会编》引朱胜非《秀水闲居录》云王黼穷极华侈，宅第有螺钿阁子，"即梁、柱、门窗、什器皆螺钿也"。（卷三一，《景印文渊阁四库全书》，第350册，第273页。）李心传《建炎以来系年要录》："初，温、杭二州上供物寄留镇江。其间椅桌有以螺钿为之者，……上恶其靡，亟命碎之通衢。"（卷一一，《景印文渊阁四库全书》，第325册，第205页。）叶绍翁《四朝闻见录·卫魁廷尉》提及卫公泾"顾售韩侂胄螺钿棼器"。（甲集，北京：中华书局，1997年，第9页。）张世南《游宦纪闻》记载高丽国进奉宋朝物品中有："螺钿砚匣一副、螺钿笔匣一副。"（卷六，北京：中华书局，1997年，第56页。）周密《癸辛杂识·公主添房》："周汉国公主下降，诸阃及权贵各献添房之物，……时马方山天骥为平江发运使，独献罗钿细柳箱笼百只，并镀金银锁百具，锦袱百条，共实以芝楮百万。"（续集上，北京：中华书局，1997年，第154页。）《钿屏十事》载王楙造"螺钿卓面屏风十副，图贾相盛事十则，各系之以赞。"（别集下，第304页。）周密《武林旧事》所记宝器中有"螺钿合一十具（织金锦褥子全）。"（卷九，杭州：浙江古籍出版社，2011年，第196～197页。）

① ［日］真人元开著，汪向荣校注：《唐大和上东征传》，北京：中华书局，2000年，第47页。
② 《昭和六十年正仓院展》，奈良国立博物馆，1985年，第126页；《昭和六十二年正仓院展》，奈良国立博物馆，1987年，第106页。北宋时期，日本制造的螺钿器开始输入我国。《宋史·外国七·日本国传》载宋太宗端拱元年（988），日本国别谷贡物，贡物中有："螺钿花形平函；……螺钿梳函一对，其一纳赤木梳二百七十，其一纳龙骨十橛；螺钿书案一、螺钿书几一；……螺钿鞍辔一副。"（卷四九一，第14136页。）方勺《泊宅编》中说："螺填编，本出倭国，物象百态，颇极工巧，非若今市人所售者。"（十卷本卷三，三卷本卷中，北京：中华书局，1997年，第16、81页。）按照《四库全书总目提要》：《泊宅编》三卷"所载皆元祐迄政和间朝野旧事"（前揭《泊宅编》，第116页）可知，北宋末年已有日本螺钿器输入中国，并且制作工艺精湛，与市面上出售的同类器有明显的区别。螺钿的名称很可能随着宋朝输入中国的日本螺钿器在宋代社会广泛使用开来。

　　真人元开所述螺钿经函在近些年的考古工作中有所发现。1978年，苏州瑞光寺塔第三层塔心的窨穴内发现一件晚唐、五代时期的螺钿经函（图2-1-5）①；1986年，浙江湖州飞英塔塔壁内发现一件五代时期的螺钿经函，函外底有朱书题记（图2-1-6）："吴越国顺德王太后吴氏谨拾（施）宝装经函肆只入天台山广福金文院转轮经藏，永充供养。时辛亥广顺元年十月日题纪。"② 鉴真东渡日本携带五十只螺钿经函、吴太后一次就施舍四只螺钿经函，可证唐五代时期螺钿经函制造之盛。而飞英塔塔壁内螺钿经函广顺元年（951）所书题记"宝装经函"，也从一个侧面反映了我国五代时对螺钿工艺的称谓。

　　尽管唐代文献中缺乏螺钿漆器的记载，但对螺钿镜却有所提及。敦煌文献伯3774号《丑年（821）十二月沙州僧龙藏牒》有"至佥牟使算会之日，出镇贝镜一面与梁舍人，附在尼僧脚下"③的记录。其中"镇贝镜"之镇，音、义应与"钿"字相同。司马光《类篇·十四部》："钿镇，亭年切，金花饰，亦作

图2-1-5　苏州瑞光寺塔出土螺钿经函

采自《中国美术全集43·工艺美术编·漆器》第82页

图2-1-6　浙江飞英塔出土螺钿经函函底题记

采自《中国漆器全集4》第65页

---

①　简报称作嵌螺甸藏经漆匣，见苏州市文管会、苏州博物馆：《苏州市瑞光寺塔发现一批五代、北宋文物》，《文物》1979年第11期；又称作嵌螺钿经箱，见姚世英、陈晶：《苏州瑞光寺塔藏嵌螺钿经箱小识》，《考古》1986年第7期；中国美术全集编委会：《中国美术全集43·工艺美术编·漆器》，北京：文物出版社，2006年，第82页。

②　湖州市飞英塔文物保管所：《湖州飞英塔发现一批壁藏五代文物》，《文物》1994年第2期；《中国漆器全集4》，福州：福建美术出版社，1998年，第65页。

③　黄永武主编：《敦煌宝藏》，台北：新文丰出版公司，1985年，第130册，第542页下栏。

镇。又并堂练切，以宝饰器，文二重，音一。"①镇贝镜，即螺钿镜。罗愿《尔雅翼·释鱼·蠃》中说："钿螺光彩可饰镜背。"②那么，"钿贝镜"一名应最符合螺钿镜的特征③。然而，钿贝镜之名出自敦煌藏经洞文献，并未见于唐代的史书、笔记小说和诗歌中，似乎只是敦煌地区的叫法。

螺钿属于一种镶嵌装饰工艺，在唐朝文献中，符合这一工艺特征的铜镜被称作钿镜、宝钿镜、宝装镜。如温庭筠《女冠子·二》："霞帔云发，钿镜仙容似雪。画愁眉，遮语回轻扇，含羞下绣帏"④；李贺《恼公》："钿镜飞孤鹊，江图画水葓"⑤；圆仁《入唐求法巡礼行记》："每年敕使别敕送香花宝盖、真珠幡盖、珮玉宝珠、七宝宝冠、金镂香炉、大小明镜、花毯白毹、珍假花果等，积渐已多。……宝装之镜，大小不知其数矣。"⑥安禄山在天宝九载（750）天长节时得到了玄宗赏赐他的一面宝钿镜⑦。钿之含义，《原本广韵》曰："钿，宝钿，以宝饰器，又音田。"⑧毛晃增注《增修互注礼部韵略》则对"钿"作了较为狭义的解释，认为"钿，金华饰，又陷蚌，曰螺钿"⑨。又说："钿，以宝贝饰器。"⑩从此意义上看，钿镜即是宝钿镜，螺钿镜也属于宝钿镜⑪。此外"宝装"也应为"以宝饰器"之意，与宝钿同。宝钿与宝装都是指珍贵的镶嵌工艺⑫。从飞英塔塔壁内螺钿经函"宝装经函"的题记亦可见以"宝装"称螺钿的，宝钿与宝装很可能涵盖了螺钿工艺。

虽然，敦煌文献中有符合唐朝螺钿镜特征的"钿贝镜"一名，遵从古代名物应以当时文献为根据的定名原则，唐代的螺钿镜应称作"钿贝镜"，但是由于镶嵌蚌片装饰的漆工艺称为螺钿的历史较长，"螺钿镜"一名为学术界通用，在研究宋以前的手工艺中仍可沿用，因此，本书仍遵循学术界的惯例，将唐代镶嵌蚌片的铜镜，称为螺钿镜。

---

① （宋）司马光：《类篇》卷四〇，《景印文渊阁四库全书》，第225册，第464页。
② （宋）罗愿：《尔雅翼》卷三一，《景印文渊阁四库全书》，第222册，第506页。
③ 赵静莲也认为钿贝镜即是螺钿镜。见赵静莲：《敦煌疑难名物词语考释五则》，《中国典籍与文化》2012年第3期。
④ 《全唐诗》卷八九一，《全唐诗》（增订本），第13册，第10136页。
⑤ 《全唐诗》卷三九一，《全唐诗》（增订本），第6册，第4422页。
⑥ ［日］圆仁：《入唐求法巡礼行记》卷三，上海：上海古籍出版社，1986年，第118页。
⑦ （唐）姚汝能：《安禄山事迹》卷上，上海：上海古籍出版社，1983年，第9页。
⑧ 佚名：《原本广韵》卷四，《影印文渊阁四库全书》，第236册，第158页。
⑨ （宋）毛晃：《增修互注礼部韵略》卷二，《景印文渊阁四库全书》，第237册，第386页。
⑩ （宋）毛晃：《增修互注礼部韵略》卷四，第518页。
⑪ 周南泉、叶琦枫先生认为宝钿包括螺钿，见周南泉、叶琦枫：《螺钿源流》，《故宫博物院院刊》1981年第1期。
⑫ 陆锡兴先生认为"宝钿"实际上就是"宝装"，见陆锡兴：《名物新证》，《南方文物》2008年第1期。

目前发现的唐代螺钿镜至少有18面，收藏品11面，出土品7面。

收藏品主要为日本正仓院所藏，共有9面，即螺钿花鸟背八角镜2面、螺钿花背八角镜1面、螺钿花背圆镜3面、螺钿花鸟背圆镜1面、螺钿鸟兽花背圆镜1面、螺钿背圆镜1面[①]。此外还有日本神户白鹤美术馆藏1面八出葵花形花鸟纹镜[②]、不列颠博物馆藏1面八出葵花形花鸟纹镜[③]。

正仓院所藏的9面螺钿镜，镜形为圆形和八出葵花形，体量较大。其中的螺钿鸟兽花背圆镜（图2-1-7），直径35.5厘米，满地装花草纹，花草之中夹杂着动物纹，有成对的鸳鸯、卧狮和行走状犀牛，题材最为丰富；两面螺钿花鸟背八角镜为八出葵花形，一面直径27.4厘米（图2-1-8），一面直径32.8厘米（图2-1-9），满饰花叶、长尾鸟；一面螺钿花背圆镜，直径达39.3厘米，主题纹样为宝相花纹（图2-1-10）[④]。这九面镜的装饰手法，是在镜背树脂底上施螺钿花纹，其上镶嵌琥珀和玳瑁等，其间嵌入绿松石和青金石等细片，并加研磨，使之表面平滑，并采用在朱彩和金泥上嵌入琥珀和玳瑁的技法（伏彩色），螺钿上均施细雕[⑤]。

 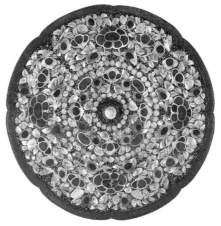

图2-1-7　正仓院藏螺钿鸟兽花背圆镜　　　图2-1-8　正仓院藏螺钿花鸟背八角镜
采自《昭和五十八年正仓院展》第82页　　　采自《平成六年正仓院展》第92页

---

① 　茞岚：《7—14世纪中日文化交流的考古学研究》，北京：中国社会科学出版社，2001年，第142页。
② 　前揭《中国青铜器全集16·铜镜》，第118页，图116。
③ 　Bronze mirror inlaid with mother-of-pearl, Collected in the British Museum. http://www.britishmuseum.org/
④ 　《昭和五十八年正仓院展》，奈良国立博物馆，1983年，第82页；《平成六年正仓院展》，奈良国立博物馆，1994年，第92页；《平成八年正仓院展》，奈良国立博物馆，1996年，第74、72页。
⑤ 　[日]高桥隆博著，韩昇译：《唐代与日本正仓院的螺钿》，《学术研究》2002年第10期。

图2-1-9　正仓院藏螺钿花鸟背八角镜

采自《平成八年正仓院展》第74页

图2-1-10　正仓院藏螺钿花背圆镜

采自《平成八年正仓院展》第72页

考古发现的7面螺钿镜皆出自玄宗至德宗时期长安和洛阳的墓葬中，分别为：

西安理工大学曲江新校区开元二十四年（736）李倕墓出土有两面螺钿镜，一面为花鸟镜（图2-1-11），直径25厘米，八出葵花形，镜钮及钮座为宝相花，外区为四朵花枝与对鸟间隔分布[①]；一面为宝相花镜（见图1-1-1e），直径7.1厘米，六出葵花形，圆钮，钮座为六瓣宝相花，外区为六朵花朵间隔排列。

三门峡市安禄山大燕圣武元年（756）墓出土螺钿云龙镜（图2-1-12）[②]，圆形，直径22厘米，镜背用不同大小形状的蚌片拼成身体盘曲的蛟龙，龙的周围饰云纹。

偃师杏园大历十年（775）王娣墓出土的螺钿花鸟镜（图2-1-13），圆形，直径6.8厘米，装饰有花枝、鸟衔花叶的纹样，小巧细致[③]。

西安东郊韩森寨红旗电机厂一座玄宗至代宗时期（713～779）墓出土的螺钿花鸟镜（图2-1-14），八出葵花形，直径22.5厘米，螺钿部分脱落，主体花纹为花株、双飞鸟及飞鸟云朵[④]。

---

① 陕西省考古研究院：《唐李倕墓发掘简报》，《考古与文物》2015年第6期；王春法主编：《大唐风华》，北京：北京时代华文书局，2019年，第94页。

② 黄河水库考古工作队：《一九五七年河南陕县发掘简报》，《考古通讯》1958年第11期；前揭《中国青铜器全集16·铜镜》，第119页，图117。

③ 前揭《偃师杏园唐墓》，第136页；徐殿魁：《唐镜分期的考古学探讨》，《考古学报》1994年第3期。

④ 王九刚：《西安东郊红旗电机厂唐墓》，《文物》1992年第9期；前揭《西安文物精华·铜镜》，第130～131页；翟春玲：《西安东郊唐墓出土的花鸟螺钿镜》，《考古与文物》2004年第6期。

图 2-1-11　西安唐李倕墓出土螺钿花鸟镜

采自《大唐风华》第 94 页

图 2-1-12　河南陕县三门峡唐墓出土螺钿
云龙镜

采自《中国青铜器全集 16·铜镜》第 119 页图 117

图 2-1-13　偃师杏园唐王嫮墓出土螺钿花
鸟镜线图

采自《考古学报》1994 年第 3 期第 332 页
图一五·1

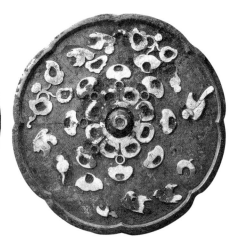

图 2-1-14　西安东郊韩森寨红旗电机厂唐
墓出土螺钿花鸟镜

采自《西安文物精华·铜镜》第 130 页图 117

　　洛阳涧西兴元元年（784）墓出土的螺钿人物镜（图 2-1-15），圆形，直径
25 厘米，以螺钿嵌成一幅图画，两老翁坐于一棵花树前，左侧一人弹阮，右侧
一人持杯欲饮，前置一壶一樽，后有一侍女捧物侍立。人物与花树间有犬、
鹦鹉、鸟等动物，衬以草石、落叶①。

----

　① 河南省文化局文物工作队：《洛阳 16 工区 76 号唐墓清理简报》，《文物参考资料》1956 年第 5
　　期；前揭《中国青铜器全集 16·铜镜》，第 116 页，图 114。

西安东郊郭家滩贞元十四年（798）墓出土的螺钿人物镜（图2-1-16），圆形，直径10.3厘米，画面中有六位人物，一人在弹琴，四人好像坐着倾听，一人侍立[①]。

图2-1-15　洛阳16工区76号唐墓出土螺　图2-1-16　西安东郊郭家滩419号唐墓
　　　　　钿人物镜　　　　　　　　　　　　　　　出土螺钿人物鸟兽花草纹镜

采自《中国青铜器全集16·铜镜》第116页图114　采自《中国漆器全集4》第56页

将以上7面镜与正仓院传世品相比较，可以发现：

首先，它们在风格上存在明显的差异。正仓院螺钿镜使用了树脂底，而不是漆底，花纹极为繁缛，几乎没有留空，有鲜艳的红色嵌填，琥珀、玳瑁、绿松石、青金石等镶嵌物保存完整。考古出土的螺钿镜被认为使用了漆底，但尚未经检测证实。其装饰花纹虽为满地装的手法，但很不饱满，留空较多，未发现红色嵌填。三面出土的花鸟镜布局上较为疏朗，与正仓院藏花鸟镜的布局差别明显，却与白鹤美术馆藏直径24.5厘米的八出葵花形螺钿花鸟镜（图2-1-17）和不列颠博物馆藏八出葵花形螺钿花鸟镜（图2-1-18）风格比较一致。

其次，它们也具有一些共同处。出土镜也为圆形、八出葵花形。螺钿均采用了锯开蚌壳后打磨的工序，表面平整，且蚌片细部的线条雕刻精细，能够细致地表现出纹饰的细节。装饰题材方面，出土镜中的人物和盘龙题材未见于收藏品中，但花鸟题材与11面收藏品一致。

———————

[①]　前揭《陕西省出土铜镜》，第136页，图126；《中国漆器全集4》，福州：福建美术出版社，1998年，第56页。

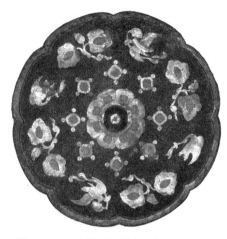 

图2-1-17　白鹤美术馆藏螺钿花鸟纹镜　　　图2-1-18　不列颠博物馆藏螺钿花鸟纹镜
采自《中国青铜器全集16·铜镜》第118页图116　　　　　采自不列颠博物馆官网

　　需要指出的是，出土镜仍然具备正仓院等收藏镜蚌片与其他宝物配合镶嵌的特点。虽然7面出土镜中，仅西安理工大学李倕墓出土的螺钿花鸟镜保存有绿、红宝石颗粒镶嵌的地，螺钿宝相花镜有绿松石镶嵌；杏园王婋墓出土的螺钿花鸟镜图案周围以绿松石为地；西安东郊韩森寨红旗电机厂唐墓出土的螺钿花鸟镜花纹空间嵌有绿、蓝、红色宝石颗粒，螺钿与其他镶嵌并存的情况并不充分。然而从花纹构成来看，洛阳涧西兴元元年（784）墓出土的螺钿人物镜、西安东郊郭家滩唐墓出土的螺钿人物镜中皆有几个形似花心的镂空的圆圈，西安理工大学李倕墓出土的花鸟镜、宝相花镜也是如此，花心是镂空的圆圈；三门峡市唐墓出土的螺钿云龙纹镜，龙的双眼也是镂空的。这种镂空的情况在正仓院、白鹤美术馆及不列颠博物馆保存完整的藏品中皆有红色的填嵌，出土品中玉石镶嵌的地、纹饰镂空处的填嵌，很可能因为埋藏条件等原因，消失或脱落了。

　　螺钿镜上蚌片与其他宝物配合镶嵌的工艺，也同样见于螺钿漆器。正仓院藏的螺钿漆器大多在蚌片装饰的镂空处还嵌以琥珀、玳瑁、宝石，如螺钿紫檀阮咸（图2-1-19）、螺钿紫檀五弦琵琶（图2-1-20）、螺钿玉带箱[①]等，皆是如此。考古出土的2件晚唐、五代螺钿漆器也不例外，苏州瑞光寺塔螺钿经函表面髹黑漆，全部花纹用螺钿装饰，螺钿纹饰中镶嵌珠宝。浙江飞英塔螺钿经函通体髹黑漆，外部嵌螺钿，蚌片镂空之处均以绿松石镶填。

──────────

① 《平成八年正仓院展》，奈良国立博物馆，1996年，第88页；《平成三年正仓院展》，奈良国立博物馆，1991年，第85页；《平成十一年正仓院展》，奈良国立博物馆，1999年，第32页。

图2-1-19 正仓院藏螺钿紫檀阮咸
采自《平成八年正仓院展》第88页

图2-1-20 正仓院藏螺钿紫檀五弦琵琶里局部

采自《平成三年正仓院展》第85页

由此可见,螺钿镜应是花纹主要以蚌片嵌填,又辅助以其他嵌料装饰的特种工艺镜。如若将它和主要填嵌其他宝、石的特种工艺镜相区别,后者可称为宝钿镜。

第二节 特种工艺镜的工艺来源

通过名称和工艺的讨论,可将唐代特种工艺镜划分为螺钿镜、宝钿镜、金银平脱、金(银)背镜、鎏金镜和铅花镜六种。其中,宝钿镜亦即徐殿魁先生所说的错金镶料镜,考古发现的仅西安韩森寨出土的一例,所用金筐宝钿的工艺,据尚刚先生的研究应是从西方学习来的[①]。本节主要依据考古发现的唐代纪年特种工艺镜的材料(表2-1),对其他五种带有古意的特种工艺镜的来源进行探讨。

一、螺钿镜

从考古发现的螺钿器物来看,至唐代螺钿镜出现以前,螺钿经历了兴起和复兴两个阶段。

---

① 尚刚:《唐代的特种工艺镜》,《南方文物》2008年第1期。

表2-1 唐代特种工艺纪年镜表

序号	镜类	镜形	尺寸cm 重量g	墓葬纪年	出土地点	资料出处
1	银壳鸾兽镜	菱		武则天"长寿元年"(692)铭	传世品	《唐镜大观》,第99页,下图
2	金银平脱花鸟镜	葵	24.6 cm 1 528 g	武则天长安三年(703)	河南偃师首阳山镇张盈墓	《洛镜铜华——洛阳铜镜发现与研究》,下册,第296页,图266
3	银壳鸾兽镜	菱	6.2 cm	中宗神龙二年(706)	河南偃师杏园唐墓	《偃师杏园唐墓》,第68页,图版34-3
4	银壳鸾兽镜	菱	7.3 cm	中宗神龙二年(706)	河南郑州惠济区郑仲淹夫妇墓	《河南郑州郑仲淹夫妇合葬墓发掘简报》,《文物》2021年第8期
5	金背瑞兽葡萄镜	菱	19.7 cm	中宗神龙二年(706)	陕西西安东郊马家沟闾识微夫妇墓	《西安马家沟唐大州司马闾识微夫妇墓发掘简报》,《文物》2014年第10期
6	银背鸾兽花枝镜	菱	6.3 cm	玄宗开元二十一年(733)	陕西西安韦美美墓	《西安东郊唐韦美美墓发掘记》,《考古与文物》1992年第5期
7	螺钿花鸟镜	葵	25 cm	玄宗开元二十四年(736)	陕西西安南郊曲江乡李倕墓	《唐李倕墓发掘简报》,《考古与文物》2015年第6期
8	螺钿宝相花镜	葵	7.1 cm	玄宗开元二十四年(736)	陕西西安南郊曲江乡李倕墓	《唐李倕墓发掘简报》,《考古与文物》2015年第6期

（续表）

序号	镜　类	镜形	尺寸 cm 重量 g	墓葬纪年	出土地点	资　料　出　处
9	银壳鸟兽葡萄镜	内弧八角	6 cm	玄宗开元二十四年(736)	陕西西安南郊曲江乡李倕墓	《唐李倕墓发掘简报》,《考古与文物》2015年第6期
10	银壳鸾鸟瑞兽镜	菱	6.5 cm	玄宗开元二十六年(738)	河南偃师杏园李景由夫妇墓	《偃师杏园唐墓》,第137页,图128-2,彩版8-1
11	金银平脱花鸟镜	葵	30.5 cm 2 740 g	玄宗天宝九载(750)	河南洛阳关林卢夫人墓	《洛阳关林唐墓》,《考古》1980年第4期
12	金银平脱宝相花镜	葵	19 cm 1 035 g	玄宗天宝十载(751)	山东济南项承晖墓	《济南市博物馆藏历代铜镜选粹》,《中文物》2001年第3期;《漫话唐代金银平铜镜》,《收藏家》2001年第9期
13	螺钿盘龙镜	圆	22 cm	肃宗至德元载(756)	河南陕县M1914	《1957年河南陕县发掘简报》《考古通讯》1958年第11期;《中国青铜器全集16·铜镜》,第119页,图117
14	金银平脱三雁镜	圆	16 cm	代宗大历十年(775)	河南偃师杏园王嫮墓	《偃师杏园唐墓》,第137页,图125-2,彩版32-4,彩版9-3
15	螺钿花鸟镜	圆	6.8 cm	代宗大历十年(775)	河南偃师杏园王嫮墓	《偃师杏园唐墓》,第136页,图128-1
16	金银平脱对鸟镜	圆	21 cm	代宗大历十三年(778)	河南偃师杏园郑洵夫妇墓	《偃师杏园唐墓》,第137页,图127,彩版9-1

（续表）

序号	镜 类	镜形	尺寸 cm 重量 g	墓葬纪年	出土地点	资 料 出 处
17	金银平脱蝶花镜	圆	15.3 cm	代宗大历十三年（778）	河南偃师杏园郑洵夫妇墓	《偃师杏园唐墓》，第137页，图126-2
18	螺钿人物鸟兽花草纹镜	圆	24 cm 1 024 g	德宗兴元元年（784）	洛阳16工区76号夫妇墓	《洛阳16工区76号唐墓清理简报》，《文物参考资料》，1956年第5期；《洛阳出土铜镜》，彩图6，图版说明第2页
19	螺钿人物鸟兽花草纹镜	圆	10.3 cm	德宗贞元十四年（798）	陕西西安东郊郭家滩M419	《陕西省出土铜镜》，第136页，图126
20	金银平脱镜（2件，残破）	不明	不明	宪宗元和五年（810）	河南禹州唐郭超岸夫妇墓	《河南禹州唐郭超岸墓出土瓷器》，《文物》2014年第5期
21	银壳鸾兽花枝镜	菱	6 cm	文宗大和三年（829）	河南洛阳东明小区高秀峰夫妇墓	《洛阳市东明小区C5M1542唐墓》，《文物》2004年第7期
22	银平脱凤鸟牡丹花纹镜	圆	18 cm	文宗大和三年（829）	河南洛阳东明小区高秀峰夫妇墓	《洛阳市东明小区C5M1542唐墓》，《文物》2004年第7期
23	金银平脱蜂花镜	亚	13.8 cm	文宗大和三年（829）	河南偃师杏园韦河夫妇墓	《偃师杏园唐墓》，第216页，图205-2，图版37-2
24	髹漆鎏金刻划花卉纹镜	圆	30 cm	文宗开成四年（839）	江苏扬州邗江八里薛元常妻杨氏墓	《扬州近年发现唐墓》，《考古》1990年第9期
25	鎏金双鸾镜	圆	22 cm	武宗会昌三年（843）	河南偃师杏园李郜夫妇墓	《偃师杏园唐墓》，第212页，图204-7，图206，图版32-5

（一）兴起阶段

螺钿作为漆器的装饰工艺，至迟在商代晚期即已出现。方辉列举了殷墟侯家庄1001号大墓出土的抬舆、HPKM1500大墓西墓道的3件"鸟楦"遗迹、小屯M18的2件豆形器、HPKM1217大墓西墓道东段的1件木鼓、1958～1961年殷墟苗圃北地、1966～1977年殷墟西区墓葬出土的蚌饰和蚌片、1965年至1966年山东益都苏埠屯4座商代晚期墓中的漆器、1991年山东滕州前掌大遗址第四次发掘发现的朱漆牌饰，以及加拿大皇家安大略博物馆所收藏的出自殷墟的2件蚌片兽面（图2-2-1）等9处商代晚期遗址出土漆木器上的蚌泡及蚌片镶嵌资料，得出这样的结论："螺钿漆器在商代晚期已经并不罕见，且工艺水平相当发达，已经能制作出构图复杂的纹饰图样，施用螺钿纹饰的漆器种类也是多种多样，计有抬舆、木楦、鼓、豆、牌饰、盾牌和漆案等。螺钿图案中，以兽面纹为最常见，但正像青铜器兽面纹一样，以螺钿技术制作的兽面纹样也是多姿多彩，形态各异。其构图，多以兽面纹为中心，周围配以多种几何形装饰图案，而孤立的兽面纹样则很少见。"[①]

图2-2-1　加拿大皇家安大略博物馆收藏殷墟蚌片兽面线图

采自《华夏考古》2001年第2期第49页图二

到了西周时期，镶嵌蚌泡、蚌片的漆器工艺得到了进一步的发展。

首先，考古出土嵌蚌漆器的数量和遗址有了明显的增加。1933年，在河南浚县辛村西周卫国墓的考古发掘中发现了蚌制花纹（小蚌条组成的图案）和蚌制云纹花边上面画满朱纹，或在蚌料与器物相接处勾勒弧形红线，发现者推断是漆器的镶嵌物[②]。20世纪50年代初在周墓中见到的蚌泡证实了这个预见，蚌泡确实是"镶附在器物木胎外表的漆皮上"[③]。其后，在田野考古中陆续发现了以蚌料作装饰的漆器。如长安张家坡有镶蚌泡和蚌条的漆木器，其中较完整的漆豆外壁嵌入八枚蚌泡并绘红彩圈，柄部镶蚌片和小蚌泡。漆俎的褐色座四周用蚌条组成图案[④]。洛阳庞家沟M410出土的瓷

① 方辉：《商代螺钿漆器浅说——从加拿大皇家安大略博物馆藏"蚌片兽面"谈起》，《华夏考古》2001年第2期。
② 郭宝钧：《浚县辛村》，北京：科学出版社，1964年，第67页。
③ 石兴邦：《长安普渡村西周墓葬发掘记》，《考古学报》第8册（1954年第2期）。
④ 中国社会科学院考古研究所沣西发掘队：《1967年长安张家坡西周墓葬的发掘》，《考古学报》1980年第4期。

豆，外附髹朱、黑漆，并镶嵌两周蚌泡的漆器，这件漆器当是瓷豆的漆托[①]。扶风云塘西周墓出土有漆豆和盒，亦以蚌泡作嵌料[②]。扶风强家一号西周墓出土有2件镶嵌蚌饰的圆形漆器和1件镶有六角形蚌饰的长方形漆器[③]。宝鸡竹园沟西周墓地M7出土2件漆豆，豆盘周镶圆形蚌泡；M4出土4件镶蚌泡的漆豆；M17出土1件镶蚌泡的漆豆[④]。1995年扶风黄堆老堡子西周墓95FHM32两盗洞内都填有较疏松的五花土，内含较多的骨片、木灰、漆皮、蚌片等；95FHM48蚌泡在漆器痕迹附近[⑤]。1997年沣西西周墓97SCMM13椁内四角分别放有贝和蚌片饰若干；97SCMM8墓主脚端椁壁上有蚌饰[⑥]。2004年，扶风法门镇庄白村刘家组周原遗址内发现一座西周墓，出土物中有1件漆器，器形似为漆盒，其上附有1件三角形石顶饰、4件方形蚌顶饰、2枚蚌泡[⑦]。洛阳林校西周车马坑出土2件大瓷瓮，带有漆盖和漆座。漆座外壁和平面髹漆后以蚌片镶嵌图案。漆盖中部为蚌片嵌成的饕餮纹，周围绕一圈蚌片，间有细条形朱绘。蚌片四周均用朱砂勾出轮廓线[⑧]。洛阳市唐城花园C3M417西周墓头箱上原镶嵌有蚌泡，发掘时已散落[⑨]。天马—曲村遗址北赵晋侯墓地西周早中期之际的墓葬M113西北角棺椁之间上层器物中有若干镶嵌有蚌泡的漆器痕迹。南侧棺椁之间有成堆的鸟形蚌饰、蚌片和蛤蜊，总数超过百枚[⑩]；西周厉王之际的M91出土数枚蚌泡，集中于椁室西南角，原应属漆木器上之饰物[⑪]。山东滕州前掌大墓地西周早期墓出土有镶嵌蚌饰的鼍鼓[⑫]。根据洪石研究，西周螺钿器物有豆、罍、方彝、俎、禁、鼍鼓、车等，还有的在原始青瓷器的盖或底座也镶嵌蚌饰[⑬]。

其次，螺钿纹饰种类有所增加，纹样也变得较为复杂。如北京琉璃

① 洛阳博物馆：《洛阳庞家沟五座西周墓的清理》，《文物》1972年第10期。

② 陕西周原考古队：《扶风云塘西周墓》，《文物》1980年第4期。

③ 周原扶风文管所：《陕西扶风强家一号西周墓》，《文博》1987年第4期。

④ 卢连成、胡智生：《宝鸡强国墓地》，北京：文物出版社，1988年，第94、127、144、232～233页。

⑤ 周原博物馆：《1995年扶风黄堆老堡子西周墓清理简报》，《文物》2005年第4期。

⑥ 中国社会科学院考古研究所丰镐工作队：《1997年沣西发掘报告》，《考古学报》2000年第2期。

⑦ 周原博物馆：《周原遗址刘家墓地西周墓葬的清理》，《文博》2007年第4期。

⑧ 洛阳市文物工作队：《洛阳林校西周车马坑》，《文物》1999年第3期。

⑨ 洛阳市文物工作队：《洛阳市唐城花园C3M417西周墓发掘简报》，《文物》2004年第7期。

⑩ 北京大学考古文博院、山西省考古研究所：《天马——曲村遗址北赵晋侯墓地第六次发掘》，《文物》2001年第8期。

⑪ 北京大学考古学系、山西省考古研究所：《天马——曲村遗址北赵晋侯墓地第五次发掘》，《文物》1995年第7期。

⑫ 洪石：《鼍鼓逢逢——滕州前掌大墓地出土"嵌蚌漆牌饰"辨析》，《考古》2014年第10期。

⑬ 洪石：《商周螺钿漆器研究》，《中原文物》2018年第2期。

河遗址出土的漆豆(图2-2-2),豆盘壁面镶有10枚蚌泡,泡间贴以目纹蚌片。豆柄周身饰有三组相同图案,由朱纹、蚌嵌构成,其主要内容为兽面及蝉纹。该遗址出土的漆罍(图2-2-3)的装饰纹样最为繁缛,罍盖沿周镶有许多刻有直纹的矩形蚌片,并施褐地朱纹彩绘。盖面原来有4枚兽头形钮,兽头朱色,侧面插有耳形蚌片,正面以阳纹褐线勾示面容,角、眼皆镶蚌片。每二钮之间均有一圈涡纹图案,嵌蚌、施彩,涡纹两旁镶有目纹蚌片。罍身颈部正、背两面图案俱同,各系两只头向相对的凤鸟,由朱褐二色绘成,眼、嘴、冠、翼等部位分别嵌以蚌片。罍颈上下各有一道褐地朱纹彩带,并贴有矩形蚌片,蚌面竖刻直纹数道。罍肩面施朱地褐纹彩绘,连同蚌嵌构成涡纹、目纹图案。折肩上下,沿棱拼贴矩形蚌片。罍腹主纹为兽面,衬有雷纹及小片蚌嵌。兽面由多种形状的蚌片拼合而成,外围勾以褐线,鼻部有钮,形状为一凸起的小兽面,亦嵌蚌,施彩。罍耳造型由两只凤鸟上下环接而成,朱地褐彩彩绘,并饰蚌片[1]。山东滕州前掌大西周早期墓M203出土的螺钿漆鼍鼓上的兽面纹(图2-2-

图2-2-2　北京琉璃河西周遗址出土漆豆
　　　　　(复原图)
　　采自《考古》1984年第5期图版二图2

图2-2-3　北京琉璃河西周遗址出土漆罍
　　采自《考古》1984年第5期图版二图1

---

① 中国社会科学院考古研究所、北京市文物工作队琉璃河考古队:《1981—1983年琉璃河西周燕国墓地发掘简报》,《考古》1984年第5期;郭义孚:《北京琉璃河西周燕国墓地出土漆器复原研究》,《华夏考古》1991年第2期。

图2-2-4　山东滕州前掌大商周墓地出土西周漆鼍鼓螺钿兽面纹

采自《中原文物》2018年第2期第84页图十·4

4)，所嵌蚌饰厚1～1.5毫米，形状多样。蚌片周围有彩绘纹饰，底色为黑色，面色为红色，图案已不可辨。蚌片外缘用红彩描边①。图案亦十分繁缛。

上述镶嵌有蚌泡、蚌片的漆器延续至春秋早期，天马—曲村遗址北赵晋侯墓地西周晚期至春秋初期的102号墓发现若干蚌泡，集中分布在椁室东南部铜礼器下，其周旁有断续之漆痕，这些蚌泡原系漆器上的饰物②。1956～1957年上村岭虢国墓地春秋早期的M1704出土4件漆豆，每件豆的盘壁外都镶有6枚蚌泡③。2005年陕西韩城梁带村遗址M19春秋早期墓中出土有1件屏风状漆器，长条形，底色为朱色。正背面均有一层黑色网状纹、竖平行线和辫索纹，纹饰之中整齐地镶嵌有圆形蚌泡④。

商至春秋漆器上的螺钿工艺具有以下特点：

一是较为原始，因为镶嵌所用的蚌片不仅厚，而且还用立体的蚌泡作镶嵌。"它自然比后来的锯开贝壳、裁切成片的饰料来得原始。"⑤

二是镶嵌蚌料上已出现刻纹。北京琉璃河遗址螺钿漆器上的矩形蚌片上刻有直线。

三是纹饰主要为兽面、鸟纹，与同时代纹饰发展相一致。

四是除了嵌蚌片和蚌泡外，还发现少数螺钿漆器装饰有别的嵌料。如商代后冈墓葬M47出土一组用金叶和绿松石、蚌片组成的圆形装饰物⑥；安

① 洪石：《商周螺钿漆器研究》，《中原文物》2018年第2期。
② 北京大学考古学系、山西省考古研究所：《天马——曲村遗址北赵晋侯墓地第五次发掘》，《文物》1995年第7期。
③ 中国科学院考古研究所：《上村岭虢国墓地》，北京：科学出版社，1959年，第19页。
④ 陕西省考古研究所、渭南市文物保护考古研究所、韩城市文物旅游局：《陕西韩城梁带村遗址M19发掘简报》，《考古与文物》2007年第2期。
⑤ 王世襄：《中国古代漆工杂述》，《文物》1979年第3期。
⑥ 中国科学院考古研究所安阳发掘队：《1971年安阳后冈发掘简报》，《考古》1972年第3期。

阳侯家庄商代王陵发现的漆绘雕花木器中有蚌壳、蚌泡、玉石等镶嵌[①];益都苏埠屯出土的虎纹和兽面纹螺钿漆器,器上的虎纹和兽面纹图案均用加工成浑圆形、条形的龟甲、蚌壳片镶嵌而成[②];扶风法门镇庄白村刘家组西周墓出土的形似漆盒的器物上除镶嵌蚌片、蚌泡外,还嵌有石片。

商周时期螺钿工艺的出现应与商周时期蚌器制作的发展有着密切的关系。蚌壳是易于从自然界获得的原料,加工制作较为容易,可作为工具、装饰品乃至货币使用。我国自旧石器时代起就开始用蚌制作小器物,山西新绛三家店旧石器时代中期遗址出土了经人类加工过的蚌器。新石器时代出土的蚌器包括镞、刀、镰、铲及玦珠类小饰品。独特的蚌制品有东胡村人的螺壳项链、西水坡的蚌塑龙虎、海阳贝雕鱼。商、西周、春秋时期蚌器品种有生产工具类的镰、铲、锯刀、鱼钩、镢等,数量多,在每一个遗址中几乎都能见到,其中蚌刀、蚌镰是当时常用的收割工具。生活用器类的匕等,品种数量均少。兵器类有戈、镞等,其中戈可能为非实用品。工艺品类的鱼、牛首、鸟、璧、蛙、龟、蚌雕人头像等,多出于墓葬中或车马坑中[③]。

从考古发掘情况来看,西周时期是蚌器使用和制作较为繁荣的阶段,除螺钿漆器用蚌泡、蚌片发现较多外,出土用蚌壳制作的器物、饰物的墓葬也多,数量大。以晋南地区西周墓葬出土的随葬品为例,晋侯墓地随葬品中贝蚌器的数量很多,晋侯墓地西边有一处西周中小型墓地,发掘600座以上的西周墓,出土物中有百余件蚌器和蛤饰,贝饰约200枚;洪洞永凝堡西周中小型墓地出土玉、石、骨、贝、蚌器约3 000件[④]。贵族墓内出土的数量则更多,如1995年琉璃河遗址墓葬区95F15M2椁内多处散布大量海贝、扇贝和蚌片,海贝、扇贝和蚌片等穿孔作项饰[⑤]。山东济阳刘台子西周6号墓出土蚌器498件,有12枚蚌泡、10颗蚌珠、16件蚌片、460件海贝[⑥]。另外,加工制作上也渐趋精致,尤其表现在象形性动物蚌饰上,如1992年发掘的扶风黄堆老堡西周墓92FHM25中出土14件蚌雕虎首饰(图2-2-5),用蚌壳雕成虎

① 王世襄:《中国古代漆器》,《中国大百科全书·考古学》,北京:中国大百科全书出版社,1986年,第670页。
② 益都苏埠屯出土的螺钿漆器资料未发表,转引自罗勋章:《刘家店子春秋墓琐考》,《文物》1984年第9期的记述。
③ 徐良高:《略论中国古代骨牙角蚌器》,《文博》1994年第1期。
④ 张素琳:《晋南地区西周墓葬初探》,《中国历史博物馆馆刊》1998年第1期。
⑤ 北京市文物研究所、北京大学考古学系:《1995年琉璃河遗址墓葬区发掘简报》,《文物》1996年第6期。
⑥ 山东省文物考古研究所:《山东济阳刘台子西周六号墓清理报告》,《文物》1996年第12期。

图2-2-5　陕西扶风黄堆老堡西周墓92FHM25出土蚌雕虎首饰线图

采自《考古与文物》1994年第3期第18页图三·9

的形状，虎双圆眼内镶嵌绿松石①。天马—曲村遗址北赵晋侯墓地西周晚期至春秋初期的102号墓发现6件蚌蚕，形态生动逼真②。

春秋、战国以后，由于铁器开始使用，并得以推广，加之贝壳的货币功能为铸铜货币取代，蚌器制作衰落。同时，也罕见有镶嵌蚌泡、蚌片的螺钿漆器。

（二）复兴阶段

傅举有先生认为南北朝是春秋以后消失的螺钿工艺复苏的时期③，他的主要根据即是《资治通鉴·陈纪》载陈武帝"性俭素，常膳不过数品，私宴用瓦器、蚌盘"。胡三省注认为蚌盘是螺钿。近来，霍宏伟先生提出，曹魏时期螺钿工艺即已复苏，其根据是洛阳市寇店镇西朱村南一号曹魏墓出土石牌中"车琚镜"的刻铭。

如前所述，"蚌盘"和"车琚镜"都未强调螺钿所特有的镶嵌工艺，仅从名称上不足以推断其为螺钿工艺。"蚌盘"作为陈武帝之俭朴的证明，当不会是螺钿，因为从唐宋文献记载来看，螺钿非俭素工艺，且至今考古并未发现属于魏晋南北朝时期的螺钿实物，只发现了这一时期的贝壳制品。如南京东晋王兴之夫妇墓出土形制奇特的长13.3厘米镶铜贝饰，贝壳上以铜条镶扣，做成双耳，贝面饰有朱红条纹（图2-2-6）④。1985年，青海西宁市发现一座被推断为十六国北朝的墓葬，出土1件长13.7厘米镶金蚌耳杯，耳杯用整块贝壳稍事加工而成，双耳、口沿由金片制成（图2-2-7）⑤。陈武帝的蚌盘很可能就用蚌壳稍作加工而成，未施加金片、铜片等装饰，才可能是俭素之器。

魏晋南北朝时期有以车渠等宝玉制成的器物，可帮助理解这类蚌壳类海生动物被制作成器物的情况。如西晋崔豹《古今注》曰："魏武帝以马瑙

① 罗红侠：《扶风黄堆老堡西周残墓清理简报》，《文博》1994年第5期；又见罗红侠：《扶风黄堆老堡三座西周残墓清理简报》，《考古与文物》1994年第3期。

② 北京大学考古学系、山西省考古研究所：《天马——曲村遗址北赵晋侯墓地第五次发掘》，《文物》1995年第7期。

③ 傅举有：《厚螺钿漆器——中国漆器螺钿装饰工艺之一》，《紫禁城》2007年第10期。

④ 南京市文物保管委员会：《南京人台山东晋王兴之夫妇墓发掘报告》，《文物》1965年第6期。

⑤ 卢耀光、尚杰民、贾鸿键：《青海西宁市发现一座北朝墓》，《考古》1989年第6期；《丝绸之路——大西北遗珍》编辑委员会：《丝绸之路——大西北遗珍》，北京：文物出版社，2010年，第86页。

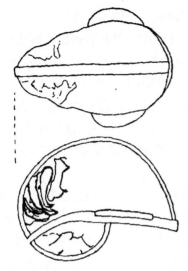

图2-2-7　青海西宁北朝墓出土镶金蚌耳杯

采自《丝绸之路——大西北遗珍》第86页图74

图2-2-6　南京东晋王兴之夫妇墓出土镶
　　　　铜贝饰线图

采自《文物》1965年第6期第29页图八·2

石为马勒，车渠为酒碗。"①唐苏鹗《苏氏演义》卷下："魏武帝以玛瑙石为马勒，砗磲为酒椀。"②《太平御览》引曹丕《古车渠碗赋》曰："车渠，玉属，多纤理缛文，出于西国，其俗宝之。小以系颈，大以为器。"③从"小以系颈，大以为器"的记载来看，有像酒碗这样的容器，也有小件的装饰品。这两类车渠制品也为后世史料所证实。南宋周去非《岭外代答·砗磲》载："南海有蚌属曰砗磲，形如大蚶，盈三尺许，亦有盈一尺以下者。惟其大之为贵，大则隆起之处，心厚数寸。切磋其厚，可以为杯，甚大，虽以为瓶可也。其小者犹可以为环佩、花朵之属。其不盈尺者，如其形而琢磨之以为杯，名曰激滟，则无足尚矣。"④南宋赵汝适《诸蕃志·砗磲》："砗磲出交趾国，状似大蚌，沿海人磨治其壳，因其形为荷叶杯，肤理莹洁如珂玉，其最大者琢其根柢为杯，有厚三寸者，脱落碎琐，犹为环佩诸玩物。"⑤霍宏伟先生将这两条南宋文献所记录的砗磲器物制作方法加以引申，认为车渠加工之后留下的边角碎料，完全可

① （晋）崔豹：《古今注》，丛书集成初编，北京：中华书局，1985年，第0274册，第21页。

② （唐）苏鹗撰，吴企明点校：《苏氏演义》卷下，《苏氏演义（外三种）》，北京：中华书局，2012年，第36页。

③ （宋）李昉等：《太平御览》卷八〇八《珍宝部七·车渠》，第3592页上栏。

④ （宋）周去非著，杨武泉校注：《岭外代答校注》卷七《宝货门·砗磲》，北京：中华书局，1999年，第265页。

⑤ （宋）赵汝适著，杨博文校释：《诸蕃志校释》卷下《志物·砗磲》，北京：中华书局，1996年，第206页。

以再利用，经打磨、雕刻，粘贴于镜背，制成独具特色的车渠镜①。

但是，霍宏伟先生的考证，不能排除一种可能，就是直接以砗磲这种大蚌磨制成镜。汉魏六朝时期，除了铜、铁镜之外，文献还记载了一些其他质地的镜子，如前秦王嘉《拾遗记》载韩房自渠胥国来，"献玉骆驼高五尺，虎魄凤凰高六尺，火齐镜广三尺"②。《梁四公记》讲述梁武帝时，"扶南大舶从西天竺国来，卖碧玻黎镜，面广一尺五寸，重四十斤。……约钱百万贯文"③。《南史·齐高帝诸子传下·萧鉴传》载永明年间，雍地发现古冢，有"玉镜、玉屏风、玉匣"④等。

火齐、碧玻黎、玉都属于比较珍贵的宝石。火齐，一说是琉璃珠，《韵集》曰："琉璃，火齐珠也"⑤；一说是云母，《梁书·诸夷传·中天竺国》载："火齐状如云母，色如紫金，有光耀，别之则薄如蝉翼，积之则如纱縠之重沓也。"⑥火齐镜很可能是琉璃镜，1955年西安市西郊小土门村出土过一面唐代琉璃镜，直径3.9厘米，半球形钮，镜背有四道弦纹装饰，分成内外两区⑦。由此镜可推测火齐镜并非镶嵌工艺制成的铜镜。碧玻黎镜应是天然宝石磨成的镜，与玉镜一样，也不是镜背有宝玉镶嵌的金属镜。因此，单从"车琚镜"的刻铭尚难以肯定，魏晋南北朝时期螺钿工艺已经复兴。

螺钿工艺在唐代的复兴有丰富的实物资料，除了上述17面铜镜外，还有漆木器。考古发掘出土的如中国境内1973年新疆阿斯塔那墓地206号张雄夫妇墓出土的螺钿木盒（图2-2-8）、木挟轼、木双陆局（图2-2-9）和木围棋盘等，镶嵌出花鸟等装饰⑧。从刊布的图片来看，这四件螺钿木器保存状况不佳，表面的嵌料似仅有贝壳一种。张雄死于高昌延寿十年（633），其妻死于垂拱四年（688），永昌元年（689）合葬。这几件螺钿器制作年代当在永昌元年以前。日本正仓院收藏的螺钿漆木器，保存较好，有螺钿紫檀四弦琵琶、螺钿枫四弦琵琶、螺钿紫檀五弦琵琶、螺钿紫檀阮咸、桑木木画棋局、木

① 霍宏伟：《洛阳西朱村曹魏墓石牌铭文中的镜鉴考》，《博物院》2019年第5期。

② （前秦）王嘉：《拾遗记》卷三，《汉魏六朝笔记小说大观》，上海：上海古籍出版社，1999年，第513页。

③ （宋）李昉等：《太平广记》卷八一，第521页。

④ （唐）李延寿：《南史》卷四三，北京：中华书局，1975年，第1087页。

⑤ （宋）李昉等：《太平御览》卷八〇九《珍宝部八·火齐》，第3594页上栏。据《隋书·经籍志》载："《韵集》六卷，晋安复令吕静撰。"（《隋书》卷三二，第944页。）

⑥ （唐）姚思廉：《梁书》卷四八，北京：中华书局点校本，1973年，第797～798页。

⑦ 前揭冀东山：《神韵与辉煌——陕西历史博物馆国宝鉴赏·玉杂器卷》，第82～83页。

⑧ 新疆维吾尔自治区博物馆、西北大学历史系考古专业：《1973年吐鲁番阿斯塔那古墓群发掘简报》，《文物》1975年第7期，第17页；新疆维吾尔自治区博物馆：《新疆出土文物》，北京：文物出版社，1975年，第130、131、132页，图188、190、191。

图2-2-8　新疆阿斯塔那墓地唐张　　图2-2-9　新疆阿斯塔那墓地唐张雄夫妇墓出土
雄夫妇墓出土螺钿木盒　　　　　　　　螺钿木双陆棋盘盘面

采自《新疆出土文物》第131页图190　　　采自《新疆出土文物》第132页图191

画螺钿双陆局、筌筷、桧和琴、螺钿筌筷、螺钿玉带箱、玳瑁螺钿八角箱等[①]。

从以上列举的唐朝螺钿镜和螺钿漆木器可以看出唐朝螺钿工艺的特点：

一是，施加螺钿的器物除漆器外，又增加了铜镜。

二是，工艺较商周有了明显的进步。尽管仍属于厚螺钿，但采用了锯开蚌壳后打磨的工序，表面平整，且蚌片细部的线条雕刻精细，能够细致地表现出纹饰的细节。

三是，花纹种类丰富，主要有人物、鸟兽和花鸟，包含有植物、动物、花鸟、山石等，与唐朝纹饰的发展相一致。

四是，与松石、玛瑙、琥珀、宝石等其他珍宝镶嵌互相配合，常见的有红色的琥珀、黄色的玳瑁、蓝绿色的青金石，色彩更加绚烂。

如同商周时期螺钿的起源与当时蚌壳的使用和制作有着密切的联系，唐朝螺钿工艺的复兴和繁荣发展与唐人对蚌的喜爱和使用也是分不开的。

在出土螺钿镜的唐朝长安、洛阳地区，墓葬中常常随葬有蚌壳，多数是1件，有的是几件。以西安东郊秦川机械厂唐墓和偃师杏园唐墓为例，西安东郊秦川机械厂23座唐墓出土7件蚌壳，其中M24出土3件[②]。河南偃师杏园属于盛唐时期的22座墓，出土19件蚌壳、1件海贝，其中M0540出土2件；属于中唐时期的16座墓，出土4件蚌壳；属于晚唐时期的29座墓，出土

①　［日］高桥隆博著，韩昇译：《唐代与日本正仓院的螺钿》，《学术研究》2002年第10期。

②　西安市文物管理处：《西安东郊秦川机械厂汉唐墓葬发掘简报》，《考古与文物》1992年第3期。

图2-2-10　偃师杏园唐穆悰墓出土海螺

采自《偃师杏园唐墓》图版42图5

6件海蚌、2件海螺、3件蚌壳[①]。此外，偃师杏园唐墓中还出土用蚌装饰或制作的器物，如证圣元年（695）宋思真墓出土的铜剪柄端加一螺形饰物；元和九年（814）郑绍方墓出土蚌盒，圆角方形，盖顶浅刻一只回首的鸿雁。该墓还出土用蚌片打磨制成的围棋子；大中元年（847）穆悰墓出土一大型海螺（图2-2-10），海螺被从中锯开，周身打磨光洁，作为盛放石骰子的用具。

　　两京地区唐墓随葬的蚌壳、海蚌、海螺绝大多数为天然采集，表面光洁，它们应取自容易获得精美蚌壳的沿海地区。《新唐书·地理志》载：登州、莱州"土贡：赀布、水葱席、石器、文蛤、牛黄"，密州"土贡：赀布、海蛤、牛黄"，福州"土贡：蕉布、海蛤、文扇、茶、橄榄"[②]。这些蚌壳很可能是这些地区土贡的物产。

　　色泽、纹理漂亮的蚌壳受到唐人的喜爱，工匠还将人们对蚌壳的喜爱引导至工艺品的制作中，唐代新出现的蚌形银盒即是这一审美心理的产

图2-2-11　偃师杏园唐郑洵墓出土蚌形鎏金银盒

采自《偃师杏园唐墓》彩版7图2

物。目前存世的唐代蚌形银盒有海外博物馆收藏的10件和国内出土的6件，出土品分别为偃师杏园开元二十六年（738）李景由墓和大历十三年（778）郑洵墓（图2-2-11）各出土1件，洛阳市东明小区太和三年（829）高秀峰墓出土2件，西安市东郊开元六年（718）的65号墓出土1件，开元廿一年（733）韦美美墓出土1件[③]。这些银盒形状大小大都仿照天然蚌壳。盒上錾刻有鸟兽、花草等纹饰，有的鎏金。

　　出土蚌形银盒的墓葬墓主人

①　中国社会科学院考古研究所：《偃师杏园唐墓》，第81、95、151、250～252、232页。

②　（宋）欧阳修、宋祁：《新唐书》卷三八，第994、996页；卷四一，第1064页。

③　齐东方：《贝壳与贝壳形盒》，《华夏考古》2007年第3期。

身份不低,一些级别较高的唐墓中也随葬有天然蚌壳,如新城长公主墓[①]、金乡县主墓[②]、银青光禄大夫彭州刺史韦慎名墓[③]等,似乎说明蚌壳及其仿制品是唐代比较珍贵的物品。法门寺地宫出土的天然小海螺(图2-2-12)[④]与其他皇家供奉佛舍利的物品放置在一起,应作法器,更加鲜明地反映了唐代贵族对蚌壳一类物品的态度。贵族对蚌壳、仿蚌

图2-2-12　陕西扶风法门寺地宫出土海螺
采自《法门寺文物图饰》第354页

壳器的喜爱和重视,也许是唐代螺钿工艺蓬勃发展的推动力。

(三)唐代螺钿镜的工艺来源

　　唐代复兴、繁荣的螺钿工艺,日本学者高桥隆博认为是在夏代以来漆器和木器的嵌装技术基础之上,受西方玉石嵌装法和木画技法的影响而发展起来的[⑤]。近来,胡健通过对国内外传世和出土的唐代螺钿铜镜的综合考察,以及对早期西亚美索不达米亚和我国商周时期两种不同风格的螺钿工艺的比较研究,对唐代螺钿镜的来源提出了新看法,认为唐代螺钿铜镜大致可分为虫胶树脂地镜背和漆地镜背两种样式,前者更接近于早期美索不达米亚螺钿工艺,应该是萨珊波斯文化影响下的产物[⑥]。这一观点改变了以往唐镜螺钿工艺主要为唐代复兴中国传统工艺的看法。但这一说法有两个方面的问题,一方面是作者并未列举萨珊波斯时期的螺钿器物,目前考古及传世品中也尚未发现输入中国的西亚、中亚螺钿器,唐代直接受到公元前3千年至公元前2千年左右西亚美索不达米亚螺钿工艺的影响比较困难;另一方面是作者忽略了战国汉代特种工艺镜的发展对唐镜的影响。螺钿属于镶嵌工艺,在唐代漆器和铜镜上使用,而战国至汉代漆器、铜镜镶嵌工艺繁荣,镜背的漆工艺也得到了很好地运用。

①　陕西省考古研究所、陕西省历史博物馆、礼泉县昭陵博物馆:《唐新城长公主墓发掘报告》,北京:科学出版社,2004年,第73页。

②　王自力、孙福喜:《唐金乡县主墓》,北京:文物出版社,2002年,第80页。

③　陕西省考古研究所、西安市文物保护考古所:《唐长安南郊韦慎名墓清理简报》,《考古与文物》2003年第6期。

④　韩生:《法门寺文物图饰》,北京:文物出版社,2009年,第354页。

⑤　[日]高桥隆博著,韩昇译:《唐代与日本正仓院的螺钿》,《学术研究》2002年第10期。

⑥　胡健:《唐代螺钿铜镜的样式和工艺新探》,《中原文物》2017年第3期。

　　战国至汉代镶嵌有金银、玉石等宝物的铜镜时有发现。山东临淄齐国古城出土一面直径达29.8厘米，嵌绿松石、银乳丁的圆形大铜镜。西汉南越王墓也出土一面类似的镶嵌镜。传洛阳金村战国墓出土、美国哈佛大学艺术博物馆藏的镶嵌镜（图2-2-13），直径12.2厘米，嵌琉璃和玉制作的纹饰。洛阳市西工区CIM3943号战国墓出土2件镶嵌镜（图2-2-14），直径14.5厘米，圆形，六山纹，山字纹之间镶嵌18颗蜻蜓眼蓝色琉璃珠和贴金箔的乳丁[①]。西汉中晚期，扬州出现了以金工、银工以及玛瑙、绿松石等宝石镶嵌与铜镜相结合的新工艺[②]。

图2-2-13　美国哈佛大学艺术博物馆藏　　　　图2-2-14　洛阳市西工区CIM3943战国墓
　　　　　　战国镶嵌镜　　　　　　　　　　　　　　　　出土镶嵌琉璃珠贴金箔六山镜
采自《收藏家》2009年第3期第56页图4　　　采自《收藏家》2009年第3期第53页图5

　　战国至汉代，漆器的镶嵌工艺也很发达。沈从文认为汉代漆器装饰"金银、珠玉、绿松石、红宝石、水晶、玛瑙，以及玳瑁，均有发现，惟蚌片实少见。主要原因不是蚌片难于技术加工，可能还是原料易得，不足为奇"[③]。但在马王堆2号墓出土的约200件漆器中，有个别器物加饰铜扣和螺钿[④]，说明汉代螺钿工艺并未消失。《西京杂记》记载汉武帝时，"长安始盛饰鞍马，竞

---

① 傅举有：《春秋战国汉代的特种工艺镜（上）》，《收藏家》2009年第3期。
② 前揭《汉广陵国铜镜》，第11页。
③ 沈从文：《螺钿史话》，沈阳：万卷出版公司，2005年，第9页。傅举有不同意这种说法，认为盛极西周的螺钿工艺以后停滞的原因，主要是因为没有化普通为神奇的漆艺技术所致，参见傅举有：《厚螺钿漆器——中国漆器螺钿装饰工艺之一》，《紫禁城》2007年第10期，第120页。
④ 湖南省博物馆：《长沙马王堆二、三号墓发掘简报》，《文物》1974年第7期。

加雕镂。或一马之饰直百金，皆以南海白蜃为珂，紫金为花，以饰其上"①。白蜃当为白色的蚌蛤，以之为饰，应是以蚌片为装饰，应使用了漆一类的黏合剂。

战国至汉代，铜镜上施加漆工艺也时有发现。1999年，江苏仪征新集镇庙山村赵庄组一座战国墓出土一件直径25.2厘米的漆彩绘纹铜镜。西汉中晚期，扬州生产的特种工艺镜中有漆彩绘画镜，贴金箔、银箔或铜箔的使用漆灰地②。

另外，汉魏至唐代一直有以云母饰器的工艺，《后汉书·郑弘传》曰："置云母屏风，分隔其间。以云母饰屏风也。"③《邺中记》曰："石虎作云母五明金箔莫难扇，此一扇之名也。薄打纯金如蝉翼，二面彩漆画列仙、奇鸟、异兽。其五明方中辟方三寸或五寸，随扇大小，云母帖其中，细缕缝其际，虽掩画而彩色明彻，看之如谓可取，故名莫难也。虎出时，以此扇夹乘舆。"④白居易《素屏谣》："素屏素屏，胡为乎不文不饰，不丹不青？当世岂无李阳冰之篆字、张旭之笔迹、边鸾之花鸟、张璪之松石？吾不令加一点一画于其上，欲尔保真而全白。吾于香炉峰下置草堂，二屏倚在东西墙。夜如明月入我室，晓如白云围我床。我心久养浩然气，亦欲与尔表里相辉光。尔不见当今甲第与王宫，织成步障银屏风。缀珠陷钿贴云母，五金七宝相玲珑。贵豪待此方悦目，晏然寝卧乎其中。素屏素屏，物各有所宜，用各有所施。尔今木为骨兮纸为面，舍吾草堂欲何之？"⑤

云母有着片状的层次结构和天然的光泽，也许贴云母的工艺启发了唐代工匠，将蚌壳剖开，加工成较薄的蚌片，才改变了商周时蚌片过厚的缺点。再者，根据表2-1唐代纪年特种工艺镜的资料，金（银）背镜及金银平脱镜等使用漆地的工艺都早于螺钿镜工艺，这些金银壳、金银片上皆施加精细的花纹雕刻。这种雕刻工艺应直接对蚌片上雕刻线条表现花纹细节产生了影响。

二、金银平脱镜

与螺钿一样，金银平脱也是漆器上使用的镶嵌工艺。其制作方法与螺钿基本相同，只是将蚌片变成金、银箔片。

在漆器镶嵌工艺中，利用蚌贝或玉石作嵌件，比用金银作嵌件要早。

① （宋）李昉等：《太平广记》卷二三六"汉武帝"条，第1807页。
② 前揭《汉广陵国铜镜》，第11页。
③ （南朝宋）范晔：《后汉书》卷三三，第1156页。
④ （晋）陆翙：《邺中记》，《景印文渊阁四库全书》，第463册，第311页。
⑤ 《全唐诗》卷四六一，《全唐诗》（增订本），第7册，第5276～5277页。

1963年，河北藁城台西村发现"嵌有磨制成圆形、方形、三角形嫩绿色松石"的商代漆器残片[1]。上述9处商代晚期遗址和近20处西周遗址中出土的镶嵌蚌泡、蚌片的漆木器资料，更说明螺钿工艺在商周时期已较普遍地使用在漆器制作中。

但是在漆器上贴金箔的做法却开始很早。藁城台西商代遗址1973年和1974年发掘的M14、M56、M85中共发现4件漆器，皆为圆形盒，直径8厘米，可惜胎已腐朽，纹饰也很难辨。值得注意的是有一件漆器（M14:8）虽已腐朽，但贴在漆面上的金箔片尚存。金箔片厚0.1厘米，椭圆形，上面刻有云雷纹。这样更显得漆器精巧、秀丽、富丽堂皇[2]。北京琉璃河遗址西周燕国墓地出土的漆觚，喇叭形的觚身上除了由浅雕的三条变形夔龙（内髹褐漆）组成的花纹带外，上下还贴有金箔三圈，并用绿松石镶嵌[3]。

殷玮璋认为："按照传统的看法，漆器的金银嵌是受金银错铜器的影响而出现的。但从藁城台西、北京琉璃河遗址出土的漆器上使用贴金箔和熟练地掌握镶嵌技术的情况分析，漆器的金银嵌应是商代和西周已经使用的贴金和镶嵌技术发展的产物。同时，有理由认为：金银错铜器的出现，也是受了在漆器上使用贴金和镶嵌技术的影响。"[4]

山东沂水刘家店子一号墓南器物库出土的一件嵌金木胎漆勺（图2-2-15），是迄今所见嵌金漆器中较早的一例，时代为春秋中期。出土时，木胎已朽，所附漆皮背面木质纹理清晰可辨。勺呈圆形，扁平柄内窄外宽。勺外壁与柄面嵌有三角形、菱形压花金箔片和金贝共计65枚。金贝仿天然贝，正中有竖沟一道。出土时勺柄已脱落，嵌件情况不明。勺外壁分三层镶嵌，上层金贝、菱形金箔片相间施用；中层金贝上下相错；下层三角形金箔片组成锯齿状纹带。所嵌金贝凸出器表，金箔片与漆地

图2-2-15　山东沂水刘家店子一号春秋墓
出土嵌金木胎漆勺

采自《文物》1984年第9期第6页图一〇

① 河北省博物馆、河北省文管处：《河北藁城县台西村商代遗址一九七三年的重要发现》，《文物》1974年第8期。

② 唐云明：《台西遗址漆器的渊源及遗址文化性质的探讨》，《华夏考古》1988年第2期。

③ 殷玮璋：《记北京琉璃河遗址出土的西周漆器》，《考古》1984年第5期。

④ 殷玮璋：《记北京琉璃河遗址出土的西周漆器》，《考古》1984年第5期，第452页。

平齐[1]。

黄成《髹饰录》:"嵌金、嵌银、嵌金银,右三种,片、屑、线各可用。有纯施者,有杂嵌者,皆宜磨显揩光。"[2]这一件嵌金漆勺系"片嵌""纯施"。它的一个显著特点是嵌件的立体造型。嵌件中除了菱形、三角形的金箔以外,近半数是用金箔压制的仿天然贝;这种金贝的凹底切入器物表面,鼓面凸出约2毫米。罗勋章先生认为,嵌金漆勺上的金饰仿天然贝的作法反映了螺钿漆器与金银嵌漆器之间可能存在的渊源关系[3]。

汉代时,漆器上出现了金银平脱法的雏形。使用此种装饰方法的漆器有不少发现。如广西合浦西汉木椁墓出土的漆盒有金箔片,上有加彩绘的狩猎、飞禽、走兽和海水祥云等纹样[4];江苏连云港海州西汉侍其繇墓出土的漆盒盖顶有三叶纹或柿蒂纹银片[5];海州西汉霍贺墓[6]、江苏盱眙东阳汉墓[7]等墓葬中出土的漆奁及七子盒一套8件,其顶部均嵌有三叶或四叶柿蒂纹的金、银箔片,器身则镶贴刻划有狩猎人物及鸟兽形象的银片。西汉时,漆器上还出现了银镂带装饰。江苏邗江姚庄101号西汉墓出土了两套银扣嵌玛瑙七子漆奁,器表镶嵌有银扣、玛瑙、银镂带。保存较好的M101:190奁,外表纹饰由银扣和金银贴箔组成,盖顶部正中为六出银柿蒂,柿蒂中心及六瓣柿蒂中镶嵌红玛瑙。四周为金银贴箔饰带,金箔的画面有羽人跽坐操琴、羽人骑狼等。奁盖外壁以三道银扣形成两个纹饰带,纹饰带主要以金银贴箔组成山水云气、羽人、车马、狩猎、斗牛、六博、听琴等。奁内放置七个漆盒,也镶嵌银扣,装饰金、银镂带,在盖顶的柿蒂中镶黄色玛瑙。金、银镂带的图案为山水、禽兽、羽人[8]。魏武帝曹操《上杂物疏》中提到饰有银镂带的漆器,如"纯银参镂带漆画案一枚"[9]"银镂漆匣四枚"[10],所以有学者认为,金银平脱技法至迟不会晚于西汉中、晚期[11]。

虽然也有持反对意见者,认为在纹饰特点、金银片厚薄、工艺流程等方

---

① 山东省文物考古研究所、沂水县文物管理站:《山东沂水刘家店子春秋墓发掘简报》,《文物》1984年第9期。

② 前揭王世襄:《髹饰录解说——中国传统漆工艺研究》,第106页。

③ 罗勋章:《刘家店子春秋墓琐考》,《文物》1984年第9期。

④ 广西壮族自治区文物考古写作小组:《广西合浦西汉木椁墓》,《考古》1972年第5期。

⑤ 南波:《江苏连云港市海州西汉侍其繇墓》,《考古》1975年第3期。

⑥ 南京博物院、连云港市博物馆:《海州西汉霍贺墓清理简报》,《考古》1974年第3期。

⑦ 南京博物院:《江苏盱眙东阳汉墓》,《考古》1979年第5期。

⑧ 扬州博物馆:《江苏邗江姚庄101号西汉墓》,《文物》1988年第2期。

⑨ (宋)李昉等:《太平御览》卷七一〇《服用部一二·案》,第3164页上栏。

⑩ (宋)李昉等:《太平御览》卷七一三《服用部一五·匣》,第3172页上栏。

⑪ 周健林:《传统髹漆工艺小录》,《东南文化》2000年第9期。

面,汉代贴嵌金、银箔、镂带与典型的唐代金银平脱存在差别[①]。傅举有列举了二者之间的差别:其一,平脱用的材料是厚0.25毫米的金银片,而贴花用的材料是厚0.09～0.017毫米的金银箔;其二,金银箔是不可能在其上面进行雕镂的,因为太薄了,所以,箔上的花纹都是用漆绘的,用笔勾勒细部纹饰。而平脱的金银片,其花纹和细部轮廓,多是镂雕的;其三,金银箔是粘贴于漆器表面的,而平脱不仅要粘贴,还要镶嵌,所以平脱比贴花牢固;其四,贴花工艺简单,平脱工艺复杂[②]。但是,可以肯定的是,这些漆器上贴嵌金、银箔片及金、银镂带的工艺与唐代的金银平脱工艺原理相同。近些年,在扬州又发现了平脱法制作的铜镜,典型的如扬州市甘泉乡巴家墩西汉墓出土的贴铜箔禽兽纹镜(图2-2-16),直径15.2厘米,圆钮,钮上嵌宝物脱落,柿蒂纹钮座,每叶中心嵌一物脱落,四叶间残存漆灰地,表面贴饰物不详。主纹为在漆灰地上贴饰的各式铜箔禽兽纹,因修复时被漆填塞失去原有鲜活之态。镜缘较高,其内侧斜壁上饰以彩绘几何云纹图案,以两周弦纹夹一周金箔为缘[③]。2007年,扬州市西湖镇蚕桑砖瓦厂工地3号墓出土嵌宝金银平脱凤鸟纹镜(图2-2-17),直径18.4厘米,圆钮,钮上嵌宝物脱失。嵌银箔柿蒂纹钮座,四叶内各有一圆形凹点,疑为嵌宝丢失留下的痕迹;四叶

图2-2-16 扬州市甘泉乡巴家墩西汉墓
出土贴铜箔禽兽纹镜

采自《汉广陵国铜镜》第336页图149

图2-2-17 扬州市西湖镇蚕桑砖瓦厂工地
3号墓出土西汉嵌宝金银平脱
凤鸟纹镜

采自《汉广陵国铜镜》第334页图148

---

① 申永峰、刘中伟:《唐代金银平脱工艺浅析》,《中原文物》2010年第2期;
② 傅举有:《中国漆器金银装饰工艺之二——金银平脱漆器》,《紫禁城》2007年第4期。
③ 前揭《汉广陵国铜镜》,第336页,图149。

髹红褐色的漆边。座外一周凸起的圈带将铜镜分为内外两区，内区用镂空金箔贴饰四只展翼凤鸟，并髹红褐色漆圈。外区圈带外围以七内向连弧纹形成弧形七角星带，角内饰圆圈纹等几何纹饰。镜缘内饰金箔镂空的五组凤鸟纹带，每组为两只侧立相对的凤鸟夹一只展翼的立鸟。环绕镜缘有距离相等、尺寸相同的八个方框，方框中间有一圆形凹点，应曾嵌宝物。这件铜镜采用金银平脱、嵌宝、髹漆等工艺，制作技术复杂，金、银、漆纹饰交错，光泽醒目，彰显错彩镂金之美[1]。

从这些新发现可知，唐代的金银平脱镜应是在汉代漆器及铜镜平脱工艺基础上进一步发展与完善的，尤其是金银片上的錾刻工艺，使图案更为生动、精细、优美。

三、金（银）背镜、鎏金镜和铅花镜

金（银）背镜的来源，尽管有专家指出，"在青铜镜或铁镜的背面贴上金壳或银壳，这一技术在汉代已有"[2]，但是所用的证据是前文仿制镜中所列的一面车马画像纹银背镜和一面规矩纹金背镜，这两面特种工艺镜并非考古发掘，年代都值得商榷。晋陆翙《邺中记》记载："石虎三人台及内宫中，镜有径二三尺者，纯金蟠龙雕饰。"[3]用纯金铸镜无法使用，石虎宫中的镜很可能使用了嵌金工艺，但是否为金背镜，因考古尚未发现魏晋时期金（银）背镜实物，难以判断。由于缺乏出土地点明确的唐以前金（银）背镜资料，目前探讨唐代金（银）背镜的来源尚有一定的难度。

鎏金镜。纪年镜2面，一面出自江苏扬州邗江八里开成四年（839）薛元常妻杨氏墓，锈残，存约有四分之三。直径约30厘米，半球钮，素缘。镜的剖面呈银白色。镜背髹漆，刻划有花卉图案，并在其上再鎏金[4]。另一面出自偃师杏园武宗会昌三年（843）李郃墓，直径22厘米，圆钮，镜背装饰有二只相对飞舞的鸾凤，鎏金已大部脱落[5]。还有一面为西安东郊长乐坡迤西纬十八街出土镜（图2-2-18）[6]，仅存半面。圆形，圆钮，钮周连珠纹，内区为大朵宝相花与蝴蝶相间排列，外区呈窄带状，散布花叶装饰一周，通体鎏金。鎏金工艺是汉代兴盛的装饰工艺，考古发现的汉代铜镜中就有多面鎏

---

① 前揭《汉广陵国铜镜》，第334页，图148。
② 前揭《中国青铜器全集16·铜镜》，第28页。
③ （宋）李昉等：《太平御览》卷七一七《服用部一九·镜》，第3178页上栏。
④ 扬州博物馆：《扬州近年发现唐墓》，《考古》1990年第9期。
⑤ 前揭《偃师杏园唐墓》，第212页、第213页图204-7。
⑥ 前揭《陕西省出土铜镜》，第167页，图157。

图2-2-18　西安东郊长乐坡迤西纬十八街
出土唐鎏金宝相花镜

采自《陕西省出土铜镜》第167页图157

金的,如湖南长沙任家岭新莽墓出
土的"中国大宁"铭博局镜(图2-
2-19a)①,长沙杨家山304号墓出土
的博局镜(图2-2-19b)②,江苏仪征
市新集镇前庄砖瓦厂12号墓出土
的四乳四虺纹镜③等,唐代的鎏金
镜应直接继承了汉代铜镜的鎏金
工艺。

　　铅花镜,洛阳邙山大渠55号
唐墓出土有一面(图2-2-20),直径8.7厘米,葵花形,小圆钮,钮外一周小连
珠,另用大连珠将镜背分成内外区,内区用双线勾勒出圆形图案,外区在椭
圆圈之内用铅丝镶嵌出石榴纹④。古代墓葬出土的铅器一般是作冥器,较原
器小,制作也不精细。尽管这面铅花镜制作较为精美,但应无使用价值。用
铅镜随葬,从汉代开始出现。西安地区2000XSYM14西汉墓出土了八弧的
连弧纹铅镜,1997WGSM2东汉墓出土了龙虎纹镜类的二龙纹铅镜⑤,河南

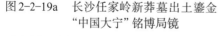

图2-2-19a　长沙任家岭新莽墓出土鎏金　图2-2-19b　长沙杨家山304号墓出土西
"中国大宁"铭博局镜　　　　　　　汉鎏金博局镜

采自《中国青铜器全集16·铜镜》第59页图58　采自《中国青铜器全集16·铜镜》第58页图57

①　傅举有:《春秋战国汉代的特种工艺镜(上)》,《收藏家》2009年第3期。
②　湖南省博物馆:《长沙杨家山304号汉墓清理简报》,《考古学集刊》1,1981年。
③　前揭《汉广陵国铜镜》,第332页,图147。
④　前揭《洛阳出土铜镜》,图118,第16页文字说明。
⑤　前揭程林泉、韩国河:《长安汉镜》,第154页。

省新乡市老道井墓地东同古墓区东汉墓M3出土了一面直径6厘米的铅镜（图2-2-21），乳丁钮，无穿，圆座，纹饰分二组，以带状线纹隔开，内区为三角纹，外区为花瓣和连弧纹环绕[①]。唐代用铅镜随葬，应是战国、汉以来的传统。只不过又融入了唐代的新工艺。邙山的铅花镜，很可能使用了焊缀金筐的制作方法，将铅丝围成花纹，焊缀在铅镜镜背上。这种工艺与唐金银器上使用的金筐宝钿工艺基本相同。

　　金银平脱、鎏金、铅花镜这三种特种工艺镜基本上继承或拓展了汉以来的金属加工制作工艺。而螺钿与金（银）背镜使用了以往金属工艺中没有的新技术。金银平脱、螺钿、金（银）背镜对汉代漆器、特种工艺的继承与创新，也从一个侧面反映了唐代钿镂之工应为诸工之首，掌握此工艺的能工巧匠可以将不同的镶嵌装饰工艺加以融汇，而漆工艺与蚌片、玉石等镶嵌工艺的结合所创造的螺钿镜，也成为中国铜镜史上独一无二的创造。

图2-2-20　洛阳邙山大渠55号唐墓出土　　图2-2-21　河南新乡老道井墓地东同古墓
　　　　葵花形铅花镜　　　　　　　　　　　　区东汉墓M3出土铅镜线图

采自《洛阳出土铜镜》图118　　　　　采自《四川文物》2009年第6期第18页图
　　　　　　　　　　　　　　　　　　　　　　一四·3

---

① 郑州大学历史学院考古系、河南省文物局南水北调文物保护办公室：《河南省新乡市老道井墓地东同古墓区汉墓清理简报》，《四川文物》2009年第6期。

贰

古 意 之 源

第三章　图本与样

第一节　平面之图与立体之样

　　晚唐著名的美术史家张彦远在《历代名画记》中记载了隋唐时期美术创作中经常会碰到的"图本"与"样"的问题,按照卷次列举如下:

　　卷三

　　佛殿内菩萨树下弥勒菩萨塑像,麟德二年自内出,王玄策取到西域所图菩萨像为样。　　　　　　　　　　（《记两京外州寺观画壁·敬爱寺》）

　　卷八

　　（郑法士）又求杨（契丹）画本。杨引郑至朝堂,指宫阙、衣冠、车马曰:"此是吾画本也。"

　　卷九

　　法明,开元十一年敕令写貌丽正殿诸学士,欲画像书赞于含象亭,以车驾东幸,遂停。初,诏殷瑗、季友、无忝等分貌之,粉本既成,迟回未上绢,张燕公以画人手杂,图不甚精,乃奏追法明令独貌诸学士。法明尤工写貌,图成进之,上称善,藏其本于画院。

　　薛稷,……尤善花鸟、人物、杂画。画鹤知名,屏风六扇鹤样,自稷始也。

　　曹元廓,天后朝为朝散大夫、左尚方令。师于阎,工骑猎、人马、山水,善于布置。天后铸九鼎于东都,备九州山川物产,诏命元廓画样,钟绍京书,时称绝妙。

　　僧金刚三藏,狮子国人。善西域佛像,运笔持重,非常画可拟,东京广福寺木塔下素像,皆三藏起样。

　　卷十

　　窦师纶,字希言,纳言陈国公抗之子。初为太宗秦王府咨议、相国录事参军,封陵阳公。性巧绝,草创之际,乘舆皆阙,敕兼益州大行台检校修造，凡创瑞锦宫绫，章彩奇丽，蜀人至今谓之<u>陵阳公样</u>。官至太府卿，银、坊、邛三州刺史。高祖、太宗时，内库瑞锦对雉、斗羊、翔凤、游麟之状，创自师纶，至今传之。①

从以上张彦远的叙述中，可见"图本"与"样"涉及包括绘画、雕塑与工艺美术在内的主要美术领域。虽然"图本"与"样"所指称的皆为视觉感知的形象，但其意义还是存在着差别的。其中，"屏风六扇鹤样""陵阳公样"在形式上颇为鲜明，带有较为强烈的风格特征，如同佛教绘画中的"曹家样""张家样""吴家样""周家样"一样，应是以代表性美术家命名的样式。而"画本""粉本""画样""起样"与美术创作关系极为密切。

"画本""粉本"应为"画稿"之意。"粉本"作画稿意，见于元代人的绘画史论著作中，汤垕《画鉴》、夏文彦《图绘宝鉴·粉本》云："古人画稿谓之粉本，前辈多宝畜之，盖其草草不经意处有自然之妙，宣和绍兴所藏粉本多有神妙者。"②粉本在古代美术教育与绘画传承中具有重要的作用。首先，学习者可通过对粉本的临摹习得绘画技能。明唐志契《绘事微言·要看真山水》谓："盖山水所难，在咫尺之间有千里万里之势，不善者纵摹画前人粉本，其意原自远，到落笔反近矣。"③唐志契倡导画家要对照真实的山水学习绘画，反对一味临摹前人粉本的做法，从反面说明在绘画技艺学习的过程中人们依赖粉本的事实。其次，粉本可作为美术创作的底稿。《唐画断·吴道玄》载："玄宗天宝中，忽思蜀中嘉陵江山水，遂假吴生驿递，令往写貌。及回日，帝问其状。奏云：'臣无粉本，并记在心。'遣于大同殿图之，嘉陵江三百里山水一日而毕。"④吴道子实地写生，应有画稿，以此为根据放大后画在大同殿壁上，这是一般作画程序。清邹一桂《小山画谱·定稿》曰："古人画稿谓之粉本，前辈多宝蓄之。盖其草草不经意处有自然之妙也，宣和绍兴所藏粉本多有神妙者。见画求其工，未有不先定稿者也。定稿之法，先以朽墨布成小景，而后放之，有未妥处即为更改，梓人画宫于堵即此法也。若用成稿，亦须校其差谬，斟酌损益，视幅之小大而裁定之，乃为合式。今人不通画道，动以成稿为辞，毫厘千里竟成痼疾，是可叹也。"⑤另外，在一些重要的美术

① （唐）张彦远撰，周晓薇校点：《历代名画记》，第38、75、81、84、85、88～89页。
② （元）汤垕：《画鉴》，《景印文渊阁四库全书》，第814册，第436页；（元）夏文彦：《图绘宝鉴》卷一，《景印文渊阁四库全书》，第814册，第544页。
③ （明）唐志契：《绘事微言》卷下，《景印文渊阁四库全书》，第816册，第226页。
④ （宋）李昉等：《太平广记》卷二一二"吴道玄"条，第1623页。
⑤ （清）邹一桂：《小山画谱》卷下，《景印文渊阁四库全书》，第838册，第727页。

创作施工时，粉本亦可作为评判、勘对的底本，类似今日之设计小稿或效果图。宋代画院的美术创作就使用这样的粉本。明文震亨《长物志·院画》："宋画院众工，凡作一画，必先呈稿本，然后上真。所画山水、人物、花木、鸟兽，皆是无名者。今国朝内画水陆及佛像亦然，金碧辉灿，亦奇物也。"[1]院画家所呈献的稿本，必然是经过皇帝的允诺，才能完成创作。同样，受雇于雇主作画的画工，也应先画稿本，在得到雇主的允许后，才能正式施工。这样的稿本还作为比对绘画的凭据。唐段成式《酉阳杂俎》记述常乐坊赵景公寺三阶院"院门上白画树石，颇似阎立德。予携立德行天祠粉本验之，无异[2]"。

画稿经过审批通过后，绘画就开始了。"起样"，意为起稿，应是绘画的第一步。此步骤是后续绘画的基础，保证绘画和稿本的一致性，因而起样者必须具备较高的绘画水平，这也是《历代名画记》记载寺院名画起样者的原因。一般说来，起稿应在墙面或纸绢之上，但在上述"敬爱寺"例中，还可见另一种起稿方式，即是将平面之"图"转化为立体之"样"。该寺佛殿内的弥勒菩萨塑像，是根据王玄策从西域带回的菩萨图塑出的。同样，武则天时期，在洛阳铸造九鼎，其形制和花纹也以曹元廓的画样为稿本。

类似的"图"与"样"的转化，在古代建筑、器物制作等领域是惯例。唐无名氏《迷楼记》中就记载过建筑所用的图本：

> 炀帝晚年，尤沉迷女色。他日顾诏近侍曰："人主享天下之富，亦欲极当年之乐，自快其意。今天下安富，外内无事，此吾得以遂其乐也。今宫殿虽壮丽显敞，苦无曲房小室，幽轩短槛。若得此，则吾期老于其中也。"
>
> 近侍高昌奏曰："臣有友项升，浙人也，自言能构宫室。"翌日，诏而问之。升曰："臣乞先进图本。"后数日进图，帝览大悦，即日诏有司供具材木，凡役夫数万，经岁而成。[3]

在这里，炀帝所造之迷楼是按照项升进献的建筑设计图纸进行施工的。

除了设计图之外，隋唐时期，有的大型建筑施工前还制作木样，作为实际建筑时的参考，如大业中筹划构建的明堂即是遵照这样的方式。根据

---

① （明）文震亨：《长物志》卷五，《景印文渊阁四库全书》，第872册，第53页。

② （唐）段成式撰，曹中孚校点：《酉阳杂俎》续集卷五，第156页。

③ （唐）阙名：《迷楼记》，（明）陶宗仪：《说郛》卷一一〇下，《景印文渊阁四库全书》，第882册，第392页。

《隋书·宇文恺传》记载："自永嘉之乱，明堂废绝，隋有天下，将复古制，议者纷然，皆不能决。(恺)博考群籍，奏《明堂议表》。"在《明堂议表》中宇文恺提到："自古明堂图惟有二本，一是宗周，刘熙、阮谌、刘昌宗等作，三图略同。一是后汉建武三十年作，《礼图》有本，不详撰人。臣远寻经传，傍求子史，研究众说，总撰今图。其样以木为之，下为方堂，堂有五室，上为圆观，观有四门。"①宇文恺搜集了当时所能见到的有关明堂的图与文献，结合自己的理解，设计出新的明堂图，并用木材制作出了建筑模型。尽管明堂后来因为隋朝的辽东之役并未施工建设，但却为我们了解隋唐时期宫殿等大型建筑的营建提供了线索。

工艺制作中"图"与"样"的转化，还有许多例证。如隋代能工巧匠何稠因为"博览古图，多识旧物"，承担了复制波斯金绵锦袍、营造舆服羽仪等宫廷工艺制作，他组织人员"营黄麾三万六千人仗，及车舆辇辂、皇后卤簿、百官仪服，依期而就"。在完成这些宫廷制作的时候，何稠"讨阅图籍"，然后总是先令黄亘、黄衮兄弟二人"立样"。他们二人所制之"样"，"当时工人皆称其善，莫能有所损益"，因而心悦诚服地按照黄氏兄弟制作的"样"进行大规模地生产，所用工达十万余人②。

舆服羽仪关乎朝廷礼仪制度，从设计到制作皆要符合礼仪制度的规定，因而"图"与"样"在此类工艺制作中发挥着更为重要的作用。在这里，"图"是立样的根据，而"样"则是制作必须遵循的实物标准。在某些严格的工艺制作中，"样"为标准型，具有唯一性。其唯一性，有的还以法律条文加以严格地规定和执行。隋初钱币的铸造和管理即是一例。《隋书·食货志》载：

> 高祖既受周禅，以天下钱货轻重不等，乃更铸新钱。背面肉好，皆有周郭，文曰"五铢"，而重如其文。每钱一千，重四斤二两。是时钱既新出，百姓或私有熔铸。三年四月，诏四面诸关，各付百钱为样。从关外来，勘样相似，然后得过。样不同者，即坏以为铜，入官。诏行新钱已后，前代旧钱，有五行大布、永通万国及齐常平，所在用以贸易不止。四年，诏仍依旧不禁者，具令夺半年禄。然百姓习用既久，尚犹不绝。五年正月，诏又严其制。自是钱货始一，所在流布，百姓便之。是时见用之钱，皆须和以锡镴。锡镴既贱，求利者多，私铸之钱，不可禁约。其

---

① (唐)魏徵等：《隋书》卷六八，第1588、1593页。
② (唐)魏徵等：《隋书》卷六八《何稠传》，第1596～1599页。

年，诏乃禁出锡镴之处，并不得私有采取。十年，诏晋王广，听于扬州立五炉铸钱。其后奸狡稍渐磨镱钱郭，取铜私铸，又杂以锡钱，递相放效，钱遂轻薄。乃下恶钱之禁。京师及诸州邸肆之上，皆令立榜，置样为准。不中样者，不入于市。十八年，诏汉王谅，听于并州立五镱铸钱。是时江南人间钱少，晋王广又听于鄂州白纻山有铜钟处，锢铜铸钱。于是诏听置十炉铸钱。又诏蜀王秀，听于益州立五炉铸钱。是时钱益滥恶，乃令有司，括天下邸肆见钱，非官铸者皆毁之，其铜入官。而京师以恶钱贸易，为吏所执，有死者。数年之间，私铸颇息。^①

此例中，官铸钱币作为勘验的标准型钱币，可杜绝假造或仿制。这是"样"在工艺制作管理时的又一用途。

唐代铸钱"样"也曾发挥作用。《唐会要·泉货》云："武德四年七月十日，废五铢钱，行开元通宝钱……（欧阳）询初进蜡样，自文德皇后掐一甲迹，故钱上有掐纹。"^②周卫荣认为此记载出自唐代郑虔《会粹》一书，虽然是中国古代最早提及与失蜡法铸造有关的文献记录，但这一记载不能理解为唐代用失蜡法铸钱，因为唐钱无论是早期的、中期的还是晚期的，都不具有失蜡铸造的工艺特征。探究其文意，应是用蜡灌出钱样呈上御览，这也符合古代铸币的审批程序^③。

以上所举事例中使用的"样"皆具有实物的形态，并且如果审批通过，还要以此样为标准进行批量生产。虽然上述事例多与朝廷宫殿、礼仪、食货等重大事项有关，但从"图本"到"立样"也应是一般工艺制作遵循的流程。唐代一般工艺制作中可供批量生产的小样，考古有一发现，洛阳关林天宝八载（749）墓出土一面菱花形素面镜，镜背一周反铸铭文"长寿二年腊月头七日造初样"^④，很可能就是在正式生产前先行铸造的一个镜样。

从唐代诗歌中也可见一般工艺品制作中工匠对"样"的关注。晚唐诗人李商隐有一首《烧香曲》提到一种熏香用的博山炉，诗中写道：

钿云蟠蟠牙比鱼，孔雀翅尾蛟龙须。

①　（唐）魏徵等：《隋书》卷二四，第691～692页。
②　（宋）王溥：《唐会要》卷八九，第1925页。
③　周卫荣：《中国古代失蜡工艺求真——兼述失蜡工艺特征与青铜器鉴定》，《江汉考古》2009年第3期；周卫荣：《失蜡工艺与青铜器鉴定》，《收藏家》2011年第5期。
④　前揭《洛阳出土铜镜》，图105、第15页说明文字。

漳宫旧样博山炉，楚娇捧笑开芙蕖。

八蚕茧绵小分炷，兽焰微红隔云母。

白天月泽寒未冰，金虎含秋向东吐。

玉佩呵光铜照昏，帘波日暮冲斜门。

西来欲上茂陵树，柏梁巳失栽桃魂。

露庭月井大红气，轻衫薄细当君意。

蜀殿琼人伴夜深，金銮不问残灯事。

何当巧吹君怀度，襟灰为土填清露。①

此诗所言之博山炉为漳宫"旧样"，但检索二十五史及四库全书，并无漳宫这一宫殿名。北朝时有临漳宫，但此诗中"楚娇"与"茂陵"点明诗中的物象应与汉代有关。在李商隐题名为《效长吉》的诗中，也出现相似的物象：

长长汉殿眉，窄窄楚宫衣。

镜好鸾空舞，帘疏燕误飞。

君王不可问，昨夜约黄归。②

《效长吉》中的"汉殿""楚宫"与《烧香曲》"漳宫""楚娇"相对照，宫女手执的物品，前者为凌空飞舞的鸾鸟纹镜，后者为雕刻有蟠龙、莲花纹的博山炉。宋欧阳修《集古录·前汉二器铭》："右林华宫行灯铭一、莲勺宫铜博山炉下盘铭一，皆汉五凤中造。林华宫，《汉书》不载。《宣帝本纪》云：'困于莲勺卤中。'注云，县也，亦不云有宫。盖秦汉离宫别馆不可胜数，非因事见之，则史家不能备载也。"③很可能漳宫也是不能备载之汉代宫殿。"莲勺宫铜博山炉"铭，欧阳修认为是前汉文字。宋王应麟《玉海·宫室·汉扶荔宫》："宋朝嘉祐中，刘敞守长安。得林华宫行灯，铭莲勺宫。铜博山炉下盘铭，皆汉五凤中造。《金石录》禀丘宫灯铭甘露三年造。宫不见于史。"④

唐代以前谈及博山炉，有汉丁缓作九层博山炉和唐七宝博山炉。汉有能工巧匠丁缓"作九层博山香炉，镂为奇禽怪兽，穷诸灵异，皆自然运动⑤"。"按汉朝故事，诸王出阁则赐博山香炉。晋《东宫旧事》曰：'太子服用则有

① 《全唐诗》卷五四一，《全唐诗》（增订本），第8册，第6306页。

② 《全唐诗》卷五四一，《全唐诗》（增订本），第8册，第6279页。

③ （宋）欧阳修：《集古录》卷一，《景印文渊阁四库全书》，第681册，第17页。

④ （宋）王应麟：《玉海》卷一五六，《景印文渊阁四库全书》，第947册，第98页。

⑤ （汉）刘歆撰，（晋）葛洪集：《西京杂记》卷一《常满灯 被中香炉》，前揭《汉魏六朝笔记小说大观》，第84页。

博山香炉。其炉象海中博山，下有盘贮汤，使润气蒸香，以象海之四环。'"①
唐有元宝，"常于寝帐床前置矮童二人，捧七宝博山炉，自暝烧香彻晓②"。
尽管漳宫博山炉并非出自以上二则博山炉典故，但可以肯定，它是与李商
隐同时代的人们熟悉的一种样式，是模仿旧样而造的实物，或者本身就是
古物。

模仿旧样而造在张说《咏镜》诗中表达得更为明确，诗曰：

> 宝镜如明月，出自秦宫样。
> 隐起双蟠龙，衔珠俨相向。
> 常恐君不察，匣中委清量。
> 积翳掩菱花，虚心蔽尘状。
> 倘蒙罗袖拂，光生玉台上。③

"隐起"是古代对浮雕工艺的称呼。张说诗中所吟咏的铜镜，有浮雕的
对龙图案，龙口衔珠。唐代用仿制手法铸造的葵花形四夔龙纹镜（见图
1-5-22a）即符合这一特点。张说明确地说这一铜镜图纹"出自秦宫样"。
这里的"样"如看作是样式，那么，它应是平面之"图"，如看做立体之
"样"，那很可能就是古镜实物。

从以上隋唐工艺制作中"图"与"样"的考察可以知道，无论平面的
"图本"或是立体的"样"，都是可供临摹、仿制或改造的母本，这是隋唐时
期比较正式的美术创作得以完成的条件。那么，美术史上的古意，这种复现
的古代风格，唯有在见到古代的"图本"或"样"的基础上才能实现，换句话
说，古意的根本在于古代器物或图本的遗留。

第二节　古镜遗"样"

由于有机质易腐烂，在考古工作中，尚未发现隋唐以前的古器图本。但
隋唐时期的墓葬中偶见有随葬隋唐以前铸造的铜镜实物，却被考古揭示出

---

① （宋）吕大临：《考古图》卷一〇，《景印文渊阁四库全书》，第840册，第262～263页。
② （五代）王仁裕：《开元天宝遗事》卷下《床畔香童》，《开元天宝遗事　安禄山事迹》，北京：中华书局，2006年，第37页。
③ 《全唐诗》卷八六，《全唐诗》（增订本），第2册，第932页。

来。这些古镜实物曾经很可能作为唐代匠师铸镜时的"样"而存在，因此有必要将它们一一罗列（附表三）。为了叙述方便，采纳学术界通行的隋唐墓葬分区的方法，划为两京地区之西安、洛阳、河套以东、黄河中下游以北之北方地区和长江以南之南方地区四个区域进行介绍。

一、西安地区

1954年西安市东郊郭家滩国棉四厂工地唐墓M29出土一面铭文镜（图3-2-1），直径10.2厘米，圆钮，圆钮座，座外饰内向连弧纹，有三道短线将钮座与连弧纹相连，其外二周栉齿纹，间饰一周铭文带，铭文："内而清而以昭明光而象夫而日月之光□。"宽素平缘[①]。此镜当为西汉或新莽时的昭明镜。

1955年西安东郊高楼村14号中唐墓发现一面直径10厘米的汉式规矩镜（图3-2-2）[②]。规矩镜，现定名为博局镜，主要有四神博局镜、鸟兽博局镜、几何（云纹）博局镜、简化博局镜等。高楼村14号唐墓出土的这件博局镜为云纹博局镜，此镜圆钮，圆钮座，座外双线方格，主纹区位于方格与弦纹之间，饰有"TLV"纹，其间填饰八个乳丁和卷云纹，边缘饰有双线波折纹和锯齿纹各一周。据《长安汉镜》一书对博局镜的研究可知，此镜主要流行于新

图3-2-1　西安市东郊郭家滩国棉四厂工　　图3-2-2　西安东郊高楼村14号中唐墓出
　　　　　地唐墓M29出土昭明镜　　　　　　　　　　土博局镜拓片

采自《二十世纪五十年代陕西考古发掘资　　　　采自《二十世纪五十年代陕西考古发掘资
料整理研究》上册第586页　　　　　　　　　料整理研究》上册第674页

---

① 前揭《二十世纪五十年代陕西考古发掘资料整理研究》，上册，第586页。
② 杭德州等：《西安高楼村唐代墓葬清理简报》，《文物参考资料》1955年第7期，第103页、第105页图一；前揭《二十世纪五十年代陕西考古发掘资料整理研究》，上册，第674页。

莽至东汉早期[①]。

　　1955年西安市西郊贺家村新西北印染厂唐墓M1出土一面直径20.3厘米的四神鸟兽博局镜（图3-2-3），圆钮，变形柿蒂纹钮座，座外单弦方格与双线方格间饰十二个乳丁纹、十二干支铭。主纹区位于方格与弦纹之间，饰有"TLV"，其间填饰八个乳丁和四神鸟兽纹，其外二道弦纹之间有铭文带，铭文："杜氏作竟四夷服，多贺新家人民息，胡虏殄灭天下复，风雨时节五谷熟，长保子孙受大福，传告后世子孙力，官位高。"外饰一周栉齿纹。缘部锯齿纹、弦纹、双线云纹各一周[②]。

图3-2-3　西安市西郊贺家村新西北印染厂唐墓M1出土四神鸟兽博局镜拓片

采自《二十世纪五十年代陕西考古发掘资料整理研究》下册第146页

　　1956年西安东郊十里铺68号唐墓出土一面直径14.3厘米的灵鼍镜（图3-2-4）[③]。此镜应为龙虎镜，圆钮，圆钮座，波折纹缘。主纹区饰龙虎瑞兽，龙身饰乳丁纹。其外有铭文带和一道栉齿纹，铭文为："陈氏作竟四夷服，多国家□息，胡虏殄灭天下复，风雨时节五谷熟，长保二亲得天力。"此种铜镜流行于东汉至三国时期。

图3-2-4　西安东郊68号唐墓出土灵鼍镜

采自《陕西省出土铜镜》第106页图96

　　1973年发掘的太宗贞观四年（630）李寿墓墓室中出土过一面重列式神兽镜，发掘者称此种铜镜过去在西安

　　①　前揭程林泉、韩国河：《长安汉镜》，第130～140页。

　　②　前揭《二十世纪五十年代陕西考古发掘资料整理研究》，下册，第146页。

　　③　前揭《陕西省出土铜镜》，第106页，图96。该书图99为1955年西安东郊纬十八街长乐坡迤西出土的"青羊"铭灵鼍镜，直径10.6厘米；图98为1956年西安东郊韩森寨东南出土的灵鼍镜，该镜直径14厘米，有铭文带"龙氏作竟四夷服，多贺□家人民息，胡羌□□天下复，风雨时节五，官位尊显□禄食，长□□亲乐无已。"这二镜也应是东汉至三国的龙虎镜，排在唐代铜镜部分，很可能二镜也出自唐墓，为唐墓出土的古镜。

图3-2-5　西安西郊热电厂基建工地隋唐
墓M88出土铭文镜拓片

采自《考古与文物》1991年第4期

图3-2-6　洛阳老城区北邙山30号唐墓出
土神人车马龙虎画像镜拓片

采自《洛阳出土铜镜》图57

东郊坝桥457号汉墓和乾县六区汉墓中发现过，当是东汉镜[①]。

1990年西安西郊热电厂基建工地隋唐墓M88出土过一面直径8.9厘米的铭文镜（图3-2-5），桥形钮，圆钮座，座外饰内向连弧纹，外区为铭文带，铭文："内而清而以昭而明光而象夫日月心忽而不泄。"此镜当为西汉或新莽时的昭明镜，同墓共出一枚货布（王莽钱）[②]。

二、洛阳地区

1955年洛阳老城区北邙山30号唐墓出土一面直径19.2厘米的神人车马龙虎画像镜（图3-2-6）[③]，大圆钮，双弦纹夹连珠纹钮座。主区纹饰由四枚圆座乳钉分为四区，相对二区饰有东王公、西王母和二侍者的画像，画像分别有"王公""王母"的榜题。另外相对二区为虎豹和奔驰的车马，车有盖，舆内坐御者一人。主区画像空白处填充卷云。画像外有铭文带和一道栉齿纹，铭文为："蔡氏作竟佳且好，明而月，世少有，刻治今守（当为禽兽），悉皆左，令人富贵宜孙子，寿而金石不知老兮，乐无极。"边缘为锯齿纹和云藻纹各一周。三角缘。朱亮从该墓葬的形制和墓中出土的瓷四系罐判断此

---

① 陕西省博物馆、文管会：《唐李寿墓发掘简报》，《文物》1974年第9期，第77页。西安东郊坝桥457号汉墓和乾县六区汉墓出土的重列神兽镜，见前揭《陕西省出土铜镜》，第86、87页，图76，77。

② 西安市文物管理处：《西安西郊热电厂基建工地隋唐墓葬清理简报》，《考古与文物》1991年第4期。

③ 赵国壁：《洛阳发现的波斯萨珊王朝银币》，《文物》1960年第8、9期合刊；前揭《洛阳出土铜镜》，图57，图片说明见第9页。

墓的年代当为隋至唐初,而出土的画像镜为东汉后期铸造。这面铜镜是在铸成后三百年左右才埋入地下的,且与百余年前的外国银币同时入葬,似乎可以认为墓主生前有收藏古物的习好[1]。

1988年发掘的巩义芝田属于唐高宗时期的88HGZM13墓室西部棺内随葬有一面直径14.4厘米的铭文镜[2](图3-2-7),呈银白色,虽已破裂,但纹饰、铭文还比较完整清楚。该镜薄胎厚缘,圆钮,圆钮座,座外装饰二大一小三条龙。两条大龙口含珠,龙身均饰乳钉纹。其外为铭文带和一道栉齿纹,铭文:"龙氏作竟四夷服多贺君家人民恩胡羌除灭天下复风雨时节五官位尊显象禄食长保二亲乐世巳。"边缘上饰锯齿纹、双线波折纹、锯齿纹各一周。此铜镜应属东汉至三国时期流行的龙虎镜类。

1998年河南偃师长庆三年(823)薛丹夫妇合葬墓出土一面直径11厘米的四叶连弧纹镜(图3-2-8),圆形,圆钮座,座外围以四叶纹。再外为变形四叶纹,内向十六连弧纹,素缘[3]。该镜应为东汉镜。

图3-2-7 巩义芝田88HGZM13唐墓出土铭文镜

采自《巩义芝田晋唐墓葬》彩版一八图1

图3-2-8 偃师唐薛丹夫妇合葬墓出土四叶连弧纹镜拓片

采自《中原文物》2009年第5期第13页图二十五

---

① 朱亮:《洛阳30号墓出土的三角缘画像镜》,《华夏考古》1994年第3期。张懋镕《试论洛阳发现的三角缘神兽镜》一文记述说此墓的年代,朱亮后来认为应该是北宋(《中国文物报》2006年12月22日第7版)。但尚未见朱亮著文更正。

② 郑州市文物考古研究所:《巩义芝田晋唐墓葬》,北京:科学出版社,2003年,第178页文、第179页图一七〇、彩版一八图1。报告著录铭文从"官位尊显"始,不确;应从"龙氏作竟"始。

③ 赵会军、郭宏涛:《河南偃师三座唐墓发掘简报》,《中原文物》2009年第5期。

2018年河南周口川汇区幸福河属于隋末唐初的2018ZCXM4中出土一面直径8.3厘米的四乳八鸟镜，圆形，圆钮座，钮座外饰以三线相间的斜线纹和一周宽凸弦纹。其外两周栉齿纹间施四乳和八禽鸟，禽鸟两两相对分为四组，与乳丁间隔排列。宽平素缘。发掘者将这面镜的年代定为西汉晚期至新莽时期[①]。

三、北方地区

1973年河北景县野林庄和北屯公社隋文帝开皇二年（582）高潭墓发现一面直径13.5厘米的铜镜，锈残，纹饰腐蚀不清。铜镜上有5个印纹，印纹上的字可辨识的有"服者公卿""□孙□息"[②]。此镜原报告无图片，陈根远认为，印章式铭文主要出现在高浮雕的神兽镜上，主纹饰多是半圆方枚神兽纹。他将此面铜镜的镜文与一面直径12.2厘米、铭文作"吾作镜服者公卿富贵子孙番昌"的东汉半圆方枚神兽镜比较，认为高潭墓所出铜镜大小、铭文皆与此镜相似，推断高潭墓所出镜为东汉半圆方枚神兽镜的可能性较大[③]。

1976年山东嘉祥英山隋文帝开皇四年（584）徐敏行夫妇墓发现一面铭文镜，发现时已破为三块，铭文为："茅氏作五月［子］［午］镜，辟不羊（祥），子孙千人乐未央；当大富，宜侯王，□□□□。"报告称该镜花纹、铭文类同晋镜[④]。

1998年河北平山县西岳村开皇十五年（595）崔大善迁葬墓出土两面古镜，一面是直径5.9厘米的变形四叶锯齿纹镜（图3-2-9），桥形钮，窄缘，内区纹饰为四叶间列乳突纹，外区为两周锯齿纹。另一面为直径8.8厘米的四乳神兽镜（图3-2-10），圆钮，素圆钮座。钮座外饰凸弦纹两周，钮座与凸弦纹及凸弦纹之间均饰斜线纹。再外为带座四乳间列神兽、禽鸟的主题纹饰，间隙处饰变形云纹，外围饰凸弦纹和斜线纹各一周。宽素缘[⑤]。陈根远认为前者属于东汉窄素缘锯齿纹镜，后者属于西汉四乳四虺镜[⑥]。

① 郑州大学历史学院、周口市文物考古所：《周口市川汇区幸福河唐宋墓发掘简报》，《江汉考古》2020年第4期。
② 河北省文管处：《河北景县北魏高氏墓发掘简报》，《文物》1979年第3期。
③ 陈根远：《隋纪年墓出土铜镜的制作年代与历史价值》，《考古与文物》2010年第3期。
④ 山东省博物馆：《山东嘉祥英山一号隋墓清理简报——隋代墓室壁画的首次发现》，《文物》1981年第4期，第31页文、第33页图一七。
⑤ 河北省文物研究所、平山县博物馆：《河北平山县西岳村隋唐崔氏墓》，《考古》2001年第2期。
⑥ 上揭陈根远文。

图3-2-9　河北平山隋崔大**善**墓出土变形四叶锯齿纹镜拓片

采自《考古》2001年第2期第63页图一一·2

图3-2-10　河北平山隋崔大**善**墓出土四乳神兽镜拓片

采自《考古》2001年第2期第63页图一一·1

　　1990年辽宁朝阳"凌河古墓群"区域内发现的武德二年(619)蔡泽墓(91CGJM2)出土有两面古镜,一面为直径12.8厘米的"长宜子孙"连弧纹镜(图3-2-11),圆钮、四蝠形叶钮座,蝠形叶间填"长宜子孙"4字铭文,其外为八个内向连弧纹组成的圈带,八连弧间有"□□三公"铭文和菱形纹,素宽缘[1]。"长宜子孙"连弧纹镜流行于东汉时期,此镜四叶呈蝙蝠形,同于洛阳烧沟东汉晚期M147出土的连弧纹镜[2],应属东汉晚期;另一面为直径16.6厘米的神人龙虎画像镜

图3-2-11　辽宁朝阳唐蔡泽墓出土"长宜子孙"连弧纹镜拓片

采自《文物》1998年第3期第25页图四四·2

(图3-2-12),圆钮,弦纹连珠纹钮座。内区双线方框,四角饰云纹。框外四角有四乳,将中区四等分,对置主纹神人和龙虎画像。神人端坐,左右各有一

① 辽宁省文物考古研究所、朝阳市博物馆:《辽宁朝阳北朝及唐代墓葬》,《文物》1998年第3期。

② 中国科学院考古研究所洛阳区考古发掘队:《洛阳烧沟汉墓》,北京:科学出版社,1959年,第172页。

侍者,应是描绘神话传说中的东王公和西王母的形象。张牙舞爪的青龙与昂首奔腾的白虎相对置,青龙和白虎前各踞一人,做供奉状。外有铭文带和一道栉齿纹,铭文共32字。边缘上饰锯齿纹及神兽、禽鸟等各一周[①]。此类镜流行的年代应在东汉至三国时期。

2005年宁夏吴忠北郊明珠公园甲区隋至初唐墓M56出土一面直径11.1厘米的四神镜(图3-2-13),圆形,圆钮,分为内区和外区两部分。缘三棱形,较高。外区高于内区,低于缘,为一平台,二重圈纹内饰水波纹,其外饰竖线纹。内区从外向内有一周竖线纹、一周凸弦纹和铭文带、一周凸弦纹和四神纹。锈蚀较重,纹饰略残[②]。这应是一面东汉的龙虎镜。

 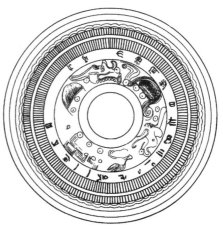

图3-2-12 辽宁朝阳唐蔡泽墓出土神人　　图3-2-13 宁夏吴忠北郊明珠公园甲区
　　　　　龙虎画像镜拓片　　　　　　　　　　　唐墓M56出土龙虎镜线图

采自《文物》1998年第3期第25页图四四·1　　采自《吴忠北郊北魏唐墓》第46页

四、南方地区

1952～1958年发掘的长沙市郊古墓葬中,长沙南郊隋墓M2出土一面直径5厘米的独兽纹镜(图3-2-14)。镜背中心为半球状钮,以钮为兽身,前出首,后添尾,左右分雕四肢,形成一怪兽[③]。此镜应属于东汉镜。

---

① 辽宁省文物考古研究所、朝阳市博物馆：《辽宁朝阳北朝及唐代墓葬》,《文物》1998年第3期。
② 宁夏文物考古研究所、吴忠市文物管理所：《吴忠北郊北魏唐墓》,北京：文物出版社,2009年,第46页。
③ 湖南省博物馆：《长沙两晋南朝隋墓发掘报告》,《考古学报》1959年第3期。

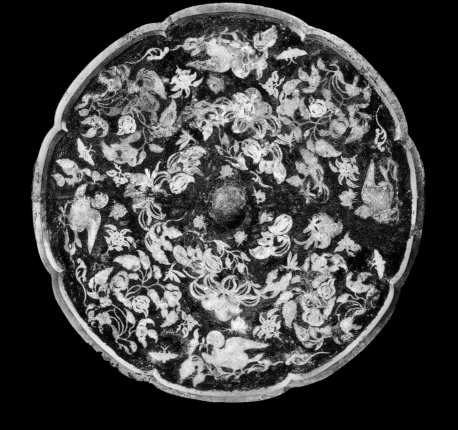

八出葵花形金银平脱花鸟镜

出自武则天长安三年（703）张盈墓，

采自《洛镜铜华 —— 洛阳铜镜发现与研究》下册第 296 页图 266

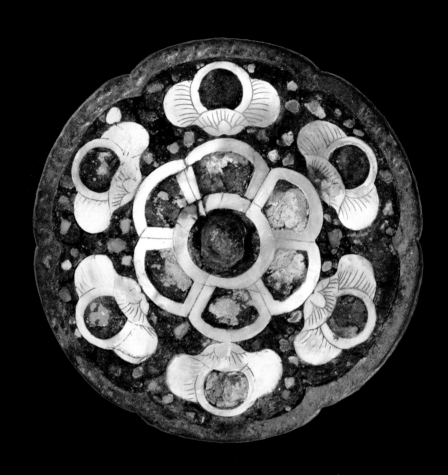

六出葵花形螺钿宝相花镜

出自唐玄宗开元二十四年（736）李俑墓，陕西考古研究院刘呆运先生供图

隋神人神兽镜

陕西永寿出土，采自《中国青铜器全集 16·铜镜》第 105 页图 103

唐金银平脱羽人花鸟葵花镜

郑州出土，采自《中国青铜器全集 16·铜镜》第 115 页图 113

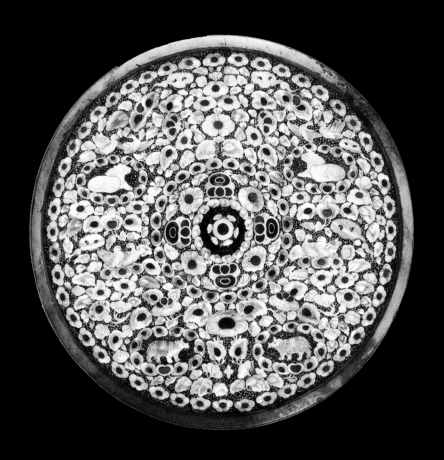

螺钿鸟兽花背圆镜

正仓院藏，采自《昭和五十八年正仓院展》第 82 页

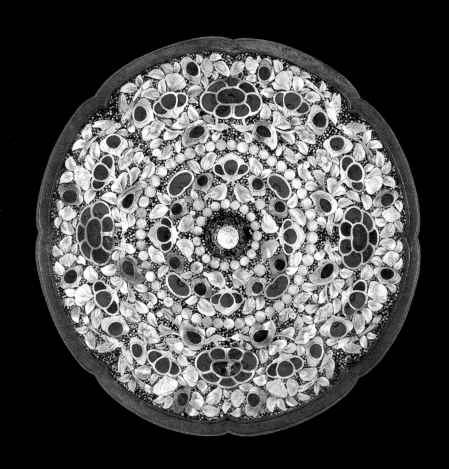

螺钿花鸟背八角镜

正仓院藏，采自《平成六年正仓院展》第 92 页

螺钿花鸟背八角镜

正仓院藏，采自《平成八年正仓院展》第 74 页

螺钿花背圆镜

正仓院藏，采自《平成八年正仓院展》第 72 页

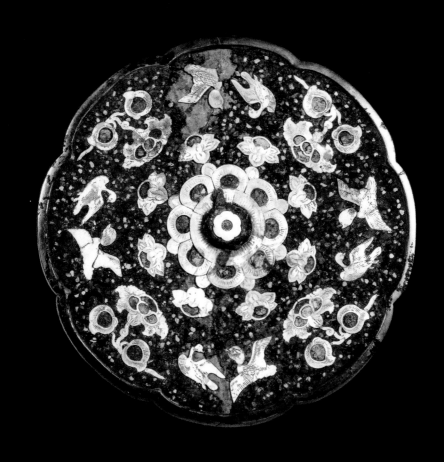

八出葵花形螺钿花鸟镜

出自唐玄宗开元二十四年（736）李倕墓，采自《大唐风华》第 94 页

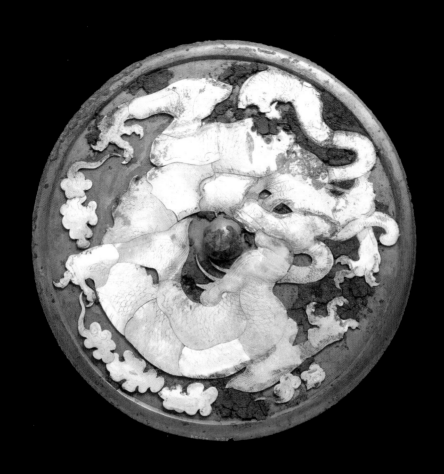

螺钿云龙镜

出自河南陕县三门峡唐墓，采自《中国青铜器全集 16·铜镜》第 119 页图 117

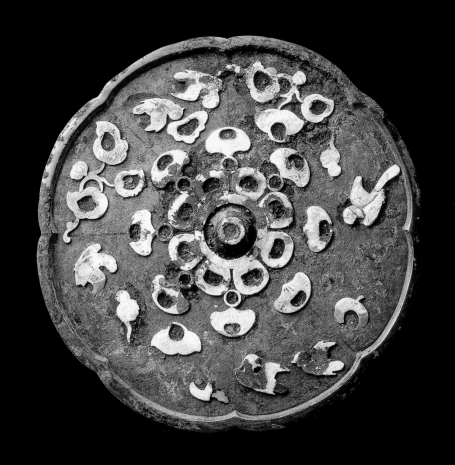

八出葵花形螺钿花鸟镜

出自西安东郊韩森寨红旗电机厂唐墓，采自《西安文物精华·铜镜》第 130 页图 117

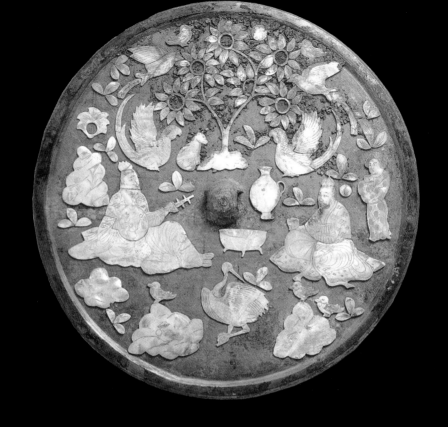

螺钿人物镜

出自洛阳 16 工区 76 号唐墓，采自《中国青铜器全集 16·铜镜》第 116 页图 114

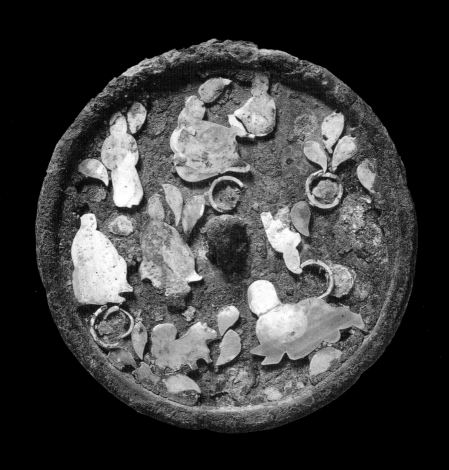

螺钿人物鸟兽花草纹镜

出自西安东郊郭家滩 419 号唐墓，采自《中国漆器全集 4》第 56 页

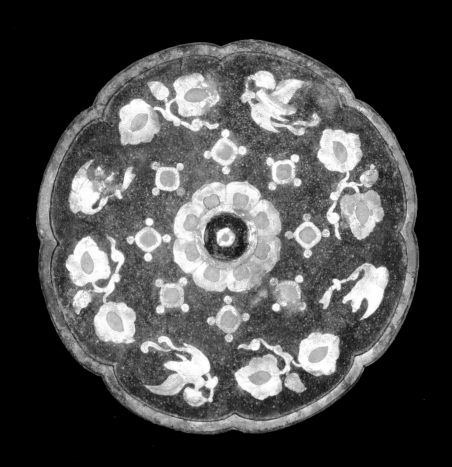

螺钿花鸟纹镜

白鹤美术馆藏，采自《中国青铜器全集 16·铜镜》第 118 页图 116

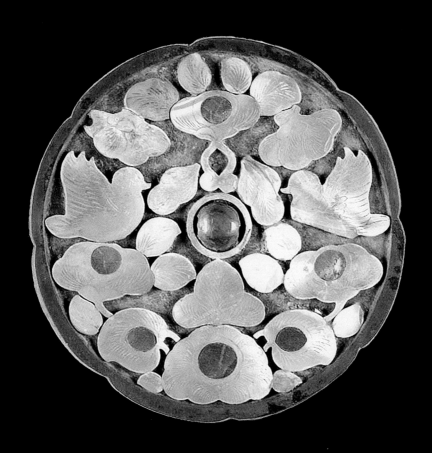

螺钿花鸟纹镜

不列颠博物馆藏，采自不列颠博物馆官网

唐葵花形鹦鹉衔花枝镜

正仓院藏，采自《平成八年正仓院展》第 77 页图 62

1956年长沙黄土岭35号隋墓出土一面直径4.3厘米的独兽纹镜，半球钮，主纹以镜钮为中心，饰浮雕式伏兽。兽仰首、四足外张，身压于钮下，其外有锯齿纹一周，三角缘[①]。此镜与东汉时期的虎纹镜和三角缘飞鸟镜相似[②]，应为东汉镜。

1961年广东英德浛洸镇13号隋至初唐墓出土一面直径9厘米的三兽纹镜，半球钮，钮外一圈为三兽，兽身分别涂红、蓝、绿三种色，外圈为栉齿纹，三角缘。发掘者认为这件铜镜年代较早，或可早到南朝末年[③]。

1964年湖南长沙近郊隋墓CM270出土一面直径7厘米的厚边铭文镜[④]（图3-2-15），圆钮，十二连珠钮座，主区弦纹带内有铭文一周，铭文："见日之光，天下大明"，铭文间隔以"e"或"◇"形符号，此镜当属西汉至新莽流行的日光镜。

1977年广西钦州隋至初唐墓M6出土两面神兽镜，直径分别为12.5厘米、14.5厘米，圆形，半圆镜钮，素缘，内区饰异兽纹[⑤]。这两面铜镜应是东汉神兽镜。

1984年江苏武进县湖塘乡隋墓WGM1出土一面直径11厘米的

图3-2-14　长沙南郊隋墓M2出土独兽纹镜

采自《考古学报》1959年第3期图版贰贰图6

图3-2-15　长沙隋墓CM270出土日光镜拓片

采自《考古》1966年第隋墓206页图五·1

---

① 周世荣：《中华历代铜镜鉴定》，北京：紫禁城出版社，1993年，第130页。
② 前揭《湖南出土铜镜图录》，第98页，图72。
③ 徐恒彬：《广东英德浛洸镇南朝隋唐墓发掘》，《考古》1963年第9期。
④ 湖南省博物馆：《湖南长沙近郊隋唐墓清理》，《考古》1966年第4期。
⑤ 广西壮族自治区文物工作队：《广西壮族自治区钦州隋唐墓》，《考古》1984年第3期。

鸟兽博局镜①。半球形钮，柿蒂纹钮座，方框四角各有一个乳钉纹。飞禽走兽为线条勾勒，处于补白的地位，再外有一圈栉齿纹，边缘饰锯齿纹。报告中虽未附图，但从文字介绍来看，该镜不是隋代流行的镜纹，应属于西汉至东汉时期的博局镜。

1984年安徽合肥西郊隋文帝开皇三年（583）张静墓出土两面直径11.4厘米的古镜，一面为四龙纹镜（图3-2-16）②，圆钮，连珠、弦纹钮座，主纹为高浮雕四龙，同向环绕，其外有双弦纹、栉齿纹、锯齿纹各一周。此镜应属东汉龙虎镜类中的四龙镜。另一面为神兽镜（图3-2-17），主纹有环状乳钉纹、神人神兽纹、半圆方枚纹，半圆方枚之间还饰有乳状地纹，方枚上有文字。外缘有两个纹饰带，其中一个为兽带纹，一个为涡状云气纹。它和其他半圆方枚神兽镜的区别是其独特的环状乳钉纹。因制造上不及东汉的同类镜精细，陈根远认为此镜的年代应为魏晋时期③。

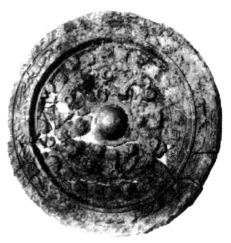

图3-2-16　合肥隋张静墓出土四龙纹镜　　　　图3-2-17　合肥隋张静墓出土神兽镜
采自《文物》1988年第1期第88页图一六　　　采自《文物》1988年第1期第88页图一七

1997～1999年广州黄花岗古墓群发掘中唐墓M13出土了一面直径13.3厘米的瑞兽博局镜（图3-2-18）。此镜半圆钮，圆座，平缘。钮区饰9枚乳钉纹，间以三角纹和"H"纹。主区饰"TVL"纹和四个小柿叶乳丁纹，分成四组饰瑞兽纹，其外饰一圈栉齿纹，边缘饰锯齿纹、勾连云纹各一周。发掘者认为："M13所出的规矩纹铜镜从铜质、形式看均为汉镜，应属唐人传世

---

①　常州市博物馆、武进县博物馆：《江苏武进县湖塘乡发现隋唐墓》，《考古》1990年第6期。

②　安徽省博物馆：《合肥隋开皇三年张静墓》，《文物》1988年第1期。

③　前揭陈根远文。

汉镜随葬。"①

1999年湖北谷城县肖家营墓地隋墓M70出土一面直径15.4厘米的鸟兽博局镜(图3-2-19),背有外郭,弓形钮,柿蒂形钮座。镜背纹饰以单、双凸弦纹分隔成三区,内区饰八乳及草叶、卷云纹;中区内侧饰四乳及规矩、禽兽纹,外侧有一周铭文带,铭文为:"上大山,见神人,食玉英,饮□金,驾非龙,无浮云。"铭文带的内、外各饰一周凸弦纹、栉齿纹;外区饰流云纹②。此镜应属于西汉至东汉时期的博局镜。

2002年湖北安陆黄金山墓地唐墓bM6出土一面直径12.2厘米的柿蒂连弧纹镜(图3-2-20)。仅存半面。墨绿色,胎体较厚。半球形钮,柿蒂纹座,叶间饰铭文,内区饰八内向连弧纹。宽缘内斜。铭文现存3字,其中两字完整,一字残缺,为"位至□(高)官"③。应是一面东汉镜。

2005年浙江诸暨东蔡官山脚发掘了两座贞观十四年(640)前后的墓葬M17、M19,出土三面神人神兽镜,M17出土两面,M19出土一面。神人神兽多寡不一,分别有4组、5组、6组。M17出土的一面(图3-2-21),直径14厘米,图案略模糊,有4组神人神兽图案④。年代大约东汉至三国时期。

图3-2-18 广州黄花岗古墓群唐墓M13出土瑞兽博局镜拓片

采自《考古学报》2004年第4期第482页图二九

图3-2-19 湖北谷城县肖家营墓地隋墓M70出土鸟兽博局镜拓片

采自《考古》2006年第11期第30页图一九

① 广州市文物考古研究所:《广州黄花岗汉唐墓葬发掘报告》,《考古学报》2004年第4期。
② 襄樊市考古队、谷城县博物馆:《湖北谷城县肖家营墓地》,《考古》2006年第11期。
③ 湖北省文物考古研究所、安陆市博物馆:《安陆黄金山墓地发掘报告》,《江汉考古》2004年第4期。
④ 浙江省文物考古研究所:《诸暨东蔡官山脚唐墓发掘简报》,《东方博物》2008年第3期。

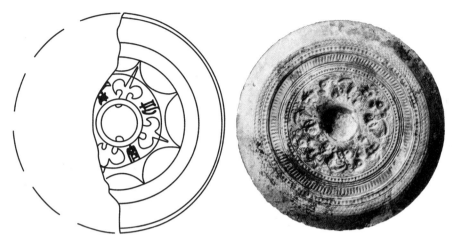

图 3-2-20　湖北安陆黄金山墓地唐墓 bM6
　　　　　出土柿蒂连弧纹镜线图

图 3-2-21　浙江诸暨东蔡官山脚唐墓 M17
　　　　　出土神人神兽镜

采自《江汉考古》2004年第4期第43页图二三·1　　　采自《东方博物》第28辑第52页图二十一

　　2007年江苏仪征南洋尚城晚唐墓M5出土一面直径9.1厘米的昭明镜（图3-2-22）。圆形，圆钮，圆钮座。座外一周放射状短斜线纹及内向十二连弧纹，两周短斜线纹圈带内为铭文"内而青而质而以而昭而明而光而日而月"，宽素缘[①]。为西汉或新莽镜。

　　另外，印度尼西亚爪哇岛打捞的沉船"黑石号"亦出有汉镜（图3-2-23）。"黑石号"沉船上发现的大量瓷器等物品证明沉船的年代应在晚唐时期，沉船上的其他物品如折枝纹铜镜等也是唐代后期制造的。沉船上的货品采自扬州，参照船中还发现隋镜甚至汉镜的现象，可以推测扬州市场甚至出售古镜[②]。

　　以上列举的34面铜镜，33面出自隋唐墓，1面出自唐代沉船。唐代沉船的年代虽然属于晚唐时期，但铜镜非隋唐时期铸造。除3面为晋、南朝镜外，余皆为汉镜，其中博局镜5面，数量较多。考古总是劫后余存，依据博局镜所占比例较大的事实，或可作出一个大胆的推论：隋至初唐时期，人们较多地见到汉代遗留的博局镜，它们或许像"漳宫旧样"一样，成为人们铸造隋至初唐铜镜可资借鉴的样本。

　　① 仪征博物馆:《仪征南洋尚城唐墓发掘简报》,《东南文化》2008年第5期。
　　② 齐东方:《"黑石号"沉船出水器物杂考》,《故宫博物院院刊》2017年第3期。

图3-2-22　江苏仪征南洋尚城M5出土昭　图3-2-23　"黑石号"沉船出水汉四乳禽
明镜拓片　　　　　　　　　　　兽镜

采自《东南文化》2008年第5期第31页图八　采自《故宫博物院院刊》2017年第3期第
　　　　　　　　　　　　　　　　10页图四

　　但是，任何一个时代复古风格器物的产生，除了得到古代实物之外，一个必不可少的条件是，当时的人们对待这些"旧样"的态度。这种态度才是催生"古意"生长的土壤。

第四章　唐人的"古镜"观

第一节　唐人对"古镜"的崇拜

唐代的诗文小说中常有发现古镜的记载,在这些记载中所使用的"古镜"一词,明显地与"铜镜""镜"相区别,明确地反映出唐人所言的古镜应指早于唐的铜镜,并且具有丰富的文化内涵。具体来讲,有以下三个方面。

一、"古镜"的神异

唐人认为凡古镜皆具有神秘的色彩和神异的作用,这是有关古镜的文献资料最鲜明的特征。

首先,古镜能显现奇异影像。

唐代笔记小说中有许多古镜呈现神异物象的记载,神异征象之一便是古镜照心照胆。如唐李濬《松窗杂录》:"卫公长庆中在浙右,会有渔人于秦淮垂机网下深处,忽觉力举异于当时。及敛就水次,卒不获一鳞。忽得古铜镜可尺余,光浮于波际。渔人惊取照之,历历尽见五藏六府,营脉动,竦骇神魄,因腕战而坠。"[1]五代刘崇远《金华子杂编》卷下:"咸通中,金陵秦淮中有小民,棹扁舟业以淘河者。偶获一古镜,可径七八寸,方拂拭,则清明莹澈,皎洁鉴人,心腑洞然。"[2]

唐人古镜照心照胆的说法沿袭了汉以来神异铜镜的认识,《西京杂记》在讲到秦咸阳宫神异宝物时说:"有方镜,广四尺,高五尺九寸,表里洞明,人直来照之,影则倒见。以手掩心而来,即见肠胃五脏,历历无碍。人有疾病在内者,则掩心而照之,必知病之所在。又女子有邪心,则胆张心动。秦始皇帝常以照宫人,胆张心动,则杀之也。"[3]秦咸阳宫宝镜照胆的说法在唐

---

[1]　上海古籍出版社:《唐五代笔记小说大观》,下册,第1217页。另见(宋)李昉等:《太平广记》卷二三二《器玩四》"浙右渔人"条,第5册,第1777页。

[2]　上揭《唐五代笔记小说大观》,下册,第1770页。

[3]　(宋)李昉等:《太平广记》卷四〇三《宝四》"秦宝"条,第9册,第3247页。

代深入人心,除了唐代诗文和铜镜铭文中有深刻反映外,唐段成式《酉阳杂俎》"物异"条:"秦镜,傂溪古岸石窟有方镜,径丈余,照人五脏。秦皇世号为照骨宝,在无劳县境山。"①可说是《西京杂记》咸阳宫宝物的另一版本。

其次,古镜具有神异功能。

与古镜显现的神异物象相关联的是这些影像能预示吉凶。唐李冘《独异志》卷中:"唐中宗为天后废于房陵,……有人渡水拾薪,得一古镜,进之。中宗照面,其影中有人语曰:'即作天子,即作天子。'未浃旬,践居帝位。"②古镜成为中宗重获天子位的吉兆。唐李绰《尚书故实》:"裴岳者,久应举,与长兴于左揆友善。曾有一古镜子,乃神物也。于相布素时得一照,分明见有朱衣吏导从。他皆类此。宾护与岳微亲,面诘之,云:'不虚。'旋亦坠失。"③文中所述朱衣吏导从乃是富贵的象征,对于尚为布衣的于左揆来说,镜中出现富贵的征象无疑是一大吉兆。

在唐以前就有铜镜能预示吉凶的说法,唐代古镜的征兆作用应渊源于此。《三国志·蜀书·周群传》载,蜀郡张裕"又晓相术,每举镜视面,自知刑死,未尝不扑之于地也④"。《晋书·五行志上》:"元帝永昌元年,甘卓将袭王敦,既而中止。及还,家多变怪,照镜不见其头。此金失其性而为妖也。寻为敦所袭,遂夷灭。……安帝义熙初,东阳太守殷仲文照镜不见其头,寻亦诛翦,占与甘卓同也。"⑤镜中不现人面,这种奇异镜像当属怪异之事,唐代笔记小说《独异志》便将殷仲文的照镜故事归入志怪中⑥,作为镜示凶兆的代表。

另外,古镜具有宗教法器般神异的功能。《潇湘录》有两则古镜照物毕现原形的故事,一则是:"唐万岁元年,长安道中有群寇昼伏夜动,行客往往遭杀害。……后有一道士宿于逆旅,闻此事,乃谓众曰:'此必不是人,当是怪耳。'深夜后,遂自于道旁持一古镜,潜伺之。俄有一队少年至,……道士以镜照之,其少年弃兵甲奔走。道士逐之,仍诵咒语。约五七里,其少年尽入一大穴中。道士守之至曙。却复逆旅,召众以发掘。有大鼠百余走出,

---

① (唐)段成式撰,曹中孚校点:《酉阳杂俎》前集卷一〇,第53页。
② 前揭《唐五代笔记小说大观》,上册,第936页。
③ 前揭《唐五代笔记小说大观》,下册,第1166页。另见《玉泉子》,前揭《唐五代笔记小说大观》,下册,第1439页。
④ (晋)陈寿:《三国志》卷四二,北京:中华书局,1964年,第1021页。
⑤ (唐)房玄龄等:《晋书》卷二七,北京:中华书局,1974年,第811页。
⑥ (唐)李冘《独异志》卷上:"宋武帝未杀殷仲文之时,仲文每照镜,常不见其首,后数日,果为武帝所杀。"(前揭《唐五代笔记小说大观》,上册,第918页。)

乃尽杀之，其患乃绝。"① 另一则是："至夜，（马举）令左右召之（叟）。见室内唯一棋局耳，乃是所失之者。公知其精怪，遂令左右以古镜照之。棋局忽跃起，坠地而碎，似不能变化。"② 在古镜的光照下，少年劫匪显现大鼠原形，神秘老叟显现棋局原形，小说的这一构思延续了魏晋以来人们对铜镜现形的认识。晋陶潜《搜神后记》"鹿女脯"条云："淮南陈氏，于田中种豆，忽见二女子，姿色甚美，着紫缬襦，青裙，天雨而衣不湿。其壁先挂一铜镜，镜中见二鹿，遂以刀斫获之，以为脯。"③ 在这一故事中姿色甚美的二女子经墙上悬挂的铜镜一照，现出鹿身原形。西晋葛洪《抱朴子内篇·登涉篇》："万物之老者，其精悉能假托人形，以眩惑人目而常试人，唯不能于镜中易其真形耳。"④

唐人对古镜所具有的神异功能的渲染，在唐传奇《古镜记》和《敬元颖》中表达得更为充分。《古镜记》云："隋汾阴侯生，天下奇士也。王度常以师礼事之。临终，赠度以古镜曰：'持此则百邪远人。'度受而宝之。"王度得到这面古镜后，发生了照出婢女鹦鹉是千年老狸、杀灭各种精怪、治愈龙驹家人的疾病等一系列神异故事。其中一则故事是一位神异的胡僧能够识宝，告诉王度这面古镜的种种神奇，如透日光、照脏腑、深藏泥中而不晦等⑤。《敬元颖》讲的是，天宝中，金陵书生陈仲躬居住在洛阳清化里一宅中，宅井常发生溺水事件，仲躬窥之，井中现一妖冶女子，原来是妖女诱人溺水。后此女求见仲躬，自称敬元颖，本是师旷所铸十二镜之第七面，贞观中为许敬宗婢女坠入井中，受井中毒龙驱使，化作人形，诱人溺水。但她不愿害人，希望仲躬帮她摆脱毒龙。仲躬遂命人淘井，但得古铜镜一枚，即敬元颖。敬元颖预知其井将崩，替仲躬另觅居所报答。后来，仲躬因此古镜而仕途通达⑥。

《古镜记》和《敬元颖》生动地传达了唐人深信不疑的古镜神异观念，除了基于古镜照心照胆、能治病、能现形、能预示吉凶的认识而编撰的神奇故事外，这二则传奇还间接地阐述了圣人造镜乃古镜神异性产生的重要原因。《古镜记》云："此则非凡镜之所同也，宜其见赏高贤，自称灵物。侯生常云：'昔者吾闻黄帝铸十五镜。其第一横径一尺五寸，法满月之数也。以其

① （宋）李昉等：《太平广记》卷四四〇《畜兽七》"逆旅道士"条，第9册，第3589页。
② （宋）李昉等：《太平广记》卷三七一《精怪四》"马举"条，第8册，第2949～2950页。
③ （晋）陶潜：《搜神后记》卷九，上海古籍出版社：《汉魏六朝笔记小说大观》，第479页。
④ （晋）葛洪：《抱朴子内篇》卷一七，王明：《抱朴子内篇校释》（增订本），北京：中华书局，1996年，第300页。
⑤ （宋）李昉等：《太平广记》卷二三〇《器玩二》"王度"条，第5册，第1761～1767页。
⑥ （宋）李昉等：《太平广记》卷二三一《器玩三》"陈仲躬"条，第5册，第1772～1774页。

相差,各校一寸。此第八镜也。'"《敬元颖》中的古镜阔七寸七分,为师旷所铸,"其铸时,皆以日月为大小之差。元颖则七月七日午时铸者也"。其中,师旷为乐圣,而黄帝则是铸镜的始祖。北宋高承在《事物纪原》一书中述及铜镜的起源说:"《玄中记》曰:'尹寿作镜,尧臣也。'《黄帝内传》曰:'帝既与王母会于王屋,乃铸大镜十二面,随月用之。'则镜盖肇于轩辕,非尹氏始作也。"[①]无论尹寿、师旷,还是黄帝,皆为唐人心目中的圣人,他们在铸镜时,参合日月,因而古镜成为比一般铜镜更有神力的灵物。

从以上资料可以看出,汉以来既已形成铜镜神异的思想,唐人在接续前人思想的同时,有意识地将古镜的神异性夸大,并利用魏晋以来志怪文学的传统,通过自身丰富的文学创作加以宣扬,使古镜神异的观念深入人心,这样,本已在唐代极为少见的古镜就显得愈加珍贵。

二、"古镜"的珍贵

古镜年代久远,流传下来的数量极少,在唐代社会中自然罕见难得。泰欣《古镜歌三首·一》:"尽道古镜不曾见,借你时人看一遍。目前不睹一纤豪,湛湛冷光凝一片。凝一片,无背面,嫫母临妆不称情,潘生回首频嘉叹。"[②]唐人罕见古镜,一句"尽道古镜不曾见"道出了古镜的珍贵。

古镜所具有的神秘性,尤其是"持此则百邪远人"的神异功能,促使唐人想方设法地去发现并占有古镜。

隋唐时期人们得到古镜主要是通过家传和发掘古墓两个渠道。唐柳宗元《龙城录·任中宣梦水神持镜》中记载了一个爱好收藏铜镜的任中宣:"长安任中宣家素畜宝镜,谓之飞精,识者谓是三代物。后有八字,仅可晓,然近籀篆,云:'水银阴精,百炼成镜。'"[③]而盗发古墓应是隋唐时期发现古镜的主要原因,沈佺期《古镜》:"凿井遭古坟,古坟衬沦没。谁家青铜镜,送此长波月。……埋落今如此,照心未当歇。愿垂拂拭恩,为君鉴云发。"[④]五代杜光庭《录异记》"墓"条记载:"李道,咸通末为凤翔府府曹,因推发掘冢贼,问其所发,云:'……又一墓在咸阳原上,既入,得镜两面,可照人。鼻在侧畔。背面莹洁如新,磨毕以面照之如常无异;以背照之,形状备足,衣冠俨然而倒立也。'"[⑤]《稽神录》:"周显德乙卯岁(955,五代后周世宗柴荣年

---

①　(宋)高承:《事物纪原》卷八《镜》,北京:中华书局,1989年,第420页。

②　《全唐诗续拾》卷四四《南唐下》,《全唐诗》(增订本),第15册,第11587页。

③　(唐)柳宗元:《龙城录》,前揭《唐五代笔记小说大观》,上册,第143页。

④　《全唐诗续拾》卷九,《全唐诗》(增订本),第14册,第11023页。

⑤　(五代)杜光庭:《录异记》卷八,前揭《唐五代笔记小说大观》,下册,第1551～1552页。

号），伪连水军使秦进崇修城，发一古冢。棺椁皆腐，得古钱破铜镜数枚。”①

但是，无论家藏，还是掘墓获得的古镜数量毕竟很少，从考古发现来看，尽管有盗掘的因素，但从报告的数千座唐墓中仅发现30余件古镜的事实也可说明唐代古镜的稀有。

除此之外，古镜精良的工艺也曾引起唐人的惊叹。上海博物馆藏开元十年（722）造月宫纹葵花镜（见图1-3-23、图1-4-11a），图案外围的三圈铭文，计156字，其中有：“秦王之镜，照胆照心，此盖有神，非良公所得。吾每见古镜极佳者，吾今所制，但恨不得，停之多年，若停之一二百年，亦可毛发无隐矣。蕲州刺史杜元志，好奇赏鉴之士，吾今为之造此镜，亦吾子之一生极思。”②铭文中盛赞古镜工艺精良，发出唐代铸镜难以企及的感慨。

由于古镜罕见难得，工艺精良，加之具有神异的功能，因而在铜镜的买卖中价格相对较高。薛逢《灵台家兄古镜歌》：“一尺圆潭深黑色，篆文如丝人不识。耕夫云住赫连城，赫连城下亲耕得。……十千卖与灵台兄，百丈灵湫坐中至。”③薛逢为会昌初进士，诗中主要赞叹了古镜的神异和珍贵，顺带提及古镜的价格。从作者的语气透露十千钱应是一笔不小的数目。笔记小说《广异记》中记载有天宝年间在扬州三千钱买漆背金花镜之事：

> 韦栗者，天宝时为新淦丞。有少女十余岁。将之官，行上扬州，女向栗欲市一漆背金花镜。栗曰：“我上官艰辛，焉得此物？待至官与汝求之。”岁余，女死，栗亦不记宿事。秩满，载丧北归。至扬州，泊河次。女将一婢持钱市镜。行人见其色甚艳，状如贵人家子，争欲求卖。有一少年，年二十余，白晳可喜。女以黄钱五千余之。少年与漆背金花镜，径尺余。别一人云：“有镜胜此，只取三千。”少年复减两千。④

漆背金花镜很可能是唐代的特种工艺镜金背镜，三千钱的金花镜在开元天宝年间应是比较昂贵的奢侈品。《唐会要·内外官料钱》记载开元二十四年（736）七品官的月俸为四千五百文，八品官只有二千四百七十五

---

① （宋）李昉等：《太平广记》卷三九〇《冢墓二》“秦进崇”条，第8册，第3122页。
② 前揭《练形神冶 莹质良工——上海博物馆藏铜镜精品》，第262页录文、263页图。
③ 《全唐诗》卷五四八，《全唐诗》（增订本），第8册，第6375页。
④ （宋）李昉等：《太平广记》卷三三四《鬼十九》“韦栗”条，第7册，第2651页。

文①。《新唐书·食货志一》说:天宝五载(746)"海内富实,米斗之价钱十三,青、齐间斗才三钱,绢一匹钱二百②"。晚唐时期,特种工艺镜已被禁绝,但从文宗开成三年(838)圆仁在扬州花二千钱买白绢二匹③来推算,古镜的价格应是远远高于一般日常用品,也大大超出了同一时期唐镜的价格。

三、"古镜"在社会生活中的用途

古镜尽管年代久远,但经过磨砺,仍能照面。许棠《新年呈友》"一月月相似,一年年不同。清晨窥古镜,旅貌近衰翁"④的诗作,即说明古镜仍如一般唐镜一样发挥着日常生活中的实用价值。但是,由于古镜的神异、珍贵,除了发挥照面梳妆的一般功能外,在唐代的社会生活中也具有特殊的用途,如佛道法事、社会交往和民间占卜等。

其一,佛道法事。

隋智颛说《方等三昧行法》之《方等秘法具六缘第一》中记载五行法缘需用"古镜一面以镇道场"⑤。唐僧一行在求雨法事中也曾使用古镜,《酉阳杂俎·贝编》载:"僧一行穷数有异术。开元中常旱,玄宗令祈雨,一行言当得一器上有龙状者,方可致雨。上令于内库中遍视之,皆言不类。数日后,指一古镜,鼻盘龙,喜曰:'此有龙矣。'乃持入道场,一夕而雨。"⑥

贯休《古镜词》:"我有一面镜,新磨似秋月。上唯金膏香,下状骊龙窟。等闲不欲开,丑者多不悦。或问几千年,轩辕手中物。"⑦僧贯休得到一面古镜,写诗记录,即使此诗是文学创作,并非实有其事,但从中也可见佛僧对古镜的珍视。

考古发现杭州雷峰塔五代地宫瘞埋有10面铜镜,其中有西汉日光镜一面,隋、初唐的瑞兽铭带镜,盛唐的海兽葡萄镜、双鸾葵花镜⑧。在五代地宫瘞埋时,这些五代时已非常少见的"古镜",很可能是作为礼佛宝物被埋入的。

道教法事活动用古镜的情况,在记载宋元明时代道教符箓咒术较多的

① (宋)王溥:《唐会要》卷九一,第1963页。

② (宋)欧阳修、宋祁:《新唐书》卷五一,第1346页。

③ [日]圆仁:《入唐求法巡礼行记》卷一,上海:上海古籍出版社,1986年,第16页。

④ 《全唐诗》卷六〇三,《全唐诗》(增订本),第9册,第7027页。

⑤ (隋)智颛:《方等三昧行法》,《大正藏》,台北:新文丰出版公司,1983年,第46册,第945页。

⑥ (唐)段成式撰,曹中孚校点:《酉阳杂俎》前集卷三,第24页。

⑦ 《全唐诗》卷八二七,《全唐诗》(增订本),第12册,第9397页。

⑧ 浙江省文物考古研究所:《杭州雷峰塔五代地宫发掘简报》,《文物》2002年第5期,第23~24页。

《道法会元》中有关于用古镜化真人的方法，《上清五元玉册九灵飞步章奏秘法》章仪中的拜章集神法，"以正月一日或三月三日、五月五日、七月七日、九月九日起首，清净斋戒，入室东向平坐，以古镜一面明莹者，左手持镜，右手握固，凝神定息，严具衣冠，存思己形，明照熟认，再择庚申、甲子日子时入靖室，依前端坐，即不用镜"，通过默念神咒即可道气满充，化为真人①。

另外，道教符咒中也提到古镜的神力超过一般镜子，如"点灯立镜咒"曰："明灯照出千年鬼，古镜照出万年精，太阳正照，阴鬼当衰，神光耀目，光露太微，我今所照，众恶皆摧，七气成斗，三气成台，五星洞照，万劫咸灰。符到速捉，符到速追，急急如北帝律令敕。"②"南斗现镜符"召鬼神现形，作法是："朱书圆镜中，午文南气呵入镜中，镜前后左右用筋五只圈定，筋上各有符系之，存为直月五将军，念云：五方五帝真君敕。念毕，取五方气吹坛中，用筋攒地，直安镜于上，……午文南气呵入镜中……卯文东气吹布灯坛镜筋之中，次念咒曰：圆镜照出千年祟，古镜照出万年邪。咒毕，午文南气呵剔入镜。"③

虽然，《道法会元》为晚于唐代的道书，但从圆镜和古镜的区分上，亦可见唐代强化古镜神异思想的影响。对于唐代社会盛行的古镜灵异观念，作为唐代国教的道教同样也很重视。唐代著名的道士司马承祯开元九年（721）和开元十五年（727）二度应诏入宫④。在他居京期间，曾向玄宗进献宝镜，并得到玄宗的御批及诗。《道藏·洞玄部·灵图类·国字号》中有《上清含象剑鉴图》，图前有"天台白云司马承祯进"献含象镜表文⑤，说明此图是司马承祯向皇帝进献宝镜的图样。其表文中"此鉴所以外圆内方，取象天地也""词铭四句，理应三才"等词句，表达了镜纹所包含的道教义理。表文后，附有镜的三幅图案与铭文，其一有日月星山，铭曰："天地含象，日月贞明，写规万物，洞鉴百灵"；其二有龟，铭曰："龟自卜，镜自照，吉可募，光不曜"；其三有龟及四神，铭则除了有第二镜之铭文外，还有一圈："青盖作镜大吉昌，巧工刊之成文章，左龙右虎辟不祥，朱鸟玄武顺于旁，子孙富贵居中央。"其铭文从内容至形式都受到了古镜的影响⑥。

---

① 《道法会元》卷一八五，《道藏》，第30册，第177页。

② 《道法会元》卷一六七《上清天蓬伏魔大法补遗》，《道藏》第30册，第75页。

③ 《道法会元》卷一六六《上清天蓬伏魔大法》，《道藏》第30册，第61页。

④ （后晋）刘昫等：《旧唐书》卷一九二《隐逸传·司马承祯》，第5128页。

⑤ 《道藏》，第6册，第683～686页。《全唐文》卷三七〇宗皇帝《答司马承祯进铸含象镜剑图批》未载诗（第1册，第407页）。《全唐诗》卷三有李隆基《答司马承祯上剑镜》一诗[《全唐诗》（增订本），第1册，第32页]，与《道藏》载诗相同。

⑥ 具体论证见本书第六章《古镜记》与中晚唐道教的"古镜"再造。

其二,社会交往。

唐代诗歌中有一些朋友互赠古镜的记载,如刘长卿《见故人李均所借古镜恨其未获归府斯人已亡怆然有作》:"故人留镜无归处,今日怀君试暂窥。岁久岂堪尘自入,夜长应待月相随。空怜琼树曾临匣,犹见菱花独映池。所恨平生还不早,如今始挂陇头枝。"① 皇甫冉《寻戴处士》:"车马长安道,谁知大隐心。蛮僧留古镜,蜀客寄新琴。"② 朱昼《赠友人古镜》:"我有古时镜,初自坏陵得。蛟龙犹泥蟠,魑魅幸月蚀。摩久见菱蕊,青于蓝水色。赠君将照色,无使心受惑。"③ 李益《校书郎杨凝往年以古镜贶别今追赠以诗》:"明镜出匣时,明如云间月。一别青春鉴,回光照华发。"④ 这些诗歌反映了日常生活中,人们将古镜视为难得的馈赠佳礼的事实。前述《古镜记》中王度的古镜,也是通过受赠的方式从天下奇士侯生那里得到的。

唐人在社会交往中常以铜镜为礼品。在伯3723号敦煌写卷《记室备要》卷下的目录中列有70多种赠送他人的物品,如书籍、古画、诗篇、药方、障子、花鸟障、州县图、牙笏、木笏、剑、衣段、毛袄段、幞头、縠子、靴裁具、生蕉、竹鞋、琴、阮咸、镜子、棋局、长行局、弓箭、竹柱杖、鞍辔、鞭、牋纸、角器、越器、砚瓦、竹簟、水葱席、笔、墨、毬杖、扇子、毡、檐子、毡车子、檐子女二人、蒲扇、蝇拂、衣香、口脂、生药、木枕、交床、暖座、樱桃、藕子、蒲桃、笋、菴萝、甘橘、杏子、甘蔗、桃子、李柰、柰栗、橄榄子、烘柿、槟榔、梅子、林檎、枣子、石榴、茶、酒、马、鹰鹞、猎狗、猧子、鹤、鹦鹉、茶酒等等⑤。其中作为礼物馈赠的镜子应选取较为贵重者,如伯3774号《丑年(821)十二月沙州僧龙藏牒》:"至金牟使算会之日,出镆贝镜一面与梁舍人,附在尼僧脚下。"⑥ 镆贝镜即是珍贵的螺钿镜。

李白《代美人愁镜二首·二》中有诗句云:"美人赠此盘龙之宝镜,烛我金缕之罗衣。"⑦ 唐代婚礼,有夫妇并拜或共结镜钮的仪式⑧,铜镜也被作为

① 《全唐诗》卷一五一,《全唐诗》(增订本),第3册,第1566页。
② 《全唐诗》卷二五〇,《全唐诗》(增订本),第4册,第2825页。
③ 《全唐诗》卷四九一,《全唐诗》(增订本),第8册,第5602页。
④ 《全唐诗》卷二八二,《全唐诗》(增订本),第5册,第3200页。
⑤ 黄永武主编:《敦煌宝藏》,第130册,转引自杜朝晖:《敦煌文献名物研究》,浙江大学博士学位论文,2006年。
⑥ 黄永武主编:《敦煌宝藏》,第130册,第542页下栏。
⑦ 《全唐诗》卷一八四,《全唐诗》(增订本),第3册,第1889页。
⑧ 《酉阳杂俎·礼异》载:"近代婚礼,……娶妇,夫妇并拜或共结镜纽。"(唐)段成式撰,曹中孚校点:《酉阳杂俎》前集卷一,第4~5页。

男女表达爱情的信物相互赠与，如乔知之《杂曲歌辞·定情篇》："妾有秦家镜，宝匣装珠玑。鉴来年二八，不记易阴晖。妾无光寂寂，委照影依依。今日持为赠，相识莫相违。"① 白居易《感镜》："美人与我别，留镜在匣中。……今朝一拂拭，自照憔悴容。照罢重惆怅，背有双盘龙。"② 张鹭《游仙窟诗·扬州青铜镜留与十娘》："仙人好负局，隐士屡潜观。映水菱花散，临风竹影寒。月下时惊鹊，池边独舞鸾。若道人心变，从渠照胆看。"③ 上述李白接受的盘龙镜被视为宝镜，其一是因为它是美人馈赠的信物；其二是因为盘龙镜是唐玄宗开元十七年（729）设立千秋节后于千秋节宫廷宴会上赏赐四品以上官员的节庆礼品，非一般人所能获得，因而十分珍贵。

在作为礼品或信物馈赠时，唐人选择古镜，自然是因为它的稀有，具有较一般铜镜更高的价值，且从唐诗来看，赠送古镜多发生在男性友人之间，似乎这一人群对古镜的收藏价值有着共识。

其三，民间占卜。

由于铜镜显现的物象预示吉凶，可作为占卜用具。在唐代，有意识地用镜占卜，在民间祠灶的"镜听"活动中表现得十分明显。王建《镜听词》："重重摩挲嫁时镜，夫婿远行凭镜听。回身不遣别人知，人意丁宁镜神圣。怀中收拾双锦带，恐畏街头见惊怪。嗟嗟嗦嗦下堂阶，独自灶前来跪拜。出门愿不闻悲哀，郎在任郎回未回。月明地上人过尽，好语多同皆道来。卷帏上床喜不定，与郎裁衣失翻正。可中三日得相见，重绣锦囊磨镜面。"④ 李廓《镜听词》："匣中取镜辞灶王，罗衣掩尽明月光。昔时长著照容色，今夜潜将听消息。门前地黑人来稀，无人错道朝夕归。更深弱体冷如铁，绣带菱花怀里热。铜片铜片如有灵，愿照得见行人千里形。"⑤ 这二首诗对于镜听用镜都没有特殊的要求，但元代伊世珍《琅嬛记》卷上引《贾子说林》讲到镜听时说："镜听咒曰：'并光类俪，终逢协吉。'先觅一古镜，锦囊盛之，独向灶神，勿令人见，双手捧镜，诵咒七遍，出听人言，以定吉凶。又闭目信足走七步，开眼照镜，随其所照，以合人言，无不验也。……此法惟宜于妇女。"⑥ 选择古镜来镜听，颇符合唐人古镜较之一般铜镜更加灵异的思想，很可能古镜也用于类似的民间占卜活动中。

---

①　《全唐诗》卷二六，《全唐诗》（增订本），第1册，第369页。

②　《全唐诗》卷四三三，《全唐诗》（增订本），第7册，第4796页。

③　［日］河氏宁纂辑：《全唐诗逸》卷下，《全唐诗》（增订本），第13册，第10288页。

④　《全唐诗》卷二九八，《全唐诗》（增订本），第5册，第3379～3380页。

⑤　《全唐诗》卷四七九，《全唐诗》（增订本），第7册，第5494页。

⑥　历代学人：《笔记小说大观》，台北：新兴书局有限公司，1975年，第9编第5册，第3442页。

古镜的神异、珍贵映照出唐人对古镜的遵从和膜拜,古镜在社会生活中仍有一定的作用,说明唐人对古镜应较为熟悉。但是由于古镜神异性思想的强大,禁锢了人们对真实古镜的探索。通常,当人们受到神灵的指引,会丧失最起码的理性分析。于是,当问到存在于唐人视野中的古镜,究竟是哪个时代所铸? 他们却给出了许多似是而非的答案。

第二节　唐人对"古镜"年代的认识

一、神异"古镜"的年代说法

> 偏识秦楼意,能照玉妆成。
> 花发无冬夏,临台晓夜明。[1]

这是湖南出土的一面唐镜上刻铸的一首五言诗。虽然此诗并没有被《全唐诗》收录,但在《岩窟藏镜》著录的一面六团花镜上也有内容几乎相同的铭文,只是"玉妆"改成了"美妆"[2],说明此诗得到了铸镜者的喜爱。诗中的"秦楼意"应与铜镜有关,只有铜镜"能照",对镜梳妆,"美妆"("玉妆")才会完成。那么,"秦楼意"究竟是何意呢?

胡珊珊认为,"秦楼"一语出于汉代乐府诗《陌上桑》:"日出东南隅,照我秦氏楼。秦氏有好女,自名为罗敷。"镜铭用"秦楼"典故,不着痕迹地将铜镜整妆照容的功用与以女性为使用对象的特点表现出来[3]。

除了"偏识秦楼意"铭文外,"秦楼"一名还见于"魏宫知本姓"铭:

> 魏宫知本姓,秦楼识旧名。
> 风从里中出,龙就匣中生。
> □波菱自动,不夜月恒明。
> 非唯照佳丽,复用压山精。[4]

---

① 周世荣:《铜镜图案——湖南出土历代铜镜》,长沙:湖南美术出版社,1987年,第129页。
② 梁上椿:《岩窟藏镜》,中华民国三十年(1941)印行,图二〇、二一。
③ 胡珊珊:《唐镜镜铭文学研究》,浙江大学硕士学位论文,2013年,第31页。
④ 霍宏伟、史家珍:《洛镜铜华——洛阳铜镜发现与研究》,北京:科学出版社,2013年,下册,第220页。

从"非唯照佳丽，复用压山精"的诗句来看，"秦楼"之意应不限于整妆照容的功用。

在《全唐诗》中并没有"秦楼意"的说法，但提及"秦楼镜"：

> 妾有秦楼镜，照心胜照井。
> 愿持照新人，双对可怜影。

李白《相和歌辞·白头吟·二》①

> 玉轮初满空，迥出锦城东。
> 相向秦楼镜，分飞碣石鸿。
> 桂香随窈窕，珠缀隔玲珑。
> 不及前秋月，圆辉凤沼中。

武元衡《八月十五夜与诸公锦楼望月得中字》②

《相和歌词·白头吟》中，李白提到照心的秦楼镜，自然使人联想到《西京杂记》记载的秦咸阳宫宝镜，而在有的唐诗中出现了可以照妖的"秦宫镜"：

> 愁花变出白髭须，半世辛勤一事无。
> 道在或期君梦想，贫来争奈鬼挪揄。
> 马卿自愧长婴疾，颜子谁怜不是愚。
> 借取秦宫台上镜，为时开照汉妖狐。

徐夤《咏怀》③

由此可知，"秦楼意""秦楼镜"与"秦宫镜"皆与《西京杂记》所言的"影则倒见""照心照胆""知病所在"的咸阳宫方镜有关。既然，它属于咸阳宫宝物，那么，就应是"秦时镜"，自然而然，这些秦时镜就是秦楼、秦宫留给唐人的宝镜——"古镜"：

> 万古秦时镜，从来抱至精。
> 依台月自吐，在匣水常清。
> 烂烂金光发，澄澄物象生。

---

① 《全唐诗》卷二〇，《全唐诗》(增订本)，第1册，第247页。
② 《全唐诗》卷三一六，《全唐诗》(增订本)，第5册，第3550页．
③ 《全唐诗》卷七〇八，《全唐诗》(增订本)，第11册，第8224页。

云天皆洞鉴，表里尽虚明。

但见人窥胆，全胜响应声。

妍媸定可识，何处更逃情。

仲子陵《秦镜》①

楼上秦时镜，千秋独有名。

菱花寒不落，冰质夏长清。

龙在形难掩，人来胆易呈。

升台宜远照，开匣乍藏明。

皎色新磨出，圆规旧铸成。

愁容如可鉴，当欲拂尘缨。

张佐《秦镜》②

旧是秦时镜，今藏古匣中。

龙盘初挂月，凤舞欲生风。

石黛曾留殿，朱光适在宫。

应祥知道泰，鉴物觉神通。

肝胆诚难隐，妍媸信易穷。

李益《府试古镜》③

另外，在唐代镜铭中还有"秦王镜"的说法：

赏得秦王镜，判不惜千金。非关欲照胆，特是自明心。

……常云：秦王之镜，照胆照心，此盖有神……

由于"照心照胆"的秦咸阳宫镜在唐人意识里占据着重要影响，唐镜镜铭中的"秦王镜"因涉及"照心照胆"的功能，很可能指秦宫镜，而非指秦王李世民。尤其是开元十年（722）造月宫纹葵花镜镜铭"秦王之镜，照胆照心，此盖有神"的文辞内容下接对古镜的赞美之词，更说明"秦王镜"应属"古镜"，即"秦宫镜"。

隋唐时期，与秦宫镜相对应的神异之镜还有三国吴王仁寿殿之镜。晋陆机《与弟云书》曰："仁寿殿前有大方铜镜，高五尺余，广三尺二寸，立著庭

---

① 《全唐诗》卷二八一，《全唐诗》（增订本），第5册，第3191页。

② 《全唐诗》卷二八一，《全唐诗》（增订本），第5册，第3191页。

③ 《全唐诗》卷二八三，《全唐诗》（增订本），第5册，第3226页。

中，向之，便写人形体了了，亦怪也。"①《周书·庾信传》"仁寿之镜徒悬，茂陵之书空聚"②一句也应是指仁寿殿之镜。

关于秦宫镜、仁寿镜的神异功能的表述亦是唐镜铭文中常见的内容，如：

> 阿房照胆，仁寿悬宫。菱藏影内，月挂壶中。看形必写，望里如空。山魈取出，水质惭工。聊书玉篆，永镂青铜。
>
> 美哉灵鉴，妙极神工。明疑积水，净若澄空。光涵晋殿，影照秦宫。防奸集祉，应物无穷。悬书玉篆，永镂青铜。
>
> 炼形神冶，莹质良工。如珠出匣，似月停空。当眉写翠，对脸传红。光含晋殿，影照秦宫。镌书玉篆，永镂青铜。③
>
> 魏宫知本姓，秦楼识旧名。风从里中出，龙就匣中生。□波菱自动，不夜月恒明。非唯照佳丽，复用压山精。④

秦与晋，是唐朝人判断神异之古镜年代最盛行的说法。此外，尚有两种对神异古镜年代的提法：

一种是，将古镜的年代推至轩辕等圣人的时代。如：

> 轩辕铸镜谁将去，曾被良工泻金取。
> 明月中心桂不生，轻冰面上菱初吐。
> 蛟龙久无雷雨声，鸾凤空踏莓苔舞。
> 欲向高台对晓开，不知谁是孤光主。
>
> 周匡物《古镜歌》⑤
>
> 我有一面镜，新磨似秋月。
> ……

① （唐）徐坚等：《初学记》卷二五《器物部》"镜"条，下册，第608页；（宋）李昉等：《太平御览》卷七一七《服用部一九·镜》，第3册，第3179页下栏。
② （唐）令狐德棻等：《周书》卷四一，北京：中华书局，1974年，第739页。
③ （明）陈继儒：《妮古录》卷三，《笔记小说大观》，台北：新兴书局有限公司，1983年，第14编第4册，第2367页。
④ 前揭霍宏伟、史家珍：《洛镜铜华——洛阳铜镜发现与研究》，下册，第220页。
⑤ 《全唐诗》卷四九〇，《全唐诗》（增订本），第8册，第5589页。

　　或问几千年,轩辕手中物。

贯休《古镜词》①

　　客从远方来,遗我古铜镜。

　　挂之玉堂上,如对轩辕圣。

贯休《古意代友人投所知》②

《古镜记》中侯生赠给王度的古镜也是轩辕黄帝所造。

　　另一种是,三代造镜。

　　柳宗元《龙城录·任中宣梦水神持镜》中任中宣收藏的宝镜是三代之物;唐传奇《敬元颖》中的古镜为春秋时期师旷所铸。

　　以上文学材料所述的古镜年代,带有鲜明的神秘神异色彩,与考古发现的实际情况比较,有明显的差异。

二、隋唐古物鉴别与"古镜"年代

　　从墓葬发掘情况来看,隋唐时期收藏的古镜绝大多数是汉镜,隋唐铜镜图纹所受到的影响也主要来自汉镜,唐墓中出土的借鉴古镜的复制镜和仿制镜基本上都以汉镜为对象。唐人所述的神异"古镜"应基于文学的想象,与铸镜实践存在着显而易见的矛盾。

　　其实,探究古代器物的年代及其特征的意识在唐朝并不缺乏,见于正史记载的也不乏其例。《旧唐书·高宗本纪下》:咸亨三年(672)"夏四月戊寅,幸合璧宫。壬午,于水南教旗。上问中书令阎立本、黄门侍郎郝处俊:'伊尹负鼎俎干汤,应是补缉时政,不知铸鼎所缘,复在何国? 将为国之重器,历代传宝?'阎立本以古义对"③。《旧唐书·舆服志》载,景龙二年(708)七月,皇太子将亲释奠于国学,有司草仪注,令从臣皆骑马着衣冠。太子左庶子刘子玄进议时列举了不合事实的古画。他说:"秘阁有《梁武帝南郊图》,多有衣冠乘马者,此则近代故事,不得谓无其文。臣案此图是后人所为,非当时所撰。且观当今有古今图画者多矣,如张僧繇画《群公祖二疏》,而兵士有着芒屩者;阎立本画《昭君入匈奴》,而妇人有着帷帽者。夫芒屩出于水乡,非京华所有;帷帽创于隋代,非汉宫所作。议者岂可征此二画以为故实者乎!"④宫室与礼器是古代社会中最为重要的礼仪尊卑标志,是维护社会秩

---

① 《全唐诗》卷八二七,《全唐诗》(增订本),第12册,第9397页。
② 《全唐诗》卷八二七,《全唐诗》(增订本),第12册,第9398页。
③ (后晋)刘昫等:《旧唐书》卷五,第96页。
④ (后晋)刘昫等:《旧唐书》卷四五,第1949～1951页;又见《旧唐书》卷一〇二《刘子玄

序的物质基础。鼎为社稷之重器，舆服关乎礼仪尊卑，二者皆与礼器关系密切，在朝廷中探讨较多。

此外，隋唐时期也发现一些古器，器物上的铭文是鉴定年代最为重要的线索。

其一，器物上铭文的纪年是器物年代的凭证。《古今刀剑录》载："唐人尚书郎李章武本名方古。贞元季年，为东平帅李师古判官。因理第掘得一剑，上有章武字。方古博物亚，张茂先亦曰：'蜀相诸葛孔明所佩剑也。'乃改名。师古为奏请为章武焉。盖蜀主八剑之一也。"①章武是三国蜀汉昭烈帝刘备的年号，据此判断，古剑为蜀主所铸之剑。明曹学佺《蜀中广记·方物记·服用》记载："宋史乾德三年（965），蜀平。蜀宫人入内，帝见其镜背有志'乾德四年'。召宝仪试诘之，对曰：'此必蜀物，蜀主尝有此号。'"此镜背铸有前蜀乾德四年（922）的年号，宝仪以此为据鉴定铜镜的铸造年代②。

其二，与铭文有关的历史知识可用于古器物的年代和真伪鉴定。《唐阙史》记载过一件轰动京城的"古器"：

裴休尚古好奇。掌纶诰日，有亲表调授邑宰于曲阜者，土人垦田，得古器曰盎，腹容三斗，浅项痹足，规口矩耳，朴素古丑，将蠹土壤者。既洗涤之后，磨耆之，隐隐有古篆九字带盎之腰。曲阜令不能辩。兖州有书生姓鲁，能八体书字者，召致于邑，出盎示之，曰："此大篆也。非今之所行者，虽某颇尝学之。是九字曰：'齐桓公会于葵丘岁铸'"。邑宰大奇其说。及以篆验，则字势存焉。及辇致河东公之门，公以为麟经时物，得以言古矣，宝之犹钟玦郜鼎也。视草之暇，辄引亲友之分深者观之。以是京华声为至宝。公后以小宗伯掌贡举，生徒有以盎宝为请者。裴公一日设食，会门弟子，出器于庭，则离立环观，迭词以质。独刘舍人蚬以为非当时之物，近世矫作也。公不悦，曰："果有说乎？"紫微曰："某幼专丘明之书，具载小白桓公九合诸侯，取威定霸，葵丘之会第八盟。又按《礼经》，诸侯五月而葬，同盟至。既葬，然后反虞，虞，然后卒哭，卒哭，然后定谥。则葵丘之役，实在生前，不得以谥称。此乃近世之矫作也。"裴公恍然而悟，命击碎，然后举爵尽饮而罢。③

传》，第 3171 ～ 3173 页。

① （梁）陶弘景：《古今刀剑录》，《景印文渊阁四库全书》，第 840 册，第 5 页；又见（明）陶宗仪：《说郛》卷九五上陶弘景《刀剑录》，《景印文渊阁四库全书》，第 881 册，第 416 ～ 417 页。

② （明）曹学佺：《蜀中广记》卷六八，《景印文渊阁四库全书》，第 592 册，第 141 页。

③ （宋）李昉等：《太平广记》卷一七二《精察二》"裴休"条，第 4 册，第 1265 ～ 1266 页。

谥号为人死后的褒贬评价，生前断没有使用死后之谥的可能，刘蜕以"古盉"铭文的错误说服了尚古好奇的裴休，也使唐人认识到这件器物并非春秋时器，而是后世的伪作。

虽然，以上所列举的隋唐墓中出土的汉镜铭文未有带年号者，但是类似带有年代标识的汉代铭文镜在唐代应有发现。伯3432号《龙兴寺卿赵石老脚下依蕃籍所附佛像供养具并经目录等数点检历》："汉小镜壹，叁两。又小镜壹，贰两。"①文书中的汉镜，很可能是汉地镜的简省，并不一定是汉代镜。但从陕西咸阳仁寿元年（601）元威、于宜容合葬墓出土的隋四神方镜镜铭假托东汉"永和元年"年号和"尚方"造镜②的情况亦可推测，唐代诸如新莽镜和东汉年号镜很可能被发现。只不过，铜镜为日常使用，与礼法相对疏离，因而没有必要追究古镜之时代及其特征，且出于神秘的需求，小说诗文创作对其年代往往采取模糊化的处理。秦镜和晋镜为神异灵物和祥瑞之物，轩辕、师旷铸镜，更染上奇异的光芒。小说诗文创作渲染了神异"古镜"的久远，迎合了人们希翼圣人、帝王佑护的心理需要。

另外，一些称"古镜"的文献，本身可能就指称汉镜。宋苏轼《仇池笔记·古镜》载："元丰中，余自齐安过古黄州，获一镜。其背铭云：'汉有善铜出白阳，取为镜，清而明。'左龙右虎辅之，其字如菽大，篆款，甚精妙。白阳疑白水之阳也。其铜黑色如漆，照人微小，古镜皆然，此道家聚形之法也。"③从"汉有善铜"铭文看，应是汉镜，但苏轼以"古镜"论之，或许，唐人也有此意。

---

① 黄永武主编：《敦煌宝藏》，第128册，第299页下栏。
② 陕西省考古研究院、咸阳市文物考古研究所：《隋元威夫妇墓发掘简报》，《考古与文物》2012年第1期。
③ （宋）苏轼：《仇池笔记》卷上，《景印文渊阁四库全书》，第863册，第8页。

叁

古 意 之 造

第五章　汉以来神仙道教对唐千秋镜的影响

时人对待古代文化遗存的做法,显而易见的有四:一是,不破不立。比如秦始皇的"焚书坑儒"。二是,古为今用。比如许棠的"清晨窥古镜",将古器用于当下的生活。三是,继古开今。比如隋何稠制作的礼器。四是,借古再造。假借古的名义创造的完全是新的东西。

对于一个历史悠久、艺术传统深厚的国家来说,继古开今与借古再造形成了艺术史跌宕起伏向未来发展的主流,而不破不立与古为今用,则像艺术史演进过程中的潜流,主流与潜流幻化出艺术史波涛涌动、水光烂漫的风景。而在这道互相辉映的风景中,古今交融,尤其是继古开今与借古再造,更是今中有古,古中有今。那么,在这样的事实情境中,探讨艺术史上借古再造的问题是不是徒劳而无益? 有幸的是,唐代近三百年铜镜艺术的发展,却在艺术思想与艺术实践两方面为我们勾画出一幅较为清晰的图景,使得古意再造的讨论成为可能。

第一节　千秋镜铸造的历史背景

千秋镜是唐玄宗为庆祝自己的生日,于自己的诞节——千秋节那天颁赐群臣的铜镜。另外,群臣为贺寿也铸造千秋镜作为礼品奉献给玄宗。虽然传世及考古发现的千秋镜很难明确地断定是皇帝赏赐还是群臣所献,但这类铜镜的特征却是十分鲜明的。以往学术界对千秋镜的研究侧重于种类的确定,孙机先生根据《全唐诗》收录的千秋节诗作,认为千秋镜主要有二类,一类是带有"千秋"镜铭的盘龙镜,一类是不带"千秋"镜铭的月宫镜,前者是皇帝赐群臣之镜,后者是臣僚进奉之镜[①];孙克让先生认为"千秋镜"

---

① 孙机:《中秋节·千秋镜·月宫镜》,载杨泓、孙机:《寻常的精致》,沈阳:辽宁教育出版社,1996年,第29~34页。

除了包括铸有"千秋"镜铭的盘龙镜、鸾鸟衔绶镜等三类七种镜式外，不带"千秋"铭的双鸾镜、盘龙镜和月宫镜也属于千秋节进献的镜类①；此外，对千秋镜的研究还涉及千秋节的设立、节庆活动以及所反映的开元盛世的社会面貌等②。

千秋镜是中国历史上为数不多的具有特殊用途和纪念意义的镜类，其图文较为单纯，尤其是其他种类唐镜中不见的盘龙、月宫纹和"千秋"等铭文，应有着明确的寓意和功能象征，对于探讨唐代铜镜图文的设计思想具有重要的价值。结合千秋节设立的背景，便会发现汉代以来的神仙思想对唐代千秋镜产生了至关重要的影响，而这一影响发生的根源在笃信神仙道教的唐玄宗身上。因为他的存在，铜镜的铸造生产与社会政治发生了广泛而密切的关联。这在铜镜铸造史和艺术发展史上，都是亘古未有之特例。

千秋镜铸造的直接动因是唐玄宗开元十七年（729）千秋节的设立。对这一节日设立的起因、过程、结果和变更，《旧唐书·玄宗本纪》《唐会要·节日》《资治通鉴·开元十七年》《册府元龟》《封氏闻见记·降诞》都有记载。《旧唐书·玄宗本纪》云：开元十七年八月癸亥，"上以降诞日，宴百僚于花萼楼下。百僚表请以每年八月五日为千秋节，王公已下献镜及承露囊，天下诸州咸令宴乐，休暇三日，仍编为令，从之"③。《唐会要·节日》云："开元十七年八月五日，左丞相源乾曜、右丞相张说等上表，请以是日为千秋节，著之甲令，布于天下，咸令休假。群臣当以是日进万寿酒，王公戚里进金镜绶带，士庶以丝结承露囊，更相遗问，村社做寿酒宴乐，名赛白帝、报田神。制曰：'可'。"④

"历代帝王无降诞日，惟开元中始为之"⑤，唐玄宗的诞节——千秋节可以说是中国历史上的创举。此节日的设立一方面是开元盛世下臣民对皇帝

---

① 孙克让：《千秋节和千秋镜》，《中国历史博物馆馆刊》1998年第2期。
② 关于千秋节的研究状况可参见胡戟、张弓、李斌城、葛承雍主编《二十世纪唐研究》，北京：中国社会科学出版社，2002年，第897～899页；朱红：《自我作古：唐代的诞节》，《史林》2010年第6期，第45页注①；高次若：《漫话千秋镜与开元盛世千秋节》，《文博》2007年第1期；王兰兰：《唐玄宗千秋金鉴节献镜渊源考析》，《陕西师范大学继续教育学报》2007年第2期；张勃：《政策过程视角下的唐玄宗诞节》，《民间文化论坛》2007年第3期；张全晓：《唐代千秋节习俗初探》，《赣南师范学院学报》2009年第4期；［美］陈怀宇：《礼法、礼制与礼仪：唐宋之际圣节成立史论》，杜文玉主编：《唐史论丛》第十三辑，西安：三秦出版社，2011年，第250～279页。
③ （后晋）刘昫等：《旧唐书》卷八，第193页。
④ （宋）王溥：《唐会要》卷二九，第631页。
⑤ （唐）封演：《封氏闻见记》卷四《降诞》，赵贞信校注：《封氏闻见记校注》，第29页。

崇拜的产物,顺应了臣民祈愿皇帝长寿、国家昌盛太平的心理;另一方面则是玄宗个人长寿成仙心愿的国家性表达①。

　　在唐代帝王中,玄宗最为笃信神仙道教。他即位之初,即亲访理道及神仙方药之事②。开元九年(721),迎著名道士司马承祯入京亲受法箓,成为道士皇帝。开元十五年(727),再度召司马承祯至都,赐绢三百匹,以充药饵之用。又令玉真公主及光禄卿韦绦至其所居修金箓斋,复加以锡赉③。开元中征撰著《神仙可学论》的道士吴筠待诏翰林,问神仙修炼之事④。开元二十一年(733),征有长年秘术的张果入京,亲问治道神仙事,并效仿汉武帝嫁女与方士求不死药的作法,诏玉真公主降于张果,欲取神仙药⑤。

　　玄宗不仅个人追求长寿成仙,还将这一愿望融入国家祭祀中。开元十三年(725),封禅泰山。《史记·封禅书》曰:"封禅者,合不死之名也。"⑥《后汉书·祭祀上》云:"孝武帝欲求神仙,以扶方者言黄帝由封禅而后仙,于是欲封禅。"⑦从以上记载来看,封禅即有着不死成仙之目的。而玄宗所封泰山,道家认为其神祇为东岳泰山君,主治死生⑧。玄宗的封禅采取"(皇帝)享君位于山上,群臣祀臣位于山下"的分祭之法,既是为了使"灵山清净",更是为了使天子密与神仙相接。所用玉牒玉册也是为了通仙⑨。封禅以后,围绕着玄宗个人的符命征应及求道求仙的国家祭祀也建立起来,如开元十六年(728)以后兴庆宫的祠龙坛,即是为了获得以龙致雨通神的感应⑩。

　　深谙玄宗心思的右丞相张说等人,为了迎合玄宗日益增长的长寿成仙

---

① 千秋节设立的第二年,礼部就正式拟订了千秋节的相关规定和仪式,宫廷仪式的细节保存在(唐)萧嵩《大唐开元礼》卷九七《嘉礼》之《皇帝千秋节受群臣朝贺》条中(《景印文渊阁四库全书》,第646册,第568～573页)。

② (后晋)刘昫等:《旧唐书》卷一九一《方伎传·张果》,第5106页。

③ (后晋)刘昫等:《旧唐书》卷一九二《隐逸传·司马承祯》,第5128页。

④ (后晋)刘昫等:《旧唐书》卷一九二《隐逸传·吴筠》,第5129页。

⑤ (后晋)刘昫等:《旧唐书》卷一九一《方伎传·张果》,第5106～5107页。

⑥ (汉)司马迁:《史记》卷二八,第1669页。

⑦ (南朝宋)范晔:《后汉书》志七,第3163页。

⑧ (宋)张君房辑:《云笈七签》卷七九《符图部一》引(汉)东方朔《五岳真形图序》载:"东岳太山君,领群神五千九百人,主治死生,百鬼之主帅也,血食庙祀所宗者也。世俗所奉鬼祠邪精之神而死者,皆归泰山受罪考焉。诸得佩《五岳真形》,入经山林及太山,诸山百川神皆出境迎拜子也。泰山君服青袍,戴苍碧七称之冠,佩通阳太平之印,乘青龙,从群官来迎子。"(《云笈七签》,济南:齐鲁书社,2016年,第451页中栏。)

⑨ (后晋)刘昫等:《旧唐书》卷二三《礼仪志三》,第898～899页。关于玄宗朝国家祭祀中的道教影响可参见吴丽娱《汉唐盛世的郊祀比较——试析唐玄宗朝国家祭祀中的道教化和神仙崇拜问题》,《中国社会科学院院报》2004年9月14日。

⑩ (宋)王溥:《唐会要》卷二二《龙池坛》,第504页。

的追求和愿望，于开元十七年（729）提出了设立皇帝诞节的动议。张说的《请八月五日为千秋节表》中写道：

> 左丞相臣说、右丞相臣璟等言："臣闻圣人出则日月记其初，王泽深则风俗传其后。故少昊著流虹之感，商汤本玄鸟之命；孟夏有佛生之供，仲春修道祖之箓。追始寻源，其义一也。伏惟开元神武皇帝陛下二气含神，九龙浴圣，清明总于玉露，爽朗冠于金天。月惟仲秋，日在端五，恒星不见之夜，祥光照室之期，群臣相贺曰：'诞圣之辰也，焉可不以为嘉节乎？比夫曲水禊亭，重阳射圃，五日彩线，七夕粉筵，岂同年而语也？'臣等不胜大愿，请以八月五日为千秋节，著之甲令，布于天下，咸令宴乐，休假三日。群臣以是日献甘露醇酎，上万岁寿酒，王公戚里，进金镜绶带，士庶以丝结承露囊，更相遗问，村社作寿酒宴乐，名为赛白帝，报田神。上明玄天，光启大圣，下彰皇化，垂裕无穷，异域占风，同见美俗。"①

此表以"圣人出则日月记其初"的天人感应论为依据，认为"开元神武皇帝陛下二气含神，九龙浴圣，清明总于玉露，爽朗冠于金天"。应以八月五日，诞圣之辰为千秋节，天下宴乐，起到"上明玄天，光启大圣，下彰皇化，垂裕无穷"的作用。

　　这篇充满符命征应色彩的表文非常符合玄宗的心思。动议很快被玄宗采纳，千秋节遂正式作为唐朝的国家节日，开始在全国执行。开元十八年（730）八月丁亥日，玄宗"御花萼楼，以千秋节百官献贺，赐四品已上金镜、珠囊、缣彩，赐五品已下束帛有差"②，从此开始了大规模的进奉、赏赐铜镜等千秋节节庆活动。

　　千秋节设立后，开元二十四年（736）因千秋节开始了祠寿星的国家祭祀③。开元二十七年（739）就祠部奏诸州县行道散斋观寺事，唐玄宗敕旨："京兆、河南府宜依旧观、寺为定，唯千秋节及三元行道设斋，宜就开元观、寺，余依。"开元二十九年（741）九月七日，敕："诸道真容，近令每州于开元观安置，其当州及京兆、河南、太原等诸府有观处，亦各令本州府写貌，分送安置。"天宝三载（744）三月，"两京及天下诸郡，于开元观、开元寺以金铜铸

---

① （清）董诰等编：《全唐文》卷二二三，第2252页下栏～2253页上栏。
② （后晋）刘昫等：《旧唐书》卷八《玄宗本纪上》，第195页。
③ （宋）王溥：《唐会要》卷二二《祀风师雨师雷师及寿星等》，第496页。

玄宗等身、天尊及佛各一躯。"①这样,玄宗就将国家祭祀和诞节变成了为皇帝祈祷福寿的工具,使帝王的求仙活动凌驾于国家政治之上,而道教也因此扩大了影响。

第二节　千秋镜等千秋节礼品的功能与寓意

依据千秋节节庆活动的规定,王公以下的大臣届时要向皇帝进献承露囊②和金镜。这两件礼品,皆有着特殊的含义。

承露囊,当为盛放甘露所用。汉唐时期,甘露一直被作为皇帝至德的上天征兆,《史记·乐书》"达神明之德"正义:"礼乐不失,则天降甘露,地出醴泉,是通于神明之德也。"③《宋书·符瑞志中》云:"甘露,王者德至大,和气盛,则降。"④《汉书·公孙弘传》记载了国家祥瑞的征象,其中有:"阴阳和,五谷登,六畜蕃,甘露降,风雨时,嘉禾兴,朱草生,山不童,泽不涸;麟凤在郊薮,龟龙游于沼。"⑤从文献记载来看,天降甘露没有一定的季节之规,这也说明了甘露和政治之关系更为密切。何谓甘露,唐代的颜师古说:"甘露凝如膏。"⑥《后汉书·郅恽传》注一三:"厅事前树时有清汁,以为甘露。(功曹)敬曰:'明府政未能致甘露,此清木汁耳。'"⑦从这条记载来看,甘露很可能是一种植物凝汁。

天降之甘露,亦可服食,并且有通仙之功效。《三国志·魏书·卫觊传》云:"昔汉武信求神仙之道,谓当得云表之露以餐玉屑,故立仙掌以承高露。"⑧汉武帝所立仙掌,《汉书·郊祀志上》有记载,建章宫有"仙人以手掌擎盘承甘露"。唐颜师古作注曰:"《三辅故事》云:'建章宫承露盘高二十丈,大七围,以铜为之,上有仙人掌承露,和玉屑饮之。'盖张衡《西京赋》所云'立修茎之仙掌,承云表之清露,屑琼蕊以朝餐,必性命之可度'也。"⑨至

---

① (宋)王溥:《唐会要》卷五〇《杂记》,第1030页。
② 玄宗也将承露囊赏赐给大臣。(唐)姚汝能:《安禄山事迹》卷上载天宝九载天长节时,为答谢安禄山的进奉,特赏赐他宝钿镜、承露囊(《开元天宝遗事 安禄山事迹》,第80页)。
③ (汉)司马迁:《史记》卷二四,第1423页。
④ (梁)沈约:《宋书》卷二八,第813页。
⑤ (汉)班固:《汉书》卷五八,北京:中华书局点校本,1964年,第2613页。
⑥ (汉)班固:《汉书》卷四九《爰盎传》颜师古注,第2293页。
⑦ (南朝宋)范晔:《后汉书》卷二九,第1031页。
⑧ (晋)陈寿:《三国志》卷二一,第612页。
⑨ (汉)班固:《汉书》卷二五上,第1220页。

唐仍有"饮甘露汤,即天神降"的说法[①]。道家在仙药的制作中,有时也会用到甘露。如《抱朴子·仙药篇》所记"服五云之法":

> 或以桂葱水玉化之以为水,或以露于铁器中,以玄水煞之为水,或以硝石合于筒中埋之为水,或以蜜搜为酪,或以秋露渍之百日,韦囊挺以为粉,或以无巅草樗血合饵之,服之一年,则百病除,三年久服,老公反成童子,五年不阙,可役使鬼神,入火不烧,入水不濡,践棘而不伤肤,与仙人相见。又他物埋之即朽,著火即焦,而五云以纳猛火中,经时终不然,埋之永不腐败,故能令人长生也。[②]

故此,进献或赏赐盛放甘露的承露囊也有着长生通仙的作用。

千秋节承露囊的形制,考古没有明确的发现。从张说上表中以丝结承露囊的叙述推测可能是织物,这也是今天考古未能发现的原因。唐以前就有以织物做成的囊袋盛放液体的作法,南朝梁宗懔《荆楚岁时记》所记五明囊、眼明袋可以为证:

> 八月十四日,民并以朱墨点小儿头额,名为天灸,以厌疾。又以锦彩为眼明囊,递相饷遗。按《述征记》云:"八月一日作五明囊,盛百草头露洗眼,令眼明也。"《续齐谐记》云:"弘农邓绍尝以八月旦入华山采药,见一童子执五彩囊,承柏叶上露,皆如珠满囊。绍问:'用此何为?'答曰:'赤松先生取以明目。'言终便失所在。"今世人八月旦作眼明袋,此遗象也。或以金薄为之,递相饷焉。[③]

由此可见,唐以囊袋盛甘露渊源有自。

除承露囊外,千秋节上大臣进奉和皇帝赏赐的最重要的礼品就是铜镜,即金镜,因而千秋节又被称为千秋金鉴节。据《旧唐书·玄宗本纪》记载第一次大规模的进献、赏赐活动发生在开元十八年(730),这一年八月丁亥日,玄宗"御花萼楼,以千秋节百官献贺,赐四品已上金镜、珠囊、缣彩,赐五品已下束帛有差"[④]。以后历次赏赐活动都很热烈。安史之乱后,那种"宝镜群

---

① (后晋)刘昫等:《旧唐书》卷一四二《李宝臣传》,第3868页。德宗时,藩将李宝臣饮下毒的甘露汤身亡。
② (晋)葛洪:《抱朴子内篇》卷一一《仙药》,王明:《抱朴子内篇校释》(增订本)。
③ 上海古籍出版社编:《汉魏六朝笔记小说大观》,第1059页。
④ (后晋)刘昫等:《旧唐书》卷八《玄宗本纪上》,第195页。

臣得,金吾万国回" 的千秋节场面已不复存在,有诗人禁不住发出 "自罢千秋节,频伤八月来。先朝常宴会,壮观已尘埃" 的感叹①,可见宴会中赏赐铜镜已成为千秋节最鲜明的特征。

皇帝的生日为什么要进献、赏赐铜镜? 很可能有以下原因:

第一,铜镜为日常用品,也是可以买卖的商品,有一定的价值。一年一度的千秋节如果选用玉、金、银等奢侈品大规模地赏赐,恐官府手工业生产以及经济难以为继。且唐代明令禁止三品以上的官员使用浑金、浑玉。虽然为保证国家所需钱币的铸造,有唐一代一直严格实行禁铸铜器的法令,但允许铜镜生产及买卖②。因为限制用铜,所以铜镜的价值应不低。

第二,千秋节除了祝寿之外,还有突出皇帝威望、加强皇权的政治目的。唐初,太宗就有以铜镜喻政治得失的思想:"夫以铜为镜,可以正衣冠;以古为镜,可以知兴替;以人为镜,可以明得失。"③并且,对能够明察皇帝得失的臣子赏赐铜镜,如银青光禄大夫、吏部侍郎高季辅 "凡所铨叙,时称允当。太宗尝赐金背镜一面,以表其清鉴焉"④。另外他还亲著《金镜》,阐明王朝盛衰之理。这种思想至玄宗朝仍然存在,《资治通鉴》载开元二十四年(736),"秋,八月,壬子,千秋节,群臣皆献宝镜。张九龄以为以镜自照见形容,以人自照见吉凶。乃述前世兴废之源,为书五卷,谓之《千秋金镜录》"⑤。《旧唐书·张九龄传》记载:"九龄为中书令时,天长节百僚上寿,多献珍异,唯九龄进《金镜录》五卷,言前古兴废之道,上赏异之。"⑥千秋节赐镜,似乎寓意着唐代的政治清明,并希望大臣像铜镜一样明察秋毫。

第三,最重要的是铜镜为道教法器,利用它可以趋利避害,又可通仙。晋葛洪《抱朴子》云:"或用明镜九寸以上自照,有所思存,七日七夕则见神仙。"⑦又云:"古之入山道士,皆以明镜径九寸已上,悬于背后,则老魅不敢近人。"⑧对于九寸镜的重视,在道教镜中也有反映。1973年8月,浙江上虞

---

①　杜甫:《千秋节有感二首·一》,《全唐诗》卷二三三,《全唐诗》(增订本),第4册,第2568页。

②　允许铸镜的诏令,如代宗大历七年(772)十二月 "禁天下新铸造铜器,唯镜得铸"。(《册府元龟》卷五〇一《邦计部·钱币三》,第6000页上栏);德宗贞元九年(793)春正月 "禁卖剑铜器。天下有铜山,任人采取,其铜官买,除铸镜外,不得铸造"。(《旧唐书》卷一三《德宗本纪下》,第376页)。

③　(唐)吴兢:《贞观政要》卷二任贤第三,第33页。

④　(后晋)刘昫等:《旧唐书》卷七八《高季辅传》,第2703页。

⑤　(宋)司马光:《资治通鉴》卷二一四,第6821页;(宋)欧阳修、宋祁:《新唐书》卷五九《艺文志》载有 "张九龄《千秋金镜录》五卷"(第1513页)。

⑥　(后晋)刘昫等:《旧唐书》卷九九,第3100页。

⑦　(晋)葛洪:《抱朴子内篇》卷一五《杂应篇》,王明:《抱朴子内篇校释》(增订本)。

⑧　(晋)葛洪:《抱朴子内篇》卷一七《登涉篇》,王明:《抱朴子内篇校释》(增订本)。

县文化站收集到一面唐代天象镜①，此镜应为道教上清长生百炼镜②，其镜铭"百炼神金，九寸圆形，禽兽翼卫，七曜通灵，鉴□天地，威□□□，□山仙□，奔轮上清"，即表达了九寸圆镜的通灵功能。另外，司马承祯在开元九年（721）和十五年（727）二次入京留侍内殿时亲为玄宗铸镜，很可能促成了千秋节献赐铜镜的活动。司马承祯所铸道镜进献后，明皇大喜，写有御批并诗："敕：得所进明照宝剑等，含两曜之晖，禀八卦之象，足使光延仁寿，影灭丰城。佩服多情，惭式四韵：'宝照含天地，神剑合阴阳。日月丽光影，星斗裁文章。写鉴表容质，佩服为身防。从兹一赏玩，永德保龄长。'"③其诗的末句"永德保龄长"似乎透露出玄宗千秋节选用铜镜的原因。

露囊与金镜，成为千秋节的象征，在《全唐诗》千秋节盛宴的诗作中皆有反映。如唐玄宗《千秋节宴》："兰殿千秋节，称名万寿觞。风传率土庆，日表继天祥。玉宇开花萼，宫悬动会昌。衣冠白鹭下，帟幕翠云长。献遗成新俗，朝仪入旧章。月衔花绶镜，露缀彩丝囊。处处祠田祖，年年宴杖乡。深思一德事，小获万人康。"④张说《奉和圣制千秋节宴应制》："五德生王者，千龄启圣人。赤光来照夜，黄云上覆晨。海县衔恩久，朝章献舞新。高居帝座出，夹道众官陈。棨杖洗清景，磬管凝秋旻。珠囊含瑞露，金镜抱仙轮。何岁无乡饮，何田不报神。熏歌与名节，传代幸群臣。"⑤虽然这些时事颂诗并未明确表达长生不死的神仙思想，但是安史之乱后，唐人在反思千秋节时，对于这个节日及其露囊与金镜所饱含的求仙含义，就已有着深刻的认识。舒元舆《八月五日中郎官舍读唐历天宝已来追怆故事》诗曰："抚几观陈文，使我心不怿。花萼笑繁华，温泉树容碧。霓裳烟云尽，梨园风雨隔。露囊与金镜，东逝惊波溺。昔闻欢娱事，今日成惨戚。神仙不可求，剑玺苔文积。万古长恨端，萧萧泰陵陌。"⑥而在千秋节确立之初，当玄宗及其重要朝臣借用着甘露与金镜——汉唐以来皇帝圣德、政治清明的符号——将玄宗个人的求仙活动纳入国家政治的轨道时，在道教及其神仙思想作为国家统治精神之时，是不会有着如此清醒的认识与体会的。

---

① 任世龙：《浙江上虞县发现唐代天象镜》，《考古》1976年第4期。
② 王育成：《唐代道教镜实物研究》，《唐研究》第六卷，北京：北京大学出版社，2000年。
③ （唐）司马承祯：《上清含象剑鉴图》，《道藏》，第6册，第683～686页。（清）董诰等：《全唐文》卷三七《元宗皇帝》未载诗（第407页）。《全唐诗》卷三有隆基《答司马承祯上剑镜》一诗，与《正统道藏》载诗相同［《全唐诗》（增订本），第1册，第32页］。
④ 《全唐诗》卷三，《全唐诗》（增订本），第1册，第38页。
⑤ 《全唐诗》卷八八，《全唐诗》（增订本），第2册，第960页。
⑥ 《全唐诗》卷四八九，《全唐诗》（增订本），第8册，第5585～5586页。

第三节　千秋镜设计思想

一、设计主旨及铜镜类别

千秋节设立后，唐朝的制镜中心扬州承担了千秋镜的铸造。作为体现皇帝意志的官府铸镜作坊，在千秋镜的铸造上自然要突出皇帝圣明、长生不死的主题，通过图文的设计表达出祈福唐玄宗，祈求唐朝基业千秋万代稳固的意图。据《资治通鉴》卷二一六"天宝九载（750）"记载："时上尊道教，慕长生，故所在争言符瑞，群臣表贺无虚月。"[①]《旧唐书·礼仪志四》记载："玄宗御极多年，尚长生轻举之术。于大同殿立真仙之像，每中夜凤兴，焚香顶礼。天下名山，令道士、中官合炼醮祭，相继于路。投龙奠玉，造精舍，采药饵，真诀仙踪，滋于岁月。"[②]在这样的背景下，千秋镜的图文自然也受到了道教神仙及其符命征应思想的影响，反映了汉以来符瑞学说的某些内容，同时又融入了玄宗本人对神仙道教的理解，在此基础上形成了千秋镜的图文设计。

根据千秋节诗作、千秋镜著录和以往学者的研究，大体可将千秋镜分为两类：

第一类，铸有"千秋"镜铭。镜形为葵花形，镜背纹饰主要有两种，一种是盘龙纹，镜铭有"千秋"（图5-3-1）、"千秋万岁"（图5-3-2）、"千秋万春"（图5-3-3）[③]；另一种是双鸾（双雁）纹[④]，镜铭只有"千秋"2字（图5-3-4、5-3-5、5-3-6、5-3-7、5-3-8）。

第二类，是不带"千秋"镜铭的盘龙镜（图5-3-9）和月宫镜（图5-3-10）。此类镜镜形多数是葵花形，少数是菱花形、圆形，尽管没有铭文，但根

① （宋）司马光：《资治通鉴》卷二一六，第6900页。

② （后晋）刘昫等：《旧唐书》卷二四，第934页。

③ "千秋万春"铭盘龙镜见胡仁宜：《皖西博物馆收藏的部分古代铜镜》，《考古》1996年第12期，第84～85页，文中铭文著录为"万春千秋"；此铭文王刚怀先生认为应读作"春秋万千"，见前揭王刚怀、孙克让：《唐代铜镜与唐诗》，第52页。笔者认为这一铭文应读作："千秋万春"，"千秋"应同"千秋""千秋万岁"铭之"千秋"，"万春"一词见于隋唐镜铭："有玉辞夏，惟金去秦。俱随掌故，共集鼎新。仪天写质，象日开轮。率舞龙凤，奔走鬼神。长悬仁寿，天子万春。"（见颜娟英：《唐代铜镜文饰之内容与风格》，《"中研院"历史语言研究所集刊》第60本第2分册，1990年10月，第343页）意同"千秋万岁"。

④ 千秋双雁镜存世很少，仅著录有北京思鉴斋收藏的一面。见前揭王刚怀、孙克让：《唐代铜镜与唐诗》，第49页。

图 5-3-1　"千秋"盘龙镜拓片

采自《中国古代铜镜》第 135 页图 200

图 5-3-2　"千秋万岁"盘龙镜拓片

采自《千秋节和千秋镜》，《中国历史博物
馆馆刊》1998 年第 2 期第 113 页图 9

图 5-3-3　皖西博物馆藏"千秋万春"盘
　　　　　龙镜

采自《六安出土铜镜》第 198 页图 171

图 5-3-4　北京思鉴斋藏"千秋"双雁镜

采自《唐代铜镜与唐诗》第 49 页图 16

据千秋节诗作可以推断此类镜也应属于颁赐和进奉的千秋镜。

其中的第一类镜，因有"千秋"镜铭，当是性质明确的千秋节镜。

以下将以这类铜镜的铭文和图案为依据，对千秋镜设计思想进行具体
论述。

图5-3-5 陕西长安斗门出土"千秋"
双鸾镜

采自《隋唐文化》第161页图15

图5-3-6 台北故宫博物院藏"千秋"
双鸾镜

采自《唐代铜镜与唐诗》第51页图16-2

图5-3-8 西安市东郊郭家滩唐墓M34出
土"千秋"双鸾镜拓片(残镜)

采自《二十世纪五十年代陕西考古发掘资
料整理研究》上册第588页

图5-3-7 洛阳机制砖厂出土"千秋"双
鸾镜

采自《洛镜铜华——洛阳铜镜发现与研
究》第252页图220

二、铜镜图文及意义

(一)"千秋"等镜铭

《抱朴子·道意篇》云:"夫神仙之法,所以与俗人不同者,正以不老不死

图5-3-9 偃师杏园唐李景由墓出土云纹
盘龙镜

采自《偃师杏园唐墓》彩版10图4

图5-3-10 唐双雀月宫龙纹镜拓片

采自《中国古代铜镜》第131页图194

为贵耳。"①千秋镜首先以"千秋""千秋万岁""千秋万春"等铭文，表明了长生不死的愿望。以"千秋""千秋万岁"作为器物铭文流行于西汉，在西汉前期（景帝以前）的蟠螭纹镜中，就出现了"千秋万岁"的铭文，如"大乐贵富，千秋万岁，宜酒食""大乐贵富得所好，千秋万岁，延年益寿"等②。曾经高挂于西汉建筑上的瓦当，以"千秋万岁"作文字装饰的更是不胜枚举，考古发现在陕西、河南、辽宁、河北、山东、山西、内蒙古、天津、安徽等地汉代遗址中都发现有"千秋万岁"瓦当③，另外还有"千秋"或"万岁"这样的简化形式。南西伯利亚阿巴干城附近中国式宫殿址出土的"天子千秋万岁常乐未央"更是将"千秋万岁"与"天子"连接起来④。

但是饶有趣味的是，"千秋万岁"自汉代起，就是一个语义矛盾的用语。它的含义之一指长生不死，如上述器物铭文那样；而在文献中它还有另一意思，即意指天子的死亡，与驾崩同义。如《史记·梁孝王世家》说："是时上（汉景帝）未置太子也。上与梁王（景帝弟刘武）燕饮，尝从容言曰：'千秋万岁后传于王。'"⑤《隋书·房陵王勇传》载，房陵王杨勇立为皇太子后，宠

---

① （晋）葛洪：《抱朴子内篇》卷九，王明：《抱朴子内篇校释》（增订本）。

② 林素清：《两汉镜铭初探》，《"中研院"历史语言研究所集刊》第63本第2分册，1993年5月，第327～328页。

③ 参见申云艳：《中国古代瓦当研究》，北京：文物出版社，2006年，第74～142页。

④ 佟柱臣：《苏联出土的有关中国考古材料》，《文物参考资料》1957年第11期。

⑤ （汉）司马迁：《史记》卷五八，第2518页。此事（汉）班固：《汉书》卷四七《梁孝王刘武传》亦载（第2207页）。

幸云昭训,引起文献皇后不满。晋王(杨广)拜见皇后,后曰:"每思东宫竟无正嫡,至尊千秋万岁之后,遣汝等兄弟向阿云儿前再拜问讯,此是几许大苦痛邪!"①《资治通鉴》卷二一五记载,天宝六载(747),玄宗让安禄山见太子时,上曰:"此储君也,朕千秋万岁后,代朕君汝者也。"②那么,深谙"千秋万岁"歧义,对符瑞极为敏感的玄宗,为什么还要将这样的文辞铸刻在铜镜上呢?

开元十一年(723)发生的一件事,或可作为回答。《册府元龟·帝王部·符瑞三》详细记录了这一年年初发生的符瑞:

> 十一年正月,行幸北都,纪功于太原府之南街,有连理李树、连理甘棠生于太原县。二月,祠后土于汾阴之脽上。太史奏:荣光出河,休气四塞,徘徊绕坛,日扬其光。有司奏:修坛掘地获古铜鼎二。其大者容一斗,色皆青。又获古砖,长九寸,上有篆书"千秋万岁"及"长乐未央"字。又有赤兔见于坛侧。③

二月,修建祭祀后土的祭坛时,发现了古砖(在另一版本中是瓦)。尤令君臣欣喜的是古砖上"千秋万岁""长乐未央"的文字,正应对了人们普遍祈求健康长寿的心里,作为一种祥瑞之兆,有司立刻上奏给皇帝。古砖上的"千秋万岁"确切无疑为长生不死的语义。千秋镜上的铭文很可能就是古砖符瑞的征应,只不过铭文没有用古篆书,而是采纳了唐镜铭文一般使用的楷书。

天宝以后,随着玄宗春秋渐高,他对长生不死的企盼也就愈加强烈,《资治通鉴》卷二一五记载,天宝四载(745)春,玄宗对宰相说:"朕比以甲子日,于宫中为坛,为百姓祈福,朕自草黄素置案上,俄飞升天,闻空中语云:'圣寿延长。'又朕于嵩山炼药成,亦置坛上。"④那么,很可能是为避开"千秋万岁"

---

① (唐)魏徵等:《隋书》卷四五,1232页。

② (宋)司马光:《资治通鉴》卷二一五,第6877页。唐姚汝能《安禄山事迹》卷上亦载此事,但言语与《资治通鉴》有异,为:"是储君。朕百岁之后,传位于太子。"(《开元天宝遗事　安禄山事迹》,第76页。)唐"千秋万岁"有死亡意,另见《旧唐书》卷一〇六《杨国忠传》:"是时,禄山已专制河北,聚幽、并劲骑,阴图逆节,动未有名,伺上千秋万岁之后,方图叛换。"(第3245页。)

③ (宋)王钦若等:《册府元龟》卷二四,第258页。

④ (宋)司马光:《资治通鉴》卷二一五,第6863页。

不祥的死亡之意，天宝七载（748），千秋节改作天长节①，象征“天长地久”②，并不再在铜镜上铸造铭文。

（二）龙、鸾鸟等纹样

铭刻“千秋”类铭文的千秋镜，在纹饰的选择上主要以祥云动物纹的祥瑞图像来表达求道求仙的象征意义，主题纹饰为云纹、盘龙、鸾鸟，辅助以鹦鹉、麒麟或庑殿顶宫殿和池中泛舟的图像，附加边饰有祥云、花枝或花结、方胜、禽鸟、蝴蝶等。其中龙、鸾鸟、麒麟、方胜等纹饰皆为汉以来的符瑞。

1. 盘龙

符瑞思想与王朝政治存在密不可分的联系，它以具体的实物映射王朝天命所归、政治昌明、天下太平。这些实物类别丰富，有祥瑞现象、祥瑞动物、祥瑞植物和祥瑞器物等，它们作为吉祥的征兆，连接着上天与人间。

盘龙是千秋镜特征最鲜明的纹样，龙是天子受命的象征，作为一种符命征应，多次出现在古代文献中，《旧唐书·五行志》：调露二年（680），“裴行俭问右史苗神客曰：‘鸟兽之祥，乃应人事，何也？’对曰：‘人虽最灵，而秉性含气，同于万类，故吉凶兆于彼，而祸福应于此。圣王受命，龙凤为嘉瑞者，和气同也。’”③而龙纹寓意着圣德。《为独孤中丞天长节进镜表》曰：“以去年五月五日，于淮扬铸上件镜，欲献之行在，为圣皇寿。……谨遣某乙进上件二镜，一献圣皇，一献陛下。……臣故以金龙饰镜，以表圣德。”④

伴随着盘龙镜的出现，唐代社会还流传着一个颇具道教灵异色彩的铸镜故事，《异闻录》记载：

① 改“天长节”之事，史书记载有两个时间，《唐会要》卷二九《节日》载：“至天宝二年八月一日，刑部尚书、兼京兆尹萧照及百寮请改千秋节为天长节，制曰：‘可。’”（第631页。）又《册府元龟》卷二《帝王部·诞圣》：“天宝七载七月，文武百官、刑部尚书兼京兆尹萧照等及宗子咸上表，请改千秋节为天长节，从之。”（第21页。）《旧唐书》卷九《玄宗本纪》亦载，改名时间在天宝七载（第222页）。从《旧唐书》卷四〇《地理志三》：天宝元年，割江都、六合、高邮三县地置千秋县，天宝七载，改为天长，及《新唐书》卷四一《地理志五》记载的改地名时间也为天宝七载来看，千秋节改天长节当在天宝七载。王纲怀先生认为天宝六载“千秋万岁”即有死亡之意，改名应在天宝二年，并认为“春秋万千”铭是改名为天长节的例证（见前揭王纲怀、孙克让：《唐代铜镜与唐诗》，第52页）。此说有值得商榷之处。首先，“千秋万岁”的死亡之意汉唐一贯；其次，“春秋万千”应为“千秋万春”，很可能是千秋节镜铭的另一形式。而天长节后，节庆所用铜镜不再装饰铭文。

② 池田温先生认为“天长”一名取自《老子》第七章“天长地久”语，诞节改名与“玄宗尊崇老子、兴隆道教相呼应”，“节名的变更表明强化了道教色彩，但节日本身没有任何实质性的变化”。（池田温：《天长节管见》，《日本古代の政治と文化》，吉川弘文馆，1987年。）

③ （后晋）刘昫等：《旧唐书》卷三七，第1368页。

④ （唐）独孤及：《为独孤中丞天长节进镜表》，（清）董诰等：《全唐文》卷三八五，第3917页下栏。

　　唐天宝三载五月十五日，扬州进水心镜一面。纵横九寸，清莹耀日，背有蟠龙长三尺四寸五分，势如生动。玄宗览而异之。进镜官扬州参军李守泰曰："铸镜时，有一老人，自称姓龙名护，……有小童相随，……呼为玄冥。以五月朔忽来，神采有异，人莫之识。谓镜匠吕晖曰：'……老人解造真龙，欲为少年制之（镜），颇将惬于帝意。'遂令玄冥入炉所，扃闭户牖，不令人到。经三日三夜，门左洞开，吕晖等二十人于院内搜觅，失龙护及玄冥所在。镜炉前获素书一纸，文字小隶云：'镜龙长三尺四寸五分，法三才，象四气，禀五行也。纵横九寸，类九州分野，镜鼻如明月珠焉。开元皇帝圣通神灵，吾遂降祉。斯镜可以辟邪，鉴万物。'"①

　　《全唐诗》中收集有龙护老人所作《铸镜歌》："盘龙盘龙，隐于镜中。分野有象，变化无穷。兴云吐雾，行雨生风。上清仙子，来献圣聪。"②龙镜不仅可以辟邪、鉴万物，佑护皇帝个人，而且还可以泽被万民，段成式《酉阳杂俎》中便记载了盘龙镜可致雨的故事："僧一行，开元中尝旱，玄宗令祈雨。曰：'当得一器，上有龙状者，方可致之。'命如内府遍视，皆言不类。后指一镜鼻盘龙，喜曰：'此真龙矣。'持入道场，一夕而雨。或云，是扬州所进。初范模时，有异人至，请闭户入室。数日开户，模成，其人已失。有图并传，见行于世。此镜，五月五日于扬子江心铸之。"③这些神异的故事显然服务于玄宗长寿求仙的目的。

　　2. 鸾鸟、麒麟与方胜

　　双鸾千秋镜纹中的鸾鸟、麒麟都为符瑞。《山海经·西山经》载女床之山"有鸟焉，其状如翟而五彩文，名曰鸾鸟，见则天下安宁"④。《宋书·符瑞志中》云："麒麟者，仁兽也。牡曰麒，牝曰麟。不刳胎剖卵则至。麇身而牛尾，狼项而一角，黄色而马足。含仁而戴义，音中钟吕，步中规矩，不践生虫，不折生草，不食不义，不饮洿池，不入坑阱，不行罗网。明王动静有仪则见。牡鸣曰逝圣，牝鸣曰归和，春鸣曰扶幼，夏鸣曰养绥。"⑤双鸾千秋镜内区上方的麒麟口衔瑞草，飞奔向前。麒麟所衔瑞草，应称作"仪委"，《册府元龟·帝

---

① （宋）李昉等：《太平广记》卷二三一"李守泰"条引《异闻录》，第5册，第1771页。李肇《国史补》亦录。
② 《全唐诗》卷八六四，《全唐诗》（增订本），第12册，第9831页。
③ （宋）李昉等：《太平广记》卷三九六"僧一行"条引《酉阳杂俎》，第8册，3164页。
④ 袁珂：《山海经校注》卷二，成都：巴蜀书社，1992年，第40页。
⑤ （梁）沈约：《宋书》卷二八，第791页。

王部·立制度一》曰："仪委，瑞草也。《瑞应图》云：'王者爱人，则瑞草生也。'"①

盘龙千秋镜、双鸾千秋镜的外区皆有方胜纹的附加纹饰。"胜"是一种首饰，其质地有金胜、玉胜之分，其形式有方胜、华胜、人胜之分。汉代刘熙《释名·释首饰》曰：

> 华胜，华象草木华也，胜言人形容正等，一人著之则胜。蔽发前为饰也。成蓉镜曰："《续汉书·舆服志》：簪以玳瑁为□，长一尺，端为华胜。"孙楷曰："司马相如《大人赋》：睹西王母皓然白首，戴胜而穴处兮。"师古注："胜，新妇首饰也，汉代谓之华胜。"《荆楚岁时记》："正月七日，镂金箔为人胜，以贴屏风，亦戴之头鬓，又造华胜以相遗。"②

所谓方胜为几何形的组合，华胜为花草形，人胜则为人（小儿）形。云龙千秋镜、双鸾千秋镜外区的方胜纹中间是方形几何纹，两边又装饰两朵花蕾，似可看作是方胜与华胜的组合。汉代以方胜为主，由于西王母戴胜，方胜也被罩上了一层神秘色彩。山东嘉祥东汉武梁祠画像祥瑞石中有玉胜图，榜题为"玉胜，王者"，后漫漶不清③。《宋书·符瑞志下》曰："金胜，国平盗贼，四夷宾服则出。"④更符合千秋镜的设计意图。

3. 鹦鹉

在千秋镜中，最引人注目的是啄食葡萄的鹦鹉。作为主要纹饰处于双鸾千秋镜的下部。

在系统总结上古至刘宋时期的符瑞思想体系的《宋书·符瑞志》中已出现赤鹦鹉、白鹦鹉，但只是作为异国进献的珍禽被记录在符瑞中⑤，其祥瑞意义未见阐述。唐朝统治者利用鹦鹉为符瑞，发生在武则天、玄宗时期，这时的鹦鹉与帝王政治发生了密切的联系，其含义也进一步明确。

---

① （宋）王钦若等：《册府元龟》卷六〇，第674页。

② （清）王先谦：《释名疏证补》卷四《释首饰第十五》，《续修四库全书》编纂委员会编《续修四库全书》，据清光绪二十一年刻本影印，上海：上海古籍出版社，1995年，第190册，第100页下栏～101页上栏。

③ 引自张道一：《汉画故事》，重庆：重庆大学出版社，2006年，第336页。

④ （梁）沈约：《宋书》卷二九，第852页。

⑤ （梁）沈约：《宋书》卷二九《符瑞下》载："宋文帝元嘉二十二年，湘州刺史南平王铄献赤鹦鹉。""孝武帝大明三年正月丙申，婆皇国献赤白鹦鹉各一。""宋文帝元嘉二十四年十月甲午，扬州刺史始兴王浚献白鹦鹉。"（第871～872页）。

武则天建立大周，利用祥瑞大造政治舆论，在为其革命而炮制的《大云经疏》中就有以鹦鹉所作的图谶。《大云经疏》中的鹦鹉谶共有三个[①]：

七字谶：东海跃六传书鱼，西山飞一能言鸟，鱼鸟相依同一家，鼓鳞奋翼膺天号。

五字谶甲：戴冠鹦鹉子，真成不得欺……二九一百八十年，天下太平高枕眠。

五字谶乙：陇头一丛李，枝叶欲雕疏，风吹几欲倒，赖逢鹦鹉扶。

鹦鹉，谐"英武"音，代表英明神武；鹦鹉又名"能言鸟"，会学人说话，因此古人也认为鹦鹉具有灵性，是一种神鸟。《大云经疏》充分利用了鹦鹉既是一种祥瑞，又是一种神鸟的光环，将鹦鹉之"鹉"与武则天的"武"字联系在一起，无疑给武则天的"应天命"增加了神秘感。如《大云经疏》曰："鹦鹉应圣氏也""鹦鹉者，属神皇之姓也"。以鹦鹉意会"武则天"之"武"的祥瑞，就连武则天本人也有几分笃信。武则天称帝后在立皇储以何姓之时，"谓仁杰曰：'朕梦大鹦鹉两翅皆折，何也？'对曰：'武者，陛下之姓，两翼，二子也。陛下起二子，则两翼振矣。'太后由是无立承嗣、三思之意"[②]。由此可见，鹦鹉谶也就自然成为武则天称帝的最为重要的依据之一[③]。

武则天信奉佛教，鹦鹉作为符瑞，除了应对武字谐音外，还应与佛教中的鹦鹉形象有关。鹦鹉是佛在过去世的化身，鹦鹉救火、鹦鹉子供养盲父母的故事塑造了鹦鹉仁义的善行[④]。同时，唐代净土信仰盛行，鹦鹉也是西方净土中悦音美好、姿态高雅的吉祥鸟。武周革命时的鹦鹉图谶应利用了佛教中鹦鹉出身高贵、品德高尚的形象。

鹦鹉祥瑞意义的进一步阐发则在玄宗开元十四年（726），《册府元龟·帝王部·符瑞三》记载：

开元十四年十月己巳，帝至自汝州之温汤时，有五色鹦鹉能言，育于宫中。帝令左右试牵御衣，鸟辄瞋目叱咤。岐王文学能延景因献《鹦鹉篇》以赞其事。帝以鸟及延景诗示百寮。尚书左丞相张说上表，贺曰："伏见大恩，以灵异鹦鹉及能延景所述篇出示朝列臣。按《南

①　参见斯6502《大云经疏》，黄永武主编：《敦煌宝藏》，台北：新文丰出版公司，1982年，第47册，第503页下栏～504页上栏。录文参阅林世田：《武则天称帝与图谶祥瑞——以S. 6502〈大云经疏〉为中心》，《敦煌学辑刊》2002年第2期，第67页。

②　(宋)司马光：《资治通鉴》卷二〇六，第6526页。

③　刘永海：《略论武则天称帝与祥瑞》，首都师范大学硕士学位论文，2008年，第46页。

④　艾萍：《佛经中的鹦鹉》，《佛教文化》2004年第6期；薛克翘：《中印鹦鹉故事因缘》，《南亚研究》2001年第2期；李娟：《唐代鹦鹉故事的佛教因缘》，《五台山研究》2009年第1期。

海异物志》有时乐鸟，鸣皆曰天下太平，有道则见。臣验其图，丹首红臆，朱冠绿翼，与此鹦鹉无异，而心聪性辨，护主报恩，故非常品凡禽，实瑞经所谓乐鸟也。延景虽识其事，未正其名，望编国史以彰圣瑞。"许之。①

张说所述的"丹首红臆、朱冠绿翼"的五色鹦鹉，与汉末名士祢衡《鹦鹉赋》②中所描绘的"绀趾丹觜、绿衣翠衿"的西域鹦鹉特征一致，这种五色鹦鹉应为外域所贡。外域所供鹦鹉以贞观、永徽年间和开元、元和年间为主，由位于南海今印度尼西亚的一些岛国以及与我国西南毗邻的古印度国，即唐朝时的林邑、陁洹、尸利佛誓、诃陵、拘蒌密国等贡献，品种主要是五色鹦鹉和白鹦鹉③。开元七年（719）诃毗施④、开元十二年（724）尸利佛誓⑤都向唐廷贡献了五色鹦鹉。上述玄宗所见的五色鹦鹉很可能就是这两次贡献之物。远方贡物本是帝王怀远之德的体现，早在汉代就和符瑞挂上了钩，《白虎通·封禅篇》言："天下太平，符瑞所以来至者。……德至八方，则祥风至，佳气时喜，钟律调，音度施，四夷化，越裳贡。"⑥外域贡献是"四夷化"的物质彰显，交通畅通是保障其实施的条件，所以远方贡物亦是天下太平的象征。

同时，张说指出的时乐鸟与武周时期的代乐鸟祥瑞意义一致，《沙州都督府图经》记载了武周祥瑞五色鸟："右大周天授二年一月，百姓阴嗣鉴于平康乡武孝通园内见五色鸟……刺史李无亏表奏称：'谨检《瑞应图》曰：代乐鸟者，天下有［道］则见也。止于武孝通园内，又阴嗣鉴得之。臣以为，阴者，母道；鉴者，明也。天显（后缺）'。"⑦刘永海认为五色鸟之瑞，其瑞并非为鸟，而是所涉及的人的姓氏"阴"与"武"。"阴"当为女主，"武"则暗示了将来的国姓⑧。代乐鸟之瑞以谐音寓意朝代更替的前景，而时乐鸟表达的是对太平盛世、政治昌明的首肯。

---

① （宋）王钦若等：《册府元龟》卷二四，第259页。
② （梁）萧统编，（唐）李善注：《文选》卷一三，北京：中华书局，1977年，第200～201页。
③ 周伟洲：《唐朝与南海诸国通贡关系研究》，《汉唐气象：长安遗珍与汉唐文明》，北京：中国社会科学出版社，2013年，第146～164页；刘文飞：《中国古代的鹦鹉分布及变迁研究》，暨南大学硕士学位论文，2010年，第37～40页。
④ （宋）欧阳修、宋祁：《新唐书》卷二二一下《西域》，第6260页。
⑤ （宋）王钦若等：《册府元龟》卷九七一，第11407页。
⑥ （清）陈立撰，吴则虞点校：《白虎通疏证》卷六，北京：中华书局，1994年，第283～285页。
⑦ P. 2005《沙州都督府图经》，《法藏敦煌西域文献》，上海：上海古籍出版社，1995年，第1册，第61页。
⑧ 刘永海：《略论武则天称帝与祥瑞》，首都师范大学硕士学位论文，2008年，第41页。

在符瑞系统中,五色、见则天下太平的鸟是凤凰与鸾鸟。《山海经·南次三经》载丹穴之山"有鸟焉,其状如鸡,五彩而文,名曰凤皇。首文曰德,翼文曰义,背文曰礼,膺文曰仁,腹文曰信。是鸟也,饮食自然,自歌自舞,见则天下安宁"。《西次二经》载女床之山"有鸟焉,其状如翟而五彩文,名曰鸾鸟,见则天下安宁"①。《白虎通·封禅篇》曰:"凤凰者,禽之长也。上有明王,太平乃来。"奇特的外形与美德使得凤凰成为众多禽鸟之首,正如《大戴礼记》云:"羽虫三百六十,而凤为之长。"②同时,凤凰作为一种超自然神圣祥瑞的象征,又与人间现实帝王形象联系起来,逐渐演变成封建社会最高权力与皇权地位的象征③。

张说将五色鹦鹉与鸾凤相提并论并非首创,祢衡《鹦鹉赋》中对"挺自然之奇姿,采采丽容,咬咬好音。虽同族于羽毛,固殊智而异心"的鹦鹉极尽赞颂之词,发出"配鸾皇而等美,焉比德于众禽"的感喟。张说对鹦鹉的定位应是受到汉魏这一文学传统的影响。虽然在唐代诗歌中,也多将鹦鹉与凤凰相类比,如"鹦鹉殊姿致,鸾皇得比肩"④"翰苑飞鹦鹉,天池待凤凰"⑤"醉客沾鹦鹉,佳人指凤皇"⑥"凤凰楼上伴吹箫,鹦鹉杯中醉留客"⑦"池边凤凰作伴侣,羌声鹦鹉无言语"⑧"言语巧偷鹦鹉舌,文章分得凤凰毛"⑨"手里金鹦鹉,胸前绣凤凰"⑩等,但将它上升至意义等同于凤凰的符瑞则是张说的倡导,其目的当然是彰显开元盛世皇帝的威德。

张说对鹦鹉符瑞意义的阐发,很可能成为唐代鹦鹉艺术兴盛的一大动因。学术界一般认为禽鸟植物纹的兴盛与唐代佛教净土信仰的兴盛有关,因为极乐净土中就有种种奇妙可爱的杂色众鸟,所谓鹅雁、鸳鸯、鸿鹤、孔雀、鹦鹉、迦陵频伽、命命鸟等,但是从目前考古发现的鹦鹉图像来看,器物装饰出现鹦鹉纹饰的年代主要在唐代中晚期⑪,显然不能排除玄宗时期对鹦鹉符瑞的塑造。

①　袁珂:《山海经校注》卷一、二,第19、40页。
②　(清)陈立撰,吴则虞点校:《白虎通疏证》卷六,第288页。
③　张鸿勋:《敦煌唱本〈百鸟名〉的文化意蕴及其流变影响》,《敦煌研究》1992年第1期。
④　《全唐诗》卷一○八胡皓《同蔡孚起居咏鹦鹉》,《全唐诗》(增订本),第2册,第1123页。
⑤　《全唐诗》卷一二二卢象《赠张均员外》,《全唐诗》(增订本),第2册,第1221页。
⑥　《全唐诗》卷二三一杜甫《陪柏中丞观宴将士二首》,《全唐诗》(增订本),第4册,第2540页。
⑦　《全唐诗》卷二七○戎昱《赠别张驸马》,《全唐诗》(增订本),第4册,第3002页。
⑧　《全唐诗》卷二九八王建《伤韦令孔雀词》,《全唐诗》(增订本),第5册,第3378页。
⑨　《全唐诗》卷四二三元稹《寄赠薛涛》,《全唐诗》(增订本),第6册,第4663页。
⑩　《全唐诗》卷八九一温庭筠《南歌子》,《全唐诗》(增订本),第13册,第10133页。
⑪　考古出土的材料以金银器较多,参见前揭齐东方:《唐代金银器研究》,第171～177页。

三、符瑞思想与求仙

汉魏以来，求仙活动盛行，求仙的方法主要有访名山、觅仙药、服食炼气等。玄宗的求仙也大致沿着这一传统，但是，与秦皇、汉武不同的是，秦皇、汉武以求仙药、见神人为目的，玄宗则侧重于以符瑞征象来满足自己的求仙之梦，而千秋节便是在这种思想指导下创造出的祥瑞之象，玄宗寄希望于举国欢庆、盛世太平的征象通灵，实现自己得道成仙的梦想。但是如同秦皇、汉武，唐玄宗的求道求仙随着"渔阳鼙鼓动地来"也以失败告终。再一次证明，无论是皇帝个人的求仙，还是将这一活动凌驾于国家政治之上的求仙，都不会实现帝王长治久安、长生不死的追求，相反，只会导致政治快速地衰退。这一点在唐朝建立时，太宗就有清醒的认识。《旧唐书·太宗本纪》记载，贞观元年（627），太宗对侍臣说："神仙事本虚妄，空有其名。秦始皇非分爱好，遂为方士所诈，乃遣童男女数千人随徐福入海求仙药，方士避秦苛虐，因留不归。始皇犹海侧踟蹰以待之，还至沙丘而死。汉武帝为求仙，乃将女嫁道术人，事既无验，便行诛戮。据此二事，神仙不烦妄求也。"①

不仅如此，自汉武帝独尊儒术，谶纬盛行，历朝帝王将政治与五行、符瑞紧密地联系起来，希望上天征兆起到护佑政治的作用。关于历朝帝王极为重视的符瑞，太宗的行为也不同凡响，《旧唐书·五行志》："贞观初，白鹊巢于殿庭之槐树，其巢合欢如腰鼓，左右称贺。太宗曰：'吾常笑隋文帝好言祥瑞，瑞在得贤，白鹊子何益于事？'命掇之，送于野。"②并且他还下诏禁奏祥瑞③。

太宗对待符瑞的态度，与玄宗恰成巨大的反差。《资治通鉴》卷二一五载：天宝元年（742）正月甲寅，"陈王府参军田同秀上言：见玄元皇帝于丹凤门之空中，告以'我藏灵符，在尹喜故宅'。上遣使于故函谷关尹喜台旁求得之。"二月田同秀因献祥瑞除朝散大夫。"时人皆疑宝符同秀所为。间一岁，清河人崔以清复言：'见玄元皇帝于天津桥北，云藏符在武城紫微山。'敕使往求，亦得之。东都留守王倕知其诈，按问，果首服。奏之。上亦不深

---

① （后晋）刘昫等：《旧唐书》卷二，第33页。
② （后晋）刘昫等：《旧唐书》卷三七，第1368页。
③ 此诏书见《全唐文》卷四《禁奏祥瑞诏》，第57页。诏书中表达了太宗对于政治与祥瑞之间关系的看法，他认为："安危在乎人事；吉凶系于政术。若时主肆虐，嘉贶未能成其美；如治道修明，咎征不能致其恶。"

罪,流之而已。"①

清醒的太宗创造出贞观之治,而笃信神仙与符瑞的玄宗最终葬送了开元盛世。这两个时代都曾有过大规模的宫廷艺术活动。太宗时,为了表彰功臣,借鉴汉室陪陵制度,形成了规模庞大的九嵕山昭陵陵区(将作监承担了营建墓室、制作壁画、烧造陶俑等任务),以此奖掖功臣和皇室贵戚。而玄宗时,延续着秦皇、汉武的求仙,创造了千秋镜的繁荣。同样是借古再造,昭陵象征着君臣齐心协力,而千秋镜则寓意着一个人的长生成仙。

天宝十五载(756)爆发的安史之乱结束了千秋节君臣的盛宴,也结束了千秋镜的铸造。霓裳羽衣与金戈铁马同时呈现在玄宗及同时代的唐人面前,仙境的优美与现实的残酷激发了诗人的情怀,产生了诸如杜牧《华清宫三十韵》这样优秀的文学艺术作品:

> 歌吹千秋节,楼台八月凉。
> 神仙高缥缈,环佩碎丁当。
> 泉暖涵窗镜,云娇惹粉囊。
> 嫩岚滋翠葆,清渭照红妆。
> 帖泰生灵寿,欢娱岁序长。
> 月闻仙曲调,霓作舞衣裳。
> 雨露偏金穴,乾坤入醉乡。
> 玩兵师汉武,回手倒干将。
> 黦鼊掀东海,胡牙揭上阳。
> 喧呼马嵬血,零落羽林枪。
> 倾国留无路,还魂怨有香。
> 蜀峰横惨淡,秦树远微茫。
> 鼎重山难转,天扶业更昌。
> 望贤余故老,花萼旧池塘。
> 往事人谁问,幽襟泪独伤。②

这是千秋镜过后的又一艺术创作。诵读这感伤的诗句,一方面,我们对玄宗将汉魏以来的神仙道教和符瑞思想嫁接于千秋镜的设计意图将有进一步的体悟;另一方面,对借古再造的千秋镜,对曾经涂抹玄宗朝政治的艺术

---

① (宋)司马光:《资治通鉴》卷二一五,第6852～6853页。
② 《全唐诗》卷五二一,《全唐诗》(增订本),第8册,第5993页。

也会有一番新的思考。求助于神仙的眷顾？求助于艺术的粉饰？还是求助于励精图治的帝王与大臣？生活在天宝中的梁锽在《赠李中华》一诗中就给出了答案：

> 莫向嵩山去，神仙多误人。
> 不如朝魏阙，天子重贤臣。[①]

遗憾的是，有着如此清醒认识的天宝人，不会进入千秋节宴会的名单。举国欢庆的千秋节转眼变成了令人哀叹的昨日盛宴。千余年后能够目睹的唯有铸造精良而不朽的铜镜，还有梁锽、舒元舆、杜牧等文人的诗歌给那些飞天的祥龙、缥缈的月宫、长寿的瑞鸟留下的精辟注解。

---

① 《全唐诗》卷二〇二，《全唐诗》（增订本），第3册，第2118页。

第六章 《古镜记》与中晚唐道教的"古镜"再造

自王育成先生《唐代道教镜实物研究》①发表以来,有关古代铜镜与道教文化的研究受到学界的重视。学者们通过《道藏》以及其他文献典籍与古代铜镜图案、铭文的对比研究,一方面逐步确定历代含有道家思想及道教信仰的镜式类型,另一方面也在深入探讨道教文化与铜镜密切关系发生的原因及发展过程。此外,有关道教实物镜的研究也引发人们从跨学科的角度重新审视中国古代镜题材的文学创作,陈珏先生《初唐传奇文钩沉》一书对《古镜记》中记述的"古镜"从历史、宗教、艺术和考古诸层面进行的考释就是一例②,涉及了《古镜记》的创作年代,所反映的社会文化及"古镜"在思想史、艺术史上的意义等内容。借鉴王育成、陈珏先生的研究成果和研究方法,在此拟对《古镜记》中的那面"古镜"再作考察,提出中晚唐道教的"古镜"再造及其引起的中晚唐铜镜风格的转型问题。

第一节 《古镜记》与"古镜"

在唐代文学中,有关铜镜的文学创作较之前代数量上明显增加。其中篇幅最长、文学史上影响最大的当数《古镜记》。

《古镜记》是中国文学史上颇负盛名的唐代小说,原载晚唐陈翰所编的《异闻集》中,《太平广记·器玩二》"王度"条收录③。小说主人公王度,自述大业七年(611)从汾阴侯生处得到一面古镜,能辟邪镇妖,携之外出,先后照出老狐与大蛇所化之精怪,并消除了疫病,出现了一系列奇迹。后来其弟王绩出外游历山水,借用古镜,一路上又消除了许多妖怪。最后王绩回到长

---

① 王育成:《唐代道教镜实物研究》,《唐研究》第六卷,北京:北京大学出版社,2000年,第27～56页。
② 陈珏:《初唐传奇文钩沉》,上海:上海古籍出版社,2005年,第61～203页。
③ (宋)李昉等:《太平广记》卷二三〇,第5册,第1761～1767页。

安，把一路上随身携带的古镜还给王度。大业十三年（617）古镜在匣中发出悲鸣之后，突然失踪。篇中以12则小故事相连缀，侈陈灵异，辞旨诙诡，虽尚存六朝志怪余风，但篇幅较长，加强了细节描写和人物对话，一般被认为是唐代传奇的开篇之作。

由于《古镜记》在唐代文学史上的重要地位，文学史研究的学者对此有较多研究。涉及的问题主要有：《古镜记》的作者和创作年代、艺术特色、古镜制妖的思想演进等。其中，创作年代因是研究基础，格外受到重视。20世纪学界对《古镜记》的写作时间有两种不同看法：第一种意见认为《古镜记》创作于隋末唐初，鲁迅、汪辟疆、李宗为、程毅中、侯忠义、韩理洲、徐斯年、刘开荣、吴志达等学者持此种观点；第二种观点认为《古镜记》是中唐小说，段仲熙先生持此说，张长弓先生也认为《古镜记》当作于中唐以后而非唐初①。近来，陈珏先生则力主《古镜记》创作于高宗、武后之世。

虽然传奇为虚构叙事文体，《古镜记》更是充满丰富的想象和神秘色彩，但其中也反映出作品创作时代背景下人们的思想意识和生活实际，包含真实的成分。在《古镜记》中，较为详细地记述了这面神异古镜的铸造者和特征，从这些器物形态的描述入手，并结合考古发现的铜镜资料，可以为我们探讨这篇传奇的创作年代找到新的途径。

一、"古镜"及其铸造者

在文学领域，《古镜记》的研究重点在考证作者，侧重于太原王氏家族的兴衰过程，但毋庸置疑的是，这篇传奇的核心是一面串联起12个事件的神奇的"古镜"。镜异题材的笔记小说早在汉魏时期就已出现，如《西京杂记》卷一"身毒国宝镜"②、卷三"咸阳宫方镜"③，《洞冥记》卷一"波祇国青金镜"④，《搜神记》卷一孙策杀道士于吉，吉现镜中，策扑镜而亡⑤，《搜神后

---

① 以上对《古镜记》创作时间的研究观点见杜晓勤：《20世纪中国文学研究·隋唐五代文学研究》，北京：北京出版社，2001年，第1405～1406页。另参程国赋：《〈古镜记〉研究综述》，《晋阳学刊》1992年第6期。

② 上海古籍出版社编：《汉魏六朝笔记小说大观》，第81页；《太平广记》卷二二九《器玩一》"汉宣帝"条，第1760页。

③ 前揭《汉魏六朝笔记小说大观》，第97页；《太平广记》卷四○三《宝四》"秦宝"条，第3247页。

④ 前揭《汉魏六朝笔记小说大观》，第125页；鲁迅《鲁迅辑录古籍丛编》第一卷《小说备校》，北京：人民文学出版社，1999年，第511页。二文有异，前者记述为金镜，"元封中，有祇国献此镜，照见魑魅，不获隐形"；后者为青金镜，"元光中，波祇国献此青镜，照见魑魅，百鬼不敢隐形"。

⑤ 前揭《汉魏六朝笔记小说大观》，第284页。

记》卷九《鹿女脯》《林虑山亭犬》①，《拾遗记》卷三"渠胥国火齐镜"②以及葛洪《抱朴子内篇》卷一五《杂应篇》中可见神仙、定吉凶的"日月镜""四规镜"，卷一七《登涉篇》记述道士入山以九寸明镜悬于背及张、偶二道士镜显老鹿真形、道士郅伯夷林虑山亭镜显群犬杀灭精怪的故事③等等。《古镜记》延续了上述镜异的思想，其撰述方法也与汉魏志怪一脉相承，尤其受到《西京杂记》及葛洪《抱朴子内篇》记载的镜异事的影响④。但值得注意的是，汉魏志怪小说中记述的神异镜尚未见"古镜"一名。较早地提到"古镜"的是南朝梁代的江淹，他的《铜剑赞》中有"今之作，必不及古，犹今镜不及古镜，今钟不及古钟"⑤的说法，主要表达的是今镜不及古镜的铸造工艺精良，并未涉及其神异的功能。而从唐代起，笔记小说及诗文中不仅出现了大量"古镜"的记录，而且明确地阐述了其异于凡镜的神奇。

　　"古镜"之名见于以下唐代诗歌：沈佺期《古镜》⑥、刘长卿《见故人李均所借古镜恨其未获归府斯人已亡怆然有作》⑦、皇甫冉《寻戴处士》⑧、李益《校书郎杨凝往年以古镜觊别今追赠以诗》《府试古镜》⑨、张籍《和左司元郎中秋居十首·二》⑩、周匡物《古镜歌》⑪、朱昼《赠友人古镜》⑫、薛逢《灵台家兄古镜歌》⑬、项斯《小古镜》⑭、李群玉《古镜》⑮、陈陶《古镜篇》⑯、许棠《新

①　前揭《汉魏六朝笔记小说大观》，第479、481页。《太平广记》卷四四三《畜兽十》"车甲"条为"鹿女脯"，第3625页。

②　前揭《汉魏六朝笔记小说大观》，第513页。《太平广记》卷二二九《器玩一》"周灵王"条，第1755页。

③　王明：《抱朴子内篇校释》（增订本），第273、300页。

④　王光福：《晋人葛洪所记镜异事与唐人镜异小说之关系》，《蒲松龄研究》2010年第1期；《晋人葛洪所记镜异事与唐人镜异小说之关系（续）》，《蒲松龄研究》2010年第2期。

⑤　（清）严可均校辑：《全上古三代秦汉三国六朝文》之《全梁文》卷三九，北京：中华书局，1985年，第3174页上栏。另见俞绍初、张亚新：《江淹集校注》，郑州：中州古籍出版社，1994年，第295～302页。

⑥　陶敏、易淑琼：《沈佺期宋之问集校注》卷一，北京：中华书局，2001年，第46页。

⑦　储仲君：《刘长卿诗编年笺注》，北京：中华书局，1999年，第522页。

⑧　《全唐诗》卷二五〇，《全唐诗》（增订本），第4册，第2825页。

⑨　范之麟：《李益诗注》，上海：上海古籍出版社，1984年，第14、130页。

⑩　《全唐诗》卷三八四，《全唐诗》（增订本），第6册，第4333页。

⑪　《全唐诗》卷四九〇，《全唐诗》（增订本），第8册，第5589页。

⑫　《全唐诗》卷四九一，《全唐诗》（增订本），第8册，第5602页。

⑬　《全唐诗》卷五四八，《全唐诗》（增订本），第8册，第6375页。

⑭　《全唐诗》卷五五四，《全唐诗》（增订本），第9册，第6468页。

⑮　《全唐诗》卷五六八，《全唐诗》（增订本），第9册，第6630页。

⑯　《全唐诗》卷七四五，《全唐诗》（增订本），第11册，第8562页。

年呈友》①、司空图《诗品二十四则·洗炼》②、徐夤《贡余秘色茶盏》③《追和贾浪仙古镜》④、贯休《古镜词上刘侍郎》⑤《古镜词》⑥等。其中，时代最早的是作于武则天大足元年（701）或前几年的沈佺期的《古镜》，叙述古墓中发现古镜的情形，尚未渲染古镜的神异。渲染古镜神奇的诗歌时代稍晚，如李益《府试古镜》："应祥知道泰，鉴物觉神通。肝胆诚难隐，妍媸信易穷"；薛逢《灵台家兄古镜歌》："人言此是千年物，百鬼闻之形暗栗"；项斯《小古镜》："宫中照黄帝，曾得化为仙"；李群玉《古镜》："得非轩辕作，妙绝世莫并。……阴沉蓄灵怪，可与天地永"；陈陶《古镜篇》："野老曾耕太白星，神狐夜哭秋天片"等。按照《全唐诗》所载诗人小传，李益大历四年（769）登进士第，大和初以礼部尚书致仕卒；薛逢会昌初擢进士第；项斯会昌四年（844）擢第；李群玉受裴休举荐，曾向唐宣宗进献诗歌；陈陶大中时，游学长安。他们生活的时代在中唐以后。由此可知，从诗歌创作来看，"古镜"一词在初唐虽已使用，但"古镜"神异的观念在中晚唐时才盛行开来。

唐代笔记小说中记述的"古镜"皆为神异之镜，有以下几则：李冗《独异志》卷中记载的房陵人进献给中宗一面古镜，"中宗照面，其影中有人语曰：'即作天子，即作天子。'"⑦李濬《松窗杂录》之"浙右渔人"打捞的古铜镜，"照之，历历尽见五藏六府，营脉动"⑧。李绰《尚书故实》记载裴岳有一古镜子，"于相布素时得一照，分明见有朱衣吏导从"⑨。李隐《潇湘录》记载的道士以古镜照大鼠⑩、马举以古镜照出棋局⑪。段成式《酉阳杂俎》前集卷三僧一行用"古镜"求雨⑫，谷神子《博异志》之"古镜"名敬元颖⑬，张读《宣室志》卷六"扶风县三宝村"之一宝为"古镜"⑭。从《独异志》记载有德宗朝

---

① 《全唐诗》卷六〇三，《全唐诗》（增订本），第9册，第7027页。

② 郭绍虞：《诗品集解　续诗品注》，北京：人民文学出版社，2005年，第14页。

③ 《全唐诗》卷七一〇，《全唐诗》（增订本），第11册，第8255页。

④ 《全唐诗》卷七一一，《全唐诗》（增订本），第11册，第8271页。

⑤ 《全唐诗》卷八二六，《全唐诗》（增订本），第12册，第9396页。

⑥ 《全唐诗》卷八二七，《全唐诗》（增订本），第12册，第9397页。

⑦ 上海古籍出版社编：《唐五代笔记小说大观》，上册，第936页。

⑧ 《唐五代笔记小说大观》，下册，第1217页。另见《太平广记》卷二三二《器玩四》"浙右渔人"条，第5册，第1777页。

⑨ 《唐五代笔记小说大观》，下册，第1166页。另见《玉泉子》，《唐五代笔记小说大观》，下册，第1439页。

⑩ 《太平广记》卷四四〇《畜兽七》"逆旅道士"条，第9册，第3589页。

⑪ 《太平广记》卷三七一《精怪四》"马举"条，第8册，第2949～2950页。

⑫ 《唐五代笔记小说大观》，上册，第588～589页。

⑬ 《太平广记》卷二三一《器玩三》"陈仲躬"条，第5册，第1772～1774页。

⑭ 《唐五代笔记小说大观》，下册，第1035～1036页。

事来看,其成书年代当在晚唐。《松窗杂录》记录唐中宗至武宗间宫廷轶事,而以玄宗一朝事迹为多。段成式生活于唐德宗至懿宗朝;张读大中六年(852)登进士第;李绰乾宁四年(897)为礼部郎中。同样,笔记小说中神异的"古镜"也多属于中晚唐时期。

从唐人佚名的《古镜赋》中"此镜何代良工铸成?"[①]可知,唐人所述的古镜,不是唐镜,而是唐以前的工匠铸造。这一点唐镜铭文亦可证实。上海博物馆藏"开元十年"(722)纪年铭葵花形镜(见图1-3-23、1-4-11a)有156字长篇铭文,分三圈排布于月宫图案的外围,云:"杨府吕氏者,其先出于吕公望,封于齐八百年,与周衰兴,后为权臣田儿所篡,子孙流进,家子(于)淮扬焉,君气高志精,代罕知者,心如明镜,曰:得其精焉。常云:秦王之镜,照胆照心,此盖有神,非良公所得。吾每见古镜极佳者,吾今所制,但恨不得,停之多年,若停之一二百年,亦可毛发无隐矣。蕲州刺史杜元志,好奇赏鉴之士,吾今为之造此镜,亦吾子之一生极思。开元十年五月五日铸成,东平邵吕神贤之词。"[②]从铭文可知,这面月宫镜是为蕲州刺史杜元志所铸,铭文中的"秦王之镜"应指《西京杂记》中能照见五脏六腑的秦咸阳宫宝镜,它与神异的三国吴王仁寿殿之镜常见于隋至初唐时期的镜铭中,如"阿房照胆,仁寿悬宫。菱藏影内,月挂壶中。看形必写,望里如空。山魈敢出,水质惭工。聊书玉篆,永镂青铜""美哉灵鉴,妙极神工。明疑积水,净若澄空。光涵晋殿,影照秦宫。防奸集祉,应物无穷。悬书玉篆,永镂青铜"[③]"炼形神冶,莹质良工。如珠出匣,似月停空。当眉写翠,对脸传红。光含晋殿,影照秦宫。镌书玉篆,永镂青铜"[④],但镜铭中出现"古镜"一词,目前仅见此例。说明"古镜"的说法出现得较晚,暗含着比秦镜、三国镜更早的意思。

月宫镜镜铭中,铸镜匠师吕神贤并未述及古镜的铸造者,但在《古镜记》中神异的古镜竟然是黄帝铸造,其文为:"此则非凡镜之所同也,宜其见赏高贤,自称灵物。侯生常云:'昔者吾闻黄帝铸十五镜。其第一横径一尺五寸,法满月之数也。以其相差,各校一寸。此第八镜也。'"此段叙述表达了古镜为黄帝法相天地所铸,因是圣人所铸,参合日月,加之历史悠远,所以古镜便成为比一般铜镜更有神力的灵物。

---

① (宋)李昉等:《文苑英华》卷一〇五,第1册,第480页下栏。

② 前揭《练形神冶 莹质良工——上海博物馆藏铜镜精品》,第262页录文、263页图。

③ 以上二镜铭引自颜娟英:《唐代铜镜文饰之内容与风格》附录三镜铭4、11,出处亦见附录三,《"中研院"历史语言研究所集刊》第60本第2分册,1990年10月。

④ (明)陈继儒:《妮古录》卷三,《笔记小说大观》,台北:新兴书局有限公司,1983年,第14编第4册,第2367页。

王昕先生认为黄帝铸神镜故事的成型大约在六朝到隋唐之间①。但举出徐铉《剑池颂》"昔黄帝法月满而铸镜，用能照烛怪魅，辟除不祥"②作为证据，徐铉为五代宋初时人，很可能作者仍是根据《古镜记》得出结论。

北宋高承在《事物纪原》一书中述及铜镜的起源时说："《玄中记》曰：'尹寿作镜，尧臣也。'《黄帝内传》曰：'帝既与王母会于王屋，乃铸大镜十二面，随月用之。'则镜盖肇于轩辕，非尹氏始作也。"③《玄中记》为晋郭璞所撰。《黄帝内传》不见于宋以前正史的记载，《宋史·艺文志四》云："《黄帝内传》一卷，篯铿得于石室。"④篯铿，即尧舜时的重臣彭祖⑤，篯铿得于石室的说法增加了此书的神秘色彩。该书后来亡佚，清初马骕在其编撰的《绎史》开篇《征言》中将它归入"全书阙轶，其名仅见"之书⑥。从《黄帝内传》仅见于《宋史·艺文志》的记载来看，它在北宋时尚且存在，故高承以此为根据认为铸镜的始祖应为轩辕黄帝。

尹寿作镜的说法在唐代文献中很少见，常见的是轩辕铸镜。如周匡物《古镜歌》："轩辕铸镜谁将去，曾被良工泻金取。"章孝标《览杨校书文卷》："谁有轩辕古铜片（镜），为持相并照妖看。"⑦徐夤《追和贾浪仙古镜》："谁开黄帝桥山冢，明月飞光出九泉。"贯休《古镜词》："我有一面镜，新磨似秋月。……或问几千年，轩辕手中物。"贯休《古意代友人投所知》："……客从远方来，遗我古铜镜。挂之玉堂上，如对轩辕圣。……"⑧这五首诗中都将作者所见之古镜视为黄帝所铸。周匡物元和十一年（816）进士及第；章孝标登元和十四年（819）进士第；徐夤登乾宁进士第；贯休为晚唐五代时僧人。从这四位诗人生活的年代，可以推测轩辕铸镜的观念是中晚唐才流行起来的，延续至北宋。高承《事物纪原》引述《黄帝内传》的"铸大镜十二面，随月用之"与《古镜记》"黄帝铸十五镜……法满月之数"虽然铸镜数目有差异，但是参照日月的思想却是一脉相通的。

---

① 王昕：《由器而"道"——论古代小说中照妖镜的演化》，《齐鲁学刊》2010年第3期，第132页。

② （宋）徐铉：《徐骑省集（上）》卷一四，王云五主编万有文库第二集，上海：商务印书馆，1938年，第140页。

③ （宋）高承：《事物纪原》卷八《镜》，第420页。

④ （元）脱脱等：《宋史》卷二〇五，北京：中华书局点校本，1977年，第5189页。

⑤ （汉）司马迁：《史记》卷四〇《楚世家》索隐系本云："三曰篯铿，是为彭祖。彭祖者，彭城是。"（第2029页。）

⑥ 王利器整理：《绎史》，北京：中华书局，2002年，第2页。

⑦ 《全唐诗》卷五〇六，《全唐诗》（增订本），第8册，第5797页。

⑧ 《全唐诗》卷八二七，《全唐诗》（增订本），第12册，第9398页。

二、"古镜"的纹饰特征

《古镜记》详细地叙述了这面古镜的尺寸、纹饰及铭文:"横径八寸,鼻作麒麟蹲伏之象。绕鼻列四方,龟龙凤虎,依方陈布。四方外又设八卦,卦外置十二辰位而具畜焉。辰畜之外,又置二十四字,周绕轮廓。文体似隶,点画无缺,而非字书所有也。侯生云:'二十四气之象形。'"此镜为伏兽钮,图案由四神、八卦、动物形十二生肖、似隶书的24字分区组成,这24字象征二十四节气,但并非文字。

那么,传奇的作者细致描写的这面"古镜"究竟是虚构的,还是确有实物?

1987年,西安东郊晚唐墓出土一面方镜(图6-1-1),边长15.2厘米,拱钮,镜背图案以方框线分为三区,镜钮周围是四神纹和八卦符号,中区为浮雕动物形生肖图案,外区是一圈24字铭。发掘者认为这面方镜,除镜钮稍微有差异外,几乎与《古镜记》中记述的古镜"无甚差别,可知《太平广记》所载确有所据"[①]。这一发掘将《古镜记》"古镜"之文本与唐镜实物对照起来。

图6-1-1 上清长生宝鉴节气文方镜拓片

采自《考古》1991年第3期第288页图三

1983年至1993年偃师杏园唐墓发掘中,武宗会昌五年(845)李二十五女墓出土一面圆形八卦十二生肖残镜(图6-1-2),虽仅存半面,但纹饰清晰,用二圈凸棱分区,内区仅见残缺的两个八卦卦象,中区十二生肖4个,外区10字铭文,字体似隶,点画无缺,今多不识。发掘者亦认为这面铜镜与《古镜记》所记古镜十分相似,且残镜复原后直径

图6-1-2 上清长生宝鉴节气文圆镜残镜拓片

采自《偃师杏园唐墓》第218页图208

---

① 陈安立:《古文物中的十二生肖》,《文博》1988年第2期,第44页;陈安利、马志祥:《西安东郊发现一座唐墓》,《考古》1991年第3期,第288页,图三。

图6-1-3 《上清长生宝鉴图》第二品镜图
采自《道藏》第6册第679页上～中栏

22厘米,也与"横径八寸"相近①。

2000年王育成先生《唐代道教镜实物研究》首次将唐代道书所载的道教镜图与唐代实物镜做了对比研究,其中与唐代道书《上清长生宝鉴图》②第二品镜图(图6-1-3)极为相像的四面著录镜成为对照的标本,而这四面著录镜的镜形、图、文与上述两面带有四神、八卦、十二生肖、24字铭的出土镜颇相合。

据王育成先生的研究,《上清长生宝鉴图》是与开元年间道士司马承祯所绘《上清含象剑鉴图》同时流行的道士制造道鉴的镜式图案,其中第二品镜图没有文字说明,纹饰由五大内容组成:四灵之象(青龙、白虎、朱雀、玄武),八卦卦象,十二属相(子鼠、丑牛、寅虎、卯兔、辰龙、巳蛇、午马、未羊、申猴、酉鸡、戌狗、亥猪),24个难以辨识通读的道教秘字,上、下两卦象图。王育成将之定名为上清长生宝鉴秘字镜。

目前,见于著录和刊布的此种纹样的铜、铁镜共有七面,按照镜形可分二式:

第Ⅰ式,圆形镜,有5面。2面铁镜、3面铜镜。北宋王黼《宣和博古图》卷三〇著录有2面:"唐八卦铁鉴"和"唐十二辰铁鉴";徐乃昌《小檀栾室镜影》卷四收录一面铜"八卦十二肖生镜"③;王度《息斋藏镜》图92著录有一面铜"四神八卦十二生肖'端午'镜"(图6-1-4)④;偃师杏园李二十五女墓出土镜。前四面镜完整,皆圆形,二周弦纹圈将纹饰分成三区,钮外的区内是青龙、白虎、朱雀、玄武四灵,四灵外是八卦纹,中区为十二生肖,最外一周是24个秘字铭文。其中较为特殊的是,王度《息斋藏镜》

① 徐殿魁:《唐镜分期的考古学探讨》,《考古学报》1994年第3期;前揭《偃师杏园唐墓》,第218页,图208。

② 《道藏》,第6册,第679页上栏～680页上栏。

③ (宋)王黼《宣和博古图》、(民国)徐乃昌《小檀栾室镜影》著录镜见王育成《唐代道教镜实物研究》,第45～47页。

④ 台北历史博物馆编辑委员会编:《净月澄华——息斋藏镜:王度铜镜珍藏册》,台北历史博物馆,2001年,第132页。该书称此镜为"'端午'铭四灵八卦十二生肖镜"。

的八卦十二生肖镜中间一圈十二
生肖的两端有"端午"2字铭，且镜
钮确为伏兽钮。

第Ⅱ式，方形镜，有2面铜镜。
徐乃昌《小檀栾室镜影》卷四著录
一面"八卦十二肖生镜"；西安东
郊晚唐墓出土一面。除镜形为方
形外，镜背纹饰与上述圆形镜完全
相同。

对比以上铜镜的镜纹与《上清
长生宝鉴图》第二品镜图，可以发
现两处不同：一处是内圈四灵外的
八卦卦象。镜图主区的八卦卦象与

图6-1-4　伏兽钮上清长生宝鉴节气文圆镜
采自雅昌拍卖网《息斋藏镜》第92号镜

文王后天八卦的方位和卦象基本相同，只是西边兑卦和东南巽卦是以内侧
为初爻，其他六卦是以外侧为初爻，离卦误作坤卦应是抄手或刻工的讹误造
成的。著录和出土的七面实物镜中，西安东郊晚唐墓方镜与文王后天八卦
的卦象和方位完全相合；其他各镜有的残缺或模糊，有的卦象有误，但可以
确定是文王后天八卦。实物镜存在的个别卦象错误的现象，说明有的上清
长生宝鉴秘字镜为一般工匠，而非精通道法的道士铸造；另一处明显的差
异是最外圈的巽、坤二卦。王育成先生认为镜图主区八卦卦象和最外圈的
两个卦象图纹有重复，很可能是抄手、刻工的讹误造成的，原本并没有外圈
的二卦。实际上，依位置看，镜图上方巽卦应为乾卦，与下方坤卦对应，有取
象"天""地"之意。虽然此意与道书所谓上清含象鉴天地镜在最外圈上下
分置日、月，左右分置星纹的做法如出一辙，但比照最外圈没有乾坤卦象的
实物镜，原本没有外圈的二卦的说法是合理的。另外，王育成先生所认为的
24个难以辨识通读的道教秘字，按照《古镜记》"二十四气之象形"的记载，
应为二十四气符文，故此类镜宜名为上清长生宝鉴节气文镜。

上清长生宝鉴节气文镜兼有铜、铁二种质地。唐代有扬州广陵郡、太原
府太原郡两个制镜中心，其中太原郡的土贡为铜镜、铁镜[①]。加之，大历十四
年(779)六月罢扬州贡镜[②]，因此节气文镜很可能为太原郡铸造。《古镜记》
隐含着太原王氏家族的盛衰，主人公的郡望与"古镜"的铸造地暗合。

① (宋)欧阳修、宋祁：《新唐书》卷三九《地理志三》，第1003页。
② (宋)欧阳修、宋祁：《新唐书》卷七《德宗本纪》，第184页。

图6-1-5 "黑石号"沉船出水四神八卦镜

上海博物馆《宝历风物——"黑石号"沉船出水珍品展》拍摄

以上七面镜，尤其是西安、偃师杏园唐墓出土的二面铜镜证明《古镜记》描绘的宝镜确有所本，此类镜应是根据道书《上清长生宝鉴图》第二品镜图铸造，显然是唐代社会中真实存在的一类道教镜，而非唐以前的古镜。八卦镜在中唐时已开始铸造，1998年，印度尼西亚勿里洞"黑石号"沉船遗址出水了一面纪年铭四神八卦镜（图6-1-5），钮外布列四神、八卦，最外圈为铭文："唐乾元元年（758）戊戌十一月廿九日于扬州扬子江心百炼造成。"至晚唐此类镜更加流行，已知出土的二面带有八卦的上清长生宝鉴节气文镜皆出自晚唐墓中。虽然墓葬出土的铜镜资料只能告诉我们铜镜的下限，其铸造年代仍不清楚，但由于这二面铜镜的图文出自道书《上清长生宝鉴图》，因而其年代不可能早于该书成书的年代，以此推断《古镜记》中"古镜"的年代只可能在中唐或以后。

三、"古镜"之透光性

《古镜记》还记述了这面"古镜"神奇的物理性能：透光性和传声性，如若将古镜"承日照之，则背上文画，墨入影内，纤毫无失。举而扣之，清音徐引，竟日方绝"。

铸镜的材料为铜、锡、铅等金属的合金，扣之有声，是比较自然的物理现象。但是，浇铸冷却了的铜镜承日照之，镜背花纹能够映射在墙壁上，则十分神奇。对这一神奇的透光现象，《古镜记》最早地记录下来，其后北宋沈括的《梦溪笔谈》对透光的成因进行了初步的探讨："人有原其理，以谓铸时薄处先冷，唯背文上差厚，后冷而铜缩多。文虽在背，而鉴面隐然有迹，所以于光中现。"[①]爱英、玉东先生认为古镜透光是在铸造和使用两个过程中，由铸镜和抛光研磨二道工序共同作用形成的。清代道光年间出版的《金索》一书中辑录有一面唐代透光镜的拓本（见图1-4-12），录者题有："镜大汉尺九寸四分，重今秤六斤，制甚古，质铭十六字云：'透光宝镜，仙传炼成，八卦

---

① （宋）沈括著，胡道静校证：《梦溪笔谈校证》卷一九，上海：上海古籍出版社，1987年，第635页。

阳生,欺邪主正。'迎日照之,八卦太极光映素壁。"①此镜铭文铸有"透光"字样,证明铸造者当时确实已经掌握了铸造透光镜的技术,而这面铜镜纹饰与铭文所具有的鲜明的道教色彩,表明在铸镜和磨镜过程中,道教术士最先掌握了透光镜的技术②。

《金索》著录的唐代能透光的八卦铭文镜没有出土过。考古发现有三面唐代透光镜实物,皆为宝相花纹。遂平县发现二面:一面直径16.9厘米,圆形,圆钮,六朵宝相花均匀地分布于镜面③;另一面直径17.9厘米,八出葵花形,宝相花钮,其外均匀地分布有六朵宝相花④。鹤壁市博物馆藏的一面(图6-1-6),直径19厘米,六出葵花形,圆钮,花瓣形钮座,外均匀分布六朵宝相花⑤。这三面透光镜的花纹与偃师杏园武宗会昌二年(842)郑夫人墓出土的圆形团花镜、代宗大历十三年(778)郑洵墓出土的六出葵花形团花镜相同。图案化的六花镜是中唐时期流行的镜式⑥。

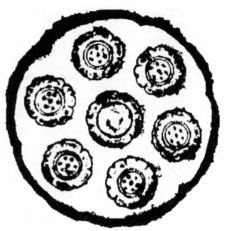

图6-1-6 鹤壁市博物馆藏唐宝相花透光镜拓片

采自《中原文物》2000年第6期第70页图二

以上《古镜记》之神异"古镜"是中晚唐流行的观念,所述的"古镜"纹饰、"古镜"的透光性皆是中唐以后唐镜具有的特征,轩辕黄帝铸镜的说法也反映了中唐时期人们对古镜年代的认识,因而这篇传奇带有中唐以后镜文化的因素。《古镜记》的版本已知最早的祖本存于晚唐陈翰《异闻集》,中经《太平广记》流传至今⑦。如果《古镜记》创作于唐初或高宗、武则天时期的话,《异闻集》辑入时很可能做了改动,在细致描写古镜时,加入了

① (清)冯云鹏、冯云鹓辑:《金石索·金索六》,《续修四库全书》编纂委员会编《续修四库全书》,据清道光滋阳县署刻后本影印,上海:上海古籍出版社,1995年,第894册,279页下栏。
② 爱英、玉东:《唐代道教术士最先掌握透光镜的铸造技术》,《中国道教》1995年第6期。
③ 王铠:《新发现一面唐代透光镜》,《中原文物》1981年第2期,第20页。
④ 赵中强:《遂平县又发现一面唐代透光镜》,《中原文物》1985年第2期,第30页,图版四:1、2。
⑤ 刘素霞、梁鹤箭:《鹤壁市博物馆藏唐代铜镜》,《中原文物》2000年第6期,第69页、第70页图二。
⑥ 前揭徐殿魁:《唐镜分期的考古学探讨》,第323页图一—4、5。
⑦ 前揭陈珏:《初唐传奇文钩沉》,第66页。

中晚唐道教镜的特征及神异观念。但如果认为《古镜记》是根据道教所设想的神鉴的功用，展开想象虚构的，主要在宣扬道教法器的神异①，那么它只可能产生于中唐以后。传奇中神奇的古镜应是道书《上清长生宝鉴图》流行的产物，《古镜记》将这一类中晚唐开始流行的镜类不仅附会为古镜，而且说是黄帝所造，目的是加深人们对此镜神异的认识，以视之为通神之灵物。

第二节 《敬元颖》与"古镜"

无独有偶，中唐以后，还产生了一部有关古镜的著名传奇《敬元颖》。《敬元颖》讲的是，天宝中，金陵书生陈仲躬居住在洛阳清化里一宅中，宅井常发生溺水事件，仲躬窥之，井中现一妖冶女子，原来是妖女诱人溺水。后此女求见仲躬，自称敬元颖，本是师旷所铸十二镜之第七面，贞观中为许敬宗婢女坠入井中，受井中毒龙驱使，化作人形，诱人溺水。但她不愿害人，希望仲躬帮她摆脱毒龙。仲躬遂命人淘井，但得古铜镜一枚，即敬元颖。敬元颖预知其井将崩，替仲躬另觅居所报答。后来，仲躬因此古镜而仕途通达。

化身为敬元颖的这面古镜是如何而来的呢？古镜阔七寸七分，为师旷所铸，"其铸时，皆以日月为大小之差。元颖则七月七日午时铸者也"。"以日月为大小之差"与《古镜记》"黄帝铸十五镜。其第一横径一尺五寸，法满月之数也。以其相差，各校一寸"铸镜原则方法基本相同。它的纹饰特征："镜背有二十八字，皆科斗书。以今文推而写之曰：维晋新公二年七月七日午时，于首阳山前白龙潭铸成此镜。千年在世。于背上环书，一字管天文列宿。依方列之，则左有日而右有月。龟龙虎雀，并如其位。于鼻四旁题云，夷则之镜。"在镜钮周围及镜背装饰较多的铭文起始于西汉，文中叙述的春秋晋国镜镜背和钮座有铭文，显然不符合铜镜铭文发展的历史。抛开小说杜撰铭文内容和夸大存世历史外，这篇传奇清楚地交代了这面古镜的特征：科斗书铭、环书铭文、天文列宿、左日右月、四神列位。具有这些特点的铜镜1973年浙江省上虞县文化站曾收集过一面（见图1-4-8）。此镜发现时已裂为两半，边缘部分残缺一小块，出土的时间、地点及伴出的器物的具体情况已经无法查出，因镜背装饰有天象纹并极具唐代风格，故被定为"唐代天象镜"。该镜直径24.7厘米，圆形，瓦钮，以钮为中心铸出三个同心圆。小圆内布日、月、金、木、水、火、土星，即七曜，青龙、白虎、朱雀、玄武四神，北

---

① 胥洪泉：《论道教对唐代传奇创作的影响》，《四川师范大学学报》1990年第4期。

斗七星及四仙人像。中圆圆周内依方位铸出二十八宿的名称,其中"氐"作"伍","觜"作"嘴"。大圆内铸天干地支以示方位,大圆外铸出文王后天八卦图,但西方兑卦误作坤卦,恐为铸造不精所致。卦象间铸篆书铭文一周,基本4字一组,共八组。其文:"铭:百炼神金,九寸圆形,禽兽翼卫,七曜通灵,鉴□天地,威□□□,□山仙□,奔轮上清。"[①]根据王育成先生研究,此镜镜纹和铭文与道书《上清长生宝鉴图》中第一品镜图和镜铭(图6-2-1)极为相似[②]。其第一品镜式前有一段文字,为:"镜铭曰:百炼神金,九寸圆形。禽兽翼卫,七曜通灵。鉴包天地,威伏魔精。名山仙佩,奔轮上清。"与上述唐代天象镜的铭文相同。而镜图图文的内容、布局与天象镜亦差异不大。由此可知,唐代天象镜应是道书所言的上清长生宝鉴百炼镜。另外,根据道书所载范式,可知该镜应为绿地。从该镜铭文较道书所载范式多出"铭"字,或可推测该镜并非道士所为,很可能是铸镜工匠模仿道镜而作。这一点从上文所言该镜将西方兑卦误作坤卦,铸造之不精可证。

图6-2-1 《上清长生宝鉴图》第一品镜图

采自《道藏》第6册第679页上栏

《博异志》的作者为谷神子,谷神子其人历来有冯廓、裴铏、郑还古三说,明胡应麟《少室山房笔丛》和今人余嘉锡《四库提要辩证》皆认为是元和间进士郑还古,其观点和考证为学界肯定[③]。近年来又有重提裴铏为著书者的研究,因裴铏明确有谷神子的道号,且生活于中晚唐,所撰传奇亦为志

① 任世龙:《浙江上虞县发现唐代天象镜》,《考古》1976年第4期。
② 《道藏》,第6册,第679页上栏。
③ 李剑国:《唐五代志怪传奇叙录》,天津:南开大学出版社,1993年,第657～663页。

怪谈仙之作①。虽然在《博异志序》中作者宣称"只同求己，何必标名"，但谷神子的名号已经表明他的道教倾向，这个名号便来自《道德经》中的"谷神不死，是谓玄牝"，更可说明道教信仰在谷神子生命中的份量。如前所述，《古镜记》所述古镜的纹饰特点与唐代道教镜相同，由此或可类推，这则传奇亦是道教术士或通晓道经的士人创作的文学作品。

鉴于《上清长生宝鉴图》是道教术士铸造道镜的图式，那么，《古镜记》《敬元颖》之类的传奇创作目的很可能是借助文学作品的传播，来宣传上清宝鉴的神秘力量，扩大道教的影响。

第三节　中晚唐道教的"古镜"再造

《古镜记》《敬元颖》与道镜镜图、道镜实物的存在，为我们提供了分析中晚唐时代道教借古再造"古镜"的线索。

一、镜图对古镜的借鉴

司马承祯在《上清含象剑鉴图》的序文中表述了他关于镜的宗教哲学。福永光司先生对其思想的来源进行了研究，认为有老庄"道"的哲学、儒家《易》的哲学、以老庄的"道"为主体并将儒家、法家等的"事"的哲学包摄其中的《淮南子》的思想、从战国末至汉初逐渐盛行的依据老庄的"道"和儒家的"易"的天文星占之术、地理博物之学、阴阳五行、天人合一的思想等，同时还有作为道教教理化的抱朴子的神仙术及陶弘景的宗教哲学等②。

司马承祯不仅在思想上承继、总结了唐代以前道教的镜鉴哲学，还在图文形式的设计上对唐以前的"古镜"进行了借鉴。他的《上清含象剑鉴图》之第一品镜图（图6-3-1），四山字钮，钮外方格内以四字铭文和四山字纹间隔分布，其外八卦卦象又组成一个大方格③。大方格的布局与汉代博局、隋至初唐四神镜之方格一脉相承，"山"字形纹见于战国"山"字纹镜，但此镜加以重新组合，"天地含象，日月贞明，写规万物，洞鉴百灵"16字铭文，4个一组成汉镜方枚的形式。此镜图的唐镜实物中，北京故宫博物院收藏的一面（见

---

① 毛益华：《〈博异志〉作者及相关问题的再探讨》，《黄冈师范学院学报》2011年第5期。
② 福永光司：《道教的镜与剑——其思想的源流》，刘俊文主编：《日本学者研究中国史论著选译》第7卷思想宗教，北京：中华书局，1993年，第391页。
③ 《道藏》，第6册，第684页。

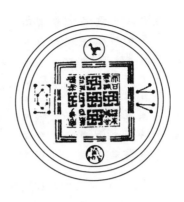

图6-3-1 《上清含象剑鉴图》第一品镜图

采自《道藏》第6册第684页上栏

图1-4-16）[1]和磁涧老井村征集的一面（图6-3-2）[2]铭文间无界格；巩县石家庄5号墓出土的一面（图6-3-3）[3]铭文间有界格，更近于汉代方枚形铭文布局，四个四山字纹变作松树与山岳纹。《上清含象剑鉴图》之第三品镜图（图6-3-4）有铭文带："青盖作镜大吉昌，巧工刊之成文章，左龙右虎辟不祥，朱鸟玄武顺于旁，子孙富贵居中央。"此铭文为东汉镜中常见的文辞，青盖亦是东汉时期私人制镜的工匠名。相似的铭文如四川旺苍县收藏的东汉龙虎对峙神兽镜，内区铭文为："青盖作镜大毋伤，巧工刻文成文章，左龙右虎辟不养

图6-3-2 洛阳磁涧老井村征集唐上清含象鉴天地镜

采自《洛阳出土铜镜》图83

图6-3-3 河南巩县石家庄5号墓出土唐上清含象鉴天地镜

采自《洛阳出土铜镜》图81

① 前揭郭玉海：《故宫藏镜》，第121页。
② 洛阳博物馆：《洛阳出土铜镜》，北京：文物出版社，1988年，图83、图片说明见第12页。
③ 上揭《洛阳出土铜镜》，图81。

图6-3-4 《上清含象剑鉴图》第三品镜图
采自《道藏》第6册第684页中～下栏

（祥），朱鸟玄武顺阴阳,子孙备具居中央,长保二亲乐富昌。"①

《上清长生宝鉴图》第一品镜特意标明"鉴绿地"。鉴绿地，应指铜镜表面呈绿色。唐代铜镜含锡量较高，表面呈白亮的光泽，这种光泽在瑞兽葡萄镜上表现得最为鲜明。唐人所说的绿色铜，只有在古铜器上才能发现。在唐及唐以前发现过的古铜器中，有关于器表颜色的记载，说明铜器表面的锈色已引起关注。提到的铜器锈色有黑漆古，如："邓艾年十二，曾读陈太丘碑。碑下掘得一刀，黑如漆，长三尺余，刀上常有气，凄凄然，时人以为神物。"②还有深绿色的，如开元十一年（723）二月祠后土，"有司奏：修坛掘地获古铜鼎二。其大者容一斗，色皆青"③。青应是绿锈呈现出的颜色。对古器物锈色形成的原因，明代汪砢玉做过探讨，他说："古器得土气多者多青，得水气多者多绿，水土杂者青绿间发。盖惟古帝王之陵墓造作坚固，不为水所入。或置石几上，几不腐坏而器常悬虚，其得土气最清，且无泥污，故有纯青翠者，此上品也。其他民间或卿士大夫之冢郭中，不能无土，且不能无水沁，故青绿间发者多。"④明代高濂对古墓中的古镜的铜色有过细致地分析："古墓中近尸者，作水银色，然水银色亦分二种，有银色，有铅色，惟镜居多。古者尸以水银为殓，彼世死者以镜相遗，殓者即以镜殉，取照幽冥之义。故铜质清莹者，先得水银沾染，年久入骨，满背成银，千古亮白，谓之银背。其有先受血水秽污，始受水银浸入，其铜质原杂，则色如铅，年远色滞，谓之铅背。其有半水银，半青绿，朱砂堆者，先受血肉秽腐其半，日久酿成青绿，其半净

---

① 唐志工、秦小萌、杨栋：《旺苍县馆藏"青盖作"龙虎对峙神兽镜研究》，《四川文物》2009年第1期。

② （梁）陶弘景：《古今刀剑录》"魏将刀"条，《景印文渊阁四库全书》，第840册，第7页。

③ （宋）王钦若等：《册府元龟》卷二四《帝王部·符瑞三》，第258页。

④ （明）汪砢玉：《珊瑚网》卷一七，《景印文渊阁四库全书》，第818册，第268页。

者,乃染水银。故一镜之背,二色间杂也。今之镜,以银背为上,铅背次之,青绿又次之。又若铅背埋土年远,遂变纯黑,谓之黑漆背。此价又高,而此色甚易为假。"又云:"古铜以褐色为上,水银黑漆鼎彝为次,青绿者又次之也。若得淳青绿,一色不杂,莹若水磨,光彩射目者,又在褐色之上。"[①]由此来看,"绿地"应是古铜的锈色,"鉴绿地"则是此镜为古镜的代名词。

以上二种镜图中的铭文书写也大多遵循古镜的形式。铭文在唐代铜镜装饰中流行的时期在隋至初唐阶段,这一时期的铭文基本为楷书。盛唐以后,铭文渐渐消失。《上清长生宝鉴图》第一品镜图"百炼神金"铭、《上清含象剑鉴图》第三品镜图"青盖作镜"铭恢复了汉、三国时期铜镜铭文主要为篆书和环书铭文的排布方式。传奇《敬元颖》中所述的"古镜"铭文为科斗书,也是一种头粗尾细的篆书形式。

《上清含象剑鉴图》《上清长生宝鉴图》设计的镜图纹样,包含着鲜明的道教义理,大多不见于唐代的装饰纹样中。只有四神、八卦、十二生肖、二十八星宿纹常见于墓室壁画、葬具、墓志、铜镜的装饰上。学术界对古代四神、十二生肖图像的讨论较多[②],但对其装饰范围的局限性还未明示。壁画、葬具、墓志为送死之物,赵超先生认为穹窿顶墓室与覆斗形墓志皆是法象天地宇宙观念的象征,其图像受到了古老的式盘所代表的宇宙模式的影响[③],四神、八卦、十二生肖、二十八星宿皆是宇宙模式系统的组成因素。而日常生活中使用的铜镜因具有能够发光、照影的性能,从汉代起就与日月星辰及式的宇宙图像发生了联系。汉镜铭文中就有这一思想的表述,如1956

---

① (明)高濂著,王大淳点校:《遵生八笺·燕闲清赏笺》上《论古铜色》,第531～532页。

② 对十二生肖出土物进行综合论述的,如陈安利:《古文物中的十二生肖》,《文博》1988年第2期;唐静:《考古材料中十二生肖形象的类型及演变》,吉林大学硕士学位论文,2007年。主要论述古代墓葬随葬生肖俑的,如张丽华:《十二生肖的起源及墓葬中的十二生肖俑》,《四川文物》2003年第5期;卢昉:《隋至初唐南方墓葬中的生肖俑》,《南方文物》2006年第1期;张玲玲:《十二生肖纪年与十二生肖俑略论——兼谈吐鲁番发现的生肖俑》,《新疆艺术学院学报》2010年第3期。目前探讨比较深入的是碑志等石刻上的十二生肖纹饰,如张蕴:《西安地区隋唐墓志纹饰中的十二生肖图案》,《唐研究》第八卷,北京:北京大学出版社,2002年;李星明:《隋唐墓志四神十二生肖装饰图案中的易理》,《装饰》2003年第7期;董淑燕:《隋唐墓志四神十二辰纹述论》,《碑林集刊》第12辑,西安:陕西人民美术出版社,2006年;周晓薇:《隋代墓志石上的四神与十二辰纹饰》,《纪念西安碑林九百二十周年华诞国际学术研讨会论文集》,北京:文物出版社,2008年;刘天琪:《略论隋唐十二生肖墓志的起源与装饰风格》,《美苑》2009年第2期;郑以墨:《王处直墓十二生肖浮雕初探》,《文物春秋》2006年第3期。铜镜上的十二生肖有后晓荣、罗贤鹏:《十二生肖铜镜初论》,《四川文物》2008年第5期。

③ 赵超:《式、穹窿顶墓室与覆斗形墓志——兼谈古代墓葬中"象天地"的思想》,《文物》1999年第5期。

年零陵四中工地1号墓出土的"汉有善铜"镜，铭文："汉有善铜出丹阳，左龙右虎辟不祥，昭爵玄武利阴阳，八子十二孙治中央，法象天地，如日月之光，千秋万岁，长乐未央兮"。钮座周围书十二地支名①。1952年湖南长沙出土的鎏金"中国大宁"镜，铭："圣人之作镜兮，取气于五行，生于道康兮，咸有文章，光象日月，其质清刚。以视玉容兮，辟去不祥，中国大宁，子孙益昌。黄裳元吉，有纪纲。"②及"天纪元年月闰月廿六日，造作明竟，幽涑三商。上应星宿，下辟不羊（祥）。服者富贵，位至侯王。长乐未央，子孙富昌兮"③等。"法象天地""光象日月""上应星宿，下辟不祥"皆说明铜镜的铸造因模拟天地，而能护佑子孙，趋利避害。汉镜中的博局纹也因类比这种宇宙模式，而和式盘有着一定的联系④。

隋至初唐时期，四神、十二生肖镜流行，四神十二生肖纹即有如博局布局者，如四神规矩镜、四神十二生肖规矩镜，但罕见八卦和二十八星宿配置其中。盛唐时期，流行瑞兽葡萄镜、花鸟镜等镜式，四神、十二生肖纹衰落，但到中晚唐重又兴起。中晚唐四神、十二生肖纹样的铜镜与隋至初唐对照，未见有博局似的布局，但增添了八卦、二十八星宿纹样。这一变化应与道教镜的设计有关，《上清长生宝鉴图》第一品镜图就有八卦、二十八星宿纹；唐昭宗天复二年（902）归耕子作序的唐代道书《神仙炼丹点铸三元宝照法》记述的道士铸造的天照、地照、人照三元宝照，镜背纹饰中也有八卦、二十八星宿⑤。

四神十二生肖铜镜兴衰和再兴的过程与西安地区唐代墓志四神十二生肖纹样的变化近似，四神、十二生肖纹样在初唐及中晚唐墓志纹样中较为流行，尤以晚唐为盛，盛唐期间则很少使用⑥。但是中唐以后墓志装饰使用的十二生肖多为兽首人身或人带生肖的形式。中晚唐兴盛的四神、十二生肖纹墓志也出现与八卦、二十八星宿的结合，但多见于西安以外的地区，如晋西南出土的中和三年（883）《张免墓志》志盖（图6-3-5），

---

① 湖南省博物馆：《湖南出土铜镜图录》，北京：文物出版社，1960年，第13页。
② 录文与标点采自孙克让：《西汉镜铭与古诗歌》，《中国文物报》2011年5月25日第5版。《中国青铜器全集16·铜镜》著录铭文与此不同，为："中国大宁，子孙益昌，黄裳元吉，有纪纲。圣人之作镜兮，取气于五行。生于道康兮，咸有文章。光象日月，其质清刚。以视玉容兮，辟去不祥。"（北京：文物出版社，1998年，第20页图版说明。）
③ 前揭《浙江出土铜镜》（修订本），第55页镜铭164。此书未注镜铭来源。"天纪元年"后似多一"月"字。
④ 李零：《式与中国古代的宇宙模式》，《中国方术正考》，北京：中华书局，2006年，第69～140页。
⑤ 《道藏》，第18册，第650页。
⑥ 前揭张蕴：《西安地区隋唐墓志纹饰中的十二生肖图案》，第395～432页。

盖题文字之外，以细线将纹饰分为三区，内区八卦，中区二十八星宿，外区将四神与十二生肖并列，十二生肖为人头戴生肖的形式①。

上清长生宝鉴节气文镜生肖图案作动物原形，与中晚唐十二生肖墓志中多作兽首人身或人带生肖的形式有别，且生肖图案外为24个象征二十四气的难以辨识的文字，而非中晚唐常见的二十八星宿。唐代装饰图文中罕见二十四气的描绘与书写，因此，陈珏先生虽然感到"无论怎么说，从《古镜记》中之'古

图6-3-5　《张免墓志》志盖拓片

采自《美术学报》2011年第5期第61页图5

镜'与《上清长生宝鉴图》'第二种'镜图的相似程度来看，《古镜记》的作者应该或者看见过《道藏》中的那种镜图，或者看见过它所代表的实物"②，但是，仍坚持认为二十四气的符号并非镜图中的秘字，因为二十四气不符合唐人的常理，镜图中的秘字应有其他的含意，因而推定"古镜"为虚构镜。

其实，《古镜记》恰好为镜图的设计提供了可能的一种解释，这是一种"古镜"，应与现实拉开一定的距离，《古镜记》的作者强调"具畜焉"的十二生肖，与当时人们常见的人形生肖不同；二十八星宿也应以更古老的形式替代，二十四气便是这样的一种替代形式。从《上清含象剑鉴图》《上清长生宝鉴图》来看，镜图的设计借鉴汉镜的图文较多，原因是唐代社会中，由于盗墓、家传等形式遗留下来的"古镜"绝大多数为汉镜，这一事实为唐墓考古发掘出土的"古镜"绝大多数为汉镜所证明。但汉镜并未有二十四节气③的描绘，因而无法提供可以直接参考的素材。二十四气是阴阳家重视

① 刘天琪：《挽歌、铺首、八卦符号与墓志盖题铭——以新发现的晋东南地区唐代墓志纹饰为研究重点》，《美术学报》2011年第5期，第61页，图5。

② 前揭陈珏：《初唐传奇文钩沉》，第195页。

③ 梁廷枏《藤花亭镜谱》卷七有"唐四灵卦节镜"，其镜"沿边一围内按序书二十四节气；又一围所列皆禽兽鳞介之属三十余种，多在地支十二肖之外者；又一围周刻神象十有二，有兽首者并人身冠服手各持一兵；……复以其内一围环画八卦而间以天干之甲乙丙丁庚辛壬癸；末围则龙、凤、龟、麟分踞其内，纽亦肖形一物，然漫漶不可辨矣"。梁氏认为汉镜八卦十二辰十二属四灵星神之类未有若此镜之详者。"其二十四节、天干并以篆体书之，地促字扁，故不能工。若以汉人为之，则点画分明。虽细如丝发，其配搭揖让之法纤毫不失。大率汉时原有此器，唐人得而摹之。作范者既不解讲求篆法，故铸出仅得形似。时代相去匪远，而摹写（转下页）

的时令与忌讳的一个方面，《史记·太史公自序》"论六家要指"云："尝窃观阴阳之术，大祥而众忌讳，使人拘而多所畏；然其序四时之大顺，不可失也。……夫阴阳，四时、八位、十二度、二十四节各有教令，顺之者昌，逆之者不死则亡。未必然也，故曰'使人拘而多畏'。夫春生夏长，秋收冬藏，此天道之大经也，弗顺则无以为天下纲纪，故曰：'四时之大顺，不可失也。'"①《汉书·艺文志》曰："阴阳家者流，盖出于羲和之官，敬顺昊天，历象日月星辰，敬授民时，此其所长也。及拘者为之，则牵于禁忌，泥于小数，舍人事而任鬼神。"②象日月星辰、重禁忌、任鬼神与汉以来的铜镜观颇为相合。同时，尽管二十四气较少地在图像中反映，但它与四神、八卦的配合同二十八星宿一样，也属于四分、八分、十二分的式的结构系统，内涵没有变化，而镜图中将二十四气用符文表示，则符合道教神秘主义的认识方法和符法意义。

　　唐代道鉴符号化的设计和对汉镜的借鉴，还表现在五岳真形镜上。宋《宣和博古图》著录有一面"唐五岳真形鉴"（图6-3-6）③，钮上为"嵩岳"，有圆钮座，周围有近似变形四叶纹的纹饰，其外依次为"泰岳""恒岳""衡岳""华岳"的图形，宽缘上饰以流云纹。该镜五岳真形的图符与明代高濂《遵生八笺·起居安乐笺下》里著录的二式五岳真形图相似（图6-3-7a、6-3-7b）④。高濂记述这二式五岳真形图，一出《道藏》，一出唐镜。五岳真形图是道士绘制的一种具有灵力的画图，晋葛洪《抱朴子·遐览篇》记："余闻郑君言，道书之重者，莫过于《三皇内文》《五岳真形图》也。……家有《五岳真形图》，能辟兵凶逆，人欲

图6-3-6　唐五岳真形鉴

采自《宣和博古图录》泊如斋重修明万历1603年本卷二八第22页

（接上页）字画不啻天渊如此。然铜质古赤，非宋以后物也。"（道光二十五年本，第2～4页）此镜的篆书二十四节气铭及兽首人身形的十二生肖，皆不见于他书著录和考古发现。虽然梁氏认为该唐镜摹自汉镜，但未著录拓片，无法与目前所能见到的汉唐铜镜资料比对，故而存疑。

① （汉）司马迁：《史记》卷一三〇，第3965～3967页。
② （汉）班固：《汉书》卷三〇，第1734～1735页。
③ （宋）王黼：《宣和博古图录》卷二八，泊如斋重修明万历三十一年本，1603年，第22页图。
④ （明）高濂：《遵生八笺》卷八，第379～381页。

图6-3-7 《五岳真形图》二式

a. 采自《遵生八笺》第379页；b. 采自《遵生八笺》第380页

害之者,皆还反受其殃。"[1]魏晋成书的《汉武帝内传》详细地叙述了西王母授汉武帝《五岳真形图》之事,并说明此图的功用:"诸仙佩之,皆如传章,道士执之,经行山川。百神群灵,尊奉亲迎。"[2]唐镜上装饰此图,当也有这些灵力。李缙云注意到,《宣和博古图》的"唐五岳真形鉴",其缘部和钮座周围的纹饰与常见的唐镜不同,而一些汉镜则常有流云纹缘,或在钮座四周饰以变形四叶纹(图6-3-8),因此,他认为《宣和博古图》中的这件铜镜的时代有可能早于唐代[3]。但更大的可能是,它和其他唐代的道教镜一样,在设计上借鉴了汉镜的因素。

二、铸镜与流通

按照唐代工艺制作的一般程序,设计好的图纸经过审批通过后就可进行生产。生产前有的还要先做出可供批量生产的小样,如洛阳关林天宝八载(749)墓出土一面菱花形素面镜,镜背一周反铸铭文:"长寿二年腊月头

---

① 王明:《抱朴子内篇校释》(增订本)卷一九,第336～337页。

② 前揭《汉魏六朝笔记小说大观》,第150页。

③ 李缙云:《谈太仓出土的五岳真形镜》,《考古》1988年第2期。

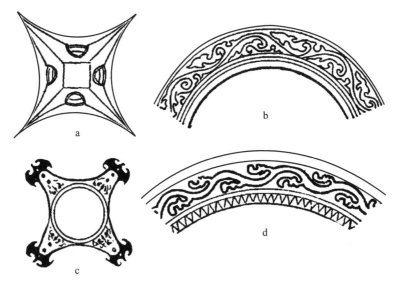

图6-3-8　《宣和博古图》中"唐五岳真形鉴"与汉代铜镜纹饰的比较

采自《考古》1988年第2期第177页图一

a、b.《宣和博古图》"唐五岳真形鉴"钮座、缘部纹饰；c.《中国古代铜镜》图五一汉变形四叶兽首镜钮座四周纹饰；d.《欧米に於ける支那古镜》图版三一流云纹兽带镜缘部纹饰

七日造初样。"[1] 或许就是在正式生产前先行铸造的一个镜样。

　　《上清长生宝鉴图》《上清含象剑鉴图》是在玄宗朝就已存在的道镜设计图纸。尤其是司马承祯《上清含象剑鉴图》直接上奏给玄宗，博得了皇帝的赞赏，这就为这些镜图变成镜样打下了最为可靠的基础。但是仅仅得到皇帝的认可，并不足以投入大量的生产，这是因为唐代铸镜业并非国家专控的行业，具有一定的特殊性。有唐一代虽然为保证国家所需钱币的铸造，一直严格实行禁铸铜器的法令，但从未禁止铸镜。允许铸镜的诏令，如代宗大历七年（772）十二月"禁天下新铸造铜器，唯镜得铸"[2]，德宗贞元九年（793）春正月"禁卖剑铜器。天下有铜山，任人采取，其铜官买，除铸镜外，不得铸造"[3]等。

　　德宗贞元九年的诏令是在采纳了盐铁使张滂的建议的基础上下发的，该年正月张滂上奏道："诸州府公私诸色铸造铜器、杂物等。伏以国家钱少，损失多门，兴贩之徒，潜将销铸，每销钱一千，为铜六斤，造写杂物器物，则斤值六千余，其利既厚，销铸遂多。江淮之间，钱实减耗。伏请准从前敕文，除

① 前揭《洛阳出土铜镜》，图105、第15页说明文字。

② （宋）王钦若等：《册府元龟》卷五〇一《邦计部·钱币三》，第6000页上栏。

③ （后晋）刘昫等：《旧唐书》卷一三《德宗本纪下》，第376页。

铸镜外，一切禁断。”①此奏议说明，在贞元九年以前，唐朝地方州府是可以铸镜的。德宗以后，铸镜仍是被朝廷特许的铜器手工业，陶谷《清异录》卷下《器具门》记：“有刁萧者携一镜，色碧体莹，背有字曰‘碧金仙’，大中元年（847）十二月，铜坊长老白九峰造。余以俸粒五石换之。”铜坊乃是私人作坊，长老是熟练工人，镜上铭刻州县及人名，自是符合唐制的有关规定。在安徽合肥西郊南唐保大四年（946）墓中出土的铜镜，铸有“都省铜坊匠人李成”，都省的铜坊自是官府作坊②。由此可见，地方官、私作坊在铜镜的铸造上没有受到唐朝政令的限制。

铜镜作为日常生活中的消费品，生产之后，便会进入流通环节。由于铜镜作坊可以放开生产，所以流通环节上也比较自由。流通主要有买卖、交换、赏赐和赠送等③。而民众主要通过市场买卖和交换得到铜镜，交易的场所当是市中的镜行。敦煌写卷S.610开元十一年（723）抄写的《启颜录》有一则“市中买镜”的故事：“有老父遣子将钱向市买奴。……其子至市，于镜行中度行。人列镜于市，顾见其影，少而且壮，谓言市人欲卖好奴，而藏在镜中。……便付钱买镜怀之而去。”④《唐令拾遗》载：“诸市，每肆立标，题行名。”⑤市场中一般是按行设肆进行商业活动的，镜行当是专卖镜之商肆。镜为人们日常生活用品，因而镜行的销售量当不是小数。施肩吾《途中逢少女》：“身倚西门笑向东，牡丹初折一枝红。市头日卖千般镜，知落谁家新匣中。”⑥诗中所写的少女应是在商肆中买卖铜镜的商人，从“市头日卖千般镜”来看，每天的销售量是很大的。

铸造和流通的相对自由，使得民众的选择多了起来，只有适销对路的产品才会在市场上立足。道镜获得民众的认可才得以流行。开元年间，司马承祯设计道镜镜图的时候，正是鸾飞凤舞、瑞兽呈祥的瑞兽葡萄镜、花鸟镜最为流

① （宋）王溥：《唐会要》卷八九《泉货》，第1931～1932页。

② 以上对铜坊的解释和墓葬铜镜资料引自张泽咸：《唐代工商业》，北京：中国社会科学出版社，1995年，第52～53页。“都省铜坊匠人李成”镜见石谷风、马人权：《合肥西郊南唐墓清理简报》，《文物参考资料》1958年第3期，第66页。

③ 范淑英、杨兵：《唐诗所见唐代铜镜的流通及与考古资料的印证》，《考古与文物》2010年第3期。

④ 黄永武主编：《敦煌宝藏》，台北：新文丰出版公司，1981年，第5册，第123页上栏。朱瑶认为《启颜录》的作者应为唐人，而非隋代侯白。见《〈启颜录〉成书考》，《四川大学学报（哲学社会科学版）》2011年第2期，第139～142页。

⑤ ［日］仁井田升著，栗劲、王占通译：《唐令拾遗》关市令第二十六，长春：长春出版社，1989年，第644页。

⑥ 《全唐诗》卷四九四，《全唐诗》（增订本），第8册，第5645页。

行的时期①。如果他采用常见的动、植物装饰道镜，则比较容易为社会所接受。但是，《上清长生宝鉴图》《上清含象剑鉴图》的设计目的重在宣扬道教义理和道教的符箓功能，其设计必然以牺牲唐镜的原有风格和趣味为代价。

显而易见，《上清长生宝鉴图》《上清含象剑鉴图》中的镜图与流行的动、植物装饰的唐镜可说是大相径庭。举一个极端的例子，《上清长生宝鉴图》在"明镜图符"标题下，有四种全是符号的镜图。这种图符镜与瑞兽葡萄镜、花鸟镜形成鲜明的对比。张彦远《历代名画记·叙画之源流》记载了南朝宋紫金光禄大夫颜延之对图意的解说："图载之意有三：一曰图理，卦象是也；二曰图识，字学是也；三曰图形，绘画是也。"②可以说道教镜图的设计意欲将绘画装饰性极强的"图形"镜，转变为以卦象为主导的"图理"镜。

艺术史上，凡是特异新奇的创造，如果缺乏强有力观念的支撑，很难避免昙花一现的命运。故而必须对这些面目特异的道镜进行特殊的包装。首先要做的是对道镜的定位。

道教术士深谙镜图的道教义理，对镜图中的复古因素有所察觉，尤其是在当时的社会古镜日渐为人们所熟悉。在古镜神异观念的指导下，《古镜记》《敬元颖》编撰了许多离奇的故事，夸大了古镜的功能。在文本的创作中，创作者只需将古镜的面目进行重新的描画，道教新镜即可顺理成章地变身为具有特异功能的"古镜"。中晚唐时期，将道教新镜描画为"古镜"的传奇，还可举出一例。柳宗元《龙城录》载："长安任中宣家素畜宝镜，谓之飞精，识者谓是三代物。后有八字，仅可晓，然近籀篆，云：'水银阴精，百炼成镜。'"宝镜是从商山樵者石下得到的。后来任中宣梦见一道士，赤衣乘龙，对他说："此镜乃水府至宝，出世有期，今当归我矣。"梦后宝镜果然遗失了③。任中宣收藏的宝镜与道士具有密切的关系，不可能是"三代物"。宝镜铭文虽为古老的籀篆，但"水银阴精，百炼成镜"的文辞为四字韵文形式，这是隋唐铜镜铭文的典型格式，篆书体的类似文辞内容常出现于中晚唐以后的铭文八卦镜上。四字韵文有"水银阴精，辟邪卫灵，形神日照，保护长生"，见于湖北秭归望江古墓群唐代后期墓M14出土的圆钮委角方形镜（图6-3-9）④、湖南长沙容园唐墓M023出土的圆角方形镜⑤、扬州出土的弓钮圆

---

① 前揭颜娟英：《唐代铜镜文饰之内容与风格》，第315～320页。
② （唐）张彦远撰，周晓薇校点：《历代名画记》卷一，第1页。
③ （唐）柳宗元《龙城录·任中宣梦水神持镜》，前揭《唐五代笔记小说大观》，上册，第143～144页。
④ 宜昌博物馆：《湖北秭归望江古墓群发掘简报》，《江汉考古》2002年第3期，第20～23页。
⑤ 周世荣：《长沙容园两汉、六朝隋唐、宋墓清理简报》，《考古通讯》1958年第5期。

角方形镜(见图1-4-14a)①和山西
省博物馆藏龟钮圆角方形镜(见图
1-3-6b)②；五字韵文有"水银呈阴
精，百炼得为镜。八卦寿象备，卫神
永保命"，见于湖北沔阳县张沟出土
的唐龟钮八卦十二生肖镜(见图1-
4-14b)③。因此，传奇里任中宣家的
"古镜"仍是中晚唐铸造的一种道
镜，它被看作是水府至宝，并与水神
相联系，很可能是由于此镜镜钮为
龟形的缘故。龟在汉代既已作为北
方玄武的形象，亦被视作水神④。西
汉刘安《淮南子·天文训》言："北
方，水也，……其兽玄武。"⑤西汉王

图6-3-9　湖北秭归望江古墓群唐墓M14
出土八卦铭文镜拓片

采自《江汉考古》2002年第3期第23页图
一四·1

褒《九怀·思忠》云："玄武步兮水母，与吾期兮南荣。"东汉王逸注"玄武步
兮水母"曰："天龟，水神。"⑥《后汉书·王梁传》云："玄武，水神之名。"⑦这种
认识应是小说《任中宣梦水神持镜》的思想来源。

中晚唐时期，含有道教教义特征和符法意义的道教镜种类与数量皆增
多，且在民众生活中发挥了一定的作用，说明《古镜记》《敬元颖》之类的
传奇达到了预期的宣传效果。中晚唐墓中曾出土5面道教镜，前述西安东
郊晚唐墓和偃师杏园李廿五女墓各出土一面上清长生节气文镜、偃师杏园
唐墓M0954出土一面星文符箓八卦镜(图6-3-10)⑧、合肥重建包公墓园工
地出土一面八卦镜(图6-3-11)⑨、1954年西安东郊郭家滩39号唐墓出土一
面八卦铭文镜(图6-3-12)⑩。其中李廿五女墓和M0954的墓主情况较为清

① 徐良玉：《扬州新出土的几面唐镜》，《文物》1986年第4期，第92页，图七。

② 胡振祺：《山西省博物馆拣选的部分文物》，《文物季刊》1989年第2期。

③ 姚高悟：《沔阳出土的唐代铜镜》，《江汉考古》1986年第4期。

④ 关于龟为水神的论述，参见饶宗颐：《论龟为水母及有关问题》，《文物》1999年第10期。

⑤ 何宁：《淮南子集释》卷三，第188页。

⑥ (汉)刘向辑：《楚辞》卷一五，上海：上海古籍出版社，2015年，第362～363页。

⑦ (南朝宋)范晔：《后汉书》卷二二，第774页。

⑧ 前揭《偃师杏园唐墓》，第213页图204·2。此类镜王育成先生称为道教十六符镜，并断定铸
造时代为唐代(《唐代道教实物研究》，第49～52页)。此出土镜可证这一推断是正确的。

⑨ 程红：《合肥出土、征集的部分古代铜镜》，《文物》1998年第10期，第84～85页、图八。王育
成定此镜为上清含象鉴天地镜(《唐代道教镜实物研究》，第39页)。

⑩ 陕西省文物管理委员会：《陕西省出土铜镜》，北京：文物出版社，1959年，第103页，图93。

图6-3-10　偃师杏园唐墓M0954出土星文符箓八卦镜

采自《洛镜铜华——洛阳铜镜发现与研究》下册第292页图262

图6-3-11　唐上清含象鉴天地镜拓片

采自《文物》1998年第10期第84页图八

图6-3-12　西安东郊郭家滩39号唐墓出土八卦铭文镜

采自《陕西省出土铜镜》第103页图93

楚。李廿五女墓出土墓志记载墓主并非道女，未及笄之三岁病死。按照《礼记·内则》"女子十有五年而笄"的说法，李氏廿五女死时不满十八岁，尚未婚配[①]。M0954虽没有墓志出土，但从墓室内有一具人骨，以及随葬有铜镜、铜钗、瓷水盂、瓷粉盒、蚌、铁剪、铜下颚托等物品来看，墓主应为女性[②]。李廿五女墓未发现人骨，铜镜残缺，与玉石饰件、铜饰件、滑石盒、海螺壳、瓷器盖等集中放置在墓室东北部；M0954的铜镜置于墓主头部附近，与一般唐墓铜镜的摆放位置相同。这二座墓的铜镜应与道教法事活动无关，那么，这两面道镜很可能是生活用具，而非明器。

早在汉代，铜镜作坊就开始运用各种各样的"广告词"宣传镜的功能和

① 前揭《偃师杏园唐墓》，第345页李廿五女墓志、179页李廿五女墓平剖面图。

② 前揭《偃师杏园唐墓》，第185页M0954平剖面图。

买镜的好处,这些广告词都被铸造在镜背显眼的位置。如果买者是小吏,那么,"吏人服之宜官秩""长吏买镜位至三公""服者君侯"等铭文词句能不打动人吗？ 如果买者是商贾之人,那么,"贾人服之金银足""贾人买竟（镜）百倍田,家大吉"的文辞更会让人心甘情愿地出个好价钱；而"买者大富且昌,长宜子孙,延寿命长",不更是人人都希望的结果吗？ 但是,这些直言不讳的广告或许已经不符合唐代人的知识、思想和信仰,不再适应唐代社会的现实。魏晋以后,受到佛教的影响,小说逐渐成为宣传思想信仰的重要手段。利用通俗文学以宣传教义、培养信仰原本是佛教的一项传统。当佛教进入中国后,一方面小说获得了从未有过的崇高地位；另一方面,小说作为宣传媒介也得到大众的认同[①]。因此,中晚唐道教有意识地以小说故事作为广告,改变了汉以来的营销策略,可谓铜镜发展史上的创举。通过跌宕起伏的故事情节,《古镜记》《敬元颖》将古镜神异的功能淋漓尽致地传达给大众。知道这二则传奇的人们,能不心驰神往吗？ 他们定会产生得到古镜的强烈愿望。

　　需要指出的是,道镜新镜变身古镜,是建立在唐人对古镜年代、铭文和花纹皆不十分清楚的基础之上的。这些所谓的"古镜"到了格物致知的宋人那里,则很难再混入古镜的行列[②]。

---

① 小说在中古时期的发展和地位,参见王青:《宗教传播与中国小说观念的变化》,《世界宗教研究》2003年第2期；王青:《西域文化影响下的中古小说》,北京:中国社会科学出版社,2006年,第100～113页。

② 《宣和博古图》中著录了一面唐四神十二生肖博局镜。见《重修宣和博古图》卷二八,《景印文渊阁四库全书》,第840册,第977页。陈珏认为,《古镜记》为中晚唐人所欣赏,但不太受宋人的欢迎,也可为一证明（《初唐传奇文钩沉》,第91页。）

肆

古 意 之 美

第七章　隋唐铜镜古意之审美特征

唐代铜镜对汉镜艺术的继承和发展,将铜镜发展史上两个鼎盛的时期连接起来,直观地反映了唐代艺术与汉代艺术的渊源关系。经历了魏晋南北朝时期的社会动荡和民族融合,唐代东西方文化交流频繁,在异族影响和外来艺术备受社会青睐的时代背景中,唐代制镜匠师与其他手工业者一样,在吸收外来艺术营养的同时,也在传承着中国手工艺的设计思想和样式。由于铜镜铸造在中国有着悠久的历史,战国至汉代铜镜艺术尤为突出,因而借鉴优秀的汉镜传统无疑是唐代铜镜取得辉煌成就的捷径。

唐镜是用绘画和雕刻相结合的手段创造的视觉艺术。它以丰富的视觉形象从侧面展现了唐代艺术面貌。因而以铜镜为例,可以管窥唐代艺术探索的途径。

第一节　古意与风格选择

张彦远《论画体工用拓写》中对古人美术品的学习进行了较为系统的研究,认为摹写是重要的方法之一,并对如何摹写提出了建议:

> 好事家宜置宣纸百幅,用法蜡之,以备摹写。古时好拓画,十得七八,不失神采笔踪。亦有御府拓本,谓之官拓。国朝内库、翰林、集贤、秘阁,拓写不辍。承平之时,此道甚行,艰难之后,斯事渐废。故有非常好本,拓得之者,所宜宝之,既可希其真踪,又得留为证验。遍观众画,唯顾生画古贤得其妙理,对之令人终日不倦。[1]

从这一段文字可知,唐代美术史论家对以往美术传统的重视。但是对古代

---

[1]　(唐)张彦远著,周晓薇校点:《历代名画记》卷二,第20页。

遗留下来的画作，张彦远并非不加选择，而是要选取好本。他在观摩大量古画的基础上，提出顾恺之绘画的古贤妙得画理，可作为学习古代绘画的范本。

同样，隋唐铸镜匠师也面临着相同的问题。

李商隐《赠送前刘五经映三十四韵》："建国宜师古，兴邦属上庠。"①总结了中国朝代更迭时文化的特点。一般说来，一时代之开始总是要承继着前一阶段的文化，故而朝代的变化并不能切断文化的脉络。在铜镜铸造史上更是如此，如西汉早期流行的蟠螭纹镜就延续了战国蟠螭纹镜，较多地使用地纹也是战国镜的特点②；三国至西晋流行的方格规矩镜、内行花纹镜、兽首镜、夔凤镜、盘龙镜、鸟纹镜、双头龙凤镜等，都属东汉以来的旧式镜③。但是，隋至初唐的铜镜铸造业却面临着与汉初至三国时期完全不同的境况，这是因为南北朝时期铜镜铸造业受到重创，处于非常凋敝的状态。从5世纪后期到6世纪中后期，北方已很少制作铜镜，使用的多是东汉、魏晋的旧式铜镜和铁镜，甚至西汉的旧铜镜也被利用；南方的铜镜铸造业也全面退化，所铸铜镜镜体小而薄，铸工低劣，花纹草率④。这样隋至初唐就失去了可以承继的铸镜传统，建国初的师古就需寻找新的对象。

从隋至初唐期对汉镜传统的复归，可推知隋唐铜镜铸造古样选择的特点。

第一，直接以镜为样。

隋唐时期，铸镜可资借鉴的古样应有三代青铜礼器。《龙城录》"李明叔精明古器" 记载了好古博雅、喜欢收藏古器的建康李生。"凡自战国泊于萧梁之间，谱所载者十得五六，而皆精制奇巧，后世莫迨。然生颇为文思涩，设诸勤求古器心在于文书间，亦足以超伟于当代也。"⑤从"谱所载者十得五六"来看，当时应有古器物的图谱。而以李明叔为代表的收藏家收藏的古器中应有三代器物。在唐代，贵族亦十分喜好收藏三代铜器，也开始有作伪的记载。如裴休视为珍宝的铸有 "齐桓公会于葵丘岁铸" 铭文的铜盎并非春秋古器，而是赝品⑥。1971年陕西礼泉县泔河坝工地一处唐代寺院遗址出土了2件鼎、3件簋，这5件商代铜器与唐代石佛像、经幢等出于同一地层，很有可

---

① 《全唐诗》卷五四一，《全唐诗》(增订本)，第8册，第6288页。

② 管维良：《中国铜镜史》，重庆：重庆出版社，2006年，第59页。

③ 徐苹芳：《三国两晋南北朝的铜镜》，《考古》1984年第6期。

④ 上揭徐苹芳文。

⑤ 上海古籍出版社编：《唐五代笔记小说大观》，上册，第146页。

⑥ (宋)李昉等：《太平广记》卷一七二《精察二》"裴休" 条，第4册，第1265～1266页。

能是被唐人发现收藏而后又散失的①。隋唐新式镜中尚未见到三代铜器花纹因素，或是三代铜器大多花纹精美，但不易在圆形平整的镜面内进行设计，故而缺乏可直接借鉴的镜样基础，所以实施起来不如以镜作为参照容易。

第二，在得到汉镜样本的同时，对样本还要进行选择。

布局上，汉镜中细碎的蟠螭纹样式被舍弃，尽管唐代的仿制镜中还有蟠螭纹，但是已粗大化处理；完全对称、图案化的草叶纹、星云纹、四乳、连弧纹、铭文镜的样式被舍弃；重列式布局、轴对称布局也被舍弃。虽然，这一时期的瑞花铭文镜还具有图案化的特点，但纹饰设计主流在向去图案化的方向发展，环绕式的布局方式被选取，较工整的规矩纹布局也作简化式样，这样就增大了花纹主区的空间，使得布列花纹的整体性得到加强，从而为唐代铜镜的新意创造和生意表现打下了基础。

题材上，隋至初唐铜镜的选择较为单纯，主要有四神、瑞兽和瑞花。四神与瑞兽是汉镜中常用的装饰题材，瑞花在汉镜上找不到端倪，这种题材应与魏晋南北朝时期佛教传入后植物纹样的兴盛有关。四神、瑞兽是汉以来的祥瑞动物，瑞花也应有吉庆的含义。

南北朝至隋唐，汉以来的谶纬学说依然十分盛行，《宋书》有三卷《符瑞志》论述祥瑞动物和福瑞征兆②。《隋书·王劭传》中就记载了隋初大量的祥瑞物象：

> 时有人于黄凤泉浴，得二白石，颇有文理，遂附致其文以为字，复言有诸物象而上奏曰："其大玉有日月星辰，八卦五岳，及二麟双凤，青龙朱雀，驺骒玄武，各当其方位。又有五行、十日、十二辰之名，凡二十七字，又有'天门地户人门鬼门闭'九字。又有却非及二鸟，其鸟皆人面，则《抱朴子》所谓'千秋万岁'也。其小玉亦有五岳、却非、虬、犀之象。二玉俱有仙人玉女乘云控鹤之象。别有异状诸神，不可尽识，盖是风伯、雨师、山精、海若之类。又有天皇大帝、皇帝及四帝坐，钩陈、北斗、三公、天将军、土司空、老人、天仓、南河、北河、五星、二十八宿，凡四十五官。诸字本无行伍，然往往偶对。于大玉则有皇帝姓名，并临南面，与日字正鼎足。复有老人星，盖明南面象日而长寿也。皇后二字在西，上有月形，盖明象月也。于次玉则皇帝名与九千字次比，两'杨'字

---

① 秋维道、孙东位：《陕西礼泉县发现两批商代铜器》，《文物资料丛刊》3，北京：文物出版社，1980年，第30～31页。
② （梁）沈约：《宋书》卷二七、二八、二九，第759～878页。

与'万年'字次比,'隋'与'吉'字正并,盖明长久吉庆也。"①

以上王劭为隋朝的建立所编织的祥瑞物象也是魏晋南北朝至隋代美术的重要题材,在考古中屡有发现。比如陕西税村隋墓画像石棺上就有各种瑞兽和仙人的形象②。这些形象在绘画中传统深厚,但是对处于刚刚恢复阶段的隋至初唐的铜镜铸造业来说,不如限制题材,在改进铸造工艺方面获得的成功来得快。于是,这一时期的重点就放在了对汉代画像镜和神人神兽镜中四神、瑞兽的塑造上。

总的来说,隋至初唐时期完成了师古的基础,即优秀古本的选择,汉镜成为隋唐铜镜取得古意的源泉。同时,这一时期又着意于去除古本图案化的倾向,突出四神、瑞兽这一主题纹饰的形象塑造,这一十分明确的方向使得隋至初唐的铜镜在师古的同时也有了自己的特色。

第二节　古意与新意创造

在隋唐人的观念中,师古并不是要一味模仿,而是要有所创造。"创立新意"成为人们在艺术创作活动中的愿望。

隋朝潘徽在所著《韵纂》的序文中就表达了《韵纂》弥补以往字书不足的想法,"裁断篇部,总会旧辙,创立新意,声别相从,即随注释"都是他在文字研究方面的新体会③。"总会旧辙,创立新意"的主张也体现在隋朝时期的工艺制作中,如隋太府少卿何稠制作朝廷车服、礼器时就结合现实,作了许多创新。《隋书·何稠传》记载:

> 稠参会今古,多所改创。魏、晋以来,皮弁有缨而无笄导。稠曰:"此古田猎之服也。今服以入朝,宜变其制。"故弁施象牙簪导,自稠始也。又从省之服,初无佩绶,稠曰:"此乃晦朔小朝之服。安有人臣谒帝而去印绶,兼无佩玉之节乎?"乃加兽头小绶及佩一只。旧制,五辂于辕上起箱,天子与参乘同在箱内。稠曰:"君臣同所,过为相逼。"乃广为盘舆,别构栏楯,侍臣立于其中。于内复起须弥平坐,天子独居其上。

---

① (唐)魏徵等:《隋书》卷六九,第1607～1608页。
② 陕西省考古研究院:《潼关税村隋代壁画墓》,北京:文物出版社,2013年,第120～133页。
③ (唐)魏徵等:《隋书》卷七六《潘徽传》,第1745页。

自余麾幢文物,增损极多。[1]

车服、礼器多要遵古礼而制,受到限制较多。铜镜为日常物品,更容易适应社会审美的变化而创造。

隋至初唐,铜镜铸造在师古的同时就已表现出自身的一些特点。盛唐以后,铜镜铸造业全面复兴,唐代铜镜的特色也彰显出来。将汉与唐两个时代的铜镜作图像上的对比就会发现,唐镜的新意主要表现在以下方面:

第一,布局。盛唐以后的铜镜彻底摆脱了汉以来规矩配置、乳钉或环状乳的影响,也舍弃了隋至初唐龟甲纹配置分隔主区的作法,纹饰表现区域完整,有利于创造完整的图像。

这种追求主区花纹完整性的努力,还表现在唐代铜镜镜钮的设计上。

盛唐以前,镜钮的种类较少。汉镜镜钮的样式主要有半球形(圆钮)、扁圆形,新出现了连峰钮、兽形钮。连峰钮主要用在星云纹镜上,如上海博物馆藏直径18厘米的星云纹镜(图7-2-1),镜钮由多枚小乳钉组成,状如连峰[2]。兽形钮较少,如四川成都出土的直径15.9厘米的西汉博局草叶纹镜,镜钮为伏螭形[3];江苏盱眙大云山江都王陵1号墓出土的直径21.4厘米的西汉蟠龙草叶纹博局镜(图7-2-2),镜钮为伏螭形[4];浙江绍兴漓渚出土的直径14厘米的东汉兽钮环状乳半圆方枚神兽镜(图7-2-3),半球形钮上饰以兽面图案[5]。隋至初唐延续着汉镜钮式,仍以半球形为主。

盛唐以后,镜钮的形式比较丰富,产生了独立镜钮和镜钮隐含在图案之中两种设计形式。从形制

图7-2-1　上海博物馆藏西汉星云纹镜

采自《练形神冶 莹质良工——上海博物馆藏铜镜精品》第133页图30

---

① （唐）魏徵等:《隋书》卷六八,第1597～1598页。
② 前揭《练形神冶 莹质良工——上海博物馆藏铜镜精品》,第132页,图30。
③ 前揭《中国铜镜图典》,第203页,图203;前揭《中国铜镜图典》(修订本),第258页,图3.74。
④ 徐忠文、周长源:《汉广陵国铜镜》,北京:文物出版社,2013年,第53页,图14。
⑤ 前揭《浙江出土铜镜》(修订本),黑白版图44。

图7-2-2　江苏盱眙大云山江都王陵
　　　　1号墓出土西汉蟠龙草叶纹
　　　　博局镜

采自《汉广陵国铜镜》第53页图14

图7-2-3　浙江绍兴漓渚出土东汉兽钮
　　　　环状乳半圆方枚神兽镜

采自《中国青铜器全集16·铜镜》图93

上看，独立镜钮主要有几何形（圆形、半圆形、方形、环形等）和动物形（伏兽、狻猊、龟、蟾蜍等）；隐含在图案之中的主要有树形钮、山形钮等。动物形钮与汉代的兽形钮不同，为圆雕的动物形，而且钮上的动物顾盼自如，形神兼备。

　　独立镜钮的设计十分注意与主区花纹的协调统一，这一点在动物形钮上表现得很突出。如上海博物馆藏直径23.9厘米的瑞兽葡萄镜（图7-2-4），狻猊钮，头左视向上，前足弯曲，后退蹲伏。内区高浮雕八只狻猊，作蹲、奔、跳等各种姿态[1]，钮与主区纹饰完全融合在一起。又如洛阳博物馆征集的直径17.7厘米的十二生肖飞仙镜（见图1-2-32a）[2]、浙江武义出土的直径14.8厘米的十二生肖飞仙镜（见图1-3-7）[3]纹饰相似，龟钮，钮外方格，格内填满水波纹，四角有四山。虽然此镜方格内的图案象征着五岳四渎，龟钮也具有灵龟崇拜的特殊含义，但将龟置于水波之中，组成了一幅和谐的画面。

　　此外，几何形钮也有关注到钮与主纹配合的实例，如西安市文物保护考古研究所收藏的直径20.7厘米的葵花形双龙纹镜（图7-2-5）[4]，半球形钮被

①　前揭《练形神冶 莹质良工——上海博物馆藏铜镜精品》，第255页，图89。
②　霍宏伟、史家珍：《洛镜铜华——洛阳铜镜发现与研究》，下册，第262页，图231。
③　前揭《浙江出土铜镜》（修订本），彩版图70。
④　西安市文物保护考古所：《西安文物精华·铜镜》，第93页，图80。

图7-2-4　上海博物馆藏唐瑞兽葡萄镜

采自《练形神冶 莹质良工——上海博物馆
藏铜镜精品》第255页图89

图7-2-5　西安市文物保护考古研究所藏
唐葵花形双龙纹镜

采自《西安文物精华·铜镜》第93页图80

当作二条张口的巨龙所戏之珠。

　　隐含在图案中的钮更是打破了钮与主区的界限,这种钮式有树形和山形。树形钮见于嫦娥月宫纹镜,如1969年西安市莲湖区电容器厂出土的嫦娥月宫纹镜(见图1-3-25)[①],镜钮为虬曲的树干所掩。山形钮见于五岳真形镜,如上海博物馆所藏边长11.9厘米的方形镜(图7-2-6)[②]。这些隐含在图案中的钮使主区形成一幅完整的画面。这些别出心裁的镜钮设计都是唐镜在布局方面的创新。

图7-2-6　上海博物馆藏唐方形五岳真形镜

采自《练形神冶 莹质良工——上海博物馆
藏铜镜精品》第239页图81

　　第二,装饰题材。植物、花卉纹的繁荣是唐镜在装饰题材方面区别于汉镜最明显的地方。

---

① 前揭《西安文物精华·铜镜》,第124页,图111。

② 前揭《练形神冶 莹质良工——上海博物馆藏铜镜精品》,第239页,图81。

魏晋南北朝以前，中国装饰纹样主要以几何纹和动物纹为主，即便有少量的植物纹，也处于陪衬的地位。魏晋南北朝时代，由于佛教的传播，莲花、忍冬、菩提树等植物纹开始频繁地出现在壁画、雕塑及日用器物装饰上，同时外来文化的融入，域外的葡萄纹也开始影响装饰艺术，中国装饰纹样发生了转变，植物纹兴盛。

这种纹饰题材的变化也体现在铜镜装饰中，汉镜图案中有卷曲的如植物的藤蔓（图7-2-7）[①]，但仅作镜缘的边饰。隋代铜镜的外区图案出现了卷草状植物纹，如隋宋忻墓出土的四神镜（见图1-2-8a）、西安市灞桥65号隋墓出土的瑞兽镜（见图1-2-8b），以及隋代新式瑞花铭文镜，内区是圆形的花卉，虽然图案化的特点仍很鲜明，但是反映出魏晋南北朝以后中国装饰纹样变化的状况。高宗以后，瑞兽葡萄镜兴起，植物纹样成为铜镜装饰不可缺少的因素，不仅在外区的装饰纹带中使用，与鸟兽等组合成主区花纹，而且出现了全是植物纹的葡萄蔓枝镜、瑞花镜。

第三，画面性。出现了类似人物画的装饰样式。

唐镜是用绘画和雕刻相结合的手段创造的平面性视觉艺术，其平面性使得它与绘画发生着密切的联系。一些绘画题材也进入镜背装饰中，最明显的例子就是弈棋人物镜（图7-2-8）。

弈棋人物镜描绘了幽静山林中高士（仙人）怡然自得的生活，画面中通常有浓密的树木、山岭，翱翔于树端的鸟雀，这些自然景物的描绘营造出魏晋至隋唐时期绘画所追求的意境之美。

这种人物画当是汉魏以来，商山四皓、竹林七贤等人物画题材在手工艺装饰中的运用。为了

图7-2-7 汉镜中的植物纹边饰
采自《中华历代铜镜鉴定》第15页图10

[①] 周世荣：《中华历代铜镜鉴定》，北京：紫禁城出版社，1993年，第15页，图10。

增加画面性，这种镜式通常只有窄缘，而没有内外区的设计。

　　唐代文学艺术都非常重视新意，李白《草书歌行》："王逸少，张伯英，古来几许浪得名。张颠老死不足数，我师此义不师古。古来万事贵天生，何必要公孙大娘浑脱舞。"①郑谷《读故许昌薛尚书诗集》："篇篇高且真，真为国风陈。澹薄虽师古，纵横得意新。"②由此看来，唐人所追求的古意即包含着新意。

图 7-2-8　上海博物馆藏唐高士图镜

采自《练形神冶 莹质良工——上海博物馆藏铜镜精品》第 275 页图 99

第三节　古意与生意表现

　　宋代董逌在《书徐熙画牡丹图》中讲到了绘画中的"生意"，他说：

　　　世之评画者曰："妙于生意，能不失真，如此已，是能尽其技。"尝问如何是当处生意？曰："殆谓自然。"其问自然，则曰："能不异真者，斯得之矣。"且观天地生物，特一气运化尔，其功用妙移，与物有宜，莫知为之者，故能成于自然。③

他认为，生意即自然。张彦远也说"自然者为上品之上"④。在绘画中，生意原本是一种难以表达的抽象概念，却可以通过具体的形象而感知。

　　当我们对比汉唐铜镜的图纹时，会发现尽管二者在装饰题材上有差异，但却在精神气韵上有一致之处，即对自然界生灵的细致观察所获得的艺术形象都有着自然的生意。

　　花鸟是唐代铜镜纹饰构成的重要因素。此类题材不仅可以用作辅助纹样，以花、鸟、蜂、蝶作为边饰图案，或者在人物、瑞兽等为主题纹样的空白

---

①　《全唐诗》卷一六七，《全唐诗》（增订本），第3册，第1731页。

②　《全唐诗》卷六七六，《全唐诗》（增订本），第10册，第7823页。

③　（宋）董逌：《广川画跋》卷三，《景印文渊阁四库全书》，第813册，第473页。

④　（唐）张彦远著，周晓薇校点：《历代名画记》卷二《论画体工用拓写》，第19页。

处加以填充，还出现了特色鲜明的以花鸟为主题的唐式镜——鸾鸟瑞兽镜、雀绕花枝镜、对鸟镜和瑞花镜等。除此之外，唐代特种工艺镜的装饰图纹也以花鸟为大宗。此种题材涉及的禽鸟品种有鸾凤、鸳鸯、孔雀、鸿雁、鸭、雀、鹊、鹅等，与花卉组合变化繁多。

这一类装饰题材兴盛的原因有不同的说法。颜娟英认为，唐代铜镜题材中，飞禽走兽纹的兴盛与佛教有着密切的关系，原因是唐镜的禽兽花鸟众多的景象与佛教极乐净土极为相似，极乐净土中就有种种奇妙可爱的杂色众鸟，所谓鹅雁、鸳鸯、鸿鹤、孔雀、鹦鹉、迦陵频伽、命命鸟等[1]。武玮认为，这些飞禽走兽纹样是道教影响的产物，因为鸾凤、孔雀、仙鹤、鸠鹊等多是与仙人有着不解之缘的瑞鸟，祥禽瑞兽口衔绶带、方胜或芝草等图案，也有着与道教有关的寓意。绶带象征长寿，方胜是传说中西王母的首饰，而芝草则是仙人常食之物[2]。总之，这类花鸟纹饰因为寓意美好和吉祥而受到唐人的喜爱。

花鸟纹镜的布局方式有以钮为中心的环绕式和对称式。其中，主纹是两只禽鸟的对鸟镜，因为在鸟的装饰与排列上与中亚鸟纹有一定的相似性，因而受到学术界的重视。本节意欲对这一类镜纹表现出的生意作相关探讨。

学术界对于对鸟镜的研究，以徐殿魁先生为深入。他首先进行了考古学的型式研究，按照对鸟镜的镜形分作四型，其中常见的两型是圆形镜和葵花形镜。圆形镜有双鸾镜、对鸟镜二式；葵花形镜有双雁衔花镜、双鸾衔环镜、双凤镜、双鸾天马镜、双雁荷花镜、双鸾衔绶镜、双鸾月宫海龙镜等七式。经过资料分析得出以下观点：

1. 铸造年代。对鸟镜从玄宗开元年开始铸造流行，一直到中晚唐长盛不衰。双鸾衔绶的主题与玄宗开元年以来用花绶祝寿之风盛行有密切关系[3]。

2. 布局风格。最具特色的葵花形对鸟镜从整体布局上可分两种，一种仍将镜背画面分作内外区，但内区扩大，外区仅为葵花瓣内的窄带区；另一种是以镜背纹饰突显主题，不分内外区。两种布局开始的时间大致都在玄宗开元之际。开元年至中唐自然流畅，晚唐呆板、图案化。

---

① 颜娟英：《唐代铜镜文饰之内容与风格》，《"中研院" 历史语言研究所集刊》第60本第2分册，1990年10月，第306页。

② 武玮：《唐代金银器中的道教文化》，《殷都学刊》2006年第2期。

③ 对鸟镜的铸造年代后因丰宁公主和韦圆照合葬墓出土的对鸟镜被提前至初唐，但目前仅此一例。见齐东方：《读丰宁公主与韦圆照合葬墓札记》，《故宫文物月刊》第十七卷第三期总195期，1999年。

3. 来源和寓意。对于鸟衔绶带纹和对鸟纹的来源,有的学者认为显然是受到西亚文化的影响,有的学者认为是我国传统纹饰的演化和继承。徐殿魁认为唐镜的对鸟图案继承了汉代动物图案的流动感特性,形态写实,体态轻盈,那振翅欲飞的姿态十分优雅,口中所衔之绶还常常缀以不同的结,而结草衔环图案又往往象征着祝寿与报恩,与中亚之立鸟纹寓意完全不同,因而他认为这种对鸟纹受到汉代的影响较之中亚影响大[①]。

徐殿魁的研究具有开拓意义,他明确提出对鸟镜与汉代艺术有较为密切的关系,但并没有展开论述。

实质上,在对鸟镜兴起的盛唐后期,有两个鸟纹的传统:

一个是中亚、西亚的立鸟纹和对鸟纹。其形式特点是,在联珠圈或团窠环内有一只站立状鸟或二只对称的立鸟。

一只立鸟者,如在乌兹别克斯坦的华拉赫沙出土壁画上发现的立鸟衔绶图案(图7-3-1)[②],绶带系联珠组成,鸟的颈下也有联珠形状的项链。波士顿美术馆收藏的7世纪萨珊银瓶(图7-3-2),瓶身有立鸟纹,鸟头有背光,颈系圈带[③]。伊朗国家博物馆(Iran Bastan Museum)收藏的8世纪萨珊银碗上也有联珠立鸟纹(图7-3-3),鸟颈后有二绶带向后飘起,颈下垂三珠[④]。类

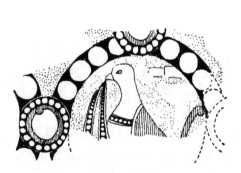

图7-3-1　华拉赫沙出土壁画上的立鸟纹
　　　　　线图
采自《考古》1978年第2期第114页图四

图7-3-2　波士顿美术馆藏萨珊银瓶
采自 *The Royal Hunter: Art of the Sasanian Empire*, p64

---

① 徐殿魁:《唐镜分期的考古学探讨》,《考古学报》1994年第3期。

② 夏鼐:《近年中国出土的萨珊朝文物》,《考古》1978年第2期。

③ *The Royal Hunter: Art of the Sasanian Empire*, p64, Asia House Gallery, 1978.

④ *The Royal Hunter: Art of the Sasanian Empire*, p77.

图7-3-3　伊朗国家博物馆藏萨珊银碗

采自 *The Royal Hunter: Art of the Sasanian Empire*, p77

似的鸟纹也见于华盛顿织物博物馆收藏的萨珊织物上（图7-3-4）[1]。中国境内，新疆克孜尔千佛洞壁画上的立鸟纹（图7-3-5）[2]，立鸟颈后有二绶带向后飘起，口衔一串项链形物，下垂三珠，颈部和翅膀上都有一列联珠纹，时间大约是6至7世纪。新疆吐鲁番阿斯塔那墓地随葬有麟德二年（665）文书的332号墓出土一件立鸟纹锦（图7-3-6）[3]，立鸟也有颈系绶带、口衔项链、颈部和翅膀装饰联珠纹的特点。相似的立鸟纹还见于青海都兰出土的萨珊式织锦上（图7-3-7），时间是7世纪末至8世纪中期[4]。

对鸟者，如葱岭以西的阿富汗巴米扬石窟壁画中有联珠圈对鸟纹（图7-3-8），时代为5世纪；中国新疆库车雀离大寺中圆形舍利盒纹饰中有对鸟

图7-3-4　华盛顿织物博物馆藏织物残片

采自 *The Royal Hunter: Art of the Sasanian Empire*, p137

图7-3-5　新疆克孜尔千佛洞60窟壁画联珠圈立鸟纹线图

采自《考古学报》1963年第1期第73页图一七

---

[1]　*The Royal Hunter: Art of the Sasanian Empire*, p137.

[2]　夏鼐：《新疆新发现的古代丝织品——绮、锦和刺绣》，《考古学报》1963年第1期，第73页，图一七。

[3]　武敏：《新疆出土汉——唐丝织品初探》，《文物》1962年第7、8期合刊，图版第7页，图5。

[4]　许新国：《都兰吐蕃墓出土含绶鸟织锦研究》，《中国藏学》1996年第1期。

图7-3-6　新疆阿斯塔那332号墓出土立鸟
　　　　　纹锦

采自《文物》1962年第7、8期图版第7页图5

图7-3-7　青海都兰出土中亚织锦线图

采自《中国藏学》1996年第1期第9页图10-1

纹,时代为6世纪①;青海都兰吐蕃墓出土的粟特式织锦上有对鸟纹(图7-3-9),时间为7世纪中期②;新疆吐鲁番阿斯塔那北区134号墓出土的联珠对鸟纹锦(图7-3-10),同墓出土有唐龙朔二年(662)墓志③。

以上中亚、西亚的立鸟纹和对鸟纹,鸟基本为僵硬的站立姿势。颈系绶带或戴项链,鸟喙衔项链。绶带与项链应代表着王权。这种鸟的形象与佛教相结合后还象征着再生或永生,因而具有帝王神格化、王权神授、帝王作为神再生不死的宗

图7-3-8　阿富汗巴米扬石窟壁画联珠圈
　　　　　对鸟纹线图

采自《中国藏学》1996年第1期第11页图13-1

①　上揭许新国文。
②　上揭许新国文。
③　新疆维吾尔自治区博物馆出土文物展览工作组:《丝绸之路汉唐织物》,北京:文物出版社,1973年,图三六。

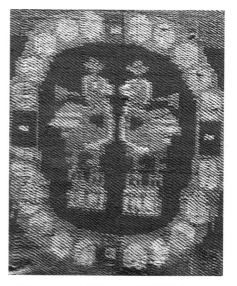

图7-3-9　青海都兰出土中亚织锦对鸟纹
　　　　　线图

采自《中国藏学》1996年第1期第5页图1

图7-3-10　新疆吐鲁番阿斯塔那北区
　　　　　134号墓出土联珠对鸟纹锦

采自《丝绸之路汉唐织物》图三六

教意义[①]。

另一个是汉以来中国本土的鸟纹装饰传统,亦有单鸟和对鸟两种样式:

1.单鸟纹。汉唐时代,单独的鸟纹中也有颈部和鸟喙上有装饰者,颈部系绶带或戴项链;口衔瑞草(花枝)、绶带、璎珞,亦有着不同的象征意义。

汉代艺术中常见有口衔珠或瑞草的鸟纹及颈系绶带、口衔绶带的绶带鸟。

口衔珠的鸟纹,如西安市北郊枣园西汉墓M1出土的2件鎏金铜锺,锺的盖顶铸有口衔珠的朱雀[②];西汉中期漆案上有口衔珠的凤鸟,珠下似还有垂饰(图7-3-11)[③]。衔珠鸟,似有求仙的寓意。《仙传拾遗》载燕昭王"登捱日之台,得神鸟所衔洞光之珠,以消烦暑。自是王母三降于燕宫"[④]。也有学者认为,鸟所衔珠应为仙人吃的"仙丹"[⑤]。

口衔瑞草的鸟纹,如1975年荆州凤凰山167号墓出土的一件西汉早期

①　上揭许新国文。

②　西安市文物保护考古所:《西安北郊枣园大型西汉墓发掘简报》,《文物》2003年第12期,第34页,图九。

③　中国漆器全集编辑委员会:《中国漆器全集3·汉》,福州:福建美术出版社,1998年,第94页,图151。

④　(宋)李昉等:《太平广记》卷二 "燕昭王" 条,第1册,第8页。

⑤　张道一:《汉画故事》,重庆:重庆大学出版社,2006年,第262页。

图7-3-11　西汉中期凤鸟兽纹漆案和局部

采自《中国漆器全集3·汉》第94页图151

漆匜上有鹤衔瑞草的纹样（图7-3-12）[1]。古代把鹤作为长寿的飞禽。《淮南子·说林训》：“鹤寿千岁以极其游”[2]。《抱朴子内篇·对俗》：“千岁之鹤，随时而鸣，能登于木，其未千载者，终不集于树上也，色纯白而脑尽成丹。”[3]鹤所衔瑞草应为不死之草，《仙传拾遗》：“秦始皇时，大宛中多枉死者横道，数有鸟衔草，覆死人面，皆登时活。……以问北郭鬼谷先生，云是东海中祖洲上不死之草。”[4]

图7-3-12　荆州凤凰山167号墓出土西汉早期鹤纹漆匜和局部

采自《楚风汉韵——荆州出土楚汉文物集萃》第111页图111

绶带鸟，常见于汉画像石，如山西离石县马茂庄（图7-3-13a）、山东临沂市白庄（图7-3-13b、c）出土的东汉画像石上都有绶带鸟纹[5]。鸟颈上所

① 成都华通博物馆、荆州博物馆：《楚风汉韵——荆州出土楚汉文物集萃》，北京：文物出版社，2011年，第111页，图111。

② 何宁：《淮南子集释》卷一七，第1222页。

③ （西晋）葛洪：《抱朴子内篇》卷三，王明：《抱朴子内篇校释》（增订本），第47页。

④ （宋）李昉等：《太平广记》卷四“徐福”条引《仙传拾遗》及《广异记》，第1册，第26页。

⑤ 前揭张道一：《汉画故事》，第372页。

系、口中所衔之绶带，应为"组绶"。"组"是用彩丝编成的绳子；"绶"是用彩丝织成的带子。"组绶"常用于佩玉和系印。《礼记·玉藻》："天子佩白玉而玄组绶，公侯佩山玄玉而朱组绶，大夫佩水苍玉而纯组绶，世子佩瑜玉而綦组绶，士佩瓀玟而缊组绶。"[1]《汉书·百官公卿表上》："凡吏秩比二千石以上，皆银印青绶，光禄大夫无。秩比六百石以上，皆铜印黑绶，大夫、博士、御史、谒者、郎无。其仆射、御史治书尚符玺者，有印绶。比二百石以上，皆铜印黄绶。"[2]

图7-3-13a　山西离石县马茂庄出土东汉鸟纹画像石拓片

采自《汉画故事》第372页图3

图7-3-13b、c　山东临沂白庄出土东汉鸟纹画像石拓片

采自《汉画故事》第372页图4、图5

山东苍山出土的元嘉元年（151）画像石墓中有长篇的石刻题记，其中有"学者高迁宜印绶"[3]的吉祥语。汉镜铭文中也有诸如"君宜高官，位至公卿""明如日月，位至三公"[4]的吉祥语，绶带鸟很可能就是类似吉祥语的图

---

① （汉）郑玄注、（唐）孔颖达疏：《礼记注疏》卷三〇，《景印文渊阁四库全书》，第115册，第615页。

② （汉）班固：《汉书》卷一九上，第743页。

③ 李发林：《山东苍山元嘉元年画像石墓题记试释》，《中原文物》1985年第1期。

④ 前揭《浙江出土铜镜》（修订本），第45页镜铭5、6。

解,表达汉代人对官位的向往。另外,"绶"通"寿",绶带鸟也有口衔珠的,应也有长寿的寓意。

汉代以后,这三种单鸟纹仍在延续,还出现了口衔花枝和璎珞的鸟纹。北齐武平二年(571)徐显秀墓出土有神鸟衔花枝的彩绘浮雕(图7-3-14)[①],神鸟曲颈挺胸,神采奕奕;宁夏固原唐麟德元年(664)史索岩夫妇墓石墓门上有一只口含珠的朱雀[②];景云元年(710)节愍太子墓前甬道券顶有一只翔鹤口衔璎珞(图7-3-15)[③]。

图7-3-14　太原北齐徐显秀墓　图7-3-15　陕西富平县宫里镇唐节愍
　　　　　墓门彩绘浮雕神鸟　　　　　　　太子墓前甬道券顶翔鹤图
　　　　　衔花枝　　　　　　　　　　采自《陕西新出土唐墓壁画》第153
采自《北齐徐显秀墓》第23页图10　页图121

玄宗时期,单鸟纹趋于华丽和繁复,鸟的姿态更加自由灵活,口衔的绶带、璎珞大大加长,还出现了颈戴项链的鸟纹。如开元九年(721)薛儆墓石门门楣、石门框、石樽上的鸟纹(图7-3-16)[④],以及天宝元年(742)李宪夫妇墓石樽上的鸟纹(图7-3-17)[⑤]。

---

① 太原市文物考古研究所:《北齐徐显秀墓》,北京:文物出版社,2005年,第23页,图10。
② 罗丰:《固原南郊隋唐墓地》,北京:文物出版社,1996年,第51～53页。
③ 陕西省考古研究所:《陕西新出土唐墓壁画》,重庆:重庆出版社,1998年,第153页,图121。
④ 山西省考古研究所:《唐代薛儆墓发掘报告》,北京:科学出版社,2000年,第18页图八,第22页图一三,第38页图四四。
⑤ 陕西省考古研究所:《唐李宪墓发掘报告》,北京:科学出版社,2005年,第178页图一八五·1,第180页图一八七·2,第188页图一九三·2。

图 7-3-16　山西万荣县唐薛儆墓鸟纹线图

　　a. 石门门楣上的凤衔绶带　b. 石门门框上的鸟衔璎珞　c. 石椁上戴项链的鹤（分别采自《唐代薛儆墓发掘报告》第18页图八、第22页图一三、第38页图四四）

图 7-3-17　陕西蒲城县唐李宪墓石椁立柱上的鸟纹线图

　　a. 口衔花枝、颈戴项链的鸟纹　b. 口衔花枝与绶带、颈系花叶的鸟纹　c. 口衔绶带回首的鸟纹（分别采自《唐李宪墓发掘报告》第178页图一八五·1、第180页图一八七·2、第188页图一九三·2）

德宗时期，鸟衔绶带和瑞草的纹样还用作官服上的装饰，《册府元龟·帝王部·立制度一》：贞元七年（791）三月，"初赐节度、观察使新制时服。帝方织做呈阅所宜，帝曰：'顷来赐衣，文彩不常，非制也。朕今思之，节度使以鹘衔绶带，取武毅以靖封内，观察使以雁衔仪委，取其行列有序，牧人有威仪也。'仪委，瑞草也。《瑞应图》云：'王者爱人，则瑞草生也。'"①

从这一记载可知这种鸟纹在中唐时期的名称与含义。值得注意的是，盛唐以后绶带鸟繁复的绶带并非想象和夸张，它应仿自唐代宫人所佩之组绶。《唐六典》记载：中尚署，"五月五日进百索绶带"②，这种百索绶带应较长，并且种类也较多，《唐六典·少府监》"织染署"条曰："组绶之作有五，一曰组，二曰绶，三曰绦，四曰绳，五曰缨。"③从神龙二年（706）懿德太子墓出土石椁上线刻的宫人画像（图7-3-18a）及开元九年（721）薛儆墓石椁上的侍女（图7-3-18b、7-3-18c）腰下所佩之组绶，即可知唐代组绶有着丰富的样式。

2.对鸟纹。汉代时对鸟常见的状态有，相对（背对）而立、对鸟衔鱼、二鸟交颈。

相对（背对）而立者，如河南偃师辛村新莽时期壁画墓天门两侧两块三角形空心砖上分别绘口衔宝珠、翎羽华丽的凤和凰背对而立（图7-3-19a）④。山东莒县东莞村出土的东汉画像石门额上有相对而立的一对鸟，左边的鸟口含珠，颈系绶带（图7-3-19b）⑤。四川新津出土石函上的对鸟，右戴胜者为凤，左衔绶者为凰（图7-3-19c）⑥。对鸟衔鱼，如江苏徐州蔡丘散存画像石第三石（图7-3-20）⑦；二鸟交颈，如江苏邳州车夫山前埠汉画像石墓第三石（图7-3-21），上格有二鸟交颈，下格上部有二鸟衔珠⑧。对鸟衔鱼、二鸟交颈是汉代艺术中常见的形象。有人认为对鸟衔鱼是生殖繁衍和部族兴旺的隐喻⑨。二鸟交颈是阴阳交合的象征⑩。

---

① （宋）王钦若等：《册府元龟》卷六〇，第674页。
② （唐）李林甫：《唐六典》卷二二，第573页。
③ （唐）李林甫：《唐六典》卷二二，第576页。
④ 黄明兰、郭引强：《洛阳汉墓壁画》，北京：文物出版社，1996年，第138～139页。
⑤ 前揭张道一：《汉画故事》，第265页，图5。
⑥ 前揭张道一：《汉画故事》，第302页。
⑦ 徐州博物馆：《徐州发现一批散存汉画像石》，《文物》1996年第5期。
⑧ 李军、孟强、耿建军：《江苏邳州车夫山前埠汉画像石墓的复原与研究》，《华夏考古》2003年第3期。
⑨ 前揭张道一：《汉画故事》，第242页。
⑩ 李立、史培争：《汉画的叙述——四川汉代性题材画像研究》，《江西社会科学》2010年第9期。

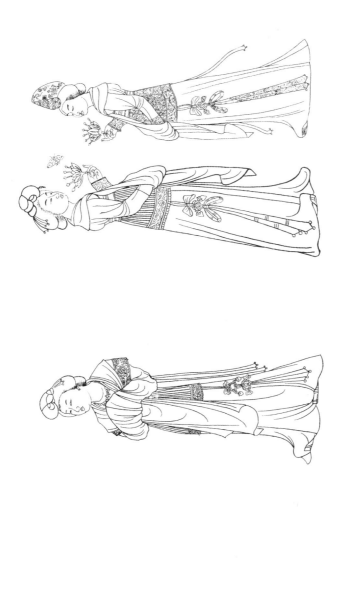

图7-3-18b、c　山西万荣县唐薛儆墓石椁上的侍女线图
采自《唐代薛儆墓发掘报告》第48页图五五，第44页图五九、五三、五四

图7-3-18a　陕西乾县唐懿德太子墓石椁
上的宫人线图
采自《唐代薛儆墓发掘报告》第93页图九〇

图7-3-19a　河南偃师辛村新莽壁画墓口衔珠的凤、凰

采自《洛阳汉墓壁画》第138、139页图二十三、二十五

图7-3-19b　山东沂水县韩家曲出土东汉画像石对鸟拓片

采自《汉画故事》第265页图5

　　北朝以后的对鸟纹实例有，药王山北魏神龟三年（520）锜石珍造像碑碑阴碑额上有一对衔瑞草的鸟（图7-3-22a）[1]；青海西宁市发现的一座北朝墓出土一件象牙梳，梳背上有对鸟衔金胜纹（图7-3-22b）[2]；隋开皇二年（582）李和墓石棺前档有对鸟纹（图7-3-22c）[3]、景云元年（710）李仁墓石门额上有一对凤，口衔珠[4]。景云元年（710）阿罗憾的墓志石边缘上，已经清楚地看到花草中有对鸟衔绶纹样。这些对鸟多为相对而立的姿势，尽管动态不大，但姿态十分舒展。

　　开元九年（721）薛儆墓石门槛上的对鸟（图7-3-23a）已作飞起的姿态，石椁上的对鸟（图7-3-23b）口衔花枝，踏在一串璎珞上，变得较为自由。天宝元年（742）李宪墓石椁立柱上的对鸟（图7-3-23c），口衔飘舞的绶带展翅高飞于一串花枝的两边，画面更为活泼。

　　唐代带有绶带的对鸟在寓意上也变得丰富，绶带寓意长寿，唐玄宗千秋节时有一首《千秋节赐群臣镜》："铸得千秋镜，光生百炼金。分将赐群后，

①　胡文和：《陕西北魏道（佛）教造像碑、石类型和形象造型探究》，《考古与文物》2007年第4期。

②　卢耀光、尚杰民、贾鸿健：《青海西宁市发现一座北朝墓》，《考古》1989年第6期。

③　陕西省文物管理委员会：《陕西省三原县双盛村隋李和墓清理简报》，《文物》1966年第1期。

④　前揭《西安郊区隋唐墓》，第11页。

图7-3-19c　四川新津出土汉石函上的
对鸟纹拓片

采自《汉画故事》第302页

图7-3-20　江苏徐州蔡丘散存汉画像石　　图7-3-21　江苏邳州车夫山前埠汉画像石
对鸟衔鱼拓片　　　　　　　　　　　墓第三石拓片

采自《文物》1996年第5期第20页图一一　　采自《华夏考古》2003年第3期第90页图四·7

遇象见清心。台上冰华澈，窗中月影临。更衔长绶带，留意感人深。"①言明绶
带在唐镜中的寓意。对鸟，在唐代不少诗歌中还被看作是爱情的象征，如陈羽
《古意》："十三学绣罗衣裳，自怜红袖闻馨香。人言此是嫁时服，含笑不刺双鸳
鸯。"②长孙佐辅《对镜吟》："忆昔逢君新纳娉，青铜铸出千年镜。意怜光彩固无
瑕，义比恩情永相映。……掩匣徒惭双凤飞，悬台欲效孤鸾舞。"③李商隐《饮席
代官妓赠两从事》："新人桥上着春衫，旧主江边侧帽檐。愿得化为红绶带，许教
双凤一时衔。"④蒋洌《古意》："冉冉红罗帐，开君玉楼上。画作同心鸟，衔花两

①《全唐诗》卷三，《全唐诗》(增订本)，第1册，第32页。
②《全唐诗》卷三四八，《全唐诗》(增订本)，第6册，第3898页。
③《全唐诗》卷四六九，《全唐诗》(增订本)，第7册，第5366页。
④《全唐诗》卷五三九，《全唐诗》(增订本)，第8册，第6222页。

图7-3-22a　陕西耀县药王山北魏锜石珍造像碑碑阴
碑额上的对鸟衔草纹拓片

采自《考古与文物》2007年第4期第66页图三B

图7-3-22b　青海西宁北朝墓出土象牙梳
拓片

采自《考古》1989年第6期第572页图五左图

图7-3-22c　陕西三原县隋李和墓石棺前档拓片

采自《文物》1966年第1期第39页图四一左图

相向。春风正可怜,吹映绿窗前。妾意空相感,君心何处边。"[①]

经过图纹与寓意比较,可以看出,汉以来中国本土的鸟纹装饰有以下几

----

① 《全唐诗》卷二五八,《全唐诗》(增订本),第4册,第2875页。

图7-3-23a 山西万荣县唐薛儆墓石门槛上的双凤衔绶线图

采自《唐代薛儆墓发掘报告》第26页图二二

图7-3-23b 山西万荣县唐薛儆墓石椁上的对鸟线图

采自《唐代薛儆墓发掘报告》第40页图五一

图7-3-23c 陕西蒲城县唐李宪墓石椁立柱上的对鸟线图

采自《唐李宪墓发掘报告》第185页图一九一·2

个形式特点：

一是，没有联珠圈或团窠环作鸟纹的界隔，布局上比较自由；

二是，无论是单鸟纹，还是对鸟纹都没有作僵直站立状的，着意表现鸟行走或飞翔的姿态。对鸟因受到对称性布局的影响，玄宗以前姿态单一，多作行走状；玄宗以后，姿态更加丰富和自由。

三是，鸟的装饰，汉代可见口衔珠、瑞草、绶带和颈系绶带的鸟；北朝以后，新出现口衔花枝的鸟；玄宗以后，可见颈戴项链的鸟。鸟颈戴项链，因未见汉魏以来的传统，当受到中亚、西亚鸟纹的影响。口衔花枝，尾羽表现为旋涡形缠枝蔓草状的鸟纹，应是受到了印度花鸟嫁接式图像的影响，尤其是由印度笈多王朝缠枝蔓草与中国凤凰嫁接而成的唐代花鸟嫁接式图像成为最具唐代风格的鸟纹[1]。

四是，装饰有绶带鸟的对鸟镜，有吉祥长寿的象征意义，还有爱情婚姻的寓意，与中亚、西亚带有宗教寓意的鸟纹含义完全不同。

玄宗以后，带有绶带、璎珞、项链、花枝、瑞草的鸟纹也大量出现在铜镜装饰上。以对鸟镜为例，偃师杏园开元十年（722）卢氏墓出土的一面直径14.4厘米的葵花形双雁荷花镜（图7-3-24），属于对鸟镜类中的一种。双雁脖颈上系有细长扬起的绶带，是纪年墓所见最早的一面双雁系绶镜[2]。偃师杏园大历十三年（778）郑洵墓出土的直径13.5厘米的双鸾衔绶镜（图7-3-25），双鸾衔长绶带，绕钮飞翔[3]。该墓还出土了一面直径21厘米的圆形金银平脱芦雁衔花镜（图7-3-26），芦雁所衔为阔叶大花，花茎较短[4]；日本正仓院藏直径33.6厘米的葵花形鹦鹉衔花枝镜（图7-3-27）[5]，鹦鹉作回首状，口衔一枝葡萄枝叶，颈戴项链，长长的璎珞飘垂，环绕镜边，极为奢华。

从以上列举的对鸟镜还可见一种回旋式的双鸟排列方法。这种纹样布局方式，在汉代的圆形器皿上已见使用。如江苏连云港海州西汉侍其繇墓出土的漆耳杯中的图案，一种是对兽，一种是对夔龙纹，都是首尾相接的回旋式排列（图7-3-28a）[6]。江陵凤凰山168号汉墓出土的漆耳杯上有三鱼纹

① 李静杰：《印度花鸟嫁接式图像及其在中国的新发展——纪念敦煌研究院成立七十周年》，《敦煌研究》2014年第3期。

② 上揭徐殿魁文。

③ 前揭《偃师杏园唐墓》，图版36-4。

④ 上揭《偃师杏园唐墓》，第138页，图127。

⑤ 《平成八年正仓院展》，奈良国立博物馆，1996年，第77页，图62。

⑥ 南波：《江苏连云港市海州西汉侍其繇墓》，《考古》1975年第3期。

图7-3-24 偃师杏园唐卢氏墓出土葵花形
双雁荷花镜拓片

采自《偃师杏园唐墓》第75页图70

图7-3-25 偃师杏园唐郑洵墓出土葵花形
双鸾衔绶镜

采自《偃师杏园唐墓》图版36-4

图7-3-26 偃师杏园唐郑洵墓出土金银
平脱芦雁衔花镜线图

采自《偃师杏园唐墓》第138页图127

图7-3-27 正仓院藏唐葵花形鹦鹉衔花枝镜

采自《平成八年正仓院展》第77页图62

（图7-3-28b）①，以中心柿蒂形花瓣为中心作回旋式排列。汉唐回旋式排列
纹样的方式皆不见于中亚、西亚的立鸟和对鸟纹中，唐镜中的回旋式纹样从
视觉和视觉心理两方面更加突出了鸟纹的运动感。

　　自然界中的动物皆处于运动状态，捕捉这种状态，用平面的图纹表现其
动态和意趣，可以说是汉唐铜镜一脉相承的特点。

----

① 湖北省文物考古研究所：《江陵凤凰山一六八号汉墓》，《考古学报》1993年第4期。

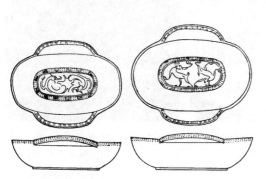

图7-3-28a　江苏连云港海州西汉侍其繇墓出土漆耳杯线图

采自《考古》1975年第3期第174页图7、8

图7-3-28b　湖北江陵凤凰山168号汉墓出土漆耳杯线图

采自《考古学报》1993年第4期图一八·2

　　另外，汉唐铜镜上还有不少表现动态中的情趣的画面，如西汉四乳兽纹博局镜[①]，以线刻的形式表现出动物自由流畅的姿态。尤其是博局外两个乳丁间的一个局部（图7-3-29a），一只龟首长尾的异兽与一鬃毛倒竖的异兽，仿佛正要进行一场殊死搏斗，两只怪兽剑拔弩张，殊死搏斗一触即发。工匠赋予线条以神奇的状物表情的功能。东汉柏氏神人车马镜更是表现了急速运动场景。该镜车马画像的一侧，有一幅极其精彩的画面（图7-3-29b）[②]，两名骑在马上之神人，回身欲牵拉一龙、一虎，场面极为热烈。二马与一虎皆作飞奔之势，龙却猛然站起，二神人回身之动作将四只动物之间的呼应关系淋漓尽致地表现出来。

　　这种传神之笔，也见于唐代鸟纹镜，日本樋口隆康《泉屋博古》著录的一面直径16.5厘米的双雁共食鸾鸟纹镜（图7-3-30a）[③]，上部有一对鸟纹，对鸟立于花枝之上，正在争食一只蝴蝶，左边之鸟伸颈举足，脖颈前伸，身体后倾，栩栩如生地表现出鸟、蝶颇富情趣的瞬间。

　　陕西户县余下出土的直径29厘米的双凤衔枝纹镜（图7-3-30b）[④]，双

①　前揭郭玉海：《故宫藏镜》，第31页，图31。

②　中国青铜器全集编辑委员会：《中国青铜器全集16·铜镜》，北京：文物出版社，2012年，第84页，图83。

③　前揭王纲怀、孙克让：《唐代铜镜与唐诗》，第155页，图62。

④　冀东山：《神韵与辉煌——陕西历史博物馆国宝鉴赏·玉杂器卷》，西安：三秦出版社，2006年，第123页，图61。

图7-3-29a 故宫博物院藏西汉四乳兽纹博局镜局
部拓片

采自《故宫藏镜》第31页图31

图7-3-29b 国家博物馆藏东汉
柏氏神人车马镜局部

采自《中国青铜器全集16·铜
镜》第84页图83

图7-3-30a 樋口隆康《泉屋博古》著录
唐双雁共食鸾鸟纹镜

采自《唐代铜镜与唐诗》第155页图62

图7-3-30b 陕西户县余下出土唐双凤衔
枝纹镜

采自《神韵与辉煌——陕西历史博物馆国
宝鉴赏·玉杂器卷》第123页图61

凤曲颈，颈戴长璎珞，双足伸直，展翅飞翔，尾作花叶状，口衔长长的花枝，花
枝随镜缘弯曲盘绕，好似随风飘舞。璎珞与花枝极好地衬托了双凤凌空飞
舞的姿态。鲍溶《织妇词》："百日织彩丝，一朝停杼机。机中有双凤，化作
天边衣。"①户县出土镜上的传统中国纹样双凤，在融合了印度花鸟嫁接图像
和波斯项链鸟纹之后，以华丽灵动的姿态呈现出"天边衣"的意境。由此可
见，唐镜对鸟镜在借鉴波斯项链鸟纹、印度花鸟嫁接图像的同时，着意将人
为添加的象征物变成自然生意不可或缺的组成部分。

① 《全唐诗》卷四八七，《全唐诗》（增订本），第8册，第5575页。

第八章　隋唐铜镜古意的演进及其美术史背景

从1980年以来，孔祥星、徐殿魁、颜娟英[1]等学者对隋唐镜的类型与分期进行了较为细致地分析与探讨，基本梳理了隋唐铜镜演进的脉络。由于出土和传世的隋唐铜镜中铸刻纪年铭文的极少，一般对隋唐铜镜发展过程的研究主要依靠纪年墓的资料。但是，出土铜镜的墓葬，即便有纪年的墓志，也仅能判断该墓所出铜镜的下限，而非实际制作的时间。况且有的是合葬墓，有的是改葬墓，更增加了判定铜镜铸造年代的困难。

以纪年墓出土铜镜来进行唐代铜镜分期的研究者，遇到下面这一文本，很可能会对以往的分期产生怀疑：

> 嫁时明镜老犹在，黄金镂画双凤背。
>
> 忆昔咸阳初买来，灯前自绣芙蓉带。
>
> 十年不开一片铁，长向暗中梳白发。
>
> 今日后床重照看，生死终当此长别。
>
> 王建《老妇叹镜》[2]

如果按照唐朝制度诗中老妇15岁出嫁，到满头白发时已过去了四五十年，如果此时正是考古学铜镜分期的交接阶段，其"嫁时明镜"的分期归属则是一件难事。这样的特例，也见于考古发掘。偃师杏园墓地M1921武宗会昌三年（843）李郁墓出土一面圆形铭文瑞兽镜，内区瑞兽八只，两两相对，包括奔鹿、雄狮等写实图案。外区一周铭文："照心宝镜，圆明难拟。影入四邻，形超七子。菱花不落，回风诣起。何处金波，飞来画里。"按照唐镜分

---

① 孔祥星：《隋唐铜镜的类型与分期》，《中国考古学会第一次年会论文集》，北京：文物出版社，1980年；徐殿魁：《唐镜分期的考古学探讨》，《考古学报》1994年第3期；颜娟英：《唐代铜镜纹饰之内容与风格》，《"中研院"历史语言研究所集刊》第60本第2分册，1990年10月。

② 《全唐诗》卷二九八，《全唐诗》（增订本），第5册，第3370～3371页。

期,此镜无疑为初唐时期所造[1]。即使以初唐期的下限,高宗弘道元年(683)计,距离葬年(843)也已过去了160年。如果这是一面传世宝镜,很可能传了三代人。

对这样的特例,不能依照墓葬的年代来归期,而应纳入已有铜镜分期的序列中来考虑。那么对隋唐铜镜古意演进的探索,也应纳入以往学术界隋唐铜镜分期的序列中进行。

根据隋唐铜镜造型、图文中的古意的发展变化,尤其以隋唐纪年镜中麟德元年(664)瑞兽葡萄镜、开元十年(722)月宫镜的出现为节点,可将隋唐铜镜古意的演进历程分作三个时期,涉及高宗、武则天、玄宗三位皇帝。具体而言,隋至高宗前期,是铜镜古意的兴盛时期;武则天时代,即从"二圣"至大周建立,是铜镜古意的衰退时期,延续至玄宗以前;玄宗以后,古意重新复兴和繁荣。在描述铜镜古意的兴盛、式微与复兴的演进历程的同时,鉴于铜镜亦是古代平面视觉艺术的重要组成部分,本章还将对隋唐铜镜古意产生及其转变的美术史背景予以必要的揭示。

第一节　隋文帝至唐高宗前期

一、铜镜古意的兴盛及其特点

6世纪晚期至7世纪中叶,即隋文帝开皇元年(581)至唐高宗显庆五年(660),是隋唐铜镜发展史上古意的兴盛期。一方面,一定数量的古镜、仿古镜还在社会上使用;另一方面,新式镜大量借用汉镜符号、形式与意蕴大量借用,形成了浓厚的古意。

从附表三来看,隋唐墓葬出土的34面古镜,年代相对明确的有29面,其中23面(序号1—23)出自此期的墓葬,约占79.4%。如此高的比例,不能完全归因于墓主人的收藏爱好,其主要原因应是新铸镜尚不能满足社会对铜镜的需求,时人还在使用古镜。出土的古镜主要有神兽镜、龙虎镜、日光镜、画像镜、博局镜、连弧纹镜、乳丁禽兽镜、变形四叶锯齿纹镜等,种类较为丰富。其中除3面为魏晋南朝镜外,其他皆属于汉镜。

从附表二来看,隋唐考古发现的68件(组)仿古镜墓葬年代相对明确的有38件(组),其中10厘米以上的大镜22面。属于此期的仿古镜大约有7件

---

[1]　前揭《偃师杏园唐墓》,第212页、213页,图204-1、彩版10-3。

（组），序号1—7，约占18.4%；10厘米以上的大镜有3面，约占13.7%。此期仿古镜中除一面方形镜外，其余6件（组）都为圆形镜。仿古手法复制和仿制皆有，镜类主要有柿蒂纹镜、四神镜、神兽镜、龙虎镜、博局镜等，基本仿自汉镜。此期墓葬中出土相当数量的汉镜，这些汉镜是仿汉镜重要的样本来源。

从附表一来看，此期的新式镜主要有四神镜、四神规矩镜、十二生肖镜、四神十二生肖镜、四神十二生肖规矩镜、瑞兽镜、瑞兽规矩镜、瑞花铭带镜等型式。对于这些新式镜的古意形式，孔祥星总结的因素主要有："流行圆形镜形，布局拘束谨严，分区配置花纹，'规矩配置'和钮外大方格，柿蒂纹或连珠纹钮座，主题纹饰以灵异瑞兽为主，铭文带及善颂善祷的铭文内容等等，都是从汉代以来铜镜中经常出现的传统因素，尽管形式已发生了若干变化。"[1]

当然，此期新式镜具有的古意因素还不止孔祥星所述的这些内容。

第一，镜形。主要为汉魏铜镜流行的圆形，少数素面镜、仿古镜恢复战国既有的方形，该镜形也可能借鉴了汉代博局镜镜钮周围的大方框，受到汉镜设计的启发。大致在太宗、高宗时期，新式镜中开始出现葵花形镜，目前刊布的实物资料有贞观八年（634）隋丰宁公主和韦圆照合葬墓出土的葵花形对鸟镜。葵花镜形尽管受到输入到中国的外国曲瓣形金银器的影响，但也不排除汉镜连弧纹的启发。圆形、方形与葵花形的镜形皆带有铜镜传统的影子。

第二，构图。以镜钮为中心，分区域布置花纹。镜钮有几何形和动物形。隋至初唐期镜钮主要是几何形的圆钮，圆钮是一种带有古意的钮式，为古老的天圆地方宇宙观念的产物。此期罕见动物形钮，但出现了一种圆钮压覆动物纹钮座的钮式，这种镜钮的设计手法最早见于汉代镜，也是一种带有古意的形式。围绕镜钮，隋至初唐时期的铜镜多采用几何纹作为辅助纹样进行内区、外区和边缘等的布局划分，形成鲜明的分区设计。起到分区和界格作用的几何纹有栉齿纹或锯齿纹、规矩纹、连珠纹、半月纹、柿蒂纹、方枚、半圆枚等，这些几何纹皆是汉三国铜镜常用的纹饰，是比较明显的古意纹饰。界格区内，主题花纹的组织方式中，四分式主要用于规矩镜，借用汉代博局镜的设计；旋转式，用于四神镜、四神十二生肖镜、瑞兽镜、瑞兽十二生肖镜等，在战国镜上既已使用，汉镜继续沿用。可以说，四分式和旋转式皆是具有古意的花纹组织方式。

第三，主题纹样。流行的四神、瑞兽纹都是常见的汉镜纹样，反映了汉

① 孔祥星：《隋唐铜镜的类型与分期》，《中国考古学会第一次年会论文集》，第394页；又参见前揭孔祥星、刘一曼《中国古代铜镜》，第173～174页。

以来天圆地方的宇宙观念和符瑞思想；东王公、西王母、羽人等纹样是汉镜纹饰的延续，反映了汉以来的神仙思想。

第四，铭文。盛行楷书铭文，有散射状排列一周和环绕式圈带排列这两种镜铭布局方式，它们都受到了汉镜铭文布局的影响。铭文主要有四言、五言、六言等，文辞内容主要是赞美铜镜之精良和图纹之美，描写整妆，夸耀铜镜之神异功能等，包含了汉镜铭文中常见的颂祷内容。

二、铜镜古意兴盛的美术史背景

（一）两晋南北朝铜镜艺术停滞的影响

在铸镜史上，一时代之初期延续前一时代的工艺样式和风格是比较普遍的现象，但是，较为特殊的是，隋至初唐的铜镜没有延续距隋唐最近的两晋以后的铜镜风格，而是承继了汉代铜镜的传统，尤其是"隋初铜镜已摆脱了汉末以来所流行的，纵横排列、构图繁密的神兽镜题材与形式，恢复东汉盛行的环绕中心圆钮来安排四兽或十二生肖镜式"。对于这一现象，颜娟英解释为："隋朝统一天下后，铜镜再度发展之前，反省、摸索旧有的传统，逐渐在风格上与汉朝（铜镜发展之盛世）衔接起来，从复古出发以求变，似乎是顺理成章的事。"[①]

颜娟英指出的这种"顺理成章"与汉以来铜镜的发展密切相关。汉朝至三国两晋时期，铜镜蓬勃发展，墓葬出土数量极为丰富。到了两晋以后隋以前，则极少出现铜镜，一般称为铜镜之衰微期[②]。但从附表三所示隋唐墓葬出土古镜的情况看，隋唐铜镜可资借鉴的材料绝大多数为汉镜，应是主要原因。有意识地选择应基于了解研究的基础之上，但从唐代文献来看，唐人对古镜的年代认识并不准确。即使如此，在唐人的观念中，古镜神异超越一般的铜镜，却是社会普遍的认识。可以肯定的是，这一认识导致隋唐铜镜在相当长的时间内受到了存世较多的汉镜的影响。

（二）隋至初唐崇古风尚的影响

铜镜是古代人们日常生活中必不可少的物品。在唐代，即使是极为贫穷的家庭，也会拥有一面铜镜[③]。它不仅可以满足人们装扮容貌、端正姿态、

---

① 前揭颜娟英：《唐代铜镜文饰之内容与风格》，第312页。
② 徐苹芳：《三国两晋南北朝的铜镜》，《考古》1984年第6期，第561～562页。
③ 李山甫《贫女》："平生不识绣衣裳，闲把荆钗亦自伤。镜里只应谙素貌，人间多自信红妆。"［《全唐诗》卷六四三，《全唐诗》（增订本），第10册，第7416页。］王建《失钗怨》："贫女铜钗惜如玉，失却来寻一日哭。……镜中乍无失髻样，初起犹疑在床上。"［《全唐诗》卷二九八，《全唐诗》（增订本），第5册，第3374页］贫女亦有镜。

美化生活的需要，同时在照镜的过程中易产生人生易老的感叹、爱情永存的渴望，铜镜又成为人们情感的承载。因为铜镜与人们生活密切关系，故较之其他物品铜镜更能反映社会观念和审美的变化。因而隋至初唐时期对汉镜艺术的借鉴，并非偶然。隋至初唐铜镜古意的兴盛，从一个侧面折射出社会对古代文化的认同。

隋至初唐，是统一王朝确立并巩固的时期。通常为确立正统地位，新王朝要建立一套自己的礼仪制度。制定礼仪是一个繁琐的过程，相关讨论的焦点是对古礼如何遵从的问题。

隋唐时代结束了"五胡乱华"后的纷扰，尤其是经历了北魏末年"六镇之乱"以来的动荡，"文化政策"成为施政的重点，"礼"无疑是"文化政策"的核心。隋文帝登基之后，即宣布"易周氏官仪，依汉、魏之旧"[①]，重新回到"汉魏"正统。唐代"由礼立训，因时制范，考图史于前典，稽周、汉之旧仪。清庙时享，礼馔毕陈，用周制也，而古式存焉；园寝上食，时膳具设，遵汉法也"[②]。

古礼的核心是儒家思想，对古礼的遵从奠定了隋唐崇古的基调，即便是一些人物旨在革新，也顺势他们的主张纳入"古"的序列，如陈子昂倡导的"汉魏风骨"，即将汉魏古意纳入礼法及文艺的范畴，提倡一种创新的诗学。

崇古礼必然好古学、尚古物。隋至初唐，一些朝臣始以"古"为名或字，是为好古学的一个现象。如太宗朝大理丞张蕴古，在太宗初即位时，上《大宝箴》讽谏，阐述儒家君道理论[③]。中书侍郎、弘文馆学士颜师古，名籀，字师古，精通经学、训诂[④]。另有高宗显庆六年（661）参加泰山行道活动的道士郭行真弟子杜知古[⑤]、高宗朝薛元超表荐的记室任希古（名敬臣，以字行）[⑥]、永昌元年（689）因与吐蕃交战失利被武则天处斩的安西副大都护阎温古[⑦]、高宗（武则天）时期的大将军裴怀古[⑧]、长安中（701～704）任太乐丞善音律

①　（唐）魏徵等：《隋书》卷一《高祖本纪》，第13页。
②　（后晋）刘昫等：《旧唐书》卷一八八《孝友传》，第4929页。
③　（后晋）刘昫等：《旧唐书》卷五〇《刑法志》，第2139页；《旧唐书》卷一九〇《文苑传上·张蕴古传》，第4992页。
④　（后晋）刘昫等：《旧唐书》卷七三《颜师古传》，第2594页。
⑤　米运昌：《泰山唐代双束碑与武则天》，《故宫博物院刊》1986年第3期。
⑥　（后晋）刘昫等：《旧唐书》卷七三《薛收子元超传》，第2590页；《旧唐书》卷八九《王方庆传》，第2897页。
⑦　（后晋）刘昫等：《旧唐书》卷七七《韦挺子待价传》，第2672页；《旧唐书·吐蕃传上》卷一九六上，第5224页。
⑧　戴霖：《唐裴怀古墓志铭考释》，《中原文物》2005年第5期。

的裴知古①、景云元年（710）任监察御史的李知古②，以及历仕武周、中宗、睿宗、玄宗四朝的魏知古③等。

在崇古的氛围中，一些古物也被发现和宝藏，如：

西安东郊隋舍利墓出土一件玉琮、一件玉猪，前者似为周代遗物，后者似为西汉遗物④。

河南陕县刘家渠隋开皇三年（583）刘伟、夫人李氏墓随葬有一件始建国元年铜撮，长柄斗形，柄上刻“始建国元年正月癸酉朔日制”，斗周刻“律撮，方五分而圜其外，庪旁四毫，冥卌分五厘，深四分，积百六十二分，容四圭”诸字，为王莽改元后颁发的标准量器⑤。

贞观二十二年（648）九月，遂州涪水中获古鼎，受五石三斗，旁有铭刻，取初风晦，冥响若洪钟⑥。

考古发现此期存世数量较多的古镜，虽不一定是收藏品，但也离不开崇古的风气。它们为仿古镜的铸造以及新式镜的古意提供了样本来源，也反衬出社会对古物的喜好。

（三）尚古意的艺术实践的影响

铜镜是平面设计艺术的一种视觉呈现。隋至初唐时期铜镜艺术崇尚古意，其他艺术形式是否也如此？

唐太宗尊崇儒学，尤其重视儒学的政教功能，将儒学视为帝王治术的十二条纲领之一。他精研《礼记》，尊汉法，以之指导宫廷艺术活动。

1. 宫廷绘画

宫廷绘画是由宫廷组织的有利于政权统治并服务于宫廷生活的绘画。其绘画内容主要有：描绘各朝代政权接替顺序的“历代帝王图”，歌颂圣主明君的“圣迹图”，赞美贤后淑妃的“列女图”和“宫训图”，褒奖功臣的“功臣像”，表现宫廷礼仪的“卤簿仪仗图”“礼器图”，记录国家祥瑞的“瑞应图”，描绘帝王各种祭祀活动的图画，反映中国与外国及少数民族部族交往的“职贡图”，宣扬忠、孝、节、义等封建伦理的人物故事画或肖像画等等。

① （后晋）刘昫等：《旧唐书》卷一九一《方伎传》，第5101页。
② （后晋）刘昫等：《旧唐书》卷一〇二《徐坚传》，第3176页。
③ 开元三年卒（《旧唐书》卷八《玄宗本纪》，第175页）；《旧唐书·魏知古传》：“长安中，历迁凤阁舍人、卫尉少卿。”（《旧唐书》卷九八，第3061页。）
④ 郑洪春：《西安东郊隋舍利墓清理简报》，《考古与文物》1988年第1期；曲石：《唐代玉器》，《华夏考古》1995年第3期。
⑤ 黄河水库考古工作队：《一九五六年河南陕县刘家渠汉唐墓葬发掘简报》，《考古通讯》1957年第4期。
⑥ （宋）王钦若等：《册府元龟》卷二四《帝王部·符瑞三》，第257～258页。

这些绘画内容代表着"天子"级的统治，是国家政权的象征，具有强烈的政治礼教色彩、高度的严肃性和权威性①。

隋至初唐，辅助教化的政治性艺术创作活动，总以古代的类似实例来阐明其创作宗旨，以突出这一活动的正统性和意义。唐初阎立本绘制《秦府十八学士图》和《凌烟阁功臣图》即是如此。

武德九年（626），唐太宗命绘制《秦府十八学士图》，由阎立本图形貌，具题名字爵里，文学褚亮为之像赞，勒成一卷。关于此次绘画的原由，《历代名画记》卷九记载道：

> 《秦府十八学士驾真图》序曰：武德四年，太宗皇帝为太尉尚书令、雍州牧、左右卫大将军，新命为天策上将军，位在三公上。乃锐意经籍，怡神艺学，开学馆以待四方之士。乃降教曰："昔楚国尊贤，存道先于申穆；梁园接士，比德至于邹枚。咸以著范前修，垂光后烈，顾惟菲薄，多谢古人，高山仰止，能亡景慕。于是芳兰始被，深冠盖之游；丹桂初丛，广旄俊之士。既而场苗盖寡，空留皎皎之姿；乔木徒迁，终愧嘤嘤之友。所冀通人正训，匡其阙如。侧席亡倦于齐庭，开筵有惭于燕馆。"②

对秦王府十八学士的画像表彰，与"楚国尊贤""梁园接士"一样，皆是为了"著范前修，垂光后烈"，形式上虽有差异，但在目的上古今一统。

以画像的方式来表彰现实人物，兴起于汉代。史书中记载的事例，以麒麟阁画像和云台二十八将最为著名。《汉书·李广苏建传》记载甘露三年（前51），"单于始入朝。上思股肱之美，乃图画其人于麒麟阁，法其形貌，署其官爵姓名。唯霍光不名，曰大司马大将军博陆侯姓霍氏，次曰卫将军富平侯张安世，次曰车骑将军龙额侯韩增，次曰后将军营平侯赵充国，次曰丞相高平侯魏相，次曰丞相博阳侯丙吉，次曰御史大夫建平侯杜延年，次曰宗正阳城侯刘德，次曰少府梁丘贺，次曰太子太傅萧望之，次曰典属国苏武。皆有功德，知名当世，是以表而扬之，明著中兴辅佐，列于方叔、召虎、仲山甫焉。凡十一人，皆有传"③。《后汉书·朱景王杜马刘傅坚马传》载永平中（58～75），"显宗追感前世功臣，乃图画二十八将于南宫云台，其外又有

①　畏冬：《先秦至六朝宫廷绘画概况》，《故宫博物院院刊》1992年第4期。
②　（唐）张彦远撰，周晓薇校点：《历代名画记》卷九，第77～78页。
③　（汉）班固：《汉书》卷五四，第2468～2469页。

王常、李通、窦融、卓茂，合三十二人"①。这一绘画功臣的传统，在贞观十七年（643）《凌烟阁功臣图》的创作中得到了彰显。为绘制功臣像，太宗特下诏，曰：

> 自古皇王，褒崇勋德，既勒铭于钟鼎，又图形于丹青。是以甘露良佐，麟阁著其美；建武功臣，云台纪其迹。（长孙无忌等二十四人），……宜酌故实，弘兹令典，可并图画于凌烟阁。庶念功之怀，无谢于前载；雄贤之义，永贻于后昆。②

诏书中明确表示图画凌烟阁功臣像是接续着汉代"甘露良佐，麟阁著其美；建武功臣，云台纪其迹"的做法。该图由阎立本图貌，太宗亲自作像赞。诸如《秦府十八学士图》《凌烟阁功臣图》一类的画像，《历代名画记》中记载的还有阎立本所绘的《永徽朝臣图》《昭陵列像图》③，这些人物画像同样起着"著范前修，垂光后烈"的人伦教化功用。

另外，唐初即开始了反映中外关系的宫廷绘画创作，得益于《谭宾录》的记载，其创作主旨的阐发被保留了下来：

> 唐贞观三年，东蛮谢元深入朝，冠乌熊皮冠，以金络额，毛帔以裳，为行縢，着履。中书侍郎颜师古奏言："昔周武王治致太平，远国归款。周史乃集其事为《王会篇》。今圣德所及，万国来朝，卉服鸟章，俱集蛮邸，实可图写贻于后，以彰怀远之德。"从之，乃命立德等图画之。④

南宋董逌《广川画跋·上王会叙录》记载有唐朝的《王会图》，图像中有皇帝卤簿，亦有各国蕃使，场面宏阔，人物众多⑤。这种复杂的人物画题材的创立援引了周代的历史事迹，承担着宣传唐朝的对外政策和重要地位的政治理想。

由于唐代在当时世界上有着举足轻重的地位，唐代宫廷绘画中的祥瑞图像，在继承前代符瑞思想的同时还强化着远国归款的祥瑞意义。今献陵

① （南朝宋）范晔：《后汉书》卷二二，第789～790页。
② （后晋）刘昫等：《旧唐书》卷六五《长孙无忌传》，第2451～2452页。
③ （唐）张彦远撰，周晓薇校点：《历代名画记》卷九，第79页。
④ （宋）李昉等：《太平广记》卷二一一"阎立德"条，第5册，第1616～1617页。
⑤ （宋）董逌：《广川画跋》卷二，《景印文渊阁四库全书》，第813册，第460～462页。

神道东侧石犀右前足底板上,有铭文云"□高祖怀远之德"①。《册府元龟》卷三〇云:"永徽元年五月,吐火罗国献大鸟,高七尺。帝(高宗)以太宗怀远所致,献于昭陵,仍刻像于(昭)陵之内。"②那么,唐代艺术中所见的异兽题材很可能寓意着这样的理想。

2. 陵墓雕刻

除了功臣画像外,唐廷还利用陪陵这一丧葬制度来奖掖功臣,从而造成了宫廷美术中陵墓雕刻的繁荣。

贞观十一年(637)二月,太宗下《九嵕山卜陵诏》:

> 又佐命功臣,或义深舟楫,或谋定帷幄,或身摧行阵,同济艰危,克成鸿业,追念在昔,何日忘之!使逝者无知,咸归寂寞;若营魂有识,还如畴曩,居止相望,不亦善乎!汉氏使将相陪陵,又给以东园秘器,笃终之义,恩意深厚,古人岂异我哉!自今已后,功臣密戚及德业佐时者,如有薨亡,宜赐茔地一所,及以秘器,使窀穸之时,丧事无阙。③

该年十月,在献陵的陪陵问题上又重申了这一主张,其所下诏书曰:

> 诸侯列葬,周文创陈其礼;大臣陪陵,魏武重申其制。去病佐汉,还奉茂陵之茔;夷吾相齐,终托牛山之墓。斯盖往圣垂范,前贤遗则,在曩昔之宿心,笃始终之大义也。皇运之初,时逢交丧,谋臣武将等先朝特蒙顾遇者,自今以后,身薨之日,所司宜即以闻,并于献陵左侧,赐以墓地,并给东园秘器。④

从中可以看出,唐朝统治者沿用汉代功臣陪陵、葬赐东园秘器的作法,其目的是通过褒奖已故重臣,激励在朝臣子为朝廷鞠躬尽瘁,并加强皇帝与臣下的亲密关系,实现奖掖大臣、团结亲属、政通人和的政治理想。

汉代功臣的埋葬在美术史上最为卓著、影响最大的是霍去病墓。汉武帝时期进行过两次抗击匈奴的战争,最著名的军事统帅是卫青和霍去病。特别是汉武帝元狩四年(前119),汉朝军队在他们的指挥下,取得了决定性的胜利,从而基本解除了匈奴对汉王朝长期的军事威胁。在这次战役结束后过了三年，年仅24岁的霍去病不幸去世。汉朝政府为了表彰这位英年早逝的功臣，特以军阵隆重送葬，并且模拟祁连山为他修建了巨大的墓冢，为了形象地表现祁连山的风貌，墓上还放置了巨大的动物石雕。当时墓上石雕的数量已不得而知，目前保存有14件[①]。

这些石雕以整块巨石雕凿，长度一般在1.5米以上，有的长达2.5米，体量巨大。动物的形象有马、牛、虎、羊、象、猪、鱼等，还有怪兽食羊、人与熊斗、马踏匈奴等题材的雕像。这些石雕基本是依照石料的形状尽可能少地雕凿出动物的体貌特征。动物多取伏卧姿态，少数站立的动物，由于当时工匠还不能解决大型石雕镂空的技术，或是囿于难以解决以四足承担石雕重力的问题，因而只是将蹄面浮雕成形，不能雕镂四足呈分立姿态。它们显示出西汉大型石雕古拙稚朴的特征。为了避免动物姿态单调重复，工匠把雕刻重点放在了头部的刻划上，使用线刻和浅浮雕技法，较细致地表现了动物的神态，如虎圆睁双目威猛，牛神态安详温顺，猪闲散自然。其中石雕马有立马、跃马、卧马三件，立马作品因为巧妙地表达了"马踏匈奴"的主题，具有象征意义而被看作是整组雕刻的核心。这件石雕长1.9米，高1.7米，以花岗岩雕成，塑造了一匹战马踏翻匈奴敌人的形象。战马气宇轩昂、庄重沉稳，匈奴敌人手握弓箭作挣扎欲起之势。被踏翻的敌人正好填充了战马四足下面的空间，既免去了雕镂之难，又增添了立马踏翻敌人的气势。

这组石雕以"马踏匈奴"为中心，既是对霍去病功业的巧妙歌颂，也是西汉王朝走向强盛的精神象征。"马踏匈奴"的设计主题在中国古代具有纪念碑性质的雕塑作品中，可以说是最为成功的范例之一。

霍去病墓模拟边地山岳的整体规划方式，在唐代对外战争取得功勋的边将的墓葬上也得到应用。比如乾封二年（667），李勣薨，"所筑坟一准卫、霍故事，象阴山、铁山及乌德鞬山，以旌破突厥、薛延陀之功"[②]。建中二年（781）郭子仪薨，德宗册命中有"轼墓重文侯之德，象山追去病之勋"[③]的文辞，从中可以推断郭子仪的墓当模拟山岳，与霍去病墓相仿。

另外，以战马旌表武功的纪念碑式雕刻也出现在唐代的陵墓石雕中，昭陵六骏即是例证。《册府元龟·帝王部·仁慈》记载，贞观十年（636）十一月帝谓侍臣曰："朕自征伐以来所乘戎马，陷军破阵，济朕于

---

① 林通雁：《西都——汉长安城美术史迹的发现与研究》，西安：陕西人民美术出版社，2013年，第329页。

② （后晋）刘昫等：《旧唐书》卷六七《李勣传》，第2488页。

③ （宋）王溥：《唐会要》卷四五《功臣》，第945页。

难者,刊石为镌真形,置之左右,以申帷盖之义。"①《唐会要·陵议》:"乃
又刻石为常所乘破敌马六匹于阙下也。"②《新唐书·丘行恭传》:"初,从
讨王世充,战邙山。太宗欲尝贼虚实,与数十骑冲出阵后,多所杀伤,而
限长堤,与诸骑相失,唯行恭从。贼骑追及,流矢著太宗马,行恭回射之,
发无虚镞,贼不敢前。遂下拔箭,以己马进太宗,步执长刀,大呼导之,斩
数人,突阵而还。贞观中,诏斫石为人马,象拔箭状,立昭陵阙前,以旌
武功云。"③这三处正史的记录说明了昭陵六骏雕凿的前因、目的和安放
位置。

北宋游师雄《昭陵六骏》图碑曰:

> 师雄旧见《唐太宗六马画像》,世传以为阎立本之笔,十八学士为
> 之赞。晚始得《唐陵园记》,云太宗葬文德皇后于昭陵,御制刻石文并
> 六马像赞,皆立于陵后,敕欧阳询书。高宗总章二年诏殷仲容别题马
> 赞于石座。即知赞文乃太宗自制,非天策学士所为明矣。欧阳询书今
> 不复见,唯仲容之字仍存,如写白蹄乌赞云:"平薛仁果时乘。"由此盖
> 知唐史误以"果"为"杲"耳。距陵北五里,自山下往返四十里,岩径峭
> 险,欲登者难之,因谕邑官仿其石像带箭之状并丘行恭真,塑于邑西门
> 外太宗庙庭,高庳丰约,洪纤寸尺,毫毛不差,以便往来观览者。又别为
> 绘图,刻石于庑下,以广其传焉。④

以上记载说明,昭陵六骏的雕凿出自唐太宗的意愿,而非大臣的提议。六
骏是太宗戎马生涯的缩影,也是大唐奠定基业的形象记录。昭陵六骏的
镌刻具有图史的作用,立于昭陵陵园内,既便于太宗以后的帝王大臣在谒
陵时缅怀先帝的功业,也提醒着后继者莫忘唐朝建立功业的艰辛,励精
图治。

太宗昭陵六骏的设计应源于汉以来陵墓石刻中石马的设置。唐封演
《封氏闻见记·羊虎》载:

> 秦、汉以来,帝王陵前有石麒麟、石辟邪、石象、石马之属;人臣墓

---

① (宋)王钦若等:《册府元龟》卷四二,第477页下栏。
② (宋)王溥:《唐会要》卷二〇,第458页。
③ (宋)欧阳修、宋祁:《新唐书》卷九〇,第3778~3779页。
④ 张沛:《昭陵碑石》,西安:三秦出版社,1993年,第230页。六骏的赞语,载(清)董诰等:《全
　唐文》卷一〇《六马图赞》,第124~125页。

前有石羊、石虎、石人、石柱之属；皆所以表饰坟垄，如生前之仪卫耳。国朝因山为陵，太宗葬九嵕山，门前亦立石马。陵后司马门内，又有蕃酋曾侍轩禁者一十四人石象，皆刻其官名。后汉太尉杨震葬日，有大鸟之祥，因立石鸟像于墓。《风俗通》云："《周礼》：'方相氏，葬日入圹，驱罔象。'罔象好食亡者肝脑，人家不能常令方相立于墓侧，而罔象畏虎与柏，故墓前立虎与柏。或说秦穆公时陈仓人掘地得物若羊，将献之。道逢二童子，谓曰：'此名为蝹，常在地中食死人脑，若杀之，以柏东南枝捶其首。'由是墓侧皆树柏。"①

从这一记载看，汉唐陵墓石刻的设置有着三方面的作用，一是，表饰坟垄，起到装饰陵园的作用；二是，象征生前的仪卫，起到标识身份的作用；三是，作为祥瑞，起到护佑魂灵的作用②。帝陵前石马的设置也应起到这些作用。

虽然封演说秦汉以来既有在帝王陵前立石马者，但从目前的考古调查和文献记载来看，西汉霍去病墓前的立马、卧马和跃马是目前所知陵墓前立石马最早的实例。东汉时，随着陵墓置石刻之风的流行，墓前置石马者也多了起来。如《水经注·阴沟水》记载曹嵩冢"冢北有碑，……夹碑东西，列对两石马，高八尺五寸，石作粗拙，不匹光武隧道所表象马也"③。《睢水》记汉太尉桥玄墓，冢东有庙，"庙南列二柱，柱东有二石羊，羊北有二石虎，庙前东北有石驼，驼西北有二石马，皆高大，亦不甚雕毁"④。帝陵置石马，据近人研究认为始于东汉光武帝原陵，但目前尚无定论。魏晋南北朝以来，无论帝陵还是人臣墓，一般未见置石马者⑤。那么，昭陵前立石马，应非魏晋南北朝神道石刻延续发展的结果，而是汉代陵墓石刻题材的复兴。

唐太宗本人对汉代陵墓的情况应较为熟悉，他在所下的《致祭古圣贤陵墓诏》中讲道："汉氏诸陵，北阜斯托，寂寥千载，邈而无祀"，诏令自上古至隋帝王陵墓所在地的官员，"条录申奏，每加巡守，简禁刍牧。春秋二时，

---

① （唐）封演撰，赵贞信校注：《封氏闻见记校注》卷六，第58～59页。
② 沈睿文认为唐陵神道石刻描绘了在祥瑞引导下的仪卫队列导引墓主人升天的意蕴。见沈睿文：《唐陵神道石刻意蕴》，《考古与文物》2008年第4期。
③ （北魏）郦道元著，陈桥驿校证：《水经注校证》卷二三，北京：中华书局，2007年，第553页。
④ （北魏）郦道元著，陈桥驿校证：《水经注校证》卷二三，第569～570页。
⑤ 李毓芳：《唐陵石刻简论》，《文博》1994年第3期，第36页。

为其致祭。若有隳坏，即宜修补，务令周尽"①。这一诏令的颁布很可能与太宗本人对古代陵墓的考察有关，《太平寰宇记·关西道·华州》记载："杨震墓。按《三辅故事》云：'震改葬华阴潼亭，先葬十余日，有鸟高丈余，集震丧前，悲鸣，葬毕，始飞去。时人刻石象鸟立于墓前。'与苻秦丞相王猛墓相近，二冢并在今潼关西道北，有杨震碑，见存。周文帝破东魏军，杀大将窦泰于此。贞观十一年，太宗因幸墓所，伤其忠赤非命，亲为文以祭之。"②而对于霍去病墓所立石雕，太宗时的文臣颜师古注解的《汉书》中也有提及。《汉书·卫青霍去病传》"冢象祁连山"，颜师古注曰："在茂陵旁，冢上有竖石，冢前有石人马者是也。"③

但与霍去病墓石马不同的是，昭陵六骏不是圆雕的形式而是浮雕的背屏式。在帝陵前立背屏式石雕较早的实例，从文献记载的情况看，是北魏平城方山永固堂。《水经注·漯水》载：

> 羊水又东注于如浑水，乱流迳方山南，岭上有文明太皇太后陵，陵之东北有高祖陵，二陵之南有永固堂，堂之四周隔，雉列榭、阶、栏、槛，及扉、户、梁、壁、橼、瓦，悉文石也。檐前四柱，采洛阳之八风谷黑石为之，雕镂隐起，以金银间云矩，有若锦焉。堂之内外，四侧结两石趺，张青石屏风，以文石为缘，并隐起忠孝之容，题刻贞顺之名。庙前镌石为碑兽，碑石至佳，左右列柏，四周迷禽暗日。院外西侧有《思远灵图》，图之西有斋堂。④

永固堂之石屏风所刻为人物画像，并有题名。这种一边是图像，另一边是文字的"左图右史"形式，即应是画、赞式。在唐代的陵墓绘画和雕刻中尚未发现，而在汉代壁画和画像石墓中则有不少实例。由此可知，昭陵六骏融汇了以往的陵墓艺术题材和样式。

这种受到汉墓石刻影响的唐代墓葬，还可找到一例。1973年发掘的贞观五年（631）淮安靖王（从一品）李寿墓出土有雕刻精美的石墓门和石椁。石墓门的左、右门扉中间以门钉为界隔分为上、下二部分，上刻一只朱雀，下刻一只孔雀，左、右门扉之朱雀和孔雀相对而立（图8-1-1）。房形石椁正面椁门的门扉中间亦以门钉为界隔分为上、下二部分，上刻一只正面的

---

①　（清）董诰等：《全唐文》卷五，第61页。
②　（宋）乐史撰，王文楚等点校：《太平寰宇记》卷二九，北京：中华书局，2007年，第2册，第622页。
③　（汉）班固：《汉书》卷五五，第2489页。
④　（北魏）郦道元著，陈桥驿校证：《水经注校证》卷一三，第312页。

图8-1-1　陕西三原县唐李寿墓墓门雕刻
西安碑林博物馆拍摄

兽面，下刻一只孔雀（图8-1-2）；房形石椁背面的椁门没有分隔，上刻正面兽面，下刻一只孔雀①。以上图案为减地平雕的雕刻形式。据尹夏清研究，李寿墓石墓门的构图与长安及附近的唐代墓葬石墓门的构图方式差别较大，其上雕刻朱雀与汉代石墓门习惯以朱雀装饰的传统作法相关②。李寿墓门、椁门上的雕刻图案、上下分格的布局和雕刻形式，在陕北地区东汉画像石墓的墓门雕刻上都可见到。这一地区的画像石墓门一般以减地平雕的形式上刻朱雀，中刻铺首衔环，下刻青龙、白虎或独角兽，如绥德永元十二年（100）王得元墓墓门

图8-1-2　陕西三原县唐李寿墓石椁
椁门拓片
采自《美术》1982年第1期第60页上图

① 何正璜：《话说唐李寿石椁》，《美术》1982年第1期。
② 尹夏清：《北朝隋唐石墓门及其相关问题研究》，四川大学博士学位论文，2006年，第163页。

扉^①、四十铺汉墓墓门扉（图8-1-3）^②，也有分成二格，上刻朱雀，下刻铺首衔环的，如四十铺出土的门扉（图8-1-4）^③。李寿石椁上的兽面虽与陕北画像石门扉上的铺首形象有异，但装饰部位相同，且都具有正面、方口大张的特征，不能排除其模仿铺首的可能。李寿墓中还出土了一面东汉重列式神兽镜。汉镜与带有汉意的墓葬石刻出现于同一座墓中，应该不是随意而为，如果不是墓主人生前有此安排，那么，很可能就是家属为了保持墓主人的爱好特意为之。

　　以上列举的唐太宗时期宫廷艺术中对汉代艺术传统的援引和利用，是隋文帝至唐高宗前期铜镜古意复兴的土壤。此外，在唐代工艺美术中还发现有汉代纹样元素，如新疆吐鲁番阿斯塔纳出土有贞观十七年（643）契约的301号墓中就发现有朱红色绫地妃色规矩纹锦^④，唐代金银器装饰中也有

图8-1-3　陕西绥德县四十铺汉墓墓门扉拓片

采自《绥德汉代画像石》第8、9页图1

---

① 陕西省博物馆、陕西省文物管理委员会：《陕北东汉象石刻选集》，北京：文物出版社，1959年，第16页。
② 绥德汉画像石展览馆：《绥德汉代画像石》，西安：陕西人民美术出版社，2001年，第8、9页，图1。
③ 上揭《绥德汉代画像石》，第104页，图53。
④ 新疆维吾尔自治区博物馆：《新疆吐鲁番阿斯塔那北区墓葬发掘简报》，《文物》1960年第6期，第16页。

图 8-1-4　陕西绥德县四十铺汉墓墓门扉拓片

采自《绥德汉代画像石》第 104 页图 53

锯齿纹边饰[①]，表明汉以来的规矩纹、锯齿纹受到这一时期人们的喜爱。但织物及金银器上的古意都不及铜镜这样集中和鲜明。

第二节　唐高宗后期至睿宗时期

一、铜镜古意的式微及在新工艺上的探索

7 世纪中叶至 8 世纪初期，即高宗龙朔元年（661）至睿宗延和元年（712），包括高宗、则天皇后并立的二圣时期（661～683）、武则天执政（684～688）、武周时期（689～704），以及中宗至睿宗时期（705～712），基本可称作武则天时代，是隋唐铜镜发展过程中古意的式微期。此期古镜及仿古镜罕见，具有唐代自身风格的铜镜流行，新式镜古意元素锐减。受到战

① 齐东方先生列举有 12 件金银器有锯齿纹纹样，见前揭齐东方：《唐代金银器研究》，第 159～160 页。

国汉镜特种工艺的影响,唐代奢华的特种工艺镜有了突破性发展。

从附表三来看,考古发掘中仅发现一面属于武则天至睿宗时期墓葬出土的古镜,序号24,约占3.4%。

从附表二来看,考古发掘中发现的武则天至睿宗时期的仿古镜有7件(组),序号8—14,约占墓葬年代相对明确的仿古镜的18.4%,但10厘米以上的大镜仅有一面,约占4.5%,余皆是直径在7.5厘米以下的小镜,制作也比较粗糙。

从附表一来看,唐式镜中瑞兽葡萄镜最为流行,还出现了鸾鸟瑞兽镜、雀绕花枝镜、双鹰抓狐镜、嫦娥月宫镜各有一例。此外,新出现了金银背和金银平脱两种特种工艺镜。

从古镜和仿古镜的情况可见此期铜镜古意的衰落,但在这一时期的唐式镜上仍发现局部古意的存留。

第一,镜形。新出现的弧方形、菱花形,应与汉镜钮区的方框和柿蒂纹有关。柿蒂纹四瓣压博局方格四角的钮区形状,与弧方形比较吻合。菱花形镜形的出现,一方面受到汉镜镜钮区域柿蒂纹的启发,同时融合了战国汉代莲荷纹样的影响,另一方面,魏晋南北朝时期佛教在中国的广泛传播导致莲花纹兴盛,也是菱花形铜镜兴起的重要背景。

第二,构图。镜背中心几何形镜钮仍以圆钮为主,圆雕动物形钮开始涌现,形象厚实,雕塑感强,有伏兽(狻猊)、双兽、龟等。伏兽属于汉以来动物钮的题材,龟虽不见于唐以前铜镜镜钮,但仍是汉镜装饰中常见的祥瑞动物,有着吉祥的寓意。围绕镜钮,纹饰分区比起上一期有所减弱,仅在葡萄蔓枝镜、瑞兽葡萄镜等镜式上遗留有上一时期的锯齿纹。整体纹样的组织方式上,此期不再使用四分式,旋转式仍在延续,满花式较为盛行。满花式主要用于瑞兽葡萄镜,也是有着古意的花纹组织方式,早在战国的菱形纹镜上既已使用,而在瑞兽葡萄镜上更为繁缛华丽。

第三,主题纹样。人物纹方面,在瑞兽葡萄镜上还发现有汉式羽人形象的遗留。动物纹方面,写实的龟形钮是这一时期唐式镜的创新形式,但龟纹是汉镜中的常见纹饰,唐镜中的龟纹仍延续着汉以来龟筮决疑、助衰养老、长寿成仙的寓意。月宫镜中的玉兔、蟾蜍等动物常见于汉代艺术中;嫦娥作为月宫中主要组成部分这一形式虽是唐镜的创新,但也曾出现在汉镜上。月宫中的嫦娥、捣不死之药的玉兔与龟蕴含着汉以来长寿成仙的神仙思想,皆是具有古意的唐镜纹饰。

第四,铭文。上一期最为盛行的古意浓厚的圈带式排列的楷书铭文逐渐消失,但还有残留。纪年墓较晚的一例"鉴若止水"铭镜,从花纹和铭文布局来看，虽然很可能是前一期铸造，还带有高宗前期风格的残留，但出自章怀太子夫妇墓，也反映了宫廷贵族对这种古意形式的喜爱。

第五，特种工艺镜。战国、汉镜中即有运用镶嵌、涂饰等手法进行装饰的特种工艺镜。盛唐时期，铜镜装饰手法得以恢复和创新。新出现的金银平脱镜就是在汉代漆器及铜镜平脱工艺的基础上进一步发展与完善的带有古意的创造。

二、铜镜古意式微的美术史背景

（一）武则天时代外来艺术影响的加剧

与上一期相比，此期古镜数量大大减少，仿古镜多为粗糙的小镜，唐式镜上古意的元素也明显减弱，反映了崇古风气的弱化。

铜镜汉魏古意的式微与武则天时代政治文化的变革有关。高宗永徽六年（655），立武则天为皇后，高宗称天皇，武后称天后。武则天素有谋略，兼长文史，具有政治才能。自显庆五年（660）后，高宗苦风疾，目不能视，武则天代行裁决，开始掌握权力，威势与高宗无异，当时并称"二圣"[①]。从显庆五年（660）代为辅政，至神龙元年（705）退帝位，还政于李唐，在近半个世纪的岁月中，武则天在全社会范围内推动了广泛而深刻的"改制"和变革。

或受家庭影响，更重要的是出于政治需要，武则天崇尚佛教，以区别于李唐的崇道。在崇佛的同时，武则天也不排斥道，她综合利用二教中有利于其统治的因素，同时，又在关乎社稷礼仪的活动中借鉴外来艺术元素以彰显其个人意志，将外来艺术元素渗透至礼仪美术中，是为武则天时代的艺术特点。

显庆六年（661），武则天派遣与之有密切关系的道士郭行真前往泰山行道立碑，开启了以后中宗、睿宗、玄宗、代宗、德宗诸帝遣使赴泰山以斋醮造像等道教科仪祷神的先河。这些活动始自显庆六年（661），止于贞元十四年（798），时间延续137年之久。活动记录都保留在泰山双束碑上。碑上共有遣祭题刻24则，其中武则天时期9则、中宗时期3则、睿宗时期2则、玄宗时期3则、代宗时期4则、德宗时期3则。最早的题刻为："显庆六年二月廿二日，敕使东岳先生郭行真，弟子陈兰茂、杜知古、马知止，奉为皇帝、皇后七日行道，并造素像一躯，二真人夹侍。"[②]碑当为此时所立，后来130余年不断

---

① （后晋）刘昫等：《旧唐书》卷六《则天皇后本纪》，第115页；（宋）司马光：《资治通鉴》卷二〇〇，第6322页。

② 周郢：《泰山"鸳鸯碑"史事新笺》，《泰安师专学报》1997年第4期。

题刻。此碑形制奇特,碑身由两块同样尺寸的条石并立组成。每块条石高238厘米、宽50厘米、厚22厘米。双石嵌在同一碑首和碑座之间。碑首雕作歇山形屋脊状,高0.5米,其正脊、垂脊、戗脊及瓦陇的雕刻极为精致,具有典型的唐代建筑风格。碑座为长方体,上沿四边作内弧线抹沿。碑身部分四面环刻楷书,每面作四五层,每层刻文一则或二则不等,共计24则[①]。此碑俗称双束碑、鸳鸯碑,其形制在古代碑刻中仅见。米运昌认为此碑形制决非取料困难所为,而是别具匠心地借碑喻事:碑首示天,碑座比地,双石并立,借喻帝后并立、共治天地间,巧妙地表达了武则天威齐高宗、摄政治国之意[②]。

双束碑独特的碑形应来自武则天的创意,而这一创意很可能受到佛教石窟双窟、双身像等形式的影响。

双窟是指佛教石窟群中同时开凿的两个相互连通、同形同构的洞窟[③]。双窟样式在中国石窟开凿史上并不多见,主要集中于北魏献文帝至孝文帝统治时期,其开凿与当时北魏文明太后冯氏实际执掌朝政二十余年有密切关系,是既有皇帝在位,又有太后临朝的具体反映,这一时期在历史上称为"二圣"或"二皇"并治。依附于统治阶层而繁荣兴盛的佛教更是不惜余力地宣传和弘扬双窟样式,云冈石窟作为北魏皇室主持营建的石窟在这方面显然起到了示范作用,并影响到其他地区[④]。

高宗、武则天时期,这一样式也运用于洛阳的石窟开凿中。龙门石窟万佛洞北侧下方,有与之相邻的一组大型洞窟。该窟系由南北并列的两个洞窟联结而成,两窟窟顶为一石刻屋形窟檐所覆盖,俗称"双窟"。双窟造像布局周密,雕刻精美,加之规模形制宏大,其必为当时的皇家功德无疑。从其壁间见有垂拱年间零星补刻的小型佛龛来推测,其竣工年代又当在高宗中、晚年之际。双窟造像,北洞为结跏趺坐的释迦居本尊的三世佛;南洞为善跏趺坐的弥勒居本尊的千佛造像。这两铺造像题材联缀结为一组,不仅

① 米运昌:《泰山唐代双束碑与武则天》,《故宫博物院院刊》1986年第3期;李云:《泰山双束碑再探》,《中国文物科学研究》2011年第3期。

② 米运昌:《武则天与泰山》,载泰山文物风景管理局、泰山志编纂办公室:《泰山志资料选编》第二辑,1984年,第54页。

③ 王建舜:《论云冈石窟双窟的概念及特征》,《北朝史研究——中国魏晋南北朝史国际学术研讨会论文集》,北京:商务印书馆,2004年,第536页。

④ 孙晓峰:《北魏石窟寺中的"双窟"与"二圣"政治》,《中国民族博览》2018年第8期。宿白先生最早提出双窟与北魏政治有关,他在《平城实力的集聚和"云冈模式"的形成与发展》一文中,列举定县出土的太和五年(481)石函铭以及《魏书》的《高闾传》《杨播传附弟椿传》《程骏传》《李彪传》等记载,认为北魏亲贵多称冯氏与孝文帝为"二圣",这一时期作为皇室专属的云冈石窟大量出现双窟,应是当时北魏既有皇帝在位,也有太后临朝的反映(宿白:《中国石窟寺研究》,北京:文物出版社,1996年,第136～137页)。

含有兼奉释迦与弥勒的思想，且其宣扬弥勒将继释迦为未来教主的主题意识，业已表达得十分明显，这正与武则天以"二圣"资格御驭朝廷的政治要求有着重大的关系①。

周郢认为，泰山双碑与龙门双窟有相近的构思。"虽属佛道不同，寓意则一，即都集中反映了武后意欲与高宗同掌天下，'二圣'共治的政治要求。这就是武则天隐藏在泰山鸳鸯碑中的政治密码。"②这样，古代带有纪功性质的碑刻，与外来的佛教巧妙地结合在一起，创造了独一无二的新形制。

武周时期，传统礼仪性建筑与佛教的结合还表现在乾陵石刻以及洛阳明堂、天枢的建设上。

弘道元年（683）十二月四日至文明元年（684）八月十一日建成的高宗乾陵，坐落于陕西乾县梁山，依山为陵，坐北朝南，主体建置为陵园和神道及其两侧成组石刻。乾陵石刻种类丰富，体量巨大，雕刻精细，气势雄伟，显示出盛唐气象和武则天的帝王气派。与以前诸陵相比，在种类、数量、体量和风格等四个方面都有了更大的发展，定型为一种制度化规范的模式，对其后的唐陵石刻产生了重要影响。乾陵石刻的基本内容为：神道两侧由南至北设石柱和翼马各1对、鸵鸟1对、立仗马（控马）5对、石人10对、碑（亭）1对、藩王像2厢61座、四门阙坐狮各1对，以及南神门2石人、"北门六骏"石马等③。其中，乾陵四门坐狮、宝珠状莲蕾顶八棱石柱折射出佛教对陵墓石刻艺术的影响，翼马、鸵鸟、蕃王像等内容，既是高宗、武则天时期对外交往的形象表现，又是帝王怀远之德的象征，在陵墓石刻上亦有武则天时代将外来艺术元素渗透至礼仪美术的特点。

武则天时代的统治中心在东都洛阳，为了当上皇帝并巩固女皇地位，采取了一系列富有成效的措施，《旧唐书·则天皇后本纪》记载的有：

> 光宅元年（684）九月，改东都为神都。
> 垂拱四年（688）春二月，毁乾元殿，就其地造明堂。……夏四月，魏王武承嗣伪造瑞石，文云："圣母临人，永昌帝业。"令雍州人唐同泰表称获之洛水。皇太后大悦，号其石为"宝图"，擢授同泰游击将军。

---

① 张乃翥：《武则天与龙门石窟佛教造像》，载武则天研究会、洛阳市文物园林局：《武则天与洛阳》，西安：三秦出版社，1988年，第24～25页。此双窟开凿的年代，温玉成认为在龙朔、乾封年间（661～668），见龙门文物保管所：《洛阳龙门双窟》，《考古学报》1988年第1期。
② 周郢：《武曌与泰山鸳鸯碑》，《中国道教》1999年第1期；周郢：《泰山"鸳鸯碑"史事新笺》，《泰安师专学报》1997年第4期。
③ 姜捷：《武则天时代的考古学观察》，《考古与文物》2002年第6期。

五月，皇太后加尊号曰圣母神皇。秋七月，……改"宝图"曰"天授圣图"，封洛水神为显圣，加位特进，并立庙。就水侧置永昌县。……十二月己酉，神皇拜洛水，受"天授圣图"，是日还宫。明堂成。

载初元年（689）秋七月，有沙门十人伪撰《大云经》，表上之，盛言神皇受命之事。制颁于天下，令诸州各置大云寺，总度僧千人。

天授元年（690）九月九日壬午，革唐命改国号为周。……乙酉，加尊号曰"圣神皇帝"。

天授二年（691）夏四月，令释教在道法之上，僧尼处道士女冠之前。

长寿二年（693）秋九月，上加金轮圣神皇帝号。

延载元年（694）五月，上加尊号为"越古金轮圣神皇帝"。……秋八月，梁王武三思劝率诸蕃酋长奏请大征敛东都铜铁，造天枢于端门之外，立颂以纪上之功业。

证圣元年（695）春一月，上加尊号曰慈氏越古金轮圣神皇帝。

万岁登封元年（696）春三月，重造明堂成。

万岁通天二年（697）夏四月，铸九鼎成，置于明堂之庭。[①]

武则天根据儒家君权神授的思想，借助河图洛书的观念，经营天授圣图，同时依靠《大云经》和《宝雨经》制造舆论，两经都提到身为女皇得转轮王位统治天下，使武则天具有了"受命于佛"的"合法身份"[②]，以此表达其权力的正统性。又通过频繁改元、加尊号以加强其皇权的神圣性。并且，在神都洛阳以明堂、天枢、九鼎等仪式性景观来强化一般民众对其至高无上的皇权地位的认同。

神都洛阳由宫城、皇城、诸小夹城、东城、含嘉仓城及罗郭城几部分组成，畦分棋布，洛水贯其中，犹如河汉之象。郭城南、北、东三面共设八座城门，定鼎门是南面正门，直通宽达121米的中轴大道天津街。它南直伊阙，北与铜铁天枢、端门、应天门、明堂、天堂、玄武门等高大奇伟建筑构成一线，在空间实体上达到参差错落、南北通视的壮观效果。这种设计正显示了女皇的雄伟气魄和唐王朝的强盛[③]。其中的明堂、天枢和九鼎都是具有重大政

---

① （后晋）刘昫等：《旧唐书》卷六，第117～126页。

② 林世田：《〈大云经疏〉结构分析》，载郑炳林、花平宁主编：《麦积山石窟艺术文化论文集》，兰州：兰州大学出版社，2004年，下册，第174页。

③ 苏健：《武则天与神都史迹》，载武则天研究会、洛阳市文物园林局：《武则天与洛阳》，西安：三秦出版社，1988年，第7～9页。

治意义的大型营造。

明堂是古代礼制建筑，是天子祭祀、布政之所，因而是王权和神权的双重象征。武则天之前，太宗、高宗都想营建明堂，但因群儒和群臣对明堂制度、明堂建筑的具体形式议论纷纷，难以达成统一意见而未能实现。武则天排除众议，与北门学士议定了明堂之制。"垂拱三年春，毁东都之乾元殿，就其地创之。四年正月五日，明堂成。凡高二百九十四尺，东西南北各三百尺。有三层：下层象四时，各随方色；中层法十二辰，圆盖，盖上盘九龙捧之；上层法二十四气，亦圆盖。亭中有巨木十围，上下通贯，栭、栌、橝、槐，借以为本，亘之以铁索。盖为鹜鹭，黄金饰之，势若飞翥。刻木为瓦，夹纻漆之。明堂之下施铁渠，以为辟雍之象。号万象神官。……则天又于明堂后造天堂，以安佛像，高百余尺。"①

武则天建造明堂时，大胆地提出"时既沿革，莫或相遵，自我作古，用适于事。今以上堂为严配之所，下堂为布政之居"②的原则，自我作古，标新立异。其特异之处，一是，作为天子施教化、行礼乐的明堂、辟雍，古制为两处，均在都城之南，而武则天合二为一，且设置于宫城内的中轴线上；二是，武则天建造的明堂，与汉以来在都城南郊设置的礼制性建筑不同，她是按周朝制度把明堂作为朝廷前殿来使用的③，称作万象神宫，且在顶端施以象征女皇的涂金宝凤，这无疑是对礼制的冲击，显示了女性执政的特征；三是，与明堂毗邻建造的天堂，内供佛像，表明儒家明堂与佛教佛堂共处的思想，亦是武则天时期佛教渗透至传统礼仪美术的特点显现。

天授元年（690），武则天革唐命，改国号为周。为颂扬武周革命之功，始有天枢的铸造。关于天枢的制造背景及形制，史书记载颇详。《新唐书·则天皇后传》载："延载二年，武三思率蕃夷诸酋及耆老请作天枢，纪太后功德，以黜唐兴周，制可。使纳言姚璹护作。乃大裒铜铁合冶之，署曰'大周万国颂德天枢'，置端门外。其制若柱，度高一百五尺，八面，面别五尺，冶铁象山为之趾，负以铜龙，石镵怪兽环之。柱颠为云盖，出大珠，高丈，围三之。作四蛟，度丈二尺，以承珠。其趾山周百七十尺，度二丈。无虑用铜铁二百万斤。乃悉镂群臣、蕃酋名氏其上。"④《资治通鉴·则天后天册万岁元年（695）》记载："夏，四月，天枢成，高一百五尺，径十二尺，八面，各径五尺。

① （后晋）刘昫等：《旧唐书》卷二二《礼仪志二》，第862～865页。
② （后晋）刘昫等：《旧唐书》卷二二《礼仪志二》，第863～864页。
③ 杨鸿勋：《自我作古 用适于事——武则天标新立异的洛阳明堂》，《华夏考古》2001年第2期。
④ （宋）欧阳修、宋祁：《新唐书》卷七六，第3483页。

下为铁山，周百七十尺，以铜为蟠龙麒麟萦绕之；上为腾云承露盘，径三丈，四龙人立捧火珠，高一丈。工人毛婆罗造模，武三思为文，刻百官及四夷酋长名，太后自书其榜曰'大周万国颂德天枢'。"①《大唐新语·文章第十八》载："长寿三年，则天征天下铜五十万余斤，铁三百三十余万，钱两万七千贯，于定鼎门内铸八棱铜柱，高九十尺，径一丈二尺，题曰'大周万国述德天枢'，纪革命之功，贬皇家之德。天枢下置铁山，铜龙负载，狮子、麒麟围绕，上有云盖，盖上施盘龙以托火珠，珠高一丈，围三丈，金彩荧煌，光侔日月。"②

综合以上记载可知，天枢的铸造有赖于胡人、四夷的钱物捐助，造模者毛婆罗是胡人，或是印度蕃客。另外，从发现的墓志资料来看，负责天枢建造的还有波斯国大酋长阿罗憾、高丽人左卫将军泉献诚等③。其形制与装饰具有明显的外来艺术特征。张乃翥指出，天枢类似于印度孔雀王朝的阿育王石柱或罗马帝国的图拉真圆柱④。孙英刚也从天枢上的狮子、九龙灌顶、九龙吐水等造型，进一步指出天枢可能是在模仿阿育王石柱，以证明武则天同阿育王一样，是佛教学说中的转轮王⑤。李松认为，天枢以铁山为基座，实质是以佛教的须弥山为座，象征着政权与神权的结合⑥。此外，火珠、狮子等也是佛教艺术的符号。天枢柱顶有四龙人立捧火珠或盘龙托火珠，应是北朝火珠柱的变体。钟晓青认为这种柱头采用火珠造型的柱式与《弥勒下生经》的流行有关，《佛说弥勒下生经》描述弥勒佛所在的翅头末大城有明珠柱，"皆高十里，其光照耀，昼夜无异，灯烛之明，不复为用"⑦。武则天借助的佛教《大云经疏》表达了弥勒下生之时，武则天为南阎浮提主的理念；《宝雨经》表明武则天以转轮王的身份供养慈氏（弥勒）菩萨⑧，武则天天枢作火珠柱样式，是将两经的理念以视觉化的形式表现出来。

武则天天枢铸造之时，明堂发生了意外。证圣元年（695）正月，正在建

---

① （宋）司马光：《资治通鉴》卷二〇五《唐纪二一》，第6502～6503页。
② （唐）刘肃：《大唐新语》卷八，北京：中华书局，1997年，第126页。
③ 罗香林：《景教徒阿罗撼等为武则天皇后造颂德天枢考》，《唐元二代之景教》，香港：中国学社，1966年。
④ 张乃翥：《武周万国天枢与西域文明》，《西北史地》1994年第2期；又载《洛阳大学学报》1995年第1期。
⑤ 孙英刚：《动物异象与中古政治——评陈怀宇〈动物与中古政治宗教秩序〉》，《神文时代——谶纬、术数与中古政治研究》，上海：上海古籍出版社，2014年，第410～411页。
⑥ 李松：《天枢——我国古代一种纪念碑样式》，《美术》1985年第4期。
⑦ 钟晓青：《火珠柱浅析——兼谈嵩岳寺塔的建造年代》，载殷宪主编《北朝史研究——中国魏晋南北朝史国际学术研讨会论文集》，北京：商务印书馆，2004年，第517～532页。
⑧ 吕博：《转轮王"化谓四天下"与武周时期的天枢、九鼎制造》，《魏晋南北朝隋唐史资料》第三十一辑，2015年，第183～195页。

设中的天堂发生火灾殃及了明堂，二堂并尽。武氏又诏令依旧规制重建明堂、天堂。天册万岁二年（696）三月，重造的明堂落成，号为"通天宫"。四月，改元为"万岁通天"。这次重建，开始顶上安装宝凤，旋即改为火珠。又铸铜为九州鼎，置于明堂之庭，各依方位列置。神都鼎高一丈八尺，容纳一千八百石；冀州、雍州、兖州、青州、徐州、扬州、荆州、梁州八鼎高一丈四尺，各容纳一千二百石。九鼎用铜五十六万七百一十二斤。鼎上图写本州山川物产之像，令工书人司农录事钟绍京等四人题写，左尚方署令曹元廓图画。九鼎铸成后，由玄武门外曳入通天宫。宰相、诸王率南北衙宿卫兵十余万人，并仗内大牛、白象共曳之。武则天亲自作曳鼎歌，令群臣唱和。九鼎成，改元为神功①。

孙英刚认为明堂大火后，虽然进行了重建，但武则天完全依赖佛教意识形态治国，遭到越来越多大臣的反对。因此，采用铸九鼎的方法，以巩固自己统治的合法性，回归到夏、商、周三代传统②。因九鼎是古代中国天子的地位象征，加之七年后的神龙元年（705）武则天还政于中宗，天子位重回李唐，这种观点未得到公认。但近年吕博将明堂、天枢与九鼎作为一组仪式性景观，综合武则天尊号的变化提出不同认识，认为明堂不仅是圣母神皇百世继周、复古情怀的象征，还被诠释成弥勒所造的化城、道教圣君的仙宫、转轮王的七宝台。沿着明堂中轴线修建的大佛像、天枢、九鼎等仪式性景观，亦是武则天模仿转轮王供奉弥勒、化谓四天下的体现③。此观点具有一定的启发性，天枢铸造、明堂重建与铸九鼎几乎同时，九鼎图画者曹元廓是胡人，外来艺术渗透至传统的九鼎铸造中也很有可能。

除以上关涉礼仪的美术制作，武则天时代的工艺美术也明显受到外来艺术的影响，在唐三彩和瑞兽葡萄镜上表现得最为突出。

唐三彩属于低温铅釉陶，它是以细腻的白色黏土作胎料，用铅化合物为助溶剂，用铜、铁、钴、锰等金属化合物作着色剂，在700度左右低温下烧成的。釉色主要有黄、绿、蓝、白、褐等，有的是单彩、二彩，有的是多彩，统称为"唐三彩"。迄今发现最早的唐三彩为麟德元年（664）郑仁泰墓出土的三彩器盖，至680年墓葬出土的唐三彩只见器皿，且施釉法较为简单；武则天执政的680～690年，唐三彩飞速发展，出现了一定数量的三彩俑，三

---

① （后晋）刘昫等：《旧唐书》卷二二《礼仪志二》，第865～868页。
② 孙英刚：《佛教与阴阳灾异：武则天明堂大火背后的信仰及政争》，《人文杂志》2013年第12期。
③ 吕博：《转轮王"化谓四天下"与武周时期的天枢、九鼎制造》，《魏晋南北朝隋唐史资料》第三十一辑，2015年，第183页。

彩器品种、数量增多,有贴花、鱼子纹等仿金银器的装饰,出现类似丝织品的绞缬染的白斑点釉彩图案;武周、中宗、睿宗时期的690～712年,是唐三彩的鼎盛时期,三彩俑数量空前增多,墓葬中唐三彩俑的数量超过三彩器,釉彩华丽,装饰手法多样,形象生动写实[①]。可以说武则天时代是唐三彩最为流行的时期,而这一时期受到金银器的影响,唐三彩出现了胡瓶、高足杯、多曲盘、来通等模仿外来金银器的器形,三彩俑中出现了不少胡人俑,包括武官俑、牵马牵驼俑、骑马俑、骑马狩猎俑、侍俑、商人俑、乐舞俑等,还有受佛教影响出现的三彩天王俑,在造型、题材上呈现出浓厚的外来因素。唐三彩中还出现一种特殊的钴蓝釉料。在唐代之前的中国工艺品上几乎没有使用蓝色,考古发现中,唯有战国时期少量玻璃珠和小件玻璃器呈现出深蓝色,但它们并非中国生产。唐三彩上的钴蓝釉料,李蕾认为来自中亚,随着中亚商人东来,这种特殊钴蓝釉料被引进并使用在唐三彩上,和其他釉色交织在一起,形成斑驳绚烂、生动热烈的艺术效果[②];赵琳认为唐三彩上出现的钴蓝釉料是从西亚引进的,这种深沉、凝重、华滋的色彩深受思想开放的唐人所喜爱[③]。

瑞兽葡萄镜是武则天时代发展盛行的最具特色的镜类,迄今发现的最早的完整纪年镜也出自郑仁泰墓。瑞兽葡萄镜,也称海马葡萄镜、海兽葡萄镜、鸾兽葡萄镜等,其形制主要为圆形,少量呈方形、菱花形,典型的图案由高浮雕式的若干瑞兽(狮子等)和葡萄蔓枝叶实组成,镜背满布,形成满地装的装饰效果。

学界一般认为,西域贡狮可能是瑞兽葡萄镜中的瑞兽原形,而葡萄纹饰亦来自西域。具体阐述其来源地,如原田淑人提出葡萄镜的图案是从波斯和拜占庭等传来的,但是到了中国后,与六朝末唐初的四神十二生肖镜、四兽镜、六兽镜等纹饰融合起来[④]。滨田耕作提出葡萄纹起源于西亚、波斯,在从西方传入中国时,附加的鸟兽图案也同时传入了[⑤]。石渡美江认为海兽葡萄镜的镜背图案是一种"乐园的图像",源自中东、西亚的卷草葡萄纹[⑥]。张天莉认为中国唐代的葡萄镜明显受到了来自西方的葡萄纹饰的影响,同时吸收了中国传统的瑞兽纹饰,形成了既具有西方特色,又兼具中国风格的独

①　王小蒙:《两京地区唐三彩的发展及工艺特征》,《收藏》2018年第12期。

②　李蕾:《丝路回响——唐三彩艺术风格形成的外来因素考辨》,《中华文化论坛》2014年第11期。

③　赵琳:《14世纪以前钴蓝在西亚和中国的运用——兼谈元青花的产生》,《南方文物》2013年第3期。

④　[日]原田淑人:《海獣葡萄鏡に就いて》,《東亞古文化研究》,1940年。

⑤　[日]滨田耕作:《禽獣葡萄紋鏡に就いて》,《考古學研究》,1969年。

⑥　[日]石渡美江:《楽園の図像:海獣葡萄鏡の誕生》,东京:吉川弘文馆,2000年。

特纹样，并提出把葡萄和兽类组合在一起，应该起源于古希腊的酒神崇拜的观点①。王纲怀对一种带有蟠龙纹的海兽葡萄镜进行了型式分析和分期研究，认为海兽葡萄镜是受到摩尼教影响而产生的铜镜品种②。张婕发挥此说，认为武则天执政时期政治、经济、文化等在一定程度上受到了摩尼教信仰的影响，摩尼教宣扬的弥勒、光、明、日等教义为武则天巩固统治提供了理论依据，蟠龙、孔雀、海兽与葡萄等组合出现的铜镜即是摩尼教光、明、日和皇权结合的产物③。总之，铸造精美、花纹生动繁缛的瑞兽葡萄镜亦是武则天时代吸收外来艺术的典型代表。

（二）武则天时代古意的存留

武则天时代尽管佛教等外来文化的影响加剧，但是此时人们的知识体系中仍然存在"事不师古，或爽天心，难用作程，神不孚佑"④"事不师古，动皆不法"⑤的认知，师古仍是不能放弃的政治方式。武则天建国号为周即是师古。号称"周"，乃是表明自己的典章制度所秉承的是周代制度。在建大周朝前后，武则天还按照祖述周官思路进行了一系列的文化、制度建设。如改行用周历，以洛阳为神都，长安为西京副都，除唐宗室属籍。这一方面是因为洛阳曾为周的首都，另一方面可以避开关陇集团的根据地。武则天又改置社稷，改旗帜尚赤，改长安的唐太庙和神都的唐高祖、太宗、高宗三庙为享德庙，在神都正式立武氏七庙为太庙。武后追尊周文王姬发为始祖文皇帝，以迁都洛邑的平王少子姬武为睿祖康皇帝，援引姬周为自己的四十代远祖⑥。按照周朝制度建明堂、九鼎等。

虽然武则天时代的师古在理论上以周代为宗，但因周、孔既遥，在实践中也免不了以较近的汉魏为参考，因而武则天时代的艺术中还存留有汉魏古意的影子。

显庆六年（661）所立的泰山双束碑（图8-2-1），碑首雕作歇山形屋脊状，正脊、垂脊、戗脊及瓦垄的雕刻极为精致，碑身双石并立，碑座为长方体，与一般唐碑作螭首龟趺、螭首方趺有很大不同，这种碑首作屋顶状的碑刻，

---

① 张天莉：《唐代铜镜中葡萄纹饰的由来》，《中国文物报》2006年7月26日第5版。

② 王纲怀：《从中日出土同模唐镜说起》，《收藏家》2007年第10期；《蟠龙纹海兽葡萄镜的由来与演变》，《收藏家》2011年第6期。载入前揭《止水集——王纲怀铜镜研究论集》，第155～169页。

③ 张婕：《唐代蟠龙海兽葡萄镜及其纹饰探读》，武汉纺织大学硕士学位论文，2014年。

④ （后晋）刘昫等：《旧唐书》卷二二《礼仪志二》，第874页。

⑤ （后晋）刘昫等：《旧唐书》卷八八《苏瓖附子颋传》，第2881页。

⑥ 沈睿文：《从革命到无字碑》，《乾陵文化研究（一）》，西安：三秦出版社，2005年，第121页。

图8-2-1　山东泰安岱庙东碑廊内泰山唐双
束碑

采自新浪卓荦2011年2月8日《泰安岱庙
碑林》博文附图

图8-2-2　唐乾陵《述圣纪碑》

采自《中国乾陵文物精华》石刻图3

还见于庑殿顶碑首的《述圣纪碑》
（图8-2-2）[①]。此碑为方形，顶、身、座
共用七块巨大石料榫卯扣接而成，
俗称"七节碑"。碑高7.3米，碑身
为五块方石，每边宽1.86米，重约
90吨。顶部为庑殿式，屋檐下四角
各雕刻一力士石像，檐雕斗拱，中间
为五节碑身，下为方形碑座。这两
通屋顶式碑石的形制与东汉比较简
朴的单檐无斗拱仿木结构雕刻的石
阙相似。前者似登封太室阙（图8-
2-3），该阙为单檐长方体子母阙，由
阙基、阙身和阙顶三部分组成，母阙
和子阙阙身联成一体。阙顶为庑殿
顶，顶上雕出垂脊、瓦垄，檐下雕椽，
四周边沿处雕刻瓦当和板瓦；后者
似曲阜无名阙（图8-2-4），由阙基、
阙身、阙顶三部分构成，阙基为长方
体，阙身近乎方柱体，阙顶为庑殿
顶，坡度较缓，顶部高浮雕出筒瓦与
板瓦。

　　像乾陵石刻这样的石雕工程
是由将作监下设的甄官署制作完成
的，《唐六典·甄官署》记载：

　　甄官令掌供琢石、陶土之事；
丞为之贰。凡石作之类，有石磬、石
人、石兽、石柱、碑碣、碾硙，出有方
土，用有物宜。凡砖瓦之作，瓶缶之
器，大小高下，各有程准。凡丧葬则
供其明器之属，别敕葬者供，余并
私备。三品以上九十事，五品以上

① 《中国乾陵文物精华》，乾陵博物馆乾陵旅游开发有限责任公司，石刻图3。

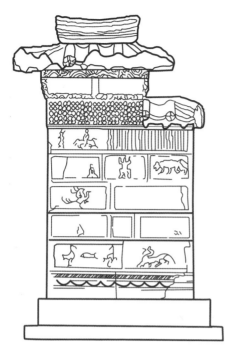

图8-2-3　太室阙线图（高子期绘）

采自高子期：《秦汉阙论》，西安美术学院
博士学位论文，2013年，第66页

图8-2-4　山东曲阜汉无名阙

采自高子期：《秦汉阙论》，第49页

六十事，九品已上四十事。当圹、当野、祖明、地轴、輀马、偶人，其高各
一尺；其余音声队与童仆之属，威仪、服玩，各视生之品秩所有，以瓦、
木为之，其长率七寸。[①]

除负责陵墓石刻的雕凿，甄官署还制作随葬用的俑。在一些陶俑的制作上，
也受到汉代艺术影响，如1990年发掘的乾封元年（666）唐太宗贵妃韦珪墓
随葬的一件彩绘贴金双头人面镇墓兽（图8-2-5）即是一例。镇墓兽双头人
面，兽身连体，兽身各有双翼，四足，立于亚腰形台座之上，通体彩绘，兽身上
还有贴金装饰。在两京地区的唐墓中一般都会随葬镇墓俑，通常为武士或
天王2件、镇墓兽2件。镇墓兽一为人面兽身，一为兽面兽身，都是单头，像
这种双头连体的镇墓兽在两京地区的唐墓中尚未发现第二例。除这件双头
人面镇墓兽外，韦贵妃墓镇墓俑还出土一件兽面兽身单头镇墓兽（图8-2-6）
和一对高大的彩绘贴金天王俑。

---

① （唐）李林甫：《唐六典》卷二三，第597页。

图8-2-5　陕西礼泉县唐韦贵妃墓出土　　图8-2-6　陕西礼泉县唐韦贵妃墓出土
　　　　双头人面镇墓兽　　　　　　　　　　　　兽面镇墓兽
　　　昭陵博物馆李浪涛研究员提供　　　　　　　昭陵博物馆李浪涛研究员提供

　　陈安利先生发现类似的双头人面镇墓兽在南方地区早期墓中常见[1]；程义先生根据道教考古关于唐宋墓葬神煞俑中"地轴"形象的确认，认为韦贵妃墓出土的双头人面镇墓兽是地轴[2]。白彬先生根据广东海康元墓题记"地轴"与"勾陈"[3]，辨认出在唐宋墓中出土的双人首蛇（龙）身俑就是"地轴""勾陈"[4]。程义先生同意白彬先生的意见，认为镇墓兽不是地轴，双首龙身俑才是真正的"地轴"，并且从唐至元形态没有太大变化。

　　朝鲜南浦市江西区域德兴里高句丽壁画古坟前室顶部北坡壁画上绘有一个双头人面兽（图8-2-7），旁有墨书："地轴：一身两头。"[5]该地轴双头人面，体似蛇躯，各有四足，共八足。古坟年代为高句丽广开土王永乐十九年（409）。

　　彩绘贴金双头人面镇墓兽作四足站立、体短的翼兽形，与缠绕、拱形或趴伏于地的双人首蛇（龙）身俑形态有差异，与德兴里古坟的地轴也有差异。

①　陈安利：《唐十八陵》，北京：中国青年出版社，2001年，第281页。
②　程义、程惠军：《汉中宋代镇墓神物释证》，《四川文物》2009年第5期；程义：《关中地区唐代墓葬研究》，北京：文物出版社，2012年，第308页。
③　曹腾騑、阮应祺、邓杰昌：《广东海康元墓出土的阴线刻砖》，《考古学集刊》2，第171～180页。
④　白冰：《雷神俑考》，《四川文物》2006年第6期。
⑤　朝鲜民主主义人民共和国社会科学院、朝鲜画报社：《德兴里高句丽壁画古坟》，株式会社讲谈社，昭和61年（1986），第55页。

类似的形象常见于汉画像石中（图8-2-8）。河南南阳县十里铺汉墓的双头人面兽有翼，作行走状。山东嘉祥满硐乡宋山出土画像石的双头人面兽四足作站立状，与彩绘贴金双头人面兽最为相似。

图8-2-7　朝鲜德兴里古坟壁画"地轴"

采自《德兴里高句丽壁画古坟》第55页线图

汉画像石中的双头人面兽，张道一引《搜神记》："昔高阳氏，有同产而为夫妇，帝放之于崆峒之野。相抱而死。神鸟以不死草覆之，七年，男女同体而生。二头，四手足，是为蒙双氏。"认为是"蒙双氏"或"蒙双民"[1]；朱浒通过徐州铜山汉王乡祠堂画像旁的榜题认为是"容成"[2]；而宋艳萍则根据《山海经·大荒西经》记载："大荒之中，有山名曰鏖鏊钜，日月所入者。有兽，左右有首，名曰屏蓬。"认为是"屏蓬"[3]。

汉画像石中双头兽多出现在西王母、仙人附近，有的还是仙人的坐骑，应有连接阴阳、沟通人间和仙界的作用。贴金双头人面镇墓兽不仅与汉画像石中的双头人面兽形象相似，也应具有相同的功能，起到镇墓驱邪的作用。

2012年，沈睿文通过比对汉画像石雷神出行的图像，考证出唐宋墓葬

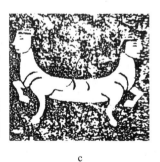

a　　　　　　　　　　b　　　　　　　　　　c

图8-2-8　汉画像石中的双头人面兽

a. 河南南阳县十里铺汉墓（同阳乌在一个画面）；b. 山东嘉祥县满硐乡宋山出土；c. 山东长清县孝里镇孝堂山石祠（采自《汉画故事》第228页）

① 张道一：《汉画故事》，重庆：重庆大学出版社，2006年，第228页。
② 朱浒：《"房中"与升仙——汉代"容成"及其图像考》，《中国典籍与文化》2014年第2期。
③ 宋艳萍：《汉画像石研究二则》，《南都学坛》2010年第5期。

出土的双人首蛇（龙）身俑等俑像实质是汉代雷神出行图中众多神灵形象俑像化的结果，至迟在北魏时期就已出现。对应于"地轴""勾陈"的双人首蛇（龙）身俑就是雷神出行中的双头龙，是"虹"的形象化表现①，这一研究解决了唐墓双头镇墓兽的信仰、来源问题，诸如彩绘贴金双头人面镇墓兽一类的俑像是一种带有古意的创作，亦可看作是艺术史上从平面之图向立体之样转化的实例。

　　垂拱四年（688）武则天建成的明堂，在最高层第三层圆顶之上安装有黄金装饰的宝凤。孙英刚认为武则天营建的明堂顶部所置"鸑鷟"（宝凤）是武周政权的重要符号②。"鸑鷟"是象征大周兴起的祥瑞，《国语·周语上》云："周之兴也，鸑鷟鸣于岐山。"③武则天御制御书《升仙太子碑》说得更为明白："我国家先天纂业，辟地裁基，正八柱于乾纲，纽四维于坤载。山鸣鸑鷟，爰彰受命之祥；洛出图书，式兆兴王之运。"④

　　虽然有着周代礼仪制度的根据，但从考古发现来看，这种在建筑顶部或圆形盖子之上立有凤鸟的作法常见于汉代。如山东沂水出土的楼阁画像石（图8-2-9），在三层楼阁的屋顶上立一只大鸟⑤；西安北郊枣园一座大型西汉墓出土的鎏金铜锺（图8-2-10），通高78厘米、腹径42厘米，是国内发现的西汉时期最大的鎏金铜锺，该锺有一个明显的标志，即圆形的器盖上立有一只口衔珠的朱雀⑥。或许武则天明堂立鸑鷟是古意的作法延续。

　　证圣元年（695），明堂火灾后，武则天采纳宰相姚璹的意见诏令重建。《旧唐书·五行志》记载："宰相姚璹……乃劝则天御端门观酺，引建章故事，令薛怀义重造明堂以厌胜之。"⑦所谓"建章故事"是指，汉武帝时，柏梁台发生火灾，有"越巫名勇，谓帝曰：'越国有火灾，即复大起宫室以厌胜之。'故帝作建章宫"⑧。"建章故事"不仅给了武则天重建明堂一个理论根据，也给她以实践启发。在重建明堂同时铸造的天枢，就有着"建章故事"的影子。武帝建章宫有铜柱承露仙人掌之属，《三辅故事》曰："建章宫承露盘，高

①　沈睿文：《唐宋墓葬神煞考源》，《唐研究》第十八卷，北京大学出版社，2012年，第201～223页。

②　孙英刚：《佛教与阴阳灾异：武则天明堂大火背后的信仰及政争》，《人文杂志》2013年第12期。

③　徐元诰：《国语集解》，北京：中华书局，2002年，第29页。

④　（清）董诰等：《全唐文》卷九八，第1008页上栏。

⑤　中国画像石全集编辑委员会：《中国画像石全集3·山东汉画像石》，济南：山东美术出版社、郑州：河南美术出版社，2000年，第61页，图75。

⑥　西安市文物保护考古所：《西安北郊枣园大型西汉墓发掘简报》，《文物》2003年第12期。

⑦　（后晋）刘昫等：《旧唐书》卷三七，第1366页。

⑧　（汉）班固：《汉书》卷六《武帝本纪》，第199页。

图8-2-9　山东沂水西汉画像石楼阁图

采自《中国画像石全集3·山东汉画像石》
第61页图75

图8-2-10　西安北郊枣园西汉墓出土鎏金
铜锺

采自《文物》2003年第12期第34页图九

三十丈，大七围，以铜为之。上有仙人掌承露，和玉屑饮之。"①武帝用仙人掌承露盘，和玉屑饮之，是为了求仙。而武则天的天枢亦为铜柱，上有腾云承露盘。天枢铸成之后群臣赋诗赞美，其中以李峤的诗最为出色。诗中有这样的诗句："仙盘正下露，高柱欲承天。山类丛云起，珠疑大火悬。"②"仙盘正下露"不仅是天枢的一个构件，也说明其与建章宫承露盘有着承继的关系，有着相同的求仙功能。

　　此外，武则天时代还发现有汉代的遗物。唐神龙二年（706）永泰公主墓随葬有三件战国至东汉制作的玉器。浮雕谷纹玉璜为战国晚期至汉代初年流行的玉器，镂空透雕双螭纹出廓玉璧应属东汉早期，走兽游鱼玉珩也是东汉玉器③，这三件玉器很可能是宫廷的收藏品。再有，在武则天时代流行的瑞兽葡萄镜上还发现了汉式羽人和龟钮等汉镜古意图像，都可看作是一种古意的存留。

① （汉）司马迁：《史记》卷一二《孝武本纪》，第578页。《后汉书》记载，武帝时作铜柱承露仙人掌之属。《三辅故事》云："建章宫承露盘，高二十丈，大七围，以铜为之。上有仙人承露，和玉屑饮之。"金茎即铜柱也。（《后汉书》卷四〇上《班彪传》，第1347页。）

② （唐）刘肃：《大唐新语》卷八，第126页。

③ 刘云辉：《永泰公主墓的传世玉器》，《收藏》2007年第11期。

第三节 唐玄宗至唐末

一、铜镜古意的复兴与形式风格的转变

从8世纪初期至10世纪初,即玄宗开元元年(713)始至唐末(907),是铜镜古意的复兴期。一方面,仿古镜的数量大大增加;另一方面,铜镜古意的形式与风格发生了比较明显的转变:一是,纹饰设计进一步向自然活泼的"生意"转化;二是,特种镜的品种、数量增多,奢华风气日盛;三是,出现了假借古镜创造新镜的现象;四是,道教镜在图文设计上明显地借鉴了汉镜因素。

从附表三来看,隋唐墓出土的34面古镜中有5面出自此期墓葬,约占年代相对明确的29面古镜的17.2%,这5面镜分别是博局镜、四叶连弧纹镜、昭明镜、四乳禽兽镜和瑞兽博局镜,都是汉镜。中晚唐近二百年间仅发现少量古镜,极可能是墓主人生前的收藏品。

从附表二来看,此期墓葬出土的仿古镜有24件(组),序号15—38,约占墓葬年代相对明确的出土仿古镜的63.2%。仿古手法复制和仿制皆有,仿制仍主要以汉镜为样本,有博局镜、龙虎镜、四夔龙镜、日光镜、七乳鸟兽镜、七乳四神瑞兽镜、七乳云龙纹镜、连弧纹镜、连珠纹镜等镜式。镜形以圆形为主,有18面,其次是葵花形4面、内弧八角形1面、亚字形1面。其中直径10厘米以上的仿古镜18面,占81.8%。由此可见,中晚唐时期仿古镜的兴盛。此期仿古镜的比例超过了前二期的总和,加之10厘米以上的大镜比例极高,不排除铸镜作坊受利益驱动造假的可能,这些仿古镜很可能被当作古镜在流通。

从附表一来看,唐式镜中上一期的瑞兽葡萄镜、鸾鸟瑞兽镜、雀绕花枝镜、月宫镜仍占有一定数量,还出现了仙骑镜、对鸟镜、瑞花镜、盘龙镜、飞仙镜、真子飞霜镜、人物镜、八卦镜等镜式。特种工艺镜除了上一期已有的金银背和金银平脱镜外,出现了螺钿镜。新式镜中也不乏古意因素。

第一,镜形。新出现内弧八角形、亚字形镜。内弧八角形应受到战国、汉镜中的连弧纹设计的启发,凹下的八连弧纹与内弧八角形镜的外形相同。亚字形的镜形与汉镜内区的大方格有关。汉镜中有的大方格四角还装饰有草叶等纹饰,形成类似唐代亚字形镜的外形效果。

第二,构图。八卦纹镜中新出现了方平钮或装饰有山字纹的方钮。方

形钮上的山字纹应来源于战国的山字纹镜，方形钮不排除受到战国方形镜影响的可能。此期的新式镜钮还有桂树钮、山石钮，这些新式钮仍反映了天圆地方的宇宙观念。此期围绕镜钮，铜镜的构图已不见汉式风格的几何纹界格，主区纹饰区域更加扩大。纹饰的组织方式，四分式手法重新得到使用，但有变化，方格的范围扩大了，有的方格变成了八卦的形式。旋转式主要用于鸾鸟瑞兽镜、雀绕花枝镜以及人物镜中的狩猎镜、打马球镜等镜式花纹的组织。新出现的独纹式和流行的对称式，以及将不同镜式的图案分区域组合在一起的复合式设计手法，最早皆见于汉镜，应是带有古意的花纹组织方式。

第三，主题纹样。动物纹中的龙、鸾鸟、凤凰等都是战国、汉镜中常见的祥瑞。荷叶上的龟纹与汉以来长寿思想有关。人物纹中的飞仙应受到佛教飞天的影响，但其经常在山间、云端出现，又和汉以来对仙人的意识有着密切的联系。另外，仙骑镜流行，虽然帔带仙人的形象很可能受到佛教的影响，但是骑鸟兽的形式应是汉代艺术观念的延续。反映道教信仰的仙道人物镜、月宫镜和五岳四渎镜增加。月宫中仅有玉兔、蟾蜍、桂树的形式是汉魏月宫的图像传统；仙道人物所处的山水环境以及抚琴、弈棋等行为与汉镜艺术也有一脉相承的关系。这一时期流行花鸟纹、对鸟纹，禽鸟的表现延续了汉代艺术重视传达动物动态情趣的特点，以灵动且具有装饰感的形态表达出对"生意"的追求。

第四，铭文。中晚唐时，铭文装饰又复兴起来。书体突破了第一期仅有楷书的形式，新出现了篆书、隶书铭文。其中绝大多数是楷书、篆书铭文，极少数隶书铭文。隶书、篆书铭文皆是汉镜铭文流行的书体，环绕式圈带、散射状、直行、方枚等排列形式也都见于汉镜。篆书中的七言、三言铭文明显来自汉镜铭文。此期的铭文绝大多数为道教内容，但夸耀铜镜的神异功能，祈求富贵、长寿、安康，与汉镜铭文的思想相合，不出汉镜铭文内容的范围。

第五，特种工艺镜。此期出现的螺钿镜、鎏金镜都是带有古意的工艺。战国至汉代，漆器、铜镜镶嵌工艺繁荣，镜背的漆工艺也得到很好地运用；唐代的螺钿镜应是复兴了传统漆器的螺钿工艺。鎏金镜则直接继承了汉镜的鎏金工艺。

二、铜镜古意复兴的美术史背景

（一）玄宗的尊经重道与崇古风气的回归

玄宗以后存在的借鉴汉镜铸造的创新镜和仿汉镜，是铜镜文化发展过程中一个比较独特的现象。一般说来，"任何一个朝代的早期阶段，都存在着既反映前朝文化特点又反映当代文化特点的器物。随着时代的演进,前朝的文化残余逐渐消失,其中部分融和于当代文化之中,文化的差异缩小乃至趋同,器物上只见当代文化的特征了"①。但在艺术史上还有这样一种可能,由于受到某种观念的促动或是受到法律的制约,旧的文化艺术形式又出现在新的王朝的盛期,如后世宋代金石学兴起,人们对古器物的爱好产生了制作古器的冲动。金代时,实行严格的禁铜令,工匠大量复制古镜出售,以躲避禁令②等等。而开元以后铜镜古意的中兴与玄宗朝政治的转型以及崇古风气的复兴分不开。

神龙元年(705),武则天归政于李唐,礼仪制度遂恢复至高宗永淳以前故事。但即位的中宗、睿宗在位时间短,政变迭起,时局不宁,并未完全恢复李唐基业。玄宗即位后,一方面消除武则天统治的影响,开元二年(714),毁天枢,"发卒销烁,弥月不尽"③。开元二十五年(737),欲毁东都明堂,因毁拆劳人,只拆上层,改建为规模较小的殿堂,恢复乾元殿名称④;另一方面,实行新的政治文化,开元二年(714)三月,亲祠玄元皇帝庙⑤,恢复道教的国教地位。开元初,唐玄宗注意遵从贞观故事,任贤用能,好经术,大兴文治,并于开元十四年(726)开始修定《开元礼》,至开元二十年(732)完成⑥。以儒家思想制礼作乐,制定政治规范。

在文艺上,玄宗一方面有遵从"贞观故事"之举,如诏殷鲅、韦无忝绘《开元十八学士图》⑦、令韦无忝画外国进贡的狮子等⑧;另一方面,也锐意进行改革,尤其在诗文、书法上表现出尊古创新的特点。

殷璠《河岳英灵集序》载,玄宗"恶华好朴,去伪从真,使海内词场,翕然尊古,南风周雅,称阐今日"⑨。致力于改变南朝以至初唐时期浮靡的学风和文风。在此背景下,开元十五年(727),李白表明鄙薄声律的观点,以"将复古道"为旗帜推行复古诗学理想,进行古体诗创作⑩。虽然,李白只推崇

① 张懋镕:《西周青铜器断代两系说刍议》,《考古学报》2005年第1期,第5页。
② (元)脱脱等:《金史》卷四八《食货志》载,世宗于大定二十六年(1186)十一月谕宰臣曰:"国家铜禁久矣,尚闻民私造腰带及镜,托为旧物,公然市之。宜加禁约。"(北京:中华书局,1975年,第1072页。)
③ (唐)刘肃:《大唐新语》卷八,第126页。
④ (后晋)刘昫等:《旧唐书》卷二二《礼仪志二》,第876页。
⑤ (唐)杜佑:《通典》卷五三《老君祠》,第1478页。
⑥ 赵澜:《〈大唐开元礼〉初探——论唐代礼制的演化历程》,《复旦学报》1994年第5期。
⑦ (唐)张彦远撰,周晓薇校点:《历代名画记》卷九,第81页。
⑧ (宋)李昉等:《太平广记》卷二一二"韦无忝"条,第5册,第1625页。
⑨ 傅璇琮、陈尚君、徐俊:《唐人选唐诗新编》(增订本),北京:中华书局,2014年,第156页。
⑩ 罗时进:《李白"薄声律"本义与"将复古道"的诗学实践》,《文学评论》2017年第2期。

《诗经》，对《诗经》以后的诗歌持贬斥态度，但其复古色彩浓厚的《古风》五十九首五言古体诗，风格接近汉魏古诗[①]。由此可见，汉代文艺对玄宗时代潜移默化的影响。

玄宗在艺术上的尊古，还表现在对隶书的推崇与改革上。隋唐以来，楷书兴盛。隶书虽在碑石上仍有使用，但已楷书化。玄宗欲恢复汉法，强调汉隶"一波三折"和"蚕头雁尾"的形态特征，改变了开元以后隶书的面貌。由于玄宗的提倡，开元以后出现了韩择木、史惟则、徐浩等隶书大家，形成了隶书鼎盛的局面。

玄宗时代的隶书巨制以登封《大唐嵩阳观纪圣德感应之颂》碑（《嵩阳观碑》）和西安碑林《石台孝经》碑为代表。天宝三载（744）的《嵩阳观碑》通高近9米，由上至下分作五层，共由六块巨石组成，重60余吨。此碑造型颇似一座建筑物。碑座为长方形基台，座之上下各有横枋，座中部显出浅浅的束腰，束腰四面均雕饰有像龛（壸门），碑座以上是碑身，高383厘米、宽206厘米、厚104厘米。碑身之上，坐落着巨型碑额，有裴迥所题阴刻篆书"大唐嵩阳观纪圣德感应之颂"，题额两边各有云纹和一降龙。碑额之上是大云盘，它由两石拼合而成，下窄上宽，四围呈斜弧面，形似飞檐。云盘上，用一巨石雕成了二龙捧珠，类似建筑物顶部的脊饰。此碑碑文为徐浩书写，为波磔明显的古隶书，还保有了一些隶字的古写[②]。碑文内容记载嵩阳观道长孙太冲为久治不愈的唐玄宗炼丹，医治痊愈。后玄宗下旨刻石立碑，以歌颂嵩阳观道长"仙丹灵验，感应之德"[③]。天宝四载（745）的《石台孝经》碑形制与《嵩阳观碑》相似，碑顶亦有大云盘，上雕三层卷云纹，云盘上有庑殿顶，浮雕宝珠形装饰。碑身为四块长方体石块拼合，每面宽120厘米，其中3面镌刻玄宗御书儒家经典《孝经》，碑身正面顶部刻方形碑额，由太子李亨篆书"大唐开元天宝圣文神武皇帝注孝经台"16个大字，篆额外刻方形界栏，浅浮雕云纹图案一周，方形界栏两侧各雕瑞兽、云纹。碑身下碑座作三层阶梯状，用浮雕、线刻等技法装饰蔓草、瑞兽、卷云等图案。

以庄重的隶书书写的两通巨碑，彰显了玄宗朝尊经重道的政治导向，以及尊古的国家形象，是武则天之后新的政治景观。

文艺上的尊古，使人们十分重视古代器物，玄宗天宝元年（742）五月，

---

① 王运熙：《李白文学思想的复古色彩》，《沈阳师范大学学报（社会科学版）》2003年第2期。

② 张家泰：《艺术丰碑——记登封〈大唐嵩阳观纪圣德感应之颂〉碑的艺术成就》，《中原文物》1984年第2期。

③ 周永慎：《嵩山道教纪实》，《中国道教》2005年第4期。

图8-3-1　河南登封唐嵩阳观碑　　图8-3-2　西安碑林博物馆藏唐石台孝经碑

采自耿朔《嵩洛访碑小记》,《艺术品》2017　　西安碑林博物馆拍摄
年第10期第95页

平凉郡就将发现的古铁鼎进献给玄宗[①]。

　　这种古铁鼎应该被当作祥瑞。《宋书·符瑞志》将"神鼎"归为一类符瑞,并列举了从汉武帝元鼎元年(前116)至宋顺帝升明二年(478)间神鼎类符瑞出现的情况,共计21事。其中讲鼎、宝鼎6事,铜锺5事,铜鼎、石鼎、铜尊、铜铎、石锺、铜路鼓、古鼎、古锺、古铜锺、古铜鼎各1事[②]。

　　《册府元龟·帝王部·符瑞三》记载的唐代符瑞中就有玄宗时代发现的古器物:

　　　　开元九年(721)二月汝州掘地得古铜镈,上又隐起双鲤,篆书文曰宜子孙。

　　　　开元十一年(723)正月有司奏,修坛掘地获古铜鼎二。其大者容一斗,色皆青。[③]

①　(宋)王钦若等:《册府元龟》卷一六九《帝王部·纳贡献》,第2032页。
②　(梁)沈约:《宋书》卷二九,第867~869页。
③　(宋)王钦若等:《册府元龟》卷二四,第257~258页。

　　《旧唐书·齐物传》记载因得古器物改地名之事。"齐物,天宝初开砥柱之险,以通流运,于石中得古铁犁铧,有'平陆'字,因改河北县为平陆县。"[①]这一瑞应更反映出唐人对古器物的信奉态度。

　　玄宗时期的一些中小型唐墓中曾出土王莽时期铸造的货布,如偃师杏园开元十七年(729)袁氏墓出土一枚(图8-3-3)[②]。王莽货布还受到唐人的喜爱,仿制这种货布的鎏金货布也出土于偃师杏园墓地开元二十六年(738)李景由墓墓主人右手中[③],一面有货布二字并刻划莲花纹,另一面刻划莲花和枝叶纹(图8-3-4)。此种仿制的货布很可能是作为佩饰或辟邪物铸造的。

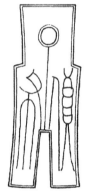

图8-3-3　偃师杏园唐袁氏墓出土王莽货布　图8-3-4　偃师杏园唐李景由墓出土鎏金
　　　　　线图　　　　　　　　　　　　　　　　　　货布

采自《偃师杏园唐墓》第78页图71-5　　采自《偃师杏园唐墓》彩版11图2

　　在尊古重道的背景下,玄宗时期的铜镜开始显现出古意。开元十年(722)的月宫镜重圈铭文,虽然带有隶楷杂糅的特点,但应属隶书,很可能是工匠在时风影响下模仿古镜的创新,铭文布局、花纹都带有汉魏古意。而"透光宝镜"八卦镜上的隶书铭文则已使用玄宗时代比较标准的隶书。唐代隶书基本用于碑版,以示正式和庄重,这两面铜镜上的隶书很可能是借古再造。

　　隶书铭"透光宝镜"八卦镜是一面道教镜。道教十分重视铜镜的法器作用,东晋道士葛洪在其所著《抱朴子》中就有比较详细的阐释。玄宗时著名的道士司马承祯在继承葛洪学说的基础上,更加系统地阐发了镜鉴的道教功能,并设计了三种镜图,叙述了纹饰所表示的道教义理,他将其中的《上清含象剑鉴图》进献给玄宗。为了迎合玄宗尊古的提倡,司马承祯在镜图设计中较多地借鉴了汉镜的元素并加以道教化。王育成先生认为,司马承祯开元九年(721)、十五年(727)两次应诏入京,留侍内殿。《上清含象剑鉴图》当是其留京期间向玄宗进献的,很可能与千秋节群臣向皇帝献镜有关。大约与司马氏同时,还有一份上清派图谱《上清长生宝鉴图》也在流行①。天宝以后,道教极度兴盛。《唐会要·尊崇道教》记载天宝年以前崇道之事,仅有武德三年(620)至天宝十三载(754)加尊号事1条、开元二十九年(741)事1条,而记天宝年间事多达8条②。天宝三载建立的《嵩阳观碑》高过了天宝四载的《石台孝经》碑,亦可证道教的鼎盛。因此,这一时期带有古意的道教铜镜获得了一定程度的发展。

(二)肃宗以后的嗜古之风与道教的推动

天宝十五载(756),安史之乱爆发。肃宗临危受命,举全国之力平叛。肃宗以后,唐朝虽削平安史叛军,维持了统治,但又陷入藩镇割据的局面,盛世不再。

代宗、德宗时期,朝臣们在反思安史之乱爆发原因与教训的基础上,提出了重新复兴儒学的使命。他们认为儒学不振造成华夏本位文化缺失,因此安史等羯胡夷狄才会乘虚而入,而要重新复兴儒学,就必须引导社会风气回归以儒家礼乐文明为指引的古道上来,重新规范礼乐典章,以遵循儒家经典的古代典礼为准绳,矫正因动乱破坏而变得混乱的礼仪体系。在尊古道、崇儒学的背景下,兴起了以韩愈、柳宗元为代表的"古文"运动③,形成以"大历、贞元之间,文字多尚古学,效杨雄、董仲舒之述作"④的风气。在礼教方面也尚古。唐德宗开始,《开元礼》被立于官学,开科取士。《唐会要·开元礼举》载,贞元二年(786)六月十一日敕:"自今已后,其诸色举人中,有能习《开元礼》者,举人同一经例。"又设三礼举,《唐会要·三礼举》贞元九年(793)五月二日敕:"自今已后,诸色人中,有习《三礼》者,前资及出身人,依科目例选。吏部考试白身人,依贡举例。"⑤

---

① 王育成:《唐代道教镜实物研究》,《唐研究》第六卷,北京:北京大学出版社,2000年,第29～30页。

② (宋)王溥:《唐会要》卷五〇,第1013～1016页。

③ 杜光熙:《从华夷之辨到古今之辨——关于中唐古文运动发生背景的再思考》,《北京社会科学》2015年第4期。

④ (后晋)刘昫等:《旧唐书》卷一六〇《韩愈传》,第4195页。

⑤ (宋)王溥:《唐会要》卷七六《贡举中》,第1653～1654页。

　　文宗朝依然延续着尊儒崇古的作法，还以图像来规范经典礼仪。《画断》记载：

　　　　太和中，文宗好古重道。以晋明帝卫协画《毛诗图》，草木鸟兽贤士忠臣之象，不得其真，遂召修己图之。皆据经定名，任土采拾。由是冠冕之制，生植之姿，远无不审，幽无不显矣。①

　　肃宗以后，社会的崇古，还可从当时人们以"古"字为名的风气窥见一斑。如代宗、德宗朝嗣曹王李皋有五子名太古、象古、道古、师古、遵古②，代宗朝中使孙知古③、德宗朝北庭都护府节度使杨袭古④、进士王行古⑤，文宗朝大理卿刘遵古⑥、中使李好古⑦，僖宗朝荆州刺史杨权古⑧、李凝古⑨、宰相杨希古、枢密使费传古⑩，昭宗朝朱全忠将庞师古⑪，哀帝时卫尉寺主簿李延古⑫，以及绵阳市西山观咸通十二年（871）的天尊、老君像龛的题记中提及"专主社务兼书人景好古"⑬的名字，这是民间以"好古"为名的一个例子。

　　好古必然与好古物联系在一起，文献记载：

　　　　元和二年（807）正月，诏以湖南所献古鼎付有司。⑭
　　　　元和十四年（819）九月，考功郎萧祐诣右银台，进古今书画二十卷。⑮

①　（宋）李昉等：《太平广记》卷二一三"程修己"条，第5册，第1632～1633页。
②　《有唐山南东道节度使赠尚书右仆射嗣曹王墓铭并序》，载周绍良主编《唐代墓志汇编》，上海：上海古籍出版社，1992年，第1902～1904页。
③　（后晋）刘昫等：《旧唐书》卷一四一《田承嗣传》，第3838页。
④　（后晋）刘昫等：《旧唐书》卷一三《德宗本纪下》，第370页。
⑤　（后晋）刘昫等：《旧唐书》卷一七八《王徽传》，第4639页。
⑥　（后晋）刘昫等：《旧唐书》卷一七下《文宗本纪下》，第554页。
⑦　（后晋）刘昫等：《旧唐书》卷一七下《文宗本纪下》，第561页。
⑧　（后晋）刘昫等：《旧唐书》卷一九下《僖宗本纪》，第696页。
⑨　（后晋）刘昫等：《旧唐书》卷一七九《萧遘传》，第4646页。
⑩　（后晋）刘昫等：《旧唐书》卷二〇〇下《黄巢传》，第5393页。
⑪　（后晋）刘昫等：《旧唐书》卷二〇上《昭宗本纪》，第746、749、760、763页。
⑫　（后晋）刘昫等：《旧唐书》卷二〇下《哀帝本纪》，第797页。
⑬　［日］小林正美著，白文译：《金箓斋法与道教造像的形成与展开——以四川省绵阳、安岳、大足摩崖道教造像为中心》，《艺术探索》2007年第3期，第36页。
⑭　（宋）王钦若等：《册府元龟》卷二五《帝王部·符瑞四》，第270页。
⑮　（宋）王钦若等：《册府元龟》卷一六九《帝王部·纳贡献》，第2033页。

长庆二年(822)九月,郎坊节度使崔从上言,当管军士因断薪得古铜器十四面,有篆文,随表献之。[①]

《三水小牍》卷上有唐人获古铜斗的记载,"余昆泉别业有田客。咸通中,因耕于庄前冠盖山之阴,获古铜斗,长二尺余,其魁方而下杀,柄曲且圆。既治之,四周皆隐起麟凤龟龙之状,标有异字十。访于明篆籀者,亦不能详"[②]。很可能是一件汉代铜器。

考古发掘中也有肃宗以后古物的发现。

法门寺地宫出土的蹀躞十事上有一件双龙纹佩饰(图8-3-5a)[③],龙作奔走状,头部较大,肩生两翼。这种龙的形象与唐代龙纹差异较大,而与1985年宁夏同心县王团乡倒墩子汉墓出土的透雕动物肢体铜牌饰(图8-3-5b)[④]上的龙纹相似,应是一件汉代牌饰[⑤]。

西安何家村窖藏按历史顺序搜集了一套中国铜币,唐以前的货币从早到晚有春秋时齐国的刀币"节墨之法化";战国时赵国的布币"京一钌";西汉时吕后的"八铢半两"和文帝时的"四铢半两";新莽时的"一刀"(无刀

图8-3-5a　陕西扶风法门寺地宫出土蹀躞　　图8-3-5b　宁夏同心县汉墓出土透雕动物
　　　　　十事悬挂器物　　　　　　　　　　　　　　　肢体铜牌饰
　　　采自《法门寺文物图饰》第372页　　　　　采自《宁夏历史文物》第213页

①　(宋)王钦若等:《册府元龟》卷一六九《帝王部·纳贡献》,第2034页。
②　上海古籍出版社编:《唐五代笔记小说大观》,下册,第1177页。
③　韩生:《法门寺文物图饰》,北京:文物出版社,2009年,第372页。
④　许成、董宏征:《宁夏历史文物》,银川:宁夏人民出版社,2006年,第213页。
⑤　此发现出自郝明:《隋唐龙纹装饰研究》,西安美术学院硕士学位论文,2012年,第50页。

刃"平五千"三字）、"大布黄千""大泉五十""小泉直一""货布""货泉饼钱""无字货泉""货泉""剪边货泉"；东汉时的"五铢""剪边五铢""四出五铢"；三国刘备时的"直百五铢""直百"，孙权时的"大泉当千"；前凉的"凉造新泉"；南朝陈宣帝时的'太货六铢'，北魏孝庄帝时的"永安五铢"，北齐文宣帝时的"常平五铢"，北周武帝时的"五行大布"和静帝时的"永通万国"。基本上是每个时期收藏一枚，只有东汉时的"剪边五铢"、刘备时的"直百"、北周时的"五行大布"各收藏两枚[①]。

法门寺地宫出土有王莽时期铸造的货泉（图8-3-6a）、大泉五十（图8-3-6b）和东汉"五铢"钱。

图8-3-6a　陕西扶风法门寺地宫出土货泉　图8-3-6b　陕西扶风法门寺地宫出土
　采自《法门寺文物图饰》第345页　　　　　　大泉五十
　　　　　　　　　　　　　　　　　　　　　采自《法门寺文物图饰》第345页

这些古物与同时期存世的铜镜一样，加深着人们对古意的视觉认知。

同时，肃宗以后道教仍具有很强的影响。《唐会要·尊崇道教》记载了肃宗上元二年（761）事1条、德宗兴元元年（784）事1条、贞元元年（785）事1条、宪宗元和九年（814）事1条、穆宗长庆二年（822）事1条、敬宗宝历元年（825）事1条、武宗会昌年间事10条、宣宗大中元年（847）事1条[②]。武宗灭佛，道教在武宗之后又极度兴盛。

中晚唐道教的影响促进了道教镜的繁荣。同时，道教还利用人们赋予铜镜的特殊观念，进行新的文化创造。唐代以前，就有铜镜神异的种种传说。唐代的崇古及社会上古镜的存留，又使人们关注到古镜的存在。初、盛唐，"古镜"的概念就已兴起，到中晚唐时，道教借鉴小说、诗文等舆论传播手段，使古镜神异论更加流行。由于司马承祯等道士在设计镜图时就借鉴

① 陈尊祥：《西安何家村唐代窖藏钱币的研究》，《中国钱币》1984年第3期；韩建武等：《西安南郊何家村唐代窖藏出土的钱币》，《西部金融·钱币研究增刊》2008年第1期。

② （宋）王溥：《唐会要》卷五〇，第1016～1018页。

了汉镜等古镜元素，道教小说在宣传时有意加入了这类古意道镜的内容，新铸的道镜就变身为古镜，受到人们的信奉和追捧，舆论和实践相结合完成了"古镜"的再造。

结　语

　　"古意"，在以往的研究中也被称为"复古艺术"，本书将之定义为一种关系到过去在现在中重现的风格。

　　在中国文化发展的进程中，过去风格的重现多发生在朝代更迭的初期，文化的脉络不会被朝代的转换而切断，前一时期的文化仍会在新的朝代得到延续。但是，在铜镜铸造史上，隋唐时期并没有延续魏晋南北朝铜镜艺术的特征，却更多地受到汉镜的影响，汉镜的艺术风格较多地出现在隋至初唐时期。盛唐以后，唐代铜镜的艺术风格业已确立，种类样式日益丰富，但其图文设计中出现的新的因素，仍然具有汉镜设计意识的痕迹，而带有明显的古意。加之隋唐时期存在不少仿古镜，尤其是中晚唐还在铸造仿汉镜，这些现象引起了笔者的关注，本书意欲对这些现象作以解释。

　　本书主要通过搜集隋唐墓葬中出土铜镜的资料并结合隋唐时期的文化背景而展开。出土铜镜资料因为有墓葬的朝代归属，加之有的墓葬有纪年，使得铜镜使用的年代比较清楚，便于作比较研究。同时在研究中还辅助以传世和征集的其他相关铜镜资料。在资料整理与分析的基础上，重点探讨了以下四个方面的问题：

　　第一，隋唐铜镜与汉镜艺术的联系性。从铜镜形制、构图、主题纹样、铭文、仿古镜及特种工艺等方面对隋唐铜镜艺术的渊源问题进行探讨，通过对隋唐铜镜复古因素与带有古意的图文分析，本书发现汉镜艺术中的几何纹饰与神仙思想对隋唐铜镜艺术影响较深。同时唐代特种工艺镜的创造，也较多地受到战国、汉代特种工艺镜及汉代以来漆器工艺的启发。

　　第二，隋唐铜镜继承汉镜艺术的原因和条件。在考古工作中发现隋唐墓中随葬有隋唐以前古镜的现象，其中数量较多的是汉镜，这些遗留到隋唐时期的汉镜，很可能成为隋唐铸镜时的样本参考。这是隋唐铜镜继承汉镜艺术的物质条件。同时，唐代社会盛行的古镜神异观念，也提高了古镜的价值，促进了仿古镜的生产。

　　第三，唐代铜镜借古再造。开元年间，汉代神仙思想和皇帝的求仙活动推动了唐玄宗时代千秋节的设立及千秋镜的铸造。千秋镜图文的设计思想应渊源于汉以来的符瑞观念，又附加了新的内容，如千秋铭文、鹦鹉纹等。中、晚唐道教镜兴盛，基于古镜神异思想创作的《古镜记》等道教文学，将部分新铸镜塑造成"古镜"，促进了道教镜的发展。唐代的古镜再造实践从一个侧面反映了古镜对唐代社会的影响。

第四，隋唐铜镜图文古意的审美特征。隋唐铜镜借鉴汉镜艺术，并不是不加选择的全盘吸纳，而是结合唐代历史文化的艺术创作。从艺术的风格选择、新意创造以及生意表现等方面来看，既与汉代艺术有联系，但又具有隋唐时期的艺术特色。同时，隋唐铜镜的古意在隋至唐高宗前期、唐高宗后期至睿宗时期、唐玄宗至唐末三个阶段又有着不同的发展与变化，是与当时的政治文化与艺术相适应的视觉呈现。

综合以上研究，本书得出这样的结论：

隋唐墓葬中出土的汉镜解决了隋唐铜镜艺术承继汉镜艺术的来源问题，汉镜样本的遗留为隋唐铜镜艺术提供了可资借鉴和改造的样本。隋唐铜镜艺术成就的获得，即根植于对以往铜镜艺术，尤其是铜镜艺术史上最为辉煌时期的汉代铜镜艺术的吸纳和创新。

唐代盛行的古镜神异观念，推动了这一实践的顺利进行，并且在玄宗以后，古镜神异观念和神异的古镜促成了唐代千秋镜的铸造和道教镜的借古再造。可以说，对古镜的吸纳与创新从隋至初唐一直持续到晚唐，并没有明显的中断。

对汉镜的吸纳和创新，从隋初至唐末有着阶段性的变化：第一阶段，隋至唐高宗前期，更多地表现为对汉镜镜形、构图、花纹样式、铭文的模仿，规矩纹、锯齿纹、方枚、半圆枚，四神、瑞兽、羽人及善颂善祷的铭文等具有明显的师古痕迹，但因局限于四神十二生肖、瑞兽和瑞花镜等少数品种的精良铸造，在师古的同时也有自身的特色。第二阶段，唐高宗后期至睿宗时期，以瑞兽葡萄镜为代表的唐式镜的确立，改变了第一阶段师古的特征，反映了古意的式微。但具有外来艺术特征的瑞兽葡萄镜，在布局和装饰元素方面仍有汉镜的设计意识，存留着古意。第三阶段，玄宗至唐末，更多地将意识观念加入铜镜图文的表现中，这些意识观念从汉以来一以贯之，但更多地带有唐代道教的影响，在图文设计和铭文内容、文体与书体上古意浓厚。

第三阶段兴盛起来的花鸟镜是盛唐以后唐镜艺术繁荣的体现。花鸟镜上的禽鸟体现了中国传统的祥瑞含义，但也附加了唐人新的理解。在形象表现上，应是受到汉代艺术的影响，单鸟纹和对鸟纹皆表现出鲜活灵动的一面。这种对自然生灵的观察体验，是汉唐铜镜艺术一脉相承的艺术特点，也是唐代铜镜最具价值的艺术形象。

隋唐铜镜对汉镜传统的吸纳和创新,是中国铜镜艺术史上一个值得深入研究的现象,产生这一现象的主要原因是南北朝铜镜铸造业凋敝,铜镜发展失去了可资借鉴和延续的基础,转而向铜镜兴盛期的汉代学习。但在更广阔的历史背景下,经历了魏晋南北朝时期的动荡和民族融合,隋唐王朝也主动地恢复汉魏传统,以汉代艺术观念来支持和推动唐代的宫廷美术创作。在这样的崇古背景下,隋唐铜镜的师古、唐镜的借古再造才得以顺利地完成。

隋唐铜镜中的古意,为我们展现了在外来文化和艺术影响加剧的隋唐时期,保持以往传统艺术特征的艺术创造的侧面。它的成功还告诉我们,立足于本土文化和艺术,也能创造出灿烂而求新的艺术面貌。

附表一 隋唐纪年墓出土的隋唐式铜镜和年号镜统计表①

序号	镜类	镜形	镜钮	尺寸 cm 重量 g	铭 文	书体	墓葬纪年	出土地点	资料出处
1	四神镜	圆	圆	16.2 cm			文帝开皇九年（589）	陕西长安隋末忻夫妇墓	《陕西长安隋末夫妇合葬墓清理简报》,《考古与文物》1994年第1期
2	十二生肖镜	圆	圆	16 cm 369 g	光正随人，长命宜新。	楷	炀帝大业三年（607）	陕西西安长安区张綝夫妇墓	《西安长安隋张綝夫妇合葬墓发掘简报》,《文物》2018年第1期
3	十二生肖镜	圆	圆	16 cm	光返随人，长命宜新。	楷	炀帝大业四年（608）	陕西西安李静训墓	《唐长安城郊隋唐墓》，第20页，图版一二·1
4	瑞兽镜	圆	圆	14.9 cm 316.9 g			炀帝大业四年（608）	陕西西安南郊苏统师墓	《西安南郊隋苏统师墓发掘简报》,《考古与文物》2010年第3期

① 除葬于儿童墓小铜镜镜形和花纹较为特殊收录外，本表不包括5厘米以下的小铜镜、铁镜和锈蚀、残碎纹饰不识别的5厘米以上的铜镜。另外，本表辑录的年号镜去除了"贞观元年""贞观十六年""永徽元年""上元二年""大和元年"5种8件带有唐代年号的铜镜，认为是末代所铸。具体考证见范淑英：《末代铸造的唐代年号镜——仿古和逐利影响下的末代工艺美术个案》,《故宫博物院院刊》2021年第3期。

（续表）

序号	镜类	镜形	镜钮	尺寸cm 重量g	铭　文	书体	墓葬纪年	出土地点	资料出处
5	瑞兽规矩镜	圆	圆	17 cm	窥庄益态，韵舞鸾鸳。万龄永保，千代长存。能明能鉴，宜子宜孙。	楷	炀帝大业七年（611）	陕西西安郭家滩田德元墓	《西安郭家滩隋墓清理简报》，《文物》1957年第8期；《陕西省出土铜镜》，第91页，图81
6	四神镜	圆	不明	15 cm	有铭文一圈，锈蚀。		郑开明二年（620）	河南洛阳裴氏墓	《洛阳发现郑开明二年墓》，《考古》1978年第3期
7	四神十二生肖镜	圆	圆	径九寸五分，重五斤五两	武德五年岁次壬午八月十五日甲子日扬州总管府造青铜镜一面，充癸未年元正朝贡，其铭曰：上元启祚，灵鉴飞天，一登仁寿，于万斯年。	楷	高祖"武德五年"（622）铭	传世品	《宣和博古图·武德镜》卷二九
8	十二生肖镜	不明	不明	不明			太宗贞观五年（631）	陕西三原县李寿墓	《唐李寿墓发掘简报》，《文物》1974年第9期
9	对鸟镜	葵	圆	16.5 cm			太宗贞观八年（634）	陕西长安县韦曲镇韦圆照夫妇墓	《隋丰宁公主与韦圆照合葬墓》，《故宫文物月刊》1998年9月第16卷第6期

（续表）

序号	镜类	镜形	镜钮	尺寸 cm 重量 g	铭　　　文	书体	墓葬纪年	出土地点	资料出处
10	瑞兽镜	圆	圆	12.2 cm	映花偷面，对咲今娇。 怜心虽密，照芝非遥。	楷	太宗贞观十四年（640）	陕西西安长安区郭杜产业园区郑乾意夫妇墓	《郑乾意夫妇墓发掘简报》，《文博》2014年第4期
11	四神十二生肖规矩镜	圆	圆	29 cm	灵山孕珽，神使观炉。 形圆晓月，光清夜珠。 龙盘镂匣，凤舞雕摸。 玉台希世，红庄应图。 人临并咲，花映同敷。 千娇集影，百福来扶。	楷	死于太宗贞观二十年（646）	陕西长安县南里王村南里王村窦嫩墓	《陕西长安县南王村与咸阳飞机场出土大量隋唐珍贵文物》，《考古与文物》1993年第6期；《陕西新出土文物选粹》，第111页，图110
12	四神十二生肖镜	圆	圆	24.4 cm 2194 g	魏宫知本姓， 秦楼识旧名。 凤从里中出， 龙就匣中生。 口波菱自动， 不夜月恒明。 非唯照佳丽， 复用压山精。	楷	太宗贞观二十一年（647）	河南偃师城关镇崔大义夫妇墓	《河南偃师三座唐墓发掘简报》，《中原文物》2009年第5期；《洛镜铜华》下册，第220页，图179
13	四神规矩镜	圆	圆	24.6 cm	美哉圆鉴，览物称奇。 雕镌合矩，镕铄应规。 仙人累莹，玉女时亏。 恒娘是将，服御攸宜。	楷	武德、贞观年间	陕西西安郊区M600	《西安郊区隋唐墓》，第73～74页

（续表）

序号	镜类	镜形	镜钮	尺寸cm 重量g	铭　文	书体	墓葬纪年	出土地点	资料出处
14	瑞兽镜	圆	圆	14.5 cm			高宗永徽三年(652)	陕西西安西郊董僧利夫妇墓	《唐董僧利墓清理简报》,《考古与文物》1991年第4期
15	瑞兽葡萄镜	圆	残缺	残不足半			高宗永徽五年(654)	四川万县冉仁才夫妇墓	《四川万县唐墓》,《考古学报》1980年第4期
16	瑞兽镜	圆	圆	16.5 cm	颖妆益态,韵舞鸾鸳。万年永保,千代长存。能明能鉴,宜子宜孙。	楷	高宗显庆元年(656)	河南洛阳红山工业园区贾敦颐夫妇墓	《洛阳红山唐墓》,第56~57页
17	素面镜(2面)	方	小扁圆钮	8.8 cm			高宗显庆元年(656)	河南洛阳红山贾敦颐夫妇墓	《洛阳红山唐墓》,第56~57页
18	瑞兽镜	圆	圆	15 cm	残存1/3,外区为铭带,残存"非关照胆持是"。	楷	高宗龙朔元年(661)	广东电白唐许夫人墓	《广东电白唐代许夫人墓》,《文物》1990年第7期
19	团花镜	圆	圆	22 cm	光流素月,质禀玄精。澄空鉴水,照迥疑固。终古永固,莹此心零。大吉。	楷	高宗龙朔元年(661)	辽宁朝阳市纤维厂唐墓M9	《辽宁朝阳初唐孙氏家族墓出土一批精美文物》,《中国文物报》2004年1月7日第一版;《朝阳隋唐墓葬发现与研究》,第7页;《龙城宝发——朝阳博物馆馆藏古代铜镜》,第50页

（续表）

序号	镜类	镜形	镜钮	尺寸 cm 重量 g	铭　　文	书体	墓葬纪年	出土地点	资料出处
20	瑞兽葡萄镜	不明	不明	残			高宗麟德元年（664）	陕西礼泉县郑仁泰墓	《唐郑仁泰墓发掘简报》，《文物》1972年第7期
21	鸾兽葡萄镜（残）	圆	残缺	10.6 cm			高宗麟德二年（665）	陕西西安西郊M568刘宝墓	《西安西郊区隋唐墓》，第74页
22	瑞兽镜	圆	圆	12.7 cm	外区有铭文一周，不清		高宗乾封元年（666）	陕西西安长安区郭杜镇薛元嘏夫妇墓	《唐薛元嘏夫妇墓发掘简报》，《考古与文物》2009年第6期
23	四神十二生肖镜	圆	圆	15 cm 720.4 g			高宗乾封二年（667）	陕西西安南郊上塔坡村郝君夫人达奚令婉墓	《唐代故济州司马郝君夫人达奚令婉墓发掘简报》，《文博》2013年第4期
24	葡萄镜（残碎）	圆	残缺	9.4 cm			高宗总章二年（669）	陕西西安长安区刘智夫妇墓	《陕西西安唐刘智夫妇墓发掘简报》，《考古》2016年第3期
25	瑞兽镜	圆	圆	14.5 cm	外区置铭文一周及锯齿纹，铭文多已漫漶		高宗咸亨元年（670）	河北清河丘家那村孙建墓	《河北清河丘家那唐墓》，《文物》1990年第7期

序号	镜类	镜形	镜钮	尺寸 cm 重量 g	铭 文	书体	墓葬纪年	出土地点	资料出处
26	瑞兽葡萄镜	圆	伏兽	10 cm			高宗咸亨元年(670)	甘肃合水县魏哲墓	《甘肃合水唐魏哲墓发掘简报》,《考古与文物》2012年第4期
27	瑞兽葡萄镜	圆	海龟	11.2 cm			高宗咸亨元年(670)	陕西华阴市唐宋素夫妇墓	《陕西华阴市唐宋素发掘简报》,《考古与文物》2018年第3期
28	宝相花镜	圆	圆	19 cm			高宗咸亨元年(670)	1955年西安东郊韩森寨15〈6〉741号墓	《陕西省出土铜镜》,第160页,图150
29	四神十二生肖镜	圆	圆	16 cm			高宗咸亨二年(671)	河南焦作博爱聂村M5向君夫妇墓	《河南焦作博爱聂村唐墓发掘报告》,《文博》2008年第3期
30	瑞兽镜	圆	圆	9.5 cm			高宗咸亨三年(672)	陕西西安南郊山门口牛弘满墓	《西安市唐玄都观主牛弘满墓》,《文物资料丛刊》一
31	瑞兽十二生肖镜	圆	圆	24.1 cm 1772 g	淮南起照,仁寿传名。缘玉斯表,榕金勒成。时雍炎晋,节茂末明。爰模爰撤,用瑞鉴清。光无亏满,叶不枯荣。		高宗上元三年(676)	河南洛阳龙门上元三年墓	《洛阳出土铜镜》,图71,图版说明第11页

（续表）

序号	镜类	镜形	镜钮	尺寸 cm 重量 g	铭　文	书体	墓葬纪年	出土地点	资料出处
32	瑞兽镜	圆	圆	13.7 cm			高宗上元三年(676)	河南郑州丁彻夫妇墓	《郑州唐丁彻墓发掘简报》,《华夏考古》2000年第4期
33	瑞兽葡萄镜	圆	伏兽类蟾蜍	11.9 cm 529 g			武则天垂拱元年(685)	河南洛阳关林夫妇墓	《洛阳出土铜镜》,图98,图版说明第14页
34	瑞兽镜	圆	圆	19.9 cm	盘龙丽匣,凤舞新台,鸾惊影见,日曜壁开,团疑花开,月似轮回,端形鉴远,胆照光来。	楷	武则天垂拱元年(685)	辽宁朝阳珍珠岩厂杨律墓	《朝阳博物馆馆藏唐代铜镜选介》,《边疆经济与文化》2014年第1期;《朝阳隋唐墓葬发现与研究》,第119～120页;《龙城宝发——朝阳博物馆馆藏古代铜镜》,第54页
35	双鹰抓狐镜	弧方	圆	12.2 cm			武则天永昌元年(689)	山西长治市北郊唐崔拏夫妇墓	《山西长治市北郊唐崔拏墓》,《文物》1987年第8期
36	瑞兽葡萄镜	圆	龟	10 cm			武则天天授二年(691)	山西长治西郊冯廓夫妇墓	《山西长治市唐代冯廓墓》,《文物》1989年第6期

（续表）

序号	镜类	镜形	镜钮	尺寸 cm 重量 g	铭　文	书体	墓葬纪年	出土地点	资料出处
37	银壳鸾兽镜	菱	伏兽		长寿元年腊月头七日造		武则天"长寿元年"(692)铭	传世品	《唐镜大观》，第99页，下图
38	素面铭文镜	菱	圆	15.7 cm 940 g	长寿二年腊月头七日造初样		武则天"长寿二年"(693)铭文	河南洛阳关林天宝八载墓	《洛阳出土铜镜》，图105，图版说明第15页
39	瑞兽葡萄镜	圆	伏兽	13.1 cm			武则天长寿三年(694)	河南偃师杏园李守一夫妇墓	《偃师杏园唐墓》第65页，图58，图版31-1
40	瑞兽葡萄镜	圆	伏兽	9.8 cm			武则天证圣元年(695)	河南偃师杏园宋忠真夫妇墓	《偃师杏园唐墓》第65页，图59，图版31-2
41	瑞兽葡萄镜	残基	圆	12.4 cm			武则天万岁登封元年(696)	陕西西安东郊温思暕墓	《西安东郊唐温绰、温思暕墓发掘简报》《文物》2002年第12期

（续表）

序号	镜类	镜形	镜钮	尺寸 cm 重量 g	铭文	书体	墓葬纪年	出土地点	资料出处
42	瑞兽葡萄镜	圆	伏兽类蟾蜍	11.8 cm 511.5 g			武则天万岁通天二年(697)	河南洛阳涧西万岁通天二年墓	《洛阳出土铜镜》,图99,图版说明第14页
43	素面镜	方	伏兽	10 cm			死于武则天天神功元年(697)	广东电白县霞洞墟夫妇墓	《广东电白县霞洞墟唐墓简报》,《考古》1986年第1期
44	瑞兽葡萄镜	圆	伏兽	12.2 cm			武则天神功元年(697)	陕西西安南郊姚无陂夫妇墓	《唐姚无陂墓发掘简报》,《文物》2002年第12期
45	瑞兽葡萄镜	圆	伏兽	16.9 cm			武则天神功二年(698)	陕西西安东郊独孤思贞墓	《唐长安城郊隋唐墓》,第39页,图版六○·1
46	瑞兽镜	圆	圆	11 cm			武则天神功二年(698)	陕西西安长安区梁行仪夫妇墓	《陕西西安唐梁行仪夫妇墓发掘简报》,《中原文物》2017年第2期
47	嫦娥月宫纹镜	菱	龟	19.2 cm	大吉	楷	武则天久视元年(700)	河北元氏县南白楼墓地李无畏夫妇墓	《河北元氏县南白楼墓地唐代墓葬发掘简报》,《考古》2018年第8期

（续表）

序号	镜类	镜形	镜钮	尺寸 cm 重量 g	铭　文	书体	墓葬纪年	出土地点	资料出处
48	瑞兽葡萄镜	不明	不明	不明			武则天大足元年（701）	蒙古顿那尔伽特	《苏联出土的有关中国考古材料》,《文物参考资料》1957年第11期
49	素面抛光镜	圆	圆	11.7 cm			武则天长安元年（701）	河南偃师杏园宋祎墓	《偃师杏园唐墓》,第65页,图64-1
50	瑞兽葡萄镜	圆	兽形	10 cm			武则天长安三年（703）	河南偃师张思忠夫妇墓	《河南偃师县隋唐墓发掘简报》,《考古》1986年第11期
51	金银平脱花鸟镜	葵	圆	24.6 cm 1528 g			武则天长安三年（703）	河南偃师首阳山镇张盈墓	《洛镜铜华》,下册,第296页,图266
52	瑞兽葡萄镜（残碎）	圆	兽形	10 cm			中宗神龙元年（705）	陕西西安东郊华文弘夫妇墓	《唐严州刺史华文弘夫妇合葬墓》,《文博》2003年第6期
53	雀绕花枝镜	圆	圆	9.2 cm			中宗神龙二年（706）	河南偃师杏园宋祜墓	《偃师杏园唐墓》,第65页,图63,图版32-1
54	银壳弯兽镜	菱	伏兽	6.2 cm			中宗神龙二年（706）	河南偃师杏园宋祯夫妇墓	《偃师杏园唐墓》,第68页,图版34-3

（续表）

序号	镜类	镜形	镜钮	尺寸 cm 重量 g	铭 文	书体	墓葬纪年	出土地点	资料出处
55	鸾鸟瑞兽镜	菱	圆	12 cm			中宗神龙二年（706）	河南偃师杏园宋祯夫妇墓	《偃师杏园唐墓》，第68页，图64-4，65-2，图版34-1
56	素面抛光镜	圆	圆	9.8 cm			中宗神龙二年（706）	河南偃师杏园宋祯夫妇墓	《偃师杏园唐墓》，第65页，图65-1，图版32-2
57	金背瑞兽葡萄镜	菱	双兽	19.7 cm			中宗神龙二年（706）	陕西西安东郊马家沟阎识微夫妇墓	《西安马家沟唐太州司马阎识微夫妇墓发掘简报》，《文物》2014年第10期
58	银壳鸾兽镜	菱	伏兽	7.3 cm			中宗神龙二年（706）	河南郑州惠济区郑仲淹夫妇墓	《河南郑州唐郑仲淹夫妇合葬简报》，《文物》2021年第8期
59	双凤双狮镜	菱	圆	22.5 cm			中宗神龙三年（707）	陕西西安郭家滩任氏墓	《西安郭家滩唐墓清理简报》，《考古通讯》1956年第6期；《陕西省出土铜镜》，第142页，图132

（续表）

序号	镜类	镜形	镜钮	尺寸cm 重量g	铭　　文	书体	墓葬纪年	出土地点	资料出处
60	瑞兽葡萄镜	圆	蟾蜍	11.45 cm			中宗景龙三年（709）	河南洛阳龙门安菩夫妇墓	《洛阳龙门唐安菩夫妇墓》，《中原文物》1982年第3期；《洛阳龙门唐安菩夫妇墓》第140页
61	瑞兽葡萄镜	圆	龟	12.8 cm			中宗景龙三年（709）	山东莘县张弘夫妇墓	《山东莘县黄庙唐代张弘墓发掘简报》，《文物》2017年第4期
62	鸾鸟瑞兽镜	菱	圆	10.4 cm			中宗景龙三年（709）	河南偃师杏园李嗣本夫妇墓	《偃师杏园唐墓》，第68页，图66，图版34-2
63	素面抛光镜	菱	圆	9.6 cm			中宗景龙三年（709）	河南偃师杏园李嗣本夫妇墓	《偃师杏园唐墓》，第71页，图64-2，图版35-3
64	鸾鸟瑞兽镜	圆	圆	24.5 cm 4260 g	鉴若止水，光如电耀。仙客来磨，灵妃住照。鸾翔凤舞，龙腾麟跳。写态征神，凝兹巧笑。	楷	睿宗景云二年（711）	陕西乾县李贤夫妇墓	《唐李贤墓出土的鸟兽纹铜镜》，《文物》1983年第7期；《清冶铜华以为镜莹光如水照佳人——唐"鉴若止水"铜镜赏析》，《文博》2005年第5期

（续表）

序号	镜类	镜形	镜钮	尺寸cm 重量g	铭文	书体	墓葬纪年	出土地点	资料出处
65	瑞兽葡萄镜	圆	龟	10.7 cm			睿宗景云二年(711)	河南温县杨履庭夫妇墓	《河南温县唐代杨履庭墓发掘简报》，《考古》1964年第6期
66	葡萄镜	不明	不明	5 cm			睿宗景云二年(711)	河南温县杨履庭夫妇墓	《河南温县唐代杨履庭墓发掘简报》，《考古》1964年第6期
67	雀绕花枝镜	菱	圆	不详			玄宗开元二年(714)	陕西咸阳杨谏臣墓	《唐杨谏臣墓出土的几件文物》《文博》1985年第4期
68	雀绕花枝镜	圆	圆	9.2 cm			玄宗开元二年(714)	陕西西安郭家滩92号唐墓	《陕西省出土铜镜》，第150页，图140
69	瑞兽葡萄镜	圆	伏兽	9.9 cm			玄宗开元六年(718)	河南偃师杏园李珣夫妇墓	《偃师杏园唐墓》，第65页，图61，图版31-4
70	葡萄蔓枝镜	圆	圆	9.2 cm			玄宗开元六年(718)	河南偃师杏园李珣夫妇墓	《偃师杏园唐墓》，第65页，图62，图版31-6
71	瑞兽葡萄镜	圆	伏兽钮头	10.1 cm			玄宗开元十年(722)	河南偃师杏园卢氏墓	《偃师杏园唐墓》，第65页，图60，图版31-3

（续表）

序号	镜类	镜形	镜钮	尺寸cm 重量g	铭　文	书体	墓葬纪年	出土地点	资料出处
72	双雁荷花镜	葵	圆	14.4 cm			玄宗开元十年(722)	河南偃师杏园卢氏墓	《偃师杏园唐墓》,第71页,图70,图版35-4
73	月宫纪年铭镜	葵	伏兽噬马	16.1 cm 560 g	杨府吕氏者,其先出于吕公望,封于齐八百年,与周衰兴,后为权臣田儿所篡,子孙流进,家子(于)淮扬焉,君气高志精,代罕知者,心如明镜,曰:得其精焉。常云:秦王之镜,照胆照心,此盖有神,非良公所得。吾每见古镜极佳者,吾今所制,但恨不得,停之多年,若停之一二百年,亦可毛发无隐矣。蕲州刺史杜元志,好奇赏鉴之士,吾今为之造此镜,亦吾子之一生极思。开元十年五月五日铸成,亦元十年五月五日铸成,东平部吕神贤之词。		玄宗"开元十年"(722)铭	传世品	《练形神冶莹质良工——上海博物馆藏铜镜精品》,第262～263页
74	仙骑镜	菱	不明	11 cm			玄宗开元十二年(724)	湖北郧县唐李徽、阎婉墓	《湖北郧县唐李徽、阎婉墓发掘简报》,《文物》1987年第8期

（续表）

序号	镜类	镜形	镜钮	尺寸cm 重量g	铭文	书体	墓葬纪年	出土地点	资料出处
75	仙骑镜	菱	圆	11.8 cm			玄宗开元十二年（724）	河南焦作博爱聂村唐M9	《河南焦作博爱聂村唐墓发掘报告》,《文博》2008年第3期
76	瑞兽镜	圆	圆	13.8 cm			玄宗开元十五年（727）	陕西宝鸡姜城堡1号唐墓	《陕西省出土铜镜》,第117页,图107
77	瑞兽葡萄镜	圆	伏兽蟾蜍	13.5 cm			玄宗开元十六年（728）	河南巩义站街镇王沟村唐氏墓	《河南巩义站街镇王沟村唐墓》,《东方博物》第61辑,2016年第4期
78	鸾鸟瑞兽镜	菱	圆	16.2 cm			玄宗开元十七年（729）	河南偃师杏园袁氏墓	《偃师杏园唐墓》,第71页,图67,图版34-4,彩版10-1
79	素面镜	圆	不明	15.2 cm			玄宗开元十七年（729）	河南偃师杏园袁氏墓	《偃师杏园唐墓》,第65,76页
80	对鸟镜	菱	圆	20.3 cm			玄宗开元十七年（729）	陕西西安东郊韩森寨苏夫人墓	《唐苏三夫人墓出土文物》,《文物》2001年第3期

（续表）

序号	镜类	镜形	镜钮	尺寸 cm 重量 g	铭 文	书体	墓葬纪年	出土地点	资料出处
81	瑞兽葡萄镜	圆	圆	9.5 cm			玄宗开元十八年（730）	河南郑州省计划生育研究所唐墓	《郑州地区发现的几座唐墓》，《文物》1995年第5期
82	虫鸟纹镜	菱	圆	10.5 cm 310 g			玄宗开元十八年（730）	甘肃庆城穆泰墓	《甘肃庆城唐代游击将军穆泰墓》《文物》2008年第3期（无图）
83	素面镜	圆	不明	24.5 cm			玄宗开元十九年（731）	河南偃师杏园郑夫人墓	《偃师杏园唐墓》，第76页
84	银背鸾兽花枝镜	菱	伏兽	6.3 cm			玄宗开元二十一年（733）	陕西西安韦美美墓	《西安东郊唐韦美美墓发掘记》，《考古与文物》1992年第5期
85	瑞兽葡萄镜（残）	不明	不明	不明			玄宗开元二十一年（733）	巩义芝田窦讷言墓	《巩义芝田晋唐墓葬》，第178～181页
86	对孔雀镜	菱	圆	17.1 cm 806.6 g			玄宗开元二十一年（733）	陕西西安郊张夫人墓	《西安南郊唐代张夫人墓发掘简报》，《文博》2013年第1期

（续表）

序号	镜类	镜形	镜钮	尺寸 cm 重量 g	铭　　文	书体	墓葬纪年	出土地点	资料出处
87	素面镜	圆	桥形	14.2 cm			玄宗开元二十一年（733）	河南焦作市白庄裴询询墓	《河南焦作市白庄裴询询墓发掘简报》《考古与文物》2018年第1期
88	素面镜	圆	圆	16.2 cm			玄宗开元二十三年（735）	河南洛阳龙门张沟萧汣墓	《洛阳龙门张沟唐墓发掘简报》《文物》2008年第4期
89	螺钿花鸟镜	葵	圆	25 cm			玄宗开元二十四年（736）	陕西西安南郊曲江乡李倕墓	《唐李倕墓发掘简报》，《考古与文物》2015年第6期
90	螺钿宝相花镜	葵	圆	7.1 cm			玄宗开元二十四年（736）	陕西西安南郊曲江乡李倕墓	《唐李倕墓发掘简报》，《考古与文物》2015年第6期
91	银壳鸟兽葡萄镜	内弧八角	伏兽	6 cm			玄宗开元二十四年（736）	陕西西安南郊曲江乡李倕墓	《唐李倕墓发掘简报》，《考古与文物》2015年第6期
92	银壳鸾鸟兽端兽镜	菱	拱腰蟾蜍	6.5 cm			玄宗开元二十六年（738）	河南偃师杏园李景由夫妇墓	《偃师杏园唐墓》，第137页，图128-2，彩版8-1

（续表）

序号	镜类	镜形	镜钮	尺寸cm 重量g	铭	文	书体	墓葬纪年	出土地点	资料出处
93	盘龙镜	葵	圆	24 cm				玄宗开元二十六年(738)	河南偃师杏园李景由夫妇墓	《偃师杏园唐墓》第139页,图130-5、131,图版36-2,彩版10-4
94	素面抛光镜	圆	圆	17.8 cm				玄宗开元二十六年(738)	河南偃师杏园李景由夫妇墓	《偃师杏园唐墓》第135~136页,图126-1
95	盘龙镜(残)	圆	残缺	23 cm				玄宗开元二十九年(741)	广东韶关罗源洞张九龄墓	《唐代张九龄墓发掘简报》,《文物》1961年第6期
96	对鸟镜	葵	圆	22 cm				玄宗开元某年	河南宝丰县杨庄镇小店唐墓M1	《河南宝丰小店唐墓发掘简报》,《文物》2020年第2期
97	对鸟镜	葵	圆	12.3 cm				玄宗天宝元年(742)	河南三门峡韩忠节夫妇墓	《三门峡市两座唐墓发掘简报》,《华夏考古》1989年第3期
98	素面镜	不明	不明	15.8 cm				玄宗天宝元年(742)	河南三门峡韩忠节夫妇墓	《三门峡市两座唐墓发掘简报》,《华夏考古》1989年第3期

（续表）

序号	镜类	镜形	镜钮	尺寸cm 重量g	铭　文	书体	墓葬纪年	出土地点	资料出处
99	墨描人物纹镜	圆	圆	10.02 cm 433 g	天宝二年冬十月三□□ □□阳□□城之南郊	不明	玄宗"天宝二年"(743)铭	辽宁旅顺博物馆藏	《旅顺博物馆藏铜镜》，第131页，图119
100	瑞花镜	葵	圆	15.1 cm			玄宗天宝三载(744)	辽宁朝阳韩贞夫妇墓	《辽宁朝阳唐韩贞墓》，《考古》1973年第6期
101	鸿雁衔绶镜	葵	圆	11.3 cm			玄宗天宝四载(745)	河南偃师杏园崔悦墓	《偃师杏园唐墓》，第141页，图130-2,132-2,图版36-3
102	双鸾衔绶镜	葵	圆	14.1 cm			玄宗天宝四载(745)	陕西西安路家湾1042#第7号唐墓	《陕西省出土铜镜》，第141页，图131
103	飞仙镜	葵	圆	25.3 cm			玄宗天宝四载(745)	陕西西安韩森寨宋氏墓	《西安韩森寨唐墓清理记》，《考古》1957年第5期；《陕西省出土铜镜》，第128页，图118
104	对鸟镜	葵	圆	26 cm			玄宗天宝四载(745)	河南三门峡大岭路北段张香夫妇墓	《三门峡唐代张归香墓发掘简报》，《中原文物》2021年第4期

（续表）

序号	镜类	镜形	镜钮	尺寸 cm 重量 g	铭 文	书体	墓葬纪年	出土地点	资料出处
105	鸾兽花枝镜	菱	兽形	12 cm			玄宗天宝七载（748）	江苏苏州平门城墙 M32 许夫人墓	《苏州平门城墙唐墓的清理》《文物资料丛刊》六
106	鸿雁花枝镜	菱	圆	9.8 cm			玄宗天宝九载（750）	河南偃师杏园郑琇夫妇墓	《偃师杏园唐墓》，第 137 页，图 129-2、130-1，图版 34-6
107	鸾鸟瑞兽镜	葵	圆	9.7 cm			玄宗天宝九载（750）	河南偃师杏园郑琇夫妇墓	《偃师杏园唐墓》第 138~139 页，图 130-4、132-1，图版 35-5
108	金银平脱花鸟镜	葵	圆	30.5 cm 2740 g			玄宗天宝九载（750）	河南洛阳关林卢夫人墓	《洛阳关林唐墓》《考古》1980 年第 4 期
109	金银平脱宝相花镜	葵	圆	19 cm 1035 g			玄宗天宝十载（751）	山东济南顶系晖墓	《济南市博物馆历代铜镜选粹》《中原文物》2001 年第 3 期；《漫话唐代金银平脱铜镜》《收藏家》2001 年第 9 期
110	瑞花镜	葵	圆	不明			玄宗天宝十三载（754）	河南平顶山苗候刘府君墓	《河南平顶山苗候唐墓发掘简报》《考古与文物》1982 年第 3 期

（续表）

序号	镜类	镜形	镜钮	尺寸cm 重量g	铭 文	书体	墓葬纪年	出土地点	资料出处
111	双鸾衔绶镜	菱	伏兽	25.14 cm 2408 g			玄宗天宝十四载(755)	陕西西安紫微田园都市辅君夫人米氏墓	《唐代辅君夫人米氏墓清理简报》,《文博》2015年第4期
112	葡萄蔓枝镜	圆	圆	9.5 cm			玄宗天宝十五载(756)	广东韶关罗源洞传为张九皋墓	《广东韶关罗源洞墓》,《考古》1964年第7期
113	对勾瑞兽镜	葵	圆	17 cm			肃宗至德元载(756)	河南偃师杏园窦承家夫妇墓	《偃师杏园唐墓》,第139页,图133-1,图版35-6
114	真子飞霜镜	葵	龟	16 cm			肃宗至德元载(756)	河南偃师杏园窦家夫妇墓	《偃师杏园唐墓》,第142页,图133-2
115	螺钿盘龙镜	圆	圆球形	22 cm			肃宗至德元载(756)	河南陕县M914	《1957年河南陕县发掘简报》,《考古通讯》1958年第11期;《中国青铜器全集16·铜镜》,第119页,图117
116	雀绕花枝镜	菱	扁球形	11.2 cm			肃宗至德二载(757)	河南新郑二中M1徐罗玉夫妇墓	《郑韩故城新郑二中唐墓》,《江汉考古》2005年第3期

（续表）

序号	镜类	镜形	镜钮	尺寸 cm 重量 g	铭　文	书体	墓葬纪年	出土地点	资料出处
117	四神八卦铭文镜	圆	圆	不明			肃宗"乾元年"(758)铭	印度尼西亚爪哇岛"黑石号"沉船	上海博物馆《宝历风物——"黑石号"沉船出水珍品展》
118	双鸾镜（残）	葵	不明	11.9 cm			肃宗乾元二年(759)	陕西西安三桥裴利物夫妇墓	《西安三桥车辆厂工地发现唐裴利物夫妇墓》《考古与文物》1991年第6期
119	万字镜	亚	半球	14.5 cm			代宗宝应二年(763)	湖南益阳县赫山庙邓圆墓	《湖南益阳县赫山庙唐墓》《考古》1981年第4期
120	双鸾衔绶镜	葵	圆	不明			代宗大历元年(766)	陕西西安	孔祥星《隋唐铜镜的类型与分期》
121	瑞鸟衔绶镜	不明	不明	不明			代宗大历二年(767)	河南陕县刘家渠M1036	《一九五六年河南陕县刘家渠汉唐墓葬发掘简报》《考古通讯》1957年第4期
122	八瑞兽葡萄镜	圆	伏兽	24.8 cm 3372 g			代宗大历二年(767)	河南宜阳县高村乡牛子珍夫妇墓	《洛镜铜华》下册第233页图196

（续表）

序号	镜类	镜形	镜钮	尺寸cm 重量g	铭文	书体	墓葬纪年	出土地点	资料出处
123	仙骑镜	不明	不明	不明			代宗大历七年(772)	陕西西安	孔祥星《隋唐铜镜的类型与分期》
124	大铜镜（锈蚀）	不明	圆	28 cm			代宗大历八年(773)	江苏苏州平门城墙M31和氏墓	《苏州平门城墙唐墓的清理》,《文物资料丛刊》六
125	金银平脱三雁镜	圆	圆	16 cm			代宗大历十年(775)	河南偃师杏园王嫮墓	《偃师杏园唐墓》,第137页,图125-2,图版32-4,彩版9-3
126	螺钿花鸟镜	圆	圆	6.8 cm			代宗大历十年(775)	河南偃师杏园王嫮墓	《偃师杏园唐墓》,第136页,图128-1
127	金银平脱对鸟镜	圆	圆	21 cm			代宗大历十三年(778)	河南偃师杏园郑洵夫妇墓	《偃师杏园唐墓》,第137页,图127,彩版9-1
128	金银平脱蝶花镜	圆	圆	15.3 cm			代宗大历十三年(778)	河南偃师杏园郑洵夫妇墓	《偃师杏园唐墓》,第137页,图126-2
129	宝相花镜	葵	圆	18.8 cm			代宗大历十三年(778)	河南偃师杏园郑洵夫妇墓	《偃师杏园唐墓》,第141页,图126-3

（续表）

序号	镜类	镜形	镜钮	尺寸 cm 重量 g	铭　文	书体	墓葬纪年	出土地点	资料出处
130	双鸾衔绶绶镜	葵	圆	13.5 cm			代宗大历十三年（778）	河南偃师杏园郑洵夫妇墓	《偃师杏园唐墓》第141页，图135-1，134-2，图版36-4
131	素面抛光镜	圆	圆	17.7 cm			德宗建中四年（783）	河南偃师杏园崔绚夫妇墓	《偃师杏园唐墓》第136页，图126-1
132	素面镜	弧方	扁圆钮	13.3 cm 389 g			德宗建中四年（783）	河南洛阳龙门提水站建中四年墓	《洛阳出土铜镜》图106，图版说明第15页
133	宝相花钮座素面镜	圆	圆	15.8 cm			德宗建中四年（783）	河南偃师魏协夫妇正葬合葬墓	《洛阳唐魏协夫妇墓发掘简报》，《洛阳考古》2016年第2期
134	螺钿人物鸟兽花草纹镜	圆	圆	24 cm 1024 g			德宗兴元元年（784）	洛阳16工区76号夫妇墓	《洛阳16工区76号唐墓清理简报》，《文物参考资料》1956年第5期；《洛阳出土铜镜》，彩图6，图版说明第2页

（续表）

序号	镜类	镜形	镜钮	尺寸cm 重量g	铭文	书体	墓葬纪年	出土地点	资料出处
135	双鸾月宫海龙镜	葵	圆	17.3 cm 669 g			德宗兴元元年(784)	洛阳16工区76号唐夫妇墓	《洛阳16工区76号唐墓清理简报》,《文物》1956年第5期;《洛阳出土铜镜》,图120,图版说明第16页
136	宝相花镜	不明	圆	19 cm			德宗贞元元年或三年(785、787)	南京钱家渡丁山唐墓	《南京钱家渡丁山唐墓》,《考古》1966年第4期
137	素面镜	亚	鼻形钮	18.8 cm			德宗贞元二年(786)	四川成都南郊攀公墓	《成都市南郊唐代攀公墓清理简报》,《文物》2002年第1期
138	雀绕花枝镜	圆	圆	9.4 cm 180 g			德宗贞元四年(788)	陕西陇县原子头M44栗沈墓	《陇县原子头》,第220页,图一四九
139	花卉纹镜	葵	圆	15.2 cm			德宗贞元六年(790)	河南项城新桥镇毕子输夫妇墓	《河南项城新桥村唐墓清理简报》,《华夏考古》2021年第2期
140	素面镜	圆	圆	15.2 cm			德宗贞元八年(792)	河南偃师杏园郑夫人墓	《偃师杏园唐墓》,第136、144页

（续表）

序号	镜类	镜形	镜钮	尺寸 cm 重量 g	铭　文	书体	墓葬纪年	出土地点	资料出处
141	万字镜（2面）	亚	圆	15 cm			德宗贞元十年（794）	河南偃师杏园李荣初夫妇墓	《偃师杏园唐墓》，第142页，图135-2，图版37-1
142	双雁衔绶绫镜	葵	圆	17 cm			德宗贞元十二年（796）	河南郑州市区西北部孙和墓	《郑州市区西北部两座唐墓发掘简报》，《中原文物》2011年第4期
143	瑞花镜	葵	圆	18.4 cm			德宗贞元十三年（797）	河南郑州化工厂刘臻宫夫妇墓	《郑州地区发现的几座唐墓》，《文物》1995年第5期
144	螺钿人物鸟兽花草镜	圆	圆	10.3 cm			德宗贞元十四年（798）	陕西西安东郊郭家滩M419	《陕西省出土铜镜》，第136页，图126
145	素面镜	圆	圆	18.4 cm 1734 g			德宗贞元十七年（801）	河南洛阳龙门提水站贞元十七年墓	《洛阳出土铜镜》，图107，图版说明第15页
146	素面镜	葵	椭圆形	不明			宪宗元和元年（806）	河南洛阳十六工区唐墓	《洛阳十六工区清理唐墓一座》，《文物参考资料》1956年第12期

序号	镜类	镜形	镜钮	尺寸cm 重量g	铭 文	书体	墓葬纪年	出土地点	资料出处
147	山水人物镜	葵	圆	22 cm 1350 g			宪宗元和四年(809)	河南三门峡印染厂唐墓M36	《河南三门峡市印染厂唐墓清理简报》,《华夏考古》2002年第1期
148	双鸾禽鸟荷花镜	葵	圆	18.1 cm 700 g			宪宗元和四年(809)	河南三门峡印染厂唐墓M36	《河南三门峡市印染厂唐墓清理简报》,《华夏考古》2002年第1期
149	金银平脱镜(残破)	不明	不明	不明			宪宗元和五年(810)	河南禹州郭超岸夫妇墓	《河南禹州郭超出土瓷器》,《文物》2014年第5期
150	素面镜	圆	小圆钮	9.2 cm			宪宗元和九年(814)	河南偃师杏园郑绍方墓	《偃师杏园唐墓》,第212页,图版32-3
151	素面抛光镜	圆	不明	19.5 cm			宪宗元和九年(814)	河南偃师杏园郑绍方墓	《偃师杏园唐墓》第212、217页
152	刻划网格纹镜	圆	圆	16.5 cm			穆宗长庆三年(823)	内蒙古巴彦淖尔盟乌拉特前旗王逆修夫妇墓	《唐王逆修墓发掘纪要》,《内蒙古文物考古》第二辑,第506页,图九·1

（续表）

序号	镜类	镜形	镜钮	尺寸 cm 重量 g	铭　文	书体	墓葬纪年	出土地点	资料出处
153	花草纹镜	弧方	圆	16 cm			穆宗长庆三年（823）	内蒙古巴彦淖尔盟乌拉特前旗唐王逆修墓夫妇墓	《唐王逆修墓发掘纪要》,《内蒙古文物考古文集》第二辑,第506页,图六·4
154	真子飞霜镜	菱	圆	18.5 cm	真子飞霜。	楷	穆宗长庆三年（823）	河南荥阳城关镇长庆三年墓	《荥阳市城关镇唐墓M38发掘简报》,《黄河黄土黄种人》2016年第22期
155	葡萄禽鸟纹镜（残片）	不明	不明	残长6.7 cm			穆宗长庆四年（824）	河南伊川县鸦岭齐国太夫人墓	《伊川鸦岭唐齐国太夫人墓》,《文物》1995年第11期
156	素面镜	亚	圆	23.5 cm			穆宗长庆四年（824）	陕西西安西郊热电厂基建工地M61李霸墓	《西安西郊热电厂基建工地隋唐墓清理简报》,《考古与文物》1991年第4期
157	银壳鸾兽花枝镜	菱	錾馀	6 cm			文宗大和三年（829）	河南洛阳东明小区高秀峰夫妇墓	《洛阳市东明小区C5M1542唐墓》,《文物》2004年第7期

（续表）

序号	镜类	镜形	镜钮	尺寸cm 重量g	铭 文	书体	墓葬纪年	出土地点	资料出处
158	银平脱凤鸟牡丹花纹镜	圆	圆	18 cm			文宗大和三年（829）	河南洛阳东明小区高秀峰夫妇墓	《洛阳市东明小区C5M1542唐墓》《文物》2004年第7期
159	素面抛光镜	圆	圆	16 cm			文宗大和三年（829）	河南洛阳东明小区高秀峰夫妇墓	《洛阳市东明小区C5M1542唐墓》《文物》2004年第7期
160	金银平脱蜂花镜	亚	圆	13.8 cm			文宗大和三年（829）	河南偃师杏园韦河夫妇墓	《偃师杏园唐墓》,第216页,图205-2,图版37-2
161	瑞花镜	葵	圆	21.5 cm			文宗大和五年（831）	河北邢台桥西区95QXM47康夫人墓	《河北邢台市唐墓的清理》,《考古》2004年第5期
162	刻划花卉纹镜	弧方	圆	16 cm			文宗大和七年（833）	河南偃师杏园韦友直墓	《偃师杏园唐墓》,第216页,图205-3,图版36-6
163	牡丹云纹镜	圆	圆	25.7 cm			文宗开成二年（837）	上海松江龙潭苑（可能出自沈仁俑墓）	《上海唐宋元墓》,第22～25页,图版六

（续表）

序号	镜类	镜形	镜钮	尺寸cm 重量g	铭　文	书体	墓葬纪年	出土地点	资料出处
164	万字镜	弧方	不明	不明	永寿之镜。	楷	文宗开成三年(838)	河南陕县刘家渠M5	《一九五六年河南陕县刘家渠汉唐墓葬发掘简报》,《考古通讯》1957年第4期
165	髹漆鎏金刻划花卉纹镜	圆	圆	30 cm				文宗开成四年(839)	江苏扬州邗江八里薛元常妻杨氏墓	《扬州近年发现唐墓》,《考古》1990年第9期
166	素面镜	圆	小圆钮	17.5 cm				武宗会昌二年(842)	河南偃师杏园崔防夫妇墓	《偃师杏园唐墓》,第212、217页
167	宝相花镜	圆	圆	13.6 cm				武宗会昌二年(842)	河南偃师杏园崔防夫妇墓	《偃师杏园唐墓》,第212页,图205-1,图版33-1
168	素面抛光镜	亚	圆	13.8 cm				武宗会昌二年(842)	河南偃师杏园崔防夫妇墓	《偃师杏园唐墓》,第216页,图版37-3
169	瑞兽铭带镜	圆	圆	19.5 cm	照心宝镜,圆明难拟。影人四邻,形超七子。菱花不落,回风还起。何处金波,飞来画里。	楷	武宗会昌三年(843)	河南偃师杏园李郁夫妇墓	《偃师杏园唐墓》,第212页,图204-1,彩版10-3;《洛镜铜华》,下册,第225页,图184(注:铭文"画"似为"匝")

（续表）

序号	镜类	镜形	镜钮	尺寸cm 重量g	铭文	书体	墓葬纪年	出土地点	资料出处
170	鎏金双鸾镜	圆	圆	22 cm			武宗会昌三年(843)	河南偃师杏园李郃夫妇墓	《偃师杏园唐墓》,第212页,图204-7,图206,图版32-5
171	素面镜（残破）	方	不明	13 cm			武宗会昌三年(843)	浙江宁波市马岭山 M49	《浙江宁波市马岭山古代墓葬与窑址的发掘》,《考古》2008年第3期
172	双凤镜	圆	圆	8.8 cm			武宗会昌五年(845)	河南偃师水泥厂徐府君季女墓	《河南偃师唐墓发掘报告》,《华夏考古》1995年第1期
173	上清长生宝鉴节气文镜（残破）	圆	残缺	20 cm			武宗会昌五年(845)	河南偃师杏园李廿五女墓	《偃师杏园唐墓》,第214页,图204-4,208,图版33-4
174	瑞兽葡萄镜	圆	蟾蜍	9.4 cm			宣宗大中元年(847)	河南偃师杏园穆悰墓	《偃师杏园唐墓》,第212页,图版31-5
175	鸾鸟瑞兽镜	葵	扁圆钮	14.8 cm			宣宗大中元年(847)	河南偃师杏园穆悰墓	《偃师杏园唐墓》,第215页,图204-3,图版36-1

（续表）

序号	镜类	镜形	镜钮	尺寸cm 重量g	铭　文	书体	墓葬纪年	出土地点	资料出处
176	素面镜	弧方	圆	7.7 cm			宣宗大中三年（849）	山西长治郝家庄郭密墓	《山西长治县唐郝家庄郭密墓》，《考古》1989年第3期
177	素面镜（残破）	亚	残缺	12 cm			宣宗大中四年（850）	浙江宁波祖关山M11徐德容墓	《浙江宁波市祖关山家地的考古调查和发掘》，《考古》2001年第7期
178	对屏镜	葵	圆	22.6 cm			宣宗大中五年（851）	甘肃平凉刘自政夫妇墓	《唐刘自政墓清理记》，《考古与文物》1983年第5期
179	瑞兽葡萄镜	圆	伏兽	13.8 cm			宣宗大中五年（851）	甘肃平凉刘自政夫妇墓	《唐刘自政墓清理记》，《考古与文物》1983年第5期
180	人物花卉镜	四葵瓣形	圆	4.6 cm			宣宗大中六年（852）	河南陕县M1907韩干儿墓	《1957年河南陕县发掘简报》，《考古通讯》1958年第11期；《中国国家博物馆藏唐大中六年韩干儿墓出土器物》，《中国国家博物馆刊》2021年第6期

（续表）

序号	镜类	镜形	镜钮	尺寸cm 重量g	铭文	书体	墓葬纪年	出土地点	资料出处
181	择日镜	弧方	圆	13.8 cm			宣宗大中九年（855）	山西忻州高徹夫妇墓	《唐秀容县令高徹墓发掘简报》《文物季刊》1998年第4期
182	素面镜（锈蚀）	圆	桥	21 cm			宣宗大中十年（856）	福建厦门湖里区M2陈元通墓	《唐陈元通夫妇墓》，第38～39页
183	刻划花卉纹镜（残）	弧方	不明	残少半面			宣宗大中十二年（858）	河南偃师杏园李归厚夫妇墓	《偃师杏园唐墓》，第217,218页
184	素面镜	圆	小钮低矮	19 cm			宣宗大中十二年（858）	河南偃师杏园李归厚夫妇墓	《偃师杏园唐墓》，第212,217页
185	素面镜	亚	小圆钮	11.3 cm			宣宗大中十二年（858）	陕西西安郊区M420路复源墓	《西安郊区隋唐墓》，76,86页
186	素面镜（锈蚀）	亚	桥形	10.2 cm			懿宗咸通三年（862）	福建厦门湖里区M1陈元通夫人汪氏墓	《唐陈元通夫妇墓》，第37～38页

序号	镜类	镜形	镜钮	尺寸 cm 重量 g	铭文	书体	墓葬纪年	出土地点	资料出处
187	素面镜	亚	小圆钮	11.4 cm 100.6 g			懿宗咸通七年(866)	陕西西安曲江缪家寨杨墓	《西安曲江缪家寨唐代杨家寨墓发掘简报》《文物》2016年第7期
188	波浪纹镜	方	扁圆钮	12.3 cm			懿宗咸通九年(868)	河北沧县前营村唐刘元政夫妇墓	《河北沧县前营村唐墓》,《考古》1991年第5期
189	素面镜	亚	不明	14.5 cm			懿宗咸通九年(868)	河北沧县前营村唐刘元政夫妇墓	《河北沧县前营村唐墓》,《考古》1991年第5期
190	瑞兽镜	圆	小圆钮	7.2 cm			懿宗咸通十年(869)	河南偃师杏园墓李枕墓	《偃师杏园唐墓》,第215页,图209,图版33-6
191	鸳鸯双凤镜	菱	伏兽	20 cm			懿宗咸通十一年(870)	河北临城赵天水夫妇墓	《河北临城七座唐墓》,《文物》1990年第5期;《历代铜镜纹饰》图122
192	盘龙镜	圆	圆	17.7 cm 1150 g			僖宗乾符三年(876)	陕西西安长安区赵氏墓	《西安市长安区唐乾符三年天水赵氏墓发掘简报》,《四川文物》2011年第6期

（续表）

序号	镜类	镜形	镜钮	尺寸cm 重量g	铭　文	书体	墓葬纪年	出土地点	资料出处
193	盘龙镜	圆	扁圆钮残	8.9 cm			僖宗乾符三年(876)	陕西西安东郊纺织城曹延美墓	《西安唐代曹氏墓及出土的狮形香薰》，《文物》2002年第12期
194	对鹦鹉花草镜	方	圆	17.5 cm			昭宗大顺元年(890)	江西南昌北郊熊氏十七娘墓	《江西南昌唐墓》，《考古》1977年第6期
195	瑞兽镜	圆	圆	20 cm	炼形神冶，莹质良工。如珠出匣，似月停空。当眉写翠，对脸传红。绮窗绣幌，俱含影中。	楷	卒于昭宗天复元年(901)	浙江临安县水邱氏墓	《晚唐钱宽夫妇墓》，第83页
196	双鸾衔绶镜	葵	桥	不明			昭宗天复元年(901)	河南南乐县苏绪夫妇墓	《河南乐唐代苏绪夫妇墓清理简报》，《中原文物》2019年第4期

附表二　隋唐墓出土的仿古镜

序号	镜类	镜形	直径cm	铭文（书体）	出土地点	墓葬年代	资料出处
1	柿蒂纹镜	圆		光正随人，长命宜新	河南陕县刘家渠刘伟墓	隋开皇三年（583）	《一九五六年河南陕县刘家渠汉唐墓葬发掘简报》，《考古通讯》1957年第4期
2	四神镜	方	13.2（边长）	永和元年三月壬午敕勒尚/方擅造时监口传质（?）后/师匠十有一人即以/其年五月五日铸之（楷书）	陕西咸阳渭城区元威夫妇墓	隋仁寿元年（601）	《隋元威夫妇墓发掘简报》，《考古与文物》2012年第1期
3	四乳叶纹镜	圆	5.1		陕西咸阳尉迟运夫妇墓	隋仁寿元年（601）	《中国北周珍贵文物——北周墓葬发掘报告》，第100页
4	柿蒂纹镜	圆	7.3		西安郊区隋唐墓M417	隋至初唐	《西安郊区隋唐墓》，第74页，图版肆叁·1
5	简化博局镜	圆	11.7		湖北襄阳黄家村墓地M273	隋至初唐	《襄阳黄家村》，第487～488页

（续表）

序号	镜类	镜形	直径cm	铭文（书体）	出土地点	墓葬年代	资料出处
6	三段式神兽镜	圆	15.7	惟汉始兴，世口久长，东父西母，九子显章，幽湅铜锡耳金精，保守福禄，口父官见，男尊女贵，外内贒黄（隶书）	陕西西安长安区郭杜产业园郑乾意夫妇墓	唐贞观十四年（640）	关林：《西安发现唐郑乾意夫人柳氏墓及年第7期；《郑乾意夫妇墓发掘简报》，《文博》2014年第4期
7	龙虎镜（2面）	圆	9.15	青盖	西安南郊王伶夫妇墓	唐贞观十七年（643）	《西安南郊唐贞观十七年王伶夫妇合葬墓发掘简报》，《文博》2012年第3期
8	柿蒂纹小镜（5枚）	圆			宁夏固原南郊史索岩夫妇墓	唐麟德元年（664）	《固原南郊隋唐墓地》，第35～37页
9	柿蒂纹小镜（4枚）	圆			宁夏固原南郊史诃耽夫妇墓	唐咸亨元年（670）	《固原南郊隋唐墓地》，第58～60页
10	柿蒂纹小镜	圆			宁夏固原南郊史铁棒墓	唐咸亨元年（670）	《固原南郊隋唐墓地》，第81页
11	博局镜	菱	10		河南巩义王沟新村唐墓M5	675～680年间	《河南巩义王沟新村唐墓M5发掘简报》，《文物春秋》2016年第3期

（续表）

序号	镜类	镜形	直径 cm	铭文（书体）	出土地点	墓葬年代	资料出处
12	四乳花卉纹小镜（2面）	圆	7.26		河北元氏县南白楼墓地M2李班夫妇墓	武则天久视元年（700）	《河北元氏县南白楼墓葬发掘简报》,《考古》2018年第8期
13	四乳花卉纹小镜	圆	7.26		河北元氏县南白楼墓地M3李无畏夫妇墓	武则天久视元年（700）	《河北元氏县南白楼墓葬发掘简报》,《考古》2018年第8期
14	四乳花卉纹小镜（2面）	圆	7.26		河北元氏县南白楼墓地M32李仙童夫妇墓	武则天久视元年（700）	《河北元氏县南白楼墓葬发掘简报》,《考古》2018年第8期
15	内弧八角形八花镜	八角	3.6		洛阳市涧西区中信重机公司唐墓EM722	盛唐	《洛镜铜华》,下册,第267页,图237
16	连珠纹镜	圆	7.72		西安东南三环5标段M47	高宗至玄宗时期	《西安新出土唐代铜镜》,《文物》2011年第9期
17	博局镜	葵	10.73		西安紫薇田园都市K区M47	高宗至玄宗时期	《西安新出土唐代铜镜》,《文物》2011年第9期
18	七乳鸟兽镜	圆	14.6		陕西凤翔南郊唐墓M221	玄宗至代宗时期	《陕西凤翔隋唐墓——1983～1990年田野考古发掘报告》,第226、246页,图一五二·4,图版九三·4

（续表）

序号	镜类	镜形	直径 cm	铭文（书体）	出土地点	墓葬年代	资料出处
19	乌兽博局镜	圆	13.7	尚方作镜真大好，上有仙人不知老，渴饮玉泉饥食枣，邀游天下为国保	陕西铜川新区高家村唐墓M1	玄宗至代宗时期	《陕西铜川新区西南变电站唐墓发掘简报》《考古与文物》2019年第1期
20	博局镜	圆	17.1		郑州市区地质医院唐墓	中唐（760～800年间）	《郑州市区两座唐墓发掘简报》《华夏考古》2000年第4期
21	人物画像镜	圆	11.96		西安东南三环3标段M69	中唐时期	《西安新出土唐代铜镜》，《文物》2011年第9期
22	四夔龙镜	菱	10.2		河南偃师杏园唐墓M2503	中唐时期	《偃师杏园唐墓》，第141页，图130-3、134-1，图版36-5
23	四神博局镜	圆	12.8		江苏仪征胥浦唐墓M9	中唐时期	《江苏仪征胥浦发现唐墓》，《考古》1991年第2期
24	博局镜	圆	13		河南巩义北窑湾唐墓M14	中唐时期	《巩义市北窑湾汉晋唐五代墓葬》，《考古学报》1996年第3期
25	博局镜	圆	10.6		洛阳红山工业园区唐墓HM598	中唐时期	《洛阳红山工业园区唐墓发掘简报》，《文物》2011年第1期

（续表）

序号	镜类	镜形	直径 cm	铭文（书体）	出土地点	墓葬年代	资料出处
26	日光镜	圆	10.2	见日之光，天下大明（篆书）	河南三门峡庙地沟唐墓 M151	中唐时期	《三门峡庙底沟唐末墓葬》，第76页，图八五·2，彩版一八·3，4
27	七乳鸟兽镜	圆	14.75		河南三门峡庙地沟唐墓 M171	中唐时期	《三门峡庙底沟唐末墓葬》，第92～93页，图一〇四·3，彩版二四·1，2
28	龙虎镜	亚	12.6（边长）	青器作竟大母伤，巧工刻之成文章。左龙右雨辟不羊，图口喤阴子孙用其口中央今（隶书）	湖北黄石新下陆1号唐墓	中唐以后	《黄石市新下陆一号唐墓》，《江汉考古》1984年第1期
29	七乳兽兽镜	圆	14.6		河南三门峡庙地沟唐墓 M201	中唐末晚唐初	《三门峡庙底沟唐末墓葬》，第135页，图一四三·1，图版二八·1，2
30	连珠纹镜	圆	4.3		西安郊区唐墓 M605	中晚唐	《西安郊区隋唐墓》，第74页，图版肆叁·3
31	四夔龙镜	葵	9.8		西安东郊黄河机械厂唐墓	中晚唐	《西安东郊黄河机械厂唐墓清理简报》，《考古与文物》1992年第1期

序号	镜类	镜形	直径 cm	铭文（书体）	出土地点	墓葬年代	资料出处
32	四乳鸟纹镜	圆	9.7		宁夏吴忠西郊唐墓 M106	中晚唐	《吴忠西郊唐墓》，第 255 页，图一三八 B · 9，彩版一八 · 3，图版八三 · 4
33	连弧纹铭文镜	圆	15.5	炼冶同华清而明，以之为镜官文章，长年益寿去不祥，与天无极。	内蒙古乌审旗郭梁 M5 麻府君墓	宪宗元和癸巳年（813）	《乌审旗郭梁隋唐墓葬发掘报告》，《内蒙古文物考古文集》第二辑，第 494 页，图一四 · 1
34	博局镜	圆	13.52	隐约可辨 "上有仙人" 等字	西安市紫薇田园都市 K 区 M23	宪宗元和十二年（817）	《西安新出土唐代铜镜》，《文物》2011 年第 9 期
35	博局镜	圆	13.15		西安市世家星城 M137	中晚唐之际或晚唐	《西安新出土唐代铜镜》，《文物》2011 年第 9 期
36	三虎镜	圆	8.94		西安市世家星城 M74	中晚唐之际或晚唐	《西安新出土唐代铜镜》，《文物》2011 年第 9 期
37	七乳四神端兽镜	圆	17		河南三门峡水工厂唐墓 M5	晚唐	《三门峡市水工厂唐墓的发掘》，《华夏考古》1993 年第 4 期
38	七乳云龙纹镜	葵	12.4		洛阳北郊唐墓 C8M949	晚唐	《洛阳北郊清理的一座晚唐墓》，《考古与文物》1998 年第 6 期

（续表）

序号	镜类	镜形	直径cm	铭文（书体）	出土地点	墓葬年代	资料出处
39	柿蒂纹镜	圆	3.7		西安郊区隋唐墓M607	隋唐	《西安郊区隋唐墓》，第74页，图版肆叁·2
40	博局镜	圆	16.9		西安郊区隋唐墓M561	隋唐	《西安郊区隋唐墓》，第74页，图版肆柒·1
41	七乳鸟兽镜	圆	14.6		西安郊区隋唐墓M415	隋唐	《西安郊区隋唐墓》，第75页，图版肆柒·2
42	禽兽博局镜	圆	12.5		西安市东郊001工地秦川机械厂唐墓M265	唐	《二十世纪五十年代陕西考古发掘资料整理研究》，上册，第210页
43	四神简化博局镜	圆	13.8	常贵富，乐未央，长相思，毋相忘（篆书）	西安市东郊韩森寨唐墓（004工地14#M10）	唐	《陕西省出土铜镜》，第175页，图165；《二十世纪五十年代陕西考古发掘资料整理研究》，上册，第296页
44	龙虎镜	圆	8.4		西安市东郊郭家滩国棉四厂工地唐墓M5	唐	《二十世纪五十年代陕西考古发掘资料整理研究》，上册，第584页
45	龙虎镜	圆	8.8	青盖	西安市西郊三桥至户县一部专用线工地唐墓M268	唐	《二十世纪五十年代陕西考古发掘资料整理研究》，下册，第150页

（续表）

序号	镜类	镜形	直径 cm	铭文（书体）	出土 地点	墓葬 年代	资料出处
46	灵鼍镜	圆	11.7		西安东郊王家坟163号唐墓	唐	《陕西省出土铜镜》，第107页，图97
47	七乳鸟兽镜	圆	14		西安市东郊郭家滩国棉四厂工地唐墓M39	唐	《二十世纪五十年代陕西考古发掘资料整理研究》，上册，第590页
48	七乳禽兽镜	圆	18.9		陕西宝鸡市南康工地唐墓M6	唐	《二十世纪五十年代陕西考古发掘资料整理研究》，下册，第172页
49	五乳鸟纹镜	圆	9		四川阆中文管所藏	唐	《阆中馆藏铜镜选赏》，《四川文物》1992年第6期，图六
50	连弧纹铭文镜	圆	17	家常贵富（隶书）	乌兰察布盟博物馆藏	唐	《乌兰察布盟博物馆藏铜镜》，《内蒙古文物考古》2003年第1期，图一·1
51	连弧散叶纹镜	圆	9.7		中国国家博物馆藏	唐	《馆藏铜镜选辑（五）》，《中国历史博物馆刊》1994年第1期，图83
52	连弧星云镜	圆	16		山西介休市博物馆藏	唐	《赏心悦目青铜镜——介休市博物馆藏青铜镜赏鉴》，《文物世界》2011年第3期，图五

（续表）

序号	镜类	镜形	直径 cm	铭文（书体）	出土地点	墓葬年代	资料出处
53	蟠螭纹镜	圆	17.1		洛阳北窑墓 M3	唐	《洛阳出土铜镜》，图 93，图版说明第 13 页
54	蟠螭纹镜	圆	17		陕西省博物馆在长武县废品收购站征集	唐	《陕西省博物馆收藏一面唐代蟠螭纹铜镜》《考古与文物》1983 年第 3 期
55	方格四叶纹镜	圆	20.8		西安市东郊高楼村 958 厂（西 958 工地）唐墓 M625	唐	《二十世纪五十年代陕西考古发掘资料整理研究》，上册，第 682 页；《陕西省出土铜镜》第 169 页，图 159
56	方格四叶纹镜	圆	21.2		中国国家博物馆藏	唐	《馆藏铜镜选辑（五）》《中国历史博物馆刊》1994 年第 1 期，图 84
57	方格四叶纹镜	圆	21.8		上海博物馆藏	唐	《练形神冶莹质良工——上海博物馆藏铜镜精品》，第 276 页，图 100
58	柿蒂纹镜	圆	12.2	光正随人，长命宜新	西安西郊三桥南	唐	《陕西省出土铜镜》，第 105 页，图 95
59	四夔龙镜	葵	9.6		西安东郊韩森寨东南 59 号唐墓	唐	《陕西省出土铜镜》，第 174 页，图 164

（续表）

序号	镜类	镜形	直径 cm	铭文（书体）	出土地点	墓葬年代	资料出处
60	四夔龙镜	葵	10.45		辽宁省博物馆藏	唐	《净月澄华——辽宁省博物馆藏古代铜镜》,第220～221页
61	四夔龙镜	葵	9.9		西安市文物商店移交	唐	《西安文物精华·铜镜》,第134页,图121
62	博局镜	葵	10.9		宁夏固原市南塬唐墓2003G NM9	唐	《宁夏固原市南塬唐墓发掘简报》,《考古与文物》2007年第5期;《固原南塬汉唐墓地》,第44页,图一三B,彩版一五·3
63	龙虎镜	亚	12.9（边长）	青盖作镜大母伤,巧工刻之成文章。左龙右虎辟不羊,朱雀玄武顺阴阳,备具居中央今（隶书）	中国国家博物馆藏	唐	《馆藏铜镜选辑（五）》,《中国历史博物馆馆刊》1994年第1期,图106
64	连弧纹花叶纹镜	方	14.9（边长）	长相思,毋相忘,常贵富,乐未央（篆书）	西安市雁塔区瓦胡同出土	唐	《西安文物精华·铜镜》,第134页,图120
65	四兽四方枚镜	方	10.1（边长）		洛阳北瑶	唐	《洛阳出土铜镜》图80,图版说明第12页

（续表）

序号	镜类	镜形	直径 cm	铭文（书体）	出土地点	墓葬年代	资料出处
66	四兽四方枚镜	八角	13.6	汉家长安，黄帝口口，富贵昌番（蕃），服者公卿	合肥建华窑厂宋墓	唐	《合肥出土、征集的部分古代铜镜》《文物》1998年第10期
67	银背画像镜	圆	22	永元五年四夷服，多贺国家人民息。胡房珍灭天下复，风雨时节五谷孰，长保二亲得天力。吴、胡伤里（楷书）	洛阳孟津	唐	《洛阳发现银壳画像铜镜》，《文物》1987年第12期
68	金背四神规矩纹铁镜	圆	20.5		上海市文物保管委员会藏	唐	《上海市文物保管委员会所藏的几面古镜介绍》，《文物参考资料》1957年第8期

附表三 隋唐墓出土的古镜

序号	镜类	镜形	直径 cm	铭 文	铜镜年代	出土地点	墓葬年代	资料出处
1	半圆方枚神兽镜	圆	13.5	服者公卿、口孙口息	东汉	河北景县野林庄和北屯公社高潭墓	隋开皇二年(582)	《河北景县北魏高氏墓发掘简报》,《文物》1979年第3期
2	四龙纹镜	圆	11.4		东汉	安徽合肥西郊张静墓	隋开皇三年(583)	《合肥隋开皇三年张静墓》,《文物》1988年第1期
3	神兽镜	圆	11.4		魏晋	安徽合肥西郊张静墓	隋开皇三年(583)	《合肥隋开皇三年张静墓》,《文物》1988年第1期
4	铭文镜	圆		茅氏作五月[子][午]镜,辟不羊(祥),子孙千人乐未央;当大富,宜侯王,口口口口	晋	山东嘉祥英山徐敏行夫妇墓	隋开皇四年(584)	《山东嘉祥英山一号隋墓清理简报——隋代壁画墓的首次发现》,《文物》1981年第4期
5	变形四叶锯齿纹镜	圆	5.9		东汉	河北平山县西岳村崔大口迁葬墓	隋开皇十五年(595)	《河北平山县西岳村隋唐崔氏墓》,《考古》2001年第2期

（续表）

序号	镜类	镜形	直径 cm	铭文	铜镜年代	出土地点	墓葬年代	资料出处
6	四乳神兽镜	圆	8.8		西汉	河北平山县西岳村崔大口迁葬墓	隋开皇十五年（595）	《河北平山县西岳村隋唐崔氏墓》,《考古》2001年第2期
7	独兽纹镜	圆	5		东汉	长沙南郊隋墓 M2	隋	《长沙两晋南朝隋墓发掘报告》,《考古学报》1959年第3期
8	独兽纹镜	圆	4.3	见日之光,天下大明	东汉	长沙黄土岭35号隋墓	隋	《中华历代铜镜鉴定》,第130页
9	日光镜	圆	7		西汉至新莽	湖南长沙近郊隋墓 CM270	隋	《湖南长沙近郊隋唐墓清理》,《考古》1966年第4期
10	鸟兽博局镜	圆	11		西汉至东汉	江苏武进县湖塘乡隋墓 WGM1	隋	《江苏武进县湖塘乡发现隋唐墓》,《考古》1990年第6期
11	鸟兽博局镜	圆	15.4	上大山,见神人,食玉英,饮□金,驾非龙,无浮云	西汉至东汉	湖北谷城县肖家营墓地隋墓 M70	隋	《湖北谷城县肖家营墓地》,《考古》2006年第11期

（续表）

序号	镜类	镜形	直径 cm	铭　文	铜镜年代	出土地点	墓葬年代	资料出处
12	神人车马龙虎画像镜	圆	19.2	蔡氏作竟佳且好，明而月，世少有，刻治今守（禽兽），悉皆左，令人富贵宜孙子，寿而金石不知老今，乐无极	东汉后期	洛阳老城区北邙山唐墓M30	隋至唐初	《洛阳发现的波斯朝银币》，《文物》1960年第8,9期合刊;《洛阳出土铜镜》，图57，图版说明第9页;《洛阳30号墓出土的三角缘画像镜》，《华夏考古》1994年第3期
13	龙虎镜	圆	11.1		东汉	宁夏吴忠北郊明珠公园甲区M56	隋至唐初	《吴忠北郊北魏唐墓》，第46页，图二五B·4，彩版四·8
14	三兽纹镜	圆	9		南朝末年	广东英德洸洸镇13号隋至唐初唐墓	隋至唐初	《广东英德洸洸镇南朝隋唐墓发掘》，《考古》1963年第9期
15	神兽镜	圆	12.5		东汉	广西钦州隋唐墓M4	隋至唐初	《广西壮族自治区钦州隋唐墓》，《考古》1984年第3期

（续表）

序号	镜类	镜形	直径 cm	铭　文	铜镜年代	出土地点	墓葬年代	资料出处
16	神兽镜	圆	14.5		东汉	广西钦州隋唐墓 M6	隋至唐初	《广西壮族自治区钦州隋唐墓》，《考古》1984年第3期
17	四乳八鸟镜	圆	8.3		西汉晚至新莽时期	河南周口川汇区革福河唐末墓发掘简报 2018 ZC XM4	隋末至唐初	《周口市川汇区革福河唐末墓发掘简报》，《江汉考古》2020年第4期
18	连弧纹镜	圆	12.8	长宜子孙、口口三公	东汉晚期	辽宁朝阳"凌河古墓群"蔡泽墓（91CGJM2）	唐武德二年（619）	《辽宁朝阳北朝及唐代墓葬》，《文物》1998年第3期
19	神人龙虎画像镜	圆	16.6		东汉至三国	辽宁朝阳"凌河古墓群"蔡泽墓（91CGJM2）	唐武德二年（619）	《辽宁朝阳北朝及唐代墓葬》，《文物》1998年第3期
20	重列神兽镜	圆			东汉	陕西三原县李寿墓	贞观五年（631）	《唐李寿墓发掘简报》，《文物》1974年第9期
21	神人神兽镜	圆	14		东汉至三国	浙江诸暨东蔡官山脚M17	贞观十四年（640）前后	《诸暨东蔡官山脚唐墓发掘简报》，《东方博物》第28辑

（续表）

序号	镜类	镜形	直径cm	铭文	铜镜年代	出土地点	墓葬年代	资料出处
22	神人神兽镜	圆	不明		东汉至三国	浙江诸暨东蔡官山脚M17	贞观十四年（640）前后	《诸暨东蔡官山脚唐墓发掘简报》，《东方博物》第28辑
23	神人神兽镜	圆	不明		东汉至三国	浙江诸暨东蔡官山脚M19	贞观十四年（640）前后	《诸暨东蔡官山脚唐墓发掘简报》，《东方博物》第28辑
24	龙虎镜	圆	14.4	龙氏作竟四夷服多贺家人民息胡羌除殄天下复风雨时节五谷位至尊显象禄食长保二亲乐世已	东汉至三国	巩义芝田唐墓88HGZM13	初唐偏晚（664～675）	《巩义芝田晋唐墓葬》，第178页，图一七〇，彩版一八·1
25	博局镜	圆	10		新莽至东汉早期	西安东郊高楼村14号中唐墓	中唐	《西安高楼村唐代墓葬清理简报》《文物参考资料》1955年第7期《二十世纪五十年代陕西考古发掘资料整理研究》，上册，第674页

（续表）

序号	镜类	镜形	直径cm	铭　文	铜镜年代	出土地点	墓葬年代	资料出处
26	四叶连弧纹镜	圆	11		东汉	河南偃师薛丹夫妇墓	唐长庆三年（823）	《河南偃师三座唐墓发掘简报》，《中原文物》2009年第5期
27	昭明镜	圆	9.1	内而青而质而以而昭而明而光而日而月	西汉或新莽	江苏仪征南洋尚城晚唐墓M5	晚唐	《仪征南洋尚城唐墓发掘简报》，《东南文化》2008年第5期
28	四乳禽兽镜	圆			汉	印度尼西亚爪哇岛"黑石号"沉船	晚唐	《"黑石号"沉船出水器物杂考》，《故宫博物院院刊》2017年第3期
29	瑞兽博局镜	圆	13.3		汉	广州黄花岗古墓群M13	晚唐	《广州黄花岗汉唐墓葬发掘报告》，《考古学报》2004年第4期
30	昭明镜	圆	8.9	内而清而以昭而明光而象夫日月心愁而不泄	西汉或新莽	西安西郊热电厂基建工地隋唐墓M88	隋唐	《西安西郊热电厂基建工地隋唐墓葬清理简报》，《考古与文物》1991年第4期

（续表）

序号	镜类	镜形	直径 cm	铭文	铜镜年代	出土地点	墓葬年代	资料出处
31	昭明镜	圆	10.2	内而清而以昭明光而象夫而日月之光□	西汉或新莽	西安市东郊郭家滩国棉四厂工地唐墓M29	唐	《二十世纪五十年代陕西考古发掘资料整理研究》，上册，第586页
32	四神鸟兽博局镜	圆	20.3	杜氏作竟四夷服，多贺新家人民息，胡虏殄灭天下复，风雨时节五谷熟，长保子孙受大福，传告后世子孙力，官位高	新莽	西安市西郊贺家村新西北印染厂唐墓M1	唐	《二十世纪五十年代陕西考古发掘资料整理研究》下册，第146页
33	灵龟镜	圆	14.3	陈氏作镜四夷服，多国家口息，胡虏殄灭天下复，时节五谷熟，长保二亲得天力	东汉至三国	西安东郊十里铺（1）9#第68号唐墓	唐	《陕西省出土铜镜》，第106页，图96
34	变形四叶连弧纹	圆	12.2	位至口（高）官	东汉晚期	湖北安陆黄金山墓地bM6	唐	《安陆黄金山发掘报告》，《江汉考古》2004年第4期

主要参考文献

（古代文献以时代，其他文献以拼音）

一、古代文献

（汉）班固：《汉书》，北京：中华书局点校本，1964年。

（汉）刘安撰，刘文典集解：《淮南鸿烈集解》，北京：中华书局，1989年。

（汉）刘安撰，何宁集释：《淮南子集释》，北京：中华书局，1998年。

（汉）刘向辑：《楚辞》，上海：上海古籍出版社，2015年。

（汉）刘歆撰，（晋）葛洪集：《西京杂记》，《汉魏六朝笔记小说大观》，上海：上海古籍出版社，1999年。

（汉）司马迁：《史记》，北京：中华书局点校修订本，2013年。

（汉）王充撰，黄晖校释：《论衡校释》，北京：中华书局，1990年。

（汉）王逸：《楚辞章句》，《景印文渊阁四库全书》，第1062册，上海：上海古籍出版社，1987年。

（汉）许慎：《说文解字》，北京：中华书局，1996年。

（汉）郑玄注，（唐）孔颖达疏：《礼记注疏》，《景印文渊阁四库全书》，第115册，上海：上海古籍出版社，1987年。

（晋）陈寿：《三国志》，北京：中华书局点校本，1964年。

（晋）崔豹：《古今注》，丛书集成初编，第0274册，北京：中华书局，1985年。

（晋）葛洪撰，王明校释：《抱朴子内篇校释》（增订本），北京：中华书局，1996年。

（晋）陆翙：《邺中记》，《景印文渊阁四库全书》，第463册，上海：上海古籍出版社，1987年。

（晋）陶潜：《搜神后记》，《汉魏六朝笔记小说大观》，上海：上海古籍出版社，1999年。

（前秦）王嘉：《拾遗记》，《汉魏六朝笔记小说大观》，上海：上海古籍出版社，1999年。

（北魏）郦道元著,陈桥驿校证:《水经注校证》,北京:中华书局,2007年。

（南朝宋）范晔:《后汉书》,北京:中华书局点校本,1973年。

（梁）沈约:《宋书》,北京:中华书局点校本,1974年。

（梁）陶弘景:《古今刀剑录》,《景印文渊阁四库全书》,第840册,上海:上海
　　古籍出版社,1987年。

（梁）萧统编,（唐）李善注:《文选》,北京:中华书局,1977年。

（北齐）魏收:《魏书》,北京:中华书局点校本,1974年。

（唐）杜佑:《通典》,北京:中华书局点校本,1996年。

（唐）段成式:《酉阳杂俎》,上海:上海古籍出版社,2012年。

（唐）房玄龄等:《晋书》,北京:中华书局点校本,1974年。

（唐）封演撰,赵贞信校注:《封氏闻见记校注》,北京:中华书局,2005年。

（唐）李林甫:《唐六典》,北京:中华书局,2005年。

（唐）李延寿:《南史》,北京:中华书局点校本,1975年。

（唐）李冗:《独异志》,《唐五代笔记小说大观》上,上海:上海古籍出版社,
　　2000年。

（唐）令狐德棻等:《周书》,北京:中华书局点校本,1974年。

（唐）刘肃:《大唐新语》,北京:中华书局,1997年。

（唐）柳公权:《龙城录》,上海古籍出版社编《唐五代笔记小说大观》上,上
　　海:上海古籍出版社,2000年。

（唐）阙名:《迷楼记》,（明）陶宗仪《说郛》,《景印文渊阁四库全书》,第882
　　册,上海:上海古籍出版社,1987年。

（唐）阙名:《玉泉子》,《唐五代笔记小说大观》下,上海:上海古籍出版社,
　　2000年。

（唐）苏鹗撰,吴企明点校:《苏氏演义》,《苏氏演义(外三种)》,北京:中华
　　书局,2012年。

（唐）魏徵、令狐德棻:《隋书》,北京:中华书局点校本,1973年。

（唐）吴兢:《贞观政要》,上海:上海古籍出版社,1978年。

（唐）徐坚等:《初学记》,北京:中华书局,2004年。

（唐）姚汝能:《安禄山事迹》,上海:上海古籍出版社,1983年。

（唐）姚思廉:《梁书》,北京:中华书局点校本,1973年。

（唐）张读:《宣室志》,《唐五代笔记小说大观》下,上海:上海古籍出版社,
　　2000年。

（唐）张鷟等:《隋唐嘉话　朝野佥载》,北京:中华书局,1997年。

（唐）张彦远:《历代名画记》,新世纪万有文库,沈阳:辽宁教育出版社,

2001年。

[日]圆仁：《入唐求法巡礼行记》，上海：上海古籍出版社，1986年。

[日]真人元开著，汪向荣校注：《唐大和上东征传》，北京：中华书局，2000年。

（后晋）刘昫等：《旧唐书》，北京：中华书局点校本，1975年。

（五代）杜光庭：《录异记》，《唐五代笔记小说大观》下，上海：上海古籍出版社，2000年。

（五代）王仁裕：《开元天宝遗事》，《开元天宝遗事　安禄山事迹》，北京：中华书局，2006年。

（宋）董逌：《广川画跋》，《景印文渊阁四库全书》，第813册，上海：上海古籍出版社，1987年。

（宋）方勺：《泊宅编》，北京：中华书局，1997年。

（宋）高承：《事物纪原》，北京：中华书局，1989年。

（宋）洪遵：《翰苑群书》，《景印文渊阁四库全书》，第595册，上海：上海古籍出版社，1987年。

（宋）胡铨：《澹庵文集》，《景印文渊阁四库全书》，第1137册，上海：上海古籍出版社，1987年。

（宋）李昉等：《太平广记》，北京：中华书局，1961年。

（宋）李昉等：《太平御览》，北京：中华书局，1995年。

（宋）李昉等：《文苑英华》，北京：中华书局，1966年。

（宋）李心传：《建炎以来系年要录》，《景印文渊阁四库全书》，第325册，上海：上海古籍出版社，1987年。

（宋）罗愿：《尔雅翼》，《景印文渊阁四库全书》，第222册，上海：上海古籍出版社，1987年。

（宋）吕大临：《考古图》，《景印文渊阁四库全书》，第840册，上海：上海古籍出版社，1987年。

（宋）毛晃：《增修互注礼部韵略》，《景印文渊阁四库全书》，第237册，上海：上海古籍出版社，1987年。

（宋）欧阳修：《集古录》，《景印文渊阁四库全书》，第681册，上海：上海古籍出版社，1987年。

（宋）欧阳修、宋祁：《新唐书》，北京：中华书局点校本，1975年。

（宋）沈括：《长兴集》，《景印文渊阁四库全书》，第1117册，上海：上海古籍出版社，1987年。

（宋）沈括著，胡道静校正：《梦溪笔谈校正》，上海：上海古籍出版社，

1987年。

（宋）司马光：《类篇》，《景印文渊阁四库全书》，第225册，上海：上海古籍出版社，1987年。

（宋）司马光：《资治通鉴》，北京：中华书局，1976年。

（宋）苏轼：《仇池笔记》，《景印文渊阁四库全书》，第863册，上海：上海古籍出版社，1987年。

（宋）苏籀：《栾城遗言》，《景印文渊阁四库全书》，第864册，上海：上海古籍出版社，1987年。

（宋）王黼：《重修宣和博古图》，《景印文渊阁四库全书》，第840册，上海：上海古籍出版社，1987年。

（宋）王溥：《唐会要》，上海：上海古籍出版社，2006年。

（宋）王钦若等：《册府元龟》，北京：中华书局，1960年。

（宋）王俅：《啸堂集古录》，《景印文渊阁四库全书》，第840册，上海：上海古籍出版社，1987年。

（宋）王应麟：《玉海》，《景印文渊阁四库全书》，第947册，上海：上海古籍出版社，1987年。

（宋）徐兢：《宣和奉使高丽图经》，《景印文渊阁四库全书》，第593册，上海：上海古籍出版社，1987年。

（宋）徐梦莘：《三朝北盟会编》，《景印文渊阁四库全书》，第350册，上海：上海古籍出版社，1987年。

（宋）徐铉：《徐骑省集》，王云五主编万有文库第二集，上海：商务印书馆，1938年。

（宋）叶绍翁：《四朝闻见录》，北京：中华书局，1997年。

（宋）乐史撰，王文楚等点校：《太平寰宇记》，北京：中华书局，2007年。

（宋）赵汝适著，杨博文校释：《诸蕃志校释》，北京：中华书局，1996年。

（宋）张君房：《云笈七签》，济南：齐鲁书社，2016年。

（宋）张世南：《游宦纪闻》，北京：中华书局，1997年。

（宋）周辉撰，刘永翔校注：《清波杂志校注》，北京：中华书局，1997年。

（宋）周密：《癸辛杂识》，北京：中华书局，1997年。

（宋）周密：《武林旧事》，杭州：浙江古籍出版社，2011年。

（宋）周去非著，杨武泉校注：《岭外代答校注》，北京：中华书局，1999年。

（宋）朱熹：《楚辞集注》，《景印文渊阁四库全书》，第1062册，上海：上海古籍出版社，1987年。

（元）汤垕：《画鉴》，《景印文渊阁四库全书》，第814册，上海：上海古籍出版社,1987年。

(元)脱脱等:《金史》,北京:中华书局点校本,1975年。

(元)脱脱等:《宋史》,北京:中华书局点校本,1977年。

(元)夏文彦:《图绘宝鉴》,《景印文渊阁四库全书》,第814册,上海:上海古
籍出版社,1987年。

(元)伊世珍:《瑯嬛记》,《笔记小说大观》,台北:新兴书局有限公司,
1975年。

(明)曹学佺:《蜀中广记》,《景印文渊阁四库全书》,第592册,上海:上海古
籍出版社,1987年。

(明)陈继儒:《妮古录》,《笔记小说大观》,台北:新兴书局有限公司,
1983年。

(明)高濂著,王大淳点校:《遵生八笺》,杭州:浙江古籍出版社,2019年。

(明)毛晋:《二家宫词》,《景印文渊阁四库全书》,第1416册,上海:上海古
籍出版社,1987年。

(明)唐志契:《绘事微言》,《景印文渊阁四库全书》,第816册,上海:上海古
籍出版社,1987年。

(明)汪砢玉:《珊瑚网》,《景印文渊阁四库全书》,第818册,上海:上海古籍
出版社,1987年。

(明)文震亨:《长物志》,《景印文渊阁四库全书》,第872册,上海:上海古籍
出版社,1987年。

(明)张丑:《清河书画舫》,《景印文渊阁四库全书》,第817册,上海:上海古
籍出版社,1987年。

(清)陈介祺:《簠斋藏镜》,蟫隐庐影印。

(清)陈立撰,吴则虞点校:《白虎通疏证》,北京:中华书局,1994年。

(清)陈乃乾:《百一庐金石丛书》,嘉庆二年(1797)自刻本。

(清)董诰等:《全唐文》,北京:中华书局,1983年。

(清)段玉裁:《说文解字注》,杭州:浙江古籍出版社,1998年。

(清)冯云鹏、冯云鹓:《金石索·金索》,清道光滋阳县署刻后本。

(清)梁诗正、蒋溥等:《钦定西清古鉴》,《景印文渊阁四库全书》,第842册,
上海:上海古籍出版社,1987年。

(清)梁廷枏:《藤花亭镜谱》,道光二十五年(1845)刻本。

(清)彭定求等:《全唐诗》(增订本),北京:中华书局,1999年。

(清)乾隆十三年敕撰:《钦定礼记义疏》,《景印文渊阁四库全书》,第126
册,上海:上海古籍出版社,1987年。

（清）王先谦：《释名疏证补》，《续修四库全书》，第190册，上海：上海古籍出版社，1995年。

（清）严可均校辑：《全上古三代秦汉三国六朝文》，北京：中华书局，1985年。

（清）《御定渊鉴类函》，《景印文渊阁四库全书》，第993册，上海：上海古籍出版社，1987年。

（清）邹一桂：《小山画谱》，《景印文渊阁四库全书》，第838册，上海：上海古籍出版社，1987年。

（民国）梁上椿：《岩窟藏镜》，中华民国三十年（1941）印行。

（民国）林钧：《石庐藏镜目》，中华民国十八年（1929）闽侯石庐印行。

（民国）刘体智：《善斋吉金录》，民国印本。

（民国）罗振玉：《古镜图录》，楚雨楼丛书初集，1916年景印。

（民国）徐乃昌：《小檀栾室镜影》，吴昌硕题签，1914年。

曹旭：《古诗十九首与乐府诗选评》（增订本），上海：上海古籍出版社，2019年。

储仲君：《刘长卿诗编年笺注》，北京：中华书局，1999年。

丁福保：《佛学大辞典》，北京：文物出版社，1984年。

范之麟：《李益诗注》，上海：上海古籍出版社，1984年。

郭绍虞：《诗品集解　续诗品注》，北京：人民文学出版社，2005年。

傅璇琮、陈尚君、徐俊：《唐人选唐诗新编》（增订本），北京：中华书局，2014年。

陶敏、易淑琼：《沈佺期宋之问集校注》，北京：中华书局，2001年。

王利器整理：《绎史》，北京：中华书局，2002年。

杨伯峻：《列子集释》，北京：中华书局，2013年。

俞绍初、张亚新：《江淹集校注》，郑州：中州古籍出版社，1994年。

袁珂：《山海经校注》，成都：巴蜀书社，1992年。

《道藏》，北京：文物出版社、上海：上海书店、天津：天津古籍出版社，1988年。

《大正藏》，台北：新文丰出版公司，1983年。

黄永武主编：《敦煌宝藏》，台北：新文丰出版公司，1980～1986年。

二、考古资料

1.图录、报告

安徽省文物考古研究所、六安市文物局：《六安出土铜镜》，北京：文物出版社,2008年。

宝鸡青铜器博物院:《对镜贴花黄——宝鸡青铜器博物院典藏铜镜精粹》，
西安：三秦出版社,2014年。

蚌埠市博物馆:《蚌埠市博物馆铜镜集萃》,北京：文物出版社,2014年。

长沙市博物馆:《楚风汉韵——长沙市博物馆藏镜》,北京：文物出版社,
2010年。

朝阳博物馆:《龙城宝笈——朝阳博物馆馆藏古代铜镜》,沈阳：辽宁人民出
版社,2014年。

朝鲜民主主义人民共和国社会科学院、朝鲜画报社:《德兴里高句丽壁画古
坟》,株式会社讲谈社,昭和61年（1986）。

成都华通博物馆、荆州博物馆:《楚风汉韵——荆州出土楚汉文物集萃》,北
京：文物出版社,2011年。

大同市博物馆:《镜月澄华——大同市博物馆藏铜镜》,北京：科学出版社,
2019年。

扶风县博物馆:《镜鉴千秋——扶风县博物馆馆藏铜镜集萃》,西安：三秦出
版社,2014年。

故宫博物院:《故宫铜镜图典》,北京：故宫出版社,2014年。

广西壮族自治区博物馆:《广西铜镜》,北京：文物出版社,2004年。

郭宝钧:《浚县辛村》,北京：科学出版社,1964年。

郭宝钧:《山彪镇与琉璃阁》,北京：科学出版社,1959年。

郭玉海:《故宫藏镜》,北京：紫禁城出版社,1996年。

韩生:《法门寺文物图饰》,北京：文物出版社,2009年。

韩伟:《海内外唐代金银器萃编》,西安：三秦出版社,1989年。

河北省考古研究所:《历代铜镜纹饰》,石家庄：河北美术出版社,1996年。

何民:《济南市博物馆馆藏精品·铜镜卷》,济南：山东美术出版社,2017年。

河南省文物考古研究所:《三门峡庙底沟唐宋墓葬》,郑州：大象出版社,
2006年。

卢连成、胡智生:《宝鸡强国墓地》,北京：文物出版社,1988年。

湖南省博物馆:《湖南出土铜镜图录》,北京：文物出版社,1960年。

淮南市博物馆:《淮南市博物馆藏镜》,北京：文物出版社,2011年。

黄明兰、郭引强:《洛阳汉墓壁画》,北京：文物出版社,1996年。

霍宏伟、史家珍:《洛镜铜华——洛阳铜镜发现与研究》,北京：科学出版社,
2013年。

冀东山:《神韵与辉煌——陕西历史博物馆国宝鉴赏·玉杂器卷》,西安：三

秦出版社,2006年。

晋祠博物馆:《鉴于岁月——晋祠博物馆馆藏铜镜选》,太原:山西经济出版社,2015年。

孔祥星、刘一曼:《中国铜镜图典》,北京:文物出版社,1992年。

孔祥星、刘一曼、鹏宇:《中国铜镜图典》(修订本),上海:上海古籍出版社,2020年。

辽宁省博物馆:《净月澄华——辽宁省博物馆藏古代铜镜》,沈阳:辽宁大学出版社,2013年。

辽宁省文物考古研究所、日本奈良文化财研究所:《朝阳隋唐墓葬发现与研究》,北京:科学出版社,2012年。

龙朝彬:《常德出土铜镜》,长沙:岳麓书社,2010年。

陆九皋、韩伟:《唐代金银器》,北京:文物出版社,1985年。

罗丰:《固原南郊隋唐墓地》,北京:文物出版社,1996年。

洛阳博物馆:《洛阳出土铜镜》,北京:文物出版社,1988年。

洛阳市文物考古研究院:《洛阳红山唐墓》,郑州:中州古籍出版社,2014年。

洛阳市文物考古研究院:《洛阳龙门唐安菩夫妇墓》,北京:科学出版社,2017年。

旅顺博物馆:《旅顺博物馆藏铜镜》,北京:文物出版社,1997年。

南阳市文物考古研究所:《南阳出土铜镜》,北京:文物出版社,2010年。

宁夏固原博物馆:《固原铜镜》,银川:宁夏人民出版社,2008年。

宁夏文物考古研究所:《固原南塬汉唐墓地》,北京:文物出版社,2009年。

宁夏文物考古研究所、吴忠市文物管理所:《吴忠北郊北魏唐墓》,北京:文物出版社,2009年。

宁夏文物考古研究所、吴忠市文物管理所:《吴忠西郊唐墓》,北京:文物出版社,2006年。

山东省博物馆:《山东省博物馆藏珍·铜镜卷》,济南:山东文化音像出版社,2004年。

陕西历史博物馆:《千秋金鉴——陕西历史博物馆藏铜镜集成》,西安:三秦出版社,2012年。

陕西历史博物馆、北京大学考古文博学院等:《花舞大唐春——何家村遗宝精粹》,北京:文物出版社,2003年。

陕西省博物馆:《隋唐文化》,上海:学林出版社,1990年。

陕西省博物馆、陕西省文物管理委员会:《陕北东汉画象石刻选集》,北京:文物出版社,1959年。

陕西省考古研究所:《陕西新出土唐墓壁画》,重庆:重庆出版社,1998年。

陕西省考古研究所：《陕西新出土文物选粹》，重庆：重庆出版社，1998年。

陕西省考古研究所：《唐李宪墓发掘报告》，北京：科学出版社，2005年。

陕西省考古研究所、富平县文物管理委员会：《唐节愍太子墓发掘报告》，北京：科学出版社，2004年。

陕西省考古研究所、陕西省历史博物馆、礼泉县昭陵博物馆：《唐新城长公主墓发掘报告》，北京：科学出版社，2004年。

陕西省考古研究院：《潼关税村隋代壁画墓》，北京：文物出版社，2013年。

陕西省考古研究院、西北大学文博学院：《陕西凤翔隋唐墓——1983～1990年田野考古发掘报告》，北京：文物出版社，2008年。

陕西省文物保护研究院：《二十世纪五十年代陕西考古发掘资料整理研究》，西安：三秦出版社，2015年。

陕西省文物管理委员会：《陕西省出土铜镜》，北京：文物出版社，1959年。

山西博物院：《山西博物院藏品概览·铜镜卷》，北京：文物出版社，2020年。

山西省考古研究所：《唐代薛儆墓发掘报告》，北京：科学出版社，2000年。

上海博物馆：《宝历风物——"黑石号"沉船出水珍品》，上海：上海书画出版社，2020年。

上海博物馆：《练形神冶 莹质良工——上海博物馆藏铜镜精品》，上海：上海书画出版社，2005年。

上海博物馆：《上海唐宋元墓》，北京：科学出版社，2014年。

申秦雁：《陕西历史博物馆珍藏金银器》，西安：陕西人民美术出版社，2003年。

沈从文：《唐宋铜镜》，北京：中国古典艺术出版社，1958年。

《丝绸之路——大西北遗珍》编辑委员会：《丝绸之路——大西北遗珍》，北京：文物出版社，2010年。

四川省博物馆、重庆市博物馆：《四川省出土铜镜》，北京：文物出版社，1960年。

绥德汉画像石展览馆：《绥德汉代画像石》，西安：陕西人民美术出版社，2001年。

孙海波：《新郑彝器》，中华民国二十六年（1937）。

台北故宫博物院：《故宫铜镜特展图录》，台北：台北故宫博物院，1986年。

台北故宫博物院：《皇帝的镜子——清宫镜鉴文化与典藏》，台北：台北故宫博物院，2016年。

台北历史博物馆编辑委员会编：《净月澄华——息斋藏镜：王度铜镜珍藏册》，台北历史博物馆，2001年。

太原市文物考古研究所:《北齐徐显秀墓》,北京:文物出版社,2005年。

王春法:《大唐风华》,北京:北京时代华文书局,2019年。

王士伦:《浙江出土铜镜》(修订本),北京:文物出版社,2006年。

王自力、孙福喜:《唐金乡县主墓》,北京:文物出版社,2002年。

武汉博物馆:《古镜涵容——武汉博物馆藏铜镜》,北京:文物出版社,
2019年。

吴水存:《九江出土铜镜》,北京:文物出版社,1993年。

西安市文物保护考古所:《西安文物精华·铜镜》,西安:世界图书出版公
司,2008年。

厦门文化遗产保护中心:《唐陈元通夫妇墓》,北京:文物出版社,2016年。

襄阳市文物考古研究所:《襄阳黄家村》,北京:科学出版社,2013年。

新疆维吾尔自治区博物馆:《新疆出土文物》,北京:文物出版社,1975年。

新疆维吾尔自治区博物馆出土文物展览工作组:《丝绸之路汉唐织物》,北
京:文物出版社,1973年。

徐忠文、周长源:《汉广陵国铜镜》,北京:文物出版社,2013年。

许成、董宏征:《宁夏历史文物》,银川:宁夏人民出版社,2006年。

许建强:《寿县博物馆藏铜镜集粹》,合肥:安徽美术出版社,2017年。

杨海莉:《镜鉴春秋——十堰地区博物馆馆藏铜镜研究》,武汉:长江出版
社,2018年。

仪征博物馆:《仪征馆藏铜镜》,南京:江苏美术出版社,2010年。

负安志:《中国北周珍贵文物——北周墓葬发掘报告》,西安:陕西人民美术
出版社,1993年。

张英:《吉林出土铜镜》,北京:文物出版社,1990年。

赵力光、李文英:《中国古代铜镜》,西安:陕西人民出版社,1997年。

浙江省文物考古研究所、浙江省博物馆等:《晚唐钱宽夫妇墓》,北京:文物
出版社,2012年。

郑州市文物考古研究所:《巩义芝田晋唐墓葬》,北京:科学出版社,2003年。

中国画像石全集编辑委员会:《中国画像石全集》,郑州:河南美术出版社、
济南:山东美术出版社,2000年。

中国科学院考古研究所:《上村岭虢国墓地》,北京:科学出版社,1959年。

中国科学院考古研究所:《西安郊区隋唐墓》,北京:科学出版社,1966年。

中国科学院考古研究所洛阳区考古发掘队:《洛阳烧沟汉墓》,北京:科学出
版社,1959年。

中国美术全集编委会:《中国美术全集43·工艺美术编·漆器》,北京:文物

出版社，2006年。

中国漆器全集编辑委员会：《中国漆器全集》，福州：福建美术出版社，
　　1998年。

中国青铜器全集编辑委员会：《中国青铜器全集16·铜镜》，北京：文物出版
　　社，1998年。

中国社会科学院考古研究所：《唐长安城郊隋唐墓》，北京：文物出版社，
　　1980年。

中国社会科学院考古研究所：《偃师杏园唐墓》，北京：科学出版社，2001年。

中国社会科学院考古研究所、河北省文物管理处：《满城汉墓发掘报告》，北
　　京：文物出版社，1980年。

周世荣：《铜镜图案——湖南出土历代铜镜》，长沙：湖南美术出版社，
　　1987年。

［日］京都国立博物馆：《漢鏡と隋唐鏡図録：守屋孝蔵蒐集》京都：京都国
　　立博物館，1971年。

［日］梅原末治：《唐镜大观》，株式会社美术书院，昭和二十年（1945）。

《正仓院展》图录，奈良博物馆。

THE ROYAL HUNTER: Art of the Sasanian Empire, Asia House Gallery,
　　1978.

2. 简报

安徽省博物馆：《合肥隋开皇三年张静墓》，《文物》1988年第1期。

北京大学考古学系、山西省考古研究所：《天马——曲村遗址北赵晋侯墓地
　　第三次发掘》，《文物》1994年第8期。

北京大学考古学系、山西省考古研究所：《天马——曲村遗址北赵晋侯墓地
　　第五次发掘》，《文物》1995年第7期。

北京大学考古文博院、山西省考古研究所：《天马——曲村遗址北赵晋侯墓
　　地第六次发掘》《文物》2001年第8期。

北京市文物工作队：《北京市顺义县大营村西晋墓葬发掘简报》，《文物》
　　1983年第10期。

北京市文物研究所、北京大学考古学系：《1995年琉璃河遗址墓葬区发掘简
　　报》，《文物》1996年第6期。

边成修：《山西长治分水岭126号墓发掘简报》，《文物》1972年第4期。

曹腾騑、阮应祺、邓杰昌：《广东海康元墓出土的阴线刻砖》，《考古学集刊》2。

长治市博物馆：《山西长治市唐代冯廓墓》，《文物》1989年第6期。

常州市博物馆、武进县博物馆：《江苏武进县湖塘乡发现隋唐墓》，《考古》

1990年第6期。

陈安利、马志祥：《西安东郊发现一座唐墓》，《考古》1991年第3期。

程红：《合肥出土、征集的部分古代铜镜》，《文物》1998年第10期。

程永建、张翠玲：《洛阳唐代有铭铜镜综述》，《洛阳考古》2013年第1期（创刊号）。

戴应新：《隋丰宁公主与韦圆照合葬墓》，《故宫文物月刊》1998年9月第16卷第6期。

定县博物馆：《河北定县43号汉墓发掘简报》，《文物》1973年第11期。

甘肃省博物馆：《武威擂台汉墓》，《考古学报》1974年第2期。

高嵘：《唐代铜镜之美——陕西历史博物馆藏铜镜》，《收藏家》2009年第6期。

关林：《西安发现唐郑轧意及夫人柳氏墓》，《收藏界》2012年第7期。

关双喜：《陕西省博物馆收藏一面唐代蟠螭纹铜镜》，《考古与文物》1983年第3期。

广西壮族自治区博物馆：《广西壮族自治区钦州隋唐墓》，《考古》1984年第3期。

广西壮族自治区文物考古写作小组：《广西合浦西汉木椁墓》，《考古》1972年第5期。

广州市文物考古研究所：《广州黄花岗汉唐墓葬发掘报告》，《考古学报》2004年第4期。

郭凤娥、沈淑玲：《洛阳博物馆馆藏的几件铜镜》，《中原文物》1991年第1期。

邯郸市文物保护研究所：《邯郸城区唐代墓群发掘简报》，《文物春秋》2004年第6期。

韩建武：《两面精美的初唐铜镜》，《收藏家》2009年第5期。

杭德州等：《西安高楼村唐代墓葬清理简报》，《文物参考资料》1955年第7期。

郝利平、侯文军：《乌兰察布盟博物馆馆藏铜镜》，《内蒙古文物考古》2003年第1期。

河北省博物馆、河北省文管处：《河北藁城县台西村商代遗址一九七三年的重要发现》，《文物》1974年第8期。

河北省文管处：《河北景县北魏高氏墓发掘简报》，《文物》1979年第3期。

河北省文物研究所、平山县博物馆：《河北平山县西岳村隋唐崔氏墓》，《考古》2001年第2期。

河南省文化局文物工作队：《河南温县唐代杨履庭墓发掘简报》，《考古》1964年第6期。

河南省文化局文物工作队第二队：《洛阳16工区76号唐墓清理简报》，《文物参考资料》1956年第5期。

河南省文物考古研究所：《河南三门峡市印染厂唐墓清理简报》，《华夏考古》2002年第1期。

河南省文物考古研究所、安阳县文化局：《河南安阳市西高穴曹操高陵》，《考古》2010年第8期。

湖北省博物馆、郧县博物馆：《湖北郧县唐李徽、阎婉墓发掘简报》，《文物》1987年第8期。

湖北省文物考古研究所：《江陵凤凰山一六八号汉墓》，《考古学报》1993年第4期。

湖北省文物考古研究所、安陆市博物馆：《安陆黄金山墓地发掘报告》，《江汉考古》2004年第4期。

湖南省博物馆：《长沙两晋南朝隋墓发掘报告》，《考古学报》1959年第3期。

湖南省博物馆：《长沙马王堆二、三号墓发掘简报》，《文物》1974年第7期。

湖南省博物馆：《长沙杨家山304号汉墓清理简报》，《考古学集刊》1，1981年。

湖南省博物馆：《湖南长沙近郊隋唐墓清理》，《考古》1966年第4期。

胡仁宜：《皖西博物馆收藏的部分古代铜镜》，《考古》1996年第12期。

胡薇：《馆藏唐代银背镜》，《文物天地》2016年第6期。

胡小平：《灵宝市文物管理所藏部分铜镜》，《中原文物》2009年第3期。

胡振祺：《山西省博物馆拣选的部分文物》，《文物季刊》1989年第2期。

湖州市飞英塔文物保管所：《湖州飞英塔发现一批壁藏五代文物》，《文物》1994年第2期。

黄河水库考古工作队：《一九五六年河南陕县刘家渠汉唐墓葬发掘简报》，《考古通讯》1957年第4期。

黄河水库考古工作队：《一九五七年河南陕县发掘简报》，《考古通讯》1958年第11期。

黄俐平：《精美的扬州唐代铜镜》，《艺术市场》2004年第6期。

黄石市博物馆：《黄石市新下陆一号唐墓》，《江汉考古》1984年第1期。

江用虎、金晓春：《取土场解译"破镜重圆"》，《艺术市场》2003年第7期。

雷博：《唐代十二生肖八卦铭文铜镜》，《洛阳考古》2017年第3期。

黎瑶渤：《辽宁北票县西官营子北燕冯素弗墓》，《文物》1973年第3期。

李东琬:《唐代弈棋人物镜》,《紫禁城》1989年第1期。

李宏昌:《河南新郑清理一座唐墓》,《中原文物》2002年第6期。

李新秦、范晓祖:《千阳县图博馆收藏的历代铜镜》,《文博》1990年第6期。

李秀兰、卢桂兰:《唐裴氏小娘子墓出土文物》,《文博》1993年第1期。

连云港市博物馆:《江苏东海县尹湾汉墓群发掘简报》,《文物》1996年第8期。

辽宁省文物考古研究所、朝阳市博物馆:《辽宁朝阳北朝及唐代墓葬》,《文物》1998年第3期。

刘廉银:《常德地区收集的孙吴和唐代铜镜》,《文物》1986年第4期。

刘宁、刘博:《北燕冯素弗墓出土的铁镜》,《辽宁省博物馆馆刊》2011年。

刘茜、彭适凡:《一面罕见的唐代铅质"凤凰双镜"铭冥用镜》,《文物鉴定与鉴赏》2010年第4期。

刘素霞、梁鹤箭:《鹤壁市博物馆藏唐代铜镜》,《中原文物》2000年第6期。

龙门文物保管所:《洛阳龙门双窑》,《考古学报》1988年第1期。

卢耀光、尚杰民、贾鸿键:《青海西宁市发现一座北朝墓》,《考古》1989年第6期。

罗红侠:《扶风黄堆老堡西周残墓清理简报》,《文博》1994年第5期、《考古与文物》1994年第3期。

洛阳博物馆:《洛阳庞家沟五座西周墓的清理》,《文物》1972年第10期。

洛阳市第二文物工作队:《洛阳红山工业园区唐墓发掘简报》,《文物》2011年第1期。

洛阳市第二文物工作队:《伊川鸦岭唐齐国太夫人墓》,《文物》1995年第11期。

洛阳市文物工作队:《洛阳北郊清理的一座晚唐墓》,《考古与文物》1998年第6期。

洛阳市文物工作队:《洛阳林校西周车马坑》,《文物》1999年第3期。

洛阳市文物工作队:《洛阳市唐城花园C3M417西周墓发掘简报》,《文物》2004年第7期。

南波:《江苏连云港市海州西汉侍其繇墓》,《考古》1975年第3期。

南京博物院:《江苏盱眙东阳汉墓》,《考古》1979年第5期。

南京博物院、连云港市博物馆:《海州西汉霍贺墓清理简报》,《考古》1974年第3期。

南京市文物保管委员会:《南京钱家渡丁山发现唐墓》,《考古》1966年第4期。

南京市文物保管委员会：《南京人台山东晋兴之夫妇墓发掘报告》，《文物》1965年第6期。

内蒙古文物考古研究所：《内蒙古文物考古文集》第二辑，北京：中国大百科全书出版社，1997年。

宁夏文物考古研究所、固原市原州区文管所：《宁夏固原市南塬唐墓发掘简报》，《考古与文物》2007年第5期。

秋维道、孙东位：《陕西礼泉县发现两批商代铜器》，《文物资料丛刊》3，北京：文物出版社，1980年。

任世龙：《浙江上虞县发现唐代天象镜》，《考古》1976年第4期。

三门峡市文物工作队：《三门峡市水工厂唐墓的发掘》，《华夏考古》1993年第4期。

山东省博物馆：《山东嘉祥英山一号隋墓清理简报——隋代墓室壁画的首次发现》，《文物》1981年第4期。

山东省文物考古研究所：《山东济阳刘台子西周六号墓清理报告》，《文物》1996年第12期。

山东省文物考古研究所、沂水县文物管理站：《山东沂水刘家店子春秋墓发掘简报》，《文物》1984年第9期。

山东省淄博市博物馆：《西汉齐王墓随葬器物坑》，《考古学报》1985年第2期。

陕西省博物馆、礼泉县文教局唐墓发掘组：《唐郑仁泰墓发掘简报》，《文物》1972年第7期。

陕西省博物馆、文管会：《唐李寿墓发掘简报》，《文物》1974年第9期。

陕西省考古研究所、安康市文化教育局：《安康市上许家台南宋墓发掘简报》，《考古与文物》2002年第2期。

陕西省考古研究所隋唐研究室：《陕西长安隋宋忻夫妇合葬墓清理简报》，《考古与文物》1994年第1期。

陕西省考古研究所、渭南市文物保护考古研究所、韩城市文物旅游局：《陕西韩城梁带村遗址M19发掘简报》，《考古与文物》2007年第2期。

陕西省考古研究所、西安市文物保护考古所：《唐长安南郊韦慎名墓清理简报》，《考古与文物》2003年第6期。

陕西省考古研究院：《唐李倕墓发掘简报》，《考古与文物》2015年第6期。

陕西省考古研究院：《西安南郊唐贞观十七年王怜夫妇合葬墓发掘简报》，《文博》2012年第3期。

陕西省考古研究院、华阴市文物旅游局：《陕西华阴市唐宋素墓发掘简报》，

《考古与文物》2018年第3期。

陕西省考古研究院、咸阳市文物考古研究所：《隋元威夫妇墓发掘简报》，《考古与文物》2012年第1期。

陕西省文物管理委员会：《陕西省三原县双盛村隋李和墓清理简报》，《文物》1966年第1期。

陕西省文物管理委员会：《西安郭家滩隋墓清理简报》，《文物参考资料》1957年第8期。

陕西周原考古队：《扶风云塘西周墓》，《文物》1980年第4期。

莘县文物管理所：《山东莘县黄庙唐代张弘墓发掘简报》，《文物》2017年第4期。

沈令昕：《上海市文物保管委员会所藏的几面古镜介绍》，《文物参考资料》1957年第8期。

石谷风、马人权：《合肥西郊南唐墓清理简报》，《文物参考资料》1958年第3期。

石兴邦：《长安普渡村西周墓葬发掘记》，《考古学报》1954年第2期。

史殿海：《涿州上念头东汉墓葬发掘简报》，《文物春秋》2007年第3期。

宋康年：《安徽望江发现一件八卦铭文铜镜》，《文物》1988年第8期。

宋康年：《安徽望江县博物馆馆藏铜镜简介》，《东南文化》1991年第2期。

苏方军、宋康年：《安徽望江县博物馆藏古代铜镜》，《华夏考古》2012年第4期。

苏方军、宋康年：《望江博物馆藏镜》，《收藏》2011年第2期。

苏健：《洛阳发现银壳画像镜》，《文物》1987年第12期。

苏州市文管会、苏州博物馆《苏州市瑞光寺塔发现一批五代、北宋文物》，《文物》1979年第11期。

遂溪县博物馆：《广东遂溪县发现南朝窖藏金银器》，《考古》1986年第3期。

滕延振、石世镇：《浙江宁海发现一件"真子飞霜"铜镜》，《文物》1993年第2期。

佟柱臣：《苏联出土的有关中国考古材料》，《文物参考资料》1957年第11期。

王九刚：《西安东郊红旗电机厂唐墓》，《文物》1992年第9期。

王铠：《新发现一面唐代透光镜》，《中原文物》1981年第2期。

温春爱、郭建秀：《赏心悦目青铜镜——介休市博物馆馆藏青铜镜赏鉴》，《文物世界》2011年第3期。

吴炜：《江苏仪征胥浦发现唐墓》，《考古》1991年第2期。

吴孝斌：《广东曲江县发现一座唐墓》，《考古》2003年第10期。

武汉大学考古学与博物馆学系、河北省文物局南水北调文物保护办公室、
　　元氏县博物馆：《河北元氏县南白楼墓地唐代墓葬发掘简报》，《考古》
　　2018年第8期。

西安市文物保护考古所：《西安北郊枣园大型西汉墓发掘简报》，《文物》
　　2003年第12期。

西安市文物保护考古研究院：《西安马家沟唐太州司马阎识微夫妇墓发掘
　　简报》，《文物》2014年第10期。

西安市文物管理处：《唐董僧利墓清理简报》，《考古与文物》1991年第4期。

西安市文物管理处：《西安东郊秦川机械厂汉唐墓葬发掘简报》，《考古与文
　　物》1992年第3期。

西安市文物管理处：《西安西郊热电厂基建工地隋唐墓葬清理简报》，《考古
　　与文物》1991年第4期。

襄樊市考古队、谷城县博物馆：《湖北谷城县肖家营墓地》，《考古》2006年
　　第11期。

新疆维吾尔自治区博物馆：《新疆吐鲁番阿斯塔那北区墓葬发掘简报》，《文
　　物》1960年第6期。

新疆维吾尔自治区博物馆、西北大学历史系考古专业：《1973年吐鲁番阿斯
　　塔那古墓群发掘简报》，《文物》1975年第7期。

熊学斌：《湖北京山县孙桥镇出土一面唐代铜镜》，《考古》1993年第4期、
　　《考古》1995年第10期。

徐恒彬：《广东英德浛洸镇南朝隋唐墓发掘》，《考古》1963年第9期。

徐进：《西安东郊黄河机械厂唐墓清理简报》，《考古与文物》1992年第1期。

徐良玉：《扬州新出土的几面唐镜》，《文物》1986年第4期。

徐州博物馆：《徐州发现一批散存汉画像石》，《文物》1996年第5期。

杨桂荣：《馆藏铜镜选辑（三）》，《中国历史博物馆馆刊》1993年第1期。

杨桂荣：《馆藏铜镜选辑（五）》，《中国历史博物馆馆刊》1994年第1期。

扬州博物馆：《江苏邗江姚庄101号西汉墓》，《文物》1988年第2期。

扬州博物馆：《扬州近年发现唐墓》，《考古》1990年第9期。

姚高悟：《沔阳出土的唐代铜镜》，《江汉考古》1986年第4期。

宜昌博物馆：《湖北秭归望江古墓群发掘简报》，《江汉考古》2002年第3期。

仪征博物馆：《仪征南洋尚城唐墓发掘简报》，《东南文化》2008年第5期。

负安志：《陕西长安县南里王村与咸阳飞机场出土大量隋唐珍贵文物》，《考
　　古与文物》1993年第6期。

曾亿丹：《洛阳发现郑开明二年墓》，《考古》1978年第3期。

翟春玲:《西安东郊唐墓出土的花鸟螺钿镜》,《考古与文物》2004年第6期。

张方、卓远:《河南南阳出土一件汉代铁镜》,《文物》1997年第7期。

张启明:《阆中馆藏铜镜选鉴》,《四川文物》1992年第6期。

张文霞、张倩:《郑州新出土铜镜鉴赏(三)》,《收藏界》2007年第11期。

张小丽:《西安新出土唐代铜镜》,《文物》2011年第9期。

赵国壁:《洛阳发现的波斯萨珊王朝银币》,《文物》1960年第8、9期合刊。

赵会军、郭宏涛:《河南偃师三座唐墓发掘简报》,《中原文物》2009年第5期。

赵中强:《遂平县又发现一面唐代透光镜》,《中原文物》1985年第2期。

赵养锋:《新疆哈巴河县出土唐代铜镜》,《考古与文物》1985年第4期。

张孜江:《馆藏汉唐铜镜赏析》,《收藏界》2010年第6期、《文物鉴定与鉴赏》2010年第6期。

浙江省文物管理委员会:《金华市万佛塔塔基清理简报》,《文物》1957年第5期。

浙江省文物考古研究所:《杭州雷峰塔五代地宫发掘简报》,《文物》2002年第5期。

浙江省文物考古研究所:《诸暨东蔡官山脚唐墓发掘简报》,《东方博物》2008年第3期。

镇江博物馆:《江苏镇江唐墓》,《考古》1985年第2期。

郑洪春:《西安东郊隋舍利墓清理简报》,《考古与文物》1988年第1期。

郑荣:《城固县文化馆藏汉、唐、宋镜简介》,《文博》1992年第3期。

郑州大学历史学院考古系、河南省文物局南水北调文物保护办公室:《河南省新乡市老道井墓地东同古墓区汉墓清理简报》,《四川文物》2009年第6期。

郑州大学历史学院、周口市文物考古所:《周口市川汇区幸福河唐宋墓发掘简报》,《江汉考古》2020年第4期。

郑州市文物考古研究所:《郑州市区两座唐墓发掘简报》,《华夏考古》2000年第4期。

郑州市文物考古研究所:《郑州唐丁彻墓发掘简报》,《华夏考古》2000年第4期。

郑州市文物考古研究院、巩义市文物管理局:《河南巩义王沟新村唐墓M5发掘简报》,《文物春秋》2016年第3期。

中国科学院考古研究所安阳发掘队:《1971年安阳后冈发掘简报》,《考古》1972年第3期。

中国科学院考古研究所沣西发掘队：《1967年长安张家坡西周墓葬的发掘》，《考古学报》1980年第4期。

中国社会科学院考古研究所、北京市文物工作队琉璃河考古队：《1981—1983年琉璃河西周燕国墓地发掘简报》，《考古》1984年第5期。

中国社会科学院考古研究所丰镐工作队：《1997年沣西发掘报告》，《考古学报》2000年第2期。

周世荣：《长沙容园两汉、六朝隋唐、宋墓清理简报》，《考古通讯》1958年第5期。

周原博物馆：《1995年扶风黄堆老堡子西周墓清理简报》，《文物》2005年第4期。

周原博物馆：《周原遗址刘家墓地西周墓葬的清理》，《文博》2007年第4期。

周原扶风文管所：《陕西扶风强家一号西周墓》，《文博》1987年第4期。

朱亮：《洛阳30号墓出土的三角缘画像镜》，《华夏考古》1994年第3期。

三、研究论著

1. 著作、文集

［日］保坂三郎：《古代镜文化の研究》，东京：雄山阁，1986年。

苆岚：《7—14世纪中日文化交流的考古学研究》，北京：中国社会科学出版社，2001年。

陈安利：《唐十八陵》，北京：中国青年出版社，2001年。

陈珏：《初唐传奇文钩沉》，上海：上海古籍出版社，2005年。

程林泉、韩国河：《长安汉镜》，西安：陕西人民出版社，2004年。

程义：《关中地区唐代墓葬研究》，北京：文物出版社，2012年。

丁孟：《铜镜鉴定》，桂林：广西师范大学出版社，2000年。

杜晓勤：《隋唐五代文学研究》，北京：北京出版社，2001年。

傅芸子：《正仓院考古记 白川集》，新世纪万有文库，沈阳：辽宁教育出版社，2000年。

管维良：《中国铜镜史》，重庆：重庆出版社，2006年。

何堂坤：《中国古代铜镜的技术研究》，北京：中国科学技术出版社，1992年初版；北京：紫禁城出版社，1999年再版。

胡戟、张弓、李斌城、葛承雍：《二十世纪唐研究》，北京：中国社会科学出版社，2002年。

［日］驹井和爱：《中国古镜の研究》，大塚巧芸社，1953年，东京：岩波书店，第二次印刷。

孔祥星、刘一曼:《中国古代铜镜》,北京:文物出版社,1984年。

李剑国:《唐五代志怪传奇序录》,天津:南开大学出版社,1993年。

李缙云:《古镜鉴赏》,桂林:漓江出版社,1995年。

李零:《铄古铸今——考古发现和复古艺术》,北京:生活·读书·新知三联
书店,2007年。

林通雁:《西都——汉长安城美术史迹的发现与研究》,西安:陕西人民美术
出版社,2013年。

刘俊文主编:《日本学者研究中国史论著选译》第7卷思想宗教,北京:中华
书局,1993年。

刘艺:《镜与中国传统文化》,成都:四川出版集团巴蜀书社,2004年。

罗继祖主编:《罗振玉学术论著集(第6集)》,上海:上海古籍出版社,2010年。

[英]罗森:《中国古代的艺术与文化》,北京:北京大学出版社,2002年。

梅丛笑:《以铜为鉴——中国古代铜镜艺术》,北京:中国书店,2012年。

[日]梅原末治:《鑑鏡の研究》,东京:大冈山书店,大正十四年(1925)。

齐东方:《唐代金银器研究》,北京:中国社会科学出版社,1999年。

清华大学汉镜文化研究课题组:《汉镜文化研究》,北京:北京大学出版社,
2014年。

[日]仁井田升撰,栗劲、王占通译:《唐令拾遗》,长春:长春出版社,
1989年。

[日]森丰:《海獸葡萄鏡》,中央公论社,1973年。

[日]森浩一主编:《鏡》,《社會思想社刊》,昭和五十三年(1978)。

尚刚:《唐代工艺美术史》,杭州:浙江文艺出版社,1998年。

沈从文:《螺钿史话》,沈阳:万卷出版公司,2005年。

申云艳:《中国古代瓦当研究》,北京:文物出版社,2006年。

[日]胜部明生:《海獸葡萄鏡の研究》,京都:临川书店,1996年。

[日]石渡美江:《楽園の図像:海獸葡萄鏡の誕生》,东京:吉川弘文馆,
2000年。

宿白:《中国石窟寺研究》,北京:文物出版社,1996年。

孙机:《中国圣火——中国古文物与东西文化交流中的若干问题》,沈阳:辽
宁教育出版社,1996年。

田自秉:《中国工艺美术史》,北京:东方出版中心,1985年。

[日]樋口隆康:《海獸葡萄鏡》,东京:吉川弘文馆,1975年。

王纲怀:《止水集——王纲怀铜镜研究论集》,上海:上海古籍出版社,
2010年。

王纲怀、孙克让：《唐代铜镜与唐诗》，上海：上海古籍出版社，2007年。

王青：《西域文化影响下的中古小说》，北京：中国社会科学出版社，2006年。

王世襄：《髹饰录解说——中国传统漆工艺研究》（修订版），北京：文物出版社，1998年。

[美]巫鸿：《时空中的美术——巫鸿中国美术史文编二集》，北京：生活·读书·新知三联出版社，2009年。

杨泓、孙机：《寻常的精致》，沈阳：辽宁教育出版社，1996年。

[美]宇文所安著，王柏华、陶庆梅译：《中国文论：英译与评论》，上海：上海社会科学院出版社，2003年。

张道一：《汉画故事》，重庆：重庆大学出版社，2007年。

张泽咸：《唐代工商业》，北京：中国社会科学出版社，1995年。

昭明、洪海：《古代铜镜》，北京：中国书店出版社，1997年。

郑岩：《魏晋南北朝壁画墓研究》，北京：文物出版社，2002年。

周世荣：《中华历代铜镜鉴定》，北京：紫禁城出版社，1993年。

朱凤瀚：《中国青铜器综论》，上海：上海古籍出版社，2009年。

2. 期刊、报纸、会议论文

艾萍：《佛经中的鹦鹉》，《佛教文化》2004年第6期。

爱英、玉东：《唐代道教术士最先掌握透光镜的铸造技术》，《中国道教》1995年第6期。

安宁：《唐铜镜纹饰的造型、结构、造意》，《美与时代》2006年第2期下。

白彬：《重庆云阳明月坝遗址出土唐代卜甲的初步研究》，《四川大学学报（哲学社会科学版）》1998年第4期。

白冰：《雷神俑考》，《四川文物》2006年第6期。

[日]滨田耕作：《禽獸葡萄紋鏡に就いて》，《考古學研究》，1969年。

步雁、呼啸：《简化型神人神兽镜时代再探讨》，《中国国家博物馆馆刊》2015年第8期。

陈安立：《古文物中的十二生肖》，《文博》1988年第2期。

陈灿平：《古镜、旧镜与新镜——黑石号沉船出水铜镜的商贸特征》，上海博物馆：《大唐宝船——黑石号沉船所见9—10世纪的航海、贸易与艺术》，上海：上海书画出版社，2020年。

陈灿平：《唐代扬州铸镜考实》，《四川文物》2011年第4期。

陈灿平：《唐千秋镜考》，《中国国家博物馆馆刊》2011年第5期。

陈定荣：《近年出土古镜及有关问题》，《江西文物》1990年第1期。

陈根远:《隋纪年墓出土铜镜的制作年代与历史价值》,《考古与文物》2010年第3期。

陈浩:《唐代鹦鹉衔绶"同模镜"刍议》,《东方博物》第十辑,杭州:浙江大学出版社,2004年。

[美]陈怀宇:《礼法、礼制与礼仪:唐宋之际圣节成立史论》,杜文玉主编《唐史论丛》第十三辑,西安:三秦出版社,2011年。

陈诵雎:《昭陵六骏名实考》,《碑林集刊》第八辑,2002年。

陈尊祥:《西安何家村唐代窖藏钱币的研究》,《中国钱币》1984年第3期。

程国赋:《〈古镜记〉研究综述》,《晋阳学刊》1992年第6期。

程义、程惠军:《汉中宋代镇墓神物释证》,《四川文物》2009年第5期。

程永建:《洛阳出土铁镜初步研究》,《华夏考古》2011年第4期。

[日]池田温:《天长节管见》,《日本古代の政治と文化》,吉川弘文馆,1987年。

戴霖:《唐裴怀古墓志铭考释》,《中原文物》2005年第5期。

邓秋玲:《论楚国菱形纹铜镜》,《南方文物》1996年第2期。

丁孟:《唐宋以来铜镜摹古的特征及辨伪》,《东方收藏》2011年第4期。

董亚巍:《鄂州镜铭与古代铸镜工艺的若干问题考辨》,《鄂州大学学报》2003年第4期。

杜光熙:《从华夷之辨到古今之辨——关于中唐古文运动发生背景的再思考》,《北京社会科学》2015年第4期。

方辉:《商代螺钿漆器浅说——从加拿大皇家安大略博物馆藏"蚌片兽面"谈起》,《华夏考古》2001年第2期。

傅举有:《春秋战国汉代的特种工艺镜(上)》,《收藏家》2009年第3期。

傅举有:《厚螺钿漆器——中国漆器螺钿装饰工艺之一》,《紫禁城》2007年第10期。

傅举有:《中国漆器金银装饰工艺之二·金银平脱漆器》,《紫禁城》2007年第4期。

[日]冈崎敬著,姚义田译:《中亚发现的唐镜》,《文博》1992年第1期。

高次若:《菱花镜小考》,《人文杂志》1993年第6期。

高次若:《漫话千秋镜与开元盛世千秋节》,《文博》2007年第1期。

[日]高桥隆博著,韩昇译:《唐代与日本正仓院的螺钿》,《学术研究》2002年第10期。

高文萍:《汉代铜镜中的东王公图像研究》,《中国汉画学会第十二届年会论文集》,2010年。

高至喜：《唐"真子飞霜"铜镜探究》，《中国文物报》1989年7月28日第3版。

葛晓音：《论汉魏五言的"古意"》，《北京大学学报》(哲学社会科学版)2009年第2期。

关双喜：《谈西域文化对唐镜纹饰的影响》，《文博》1991年第1期。

关双喜：《唐代铜镜的装饰艺术》，《文博》1991年第4期。

郭义孚：《北京琉璃河西周燕国墓地出土漆器复原研究》，《华夏考古》1991年第2期。

韩吉绍：《论道教镜》，《中国科学与文明(第一辑)》，济南：山东大学出版社，2010年。

韩建武等：《西安南郊何家村唐代窖藏出土的钱币》，《西部金融·钱币研究增刊》2008年第1期。

何堂坤：《铜镜起源初探》，《考古》1988年第2期。

何正璜：《话说唐李寿石椁》，《美术》1982年第1期。

何志国：《试论河南孟津出土"老子浮屠镜"的年代以及相关问题》，《敦煌研究》2006年第1期。

何志国：《"仙佛模式"和"西王母＋佛教图像模式"说商榷——再论佛教初传中国南方之路》，《民族艺术》2005年第4期。

贺西林：《汉代艺术中的羽人及其象征意义》，《文物》2010年第7期。

衡云花：《一面唐代神仙人物镜考》，《华夏考古》2007年第3期。

洪石：《鼍鼓逢逢——滕州前掌大墓地出土"嵌蚌漆牌饰"辨析》，《考古》2014年第10期。

洪石：《商周螺钿漆器研究》，《中原文物》2018年第2期。

侯晓斌：《唐代狮子纹样与相关活动略考》，《文博》2014年第1期。

[日]后藤守一：《本邦出土の唐式鏡》，《考古学杂志》21卷12册，昭和六年(1931)。

后晓荣等：《十二生肖铜镜初论》，《四川文物》2009年第5期。

胡健：《唐代螺钿铜镜的样式和工艺新探》，《中原文物》2017年第3期。

胡文和：《陕西北魏道(佛)教造像碑、石类型和形象造型探究》，《考古与文物》2007年第4期。

黄永兰：《唐代宝相花铜镜的历史文化意义初探》，《重庆科技学院学报(社会科学版)》2010年第23期。

黄展岳：《关于武威擂台汉墓的墓主问题》，《考古》1979年第6期。

霍宏伟：《洛阳西朱村曹魏墓石牌铭文中的镜鉴考》，《博物院》2019年第

5期。

冀和：《关于唐代"菱花镜"之管见》，《东南文化》1998年第1期。

姜捷：《武则天时代的考古学观察》，《考古与文物》2002年第6期。

孔祥星：《隋唐铜镜的类型与分期》，《中国考古学会第一次年会论文集》，北京：文物出版社，1980年。

孔祥星：《中国古代人物镜略论》，《文物》1998年第3期。

李海：《也谈"真子飞霜"镜》，《东方博物》第七辑，杭州：浙江大学出版社，2002年。

李淮生：《中国铜镜的起源及早期传播》，《山东大学学报（哲学社会科学版）》1988年第2期。

李缙云：《谈太仓出土的五岳真形镜》，《考古》1988年第2期。

李静杰：《印度花鸟嫁接式图像及其在中国的新发展——纪念敦煌研究院成立七十周年》，《敦煌研究》2014年第3期。

李娟：《唐代鹦鹉故事的佛教因缘》，《五台山研究》2009年第1期。

李军、孟强、耿建军：《江苏邳州车夫山前埠汉画像石墓的复原与研究》，《华夏考古》2003年第3期。

李立、史培争：《汉画的叙述——四川汉代性题材画像研究》，《江西社会科学》2010年第9期。

李亮亮：《〈益都金石记〉所载一面铜镜考》，《东方收藏》2010年第8期。

李零：《式与中国古代的宇宙模式》，《中国方术正考》，北京：中华书局，2006年。

李零：《说云纹瓦当——兼论战国秦汉铜镜上的四瓣花》，《上海文博论丛》2004年第4期。

李世葵、陈琛：《唐代铜镜中动物纹样的图像学研究》，《设计》2018年第1期。

李书谦：《浅谈三门峡唐代特殊工艺镜》，《中原文物》1999年第3期。

李松：《天枢——我国古代一种纪念碑样式》，《美术》1985年第4期。

李随森：《唐代"菱花镜"考辨》，《洛阳工学院学报（社会科学版）》2001年第3期。

李彦平、袁濛茜：《虢国墓地出土的双钮鸟兽纹铜镜及相关问题》，《华夏考古》2015年第1期。

李彦平：《唐代复古风格铜镜》，《中原文物》2015年第1期。

李银德、孟强：《试论徐州出土西汉早期人物画像镜》，《文物》1997年第2期。

李毓芳：《唐陵石刻简论》，《文博》1994年第3期。

李云：《泰山双束碑再探》，《中国文物科学研究》2011年第3期。

林世田：《〈大云经疏〉结构分析》，郑炳林、花平宁主编：《麦积山石窟艺术文化论文集》，兰州：兰州大学出版社，2004年。

林世田：《武则天称帝与图谶祥瑞——以S.6502〈大云经疏〉为中心》，《敦煌学辑刊》2002年第2期。

［日］林巳奈夫著，蔡凤书译：《中国古代莲花的象征（一）》，《文物季刊》1999年第3期。

林素清：《两汉镜铭初探》，《"中研院"历史语言研究所集刊》第63本第2分册，1993年5月。

刘芳芳：《镜台小考》，《考古与文物》2015年第3期。

刘芊：《唐代铜镜之月宫图像研究》，《芒种》2012年第12期。

刘瑞明：《敦煌抄卷〈百鸟名〉研究》，《敦煌学辑刊》1989年第2期。

刘瑞霞：《镜台与镜槛——汉唐时期铜镜置镜方式刍议》，《文物世界》2018年第5期。

刘天琪：《略论隋唐十二生肖墓志的起源与装饰风格》，《美苑》2009年第2期。

刘天琪：《挽歌、铺首、八卦符号与墓志盖题铭——以新发现的晋东南地区唐代墓志纹饰为研究重点》，《美术学报》2011年第5期。

刘万航：《平脱与螺钿》，台湾《故宫文物月刊》1985年第3卷第2期。

刘艺：《唐代道教"孝道"的物质载体：真子飞霜镜》，《宗教学研究》2013年第1期。

刘云辉：《永泰公主墓的传世玉器》，《收藏》2007年第11期。

刘铮：《安徽望江县同心村出土八卦铭文镜年代考》，《四川文物》2018年第5期。

陆锡兴：《名物新证》，《南方文物》2008年第1期。

罗家容：《从唐大和元年铜镜谈传世"饭牛镜"》，《文物》1984年第7期。

罗时进：《李白"薄声律"本义与"将复古道"的诗学实践》，《文学评论》2017年第2期。

罗香林：《景教徒阿罗撼等为武则天皇后造颂德天枢考》，《唐元二代之景教》，香港：中国学社，1966年。

罗勋章：《刘家店子春秋墓琐考》，《文物》1984年第9期。

罗郁松：《试论战末至宋早青铜镜纹饰制作技术的演变——青铜镜雕版制范技术进化论》，《文物鉴定与鉴赏》2017年第6期、2017年第8期。

吕博：《转轮王"化谓四天下"与武周时期的天枢、九鼎制造》，《魏晋南北朝隋唐史资料》第三十一辑，2015年。

吕勤娟：《汉镜"松乔"图像研究》，《文物鉴定与鉴赏》2014年第5期。

马驰、陶亮：《"真子飞霜"镜考辩》，《辽宁省博物馆馆刊》第3辑，沈阳：辽海出版社，2008年。

马今洪：《关于"五岳"题材铜镜的探讨》，上海博物馆：《镜映乾坤——罗伊德·扣岑先生捐赠铜镜精粹》，上海：上海书画出版社，2012年。

毛益华：《〈博异志〉作者及相关问题的再探讨》，《黄冈师范学院学报》2011年第5期。

米运昌：《泰山唐代双束碑与武则天》，《故宫博物院院刊》1986年第3期。

米运昌：《武则天与泰山》，泰山文物风景管理局、泰山志编纂办公室：《泰山志资料选编》第二辑，1984年。

莫殿霞：《敦煌石窟藻井井心莲花图案的探析》，《文物世界》2006年第6期。

彭善国：《渤海物质文化研究札记》，《边疆考古研究》第20辑，北京：科学出版社，2016年。

齐东方：《贝壳与贝壳形盒》，《华夏考古》2007年第3期。

齐东方：《读丰宁公主与韦圆照合葬墓札记》，《故宫文物月刊》第十七卷第三期总195期，1999年。

齐东方：《"黑石号"沉船出水器物杂考》，《故宫博物院院刊》2017年第3期。

祁晓庆：《敦煌壁画婚礼图中的镜》，《敦煌研究》2015年第6期。

钱柏泉：《镜台小说》，《考古》1961年第2期。

［日］秋山进午：《海獸葡萄鏡と走獸葡萄鏡》，《富山大學人文學部紀要》7号，1983年。

全洪：《试论东汉魏晋南北朝时期的铁镜》，《考古》1994年第12期。

曲石：《唐代玉器》，《华夏考古》1995年第3期。

冉万里：《汉代以来月宫图像的考古学观察》，《秦汉研究》第八辑，西安：陕西人民出版社，2014年。

冉万里：《龟甲延寿——龟甲纹反映的东西方文化交流》，《丝路豹斑——不起眼的交流，不经意的发现》，北京：科学出版社，2016年。

饶宗颐：《论龟为水母及有关问题》，《文物》1999年第10期。

陕西考古研究院文物保护研究部：《陕西文物科技保护研究综述》，《考古与文物》2008年第6期。

尚刚：《唐代的特种工艺镜》，《南方文物》2008年第1期。

沈睿文：《从革命到无字碑》，《乾陵文化研究（一）》，西安：三秦出版社，

2005年。

沈睿文：《唐陵神道石刻意蕴》，《考古与文物》2008年第4期。

沈睿文：《唐宋墓葬神煞考源》，《唐研究》第十八卷，北京大学出版社，
　　2012年。

申永峰、刘中伟：《唐代金银平脱工艺浅析》，《中原文物》2010年第2期。

宋康年：《从镜钮形制的演变看历代不同的文化理念》，《收藏界》2010年第
　　3期。

宋新潮：《中国早期铜镜及相关问题》，《考古学报》1997年第2期。

宋艳萍：《汉画像石研究二则》，《南都学坛》2010年第5期。

苏健：《武则天与神都史迹》，武则天研究会、洛阳市文物园林局：《武则天与
　　洛阳》，西安：三秦出版社，1988年。

孙机：《镜台》，《中国文物报》2012年4月11日第5版。

孙机：《孟津所出银壳画像镜小议》，《中国文物报》1990年9月20日第3版。

孙克让：《千秋节和千秋镜》，《中国历史博物馆馆刊》1998年第2期。

孙克让：《唐代铸镜吉日考》，《收藏家》1998年第3期。

孙克让：《西汉镜铭与古诗歌》，《中国文物报》2011年5月25日第5版。

孙磊：《铜镜中的动物世界》，《中国民族博览》2017年第8期。

孙晓峰：《北魏石窟寺中的"双窟"与"二圣"政治》，《中国民族博览》2018
　　年第8期。

孙英刚：《动物异象与中古政治———评陈怀宇〈动物与中古政治宗教秩
　　序〉》，《神文时代———谶纬、术数与中古政治研究》，上海：上海古籍
　　出版社，2014年。

孙英刚：《佛教与阴阳灾异：武则天明堂大火背后的信仰及政争》，《人文杂
　　志》2013年第12期。

索德浩：《破镜考》，《四川文物》2005年第4期。

唐云明：《台西遗址漆器的渊源及遗址文化性质的探讨》，《华夏考古》1988
　　年第2期。

唐志工、秦小萌、杨栋：《旺苍县馆藏"青盖作"龙虎对峙神兽镜研究》，《四
　　川文物》2009年第1期。

汪维寅：《唐镜纹饰艺术浅论》，《苏州工艺美术职业技术学院学报》2005年
　　第2期。

汪小洋、张景丽：《唐代花卉镜艺术特征探讨》，《荣宝斋》2010年第1期。

王锋钧：《铜镜出土状态研究》，《西安文物考古研究——西安市文物保护考
　　古所成立十周年纪念》，西安：陕西人民出版社，2004年。

王锋钧:《中国古代置镜方式研究》,《故宫文物月刊》2000年第7期。

王锋钧、杨宏毅:《铜镜出土状态研究》,《中原文物》2013年第6期。

王光福:《晋人葛洪所记镜异事与唐人镜异小说之关系》,《蒲松龄研究》
        2010年第1期。

王光福:《晋人葛洪所记镜异事与唐人镜异小说之关系(续)》,《蒲松龄研
        究》2010年第2期。

王建舜:《论云冈石窟双窟的概念及特征》,《北朝史研究——中国魏晋南北
        朝史国际学术研讨会论文集》,北京:商务印书馆,2004年。

王静:《中国古代镜架与镜台述略》,《南方文物》2012年第2期。

王兰兰:《唐玄宗千秋金鉴节献镜渊源考析》,《陕西师范大学继续教育学
        报》2007年第2期。

王宁:《唐代蟠龙纹铜镜的藏与识》,《收藏界》2004年第10期。

王青:《宗教传播与中国小说观念的变化》,《世界宗教研究》2003年第2期。

王世襄:《中国古代漆工杂述》,《文物》1979年第3期。

王伟:《唐代金银平脱在漆工艺史上的地位》,《艺苑(南京艺术学院学报美
        术版)》1997年第4期。

王昕:《由器而"道"——论古代小说中照妖镜的演化》,《齐鲁学刊》2010
        年第3期。

王燕:《试谈唐镜与唐代道教》,《华夏文化》2000年第2期、《东南文化》
        2000年第5期。

王意乐、徐长青等:《海昏侯刘贺墓出土孔子衣镜》,《南方文物》2016年第
        3期。

王瀛三、孙传贤:《漫谈葡萄镜》,《中原文物》1984年第2期。

王煜:《象天法地:先秦至汉晋铜镜图像寓意概说》,《南方文物》2017年
        第1期。

王育成:《司马承祯与唐代道教镜说证》,《中国历史博物馆馆刊》2001年第
        1期。

王育成:《唐代道教镜实物研究》,《唐研究》第六卷,北京大学出版社,
        2000年。

王玉轩:《唐镜中的葡萄纹饰装饰艺术探析》,《文物世界》2008年第4期。

王运熙:《李白文学思想的复古色彩》,《沈阳师范大学学报(社会科学版)》
        2003年第2期。

王仲殊:《古代的日中关系——从志贺岛的金印到高松塚的海兽葡萄镜》,
        《考古》1989年第5期。

王仲殊：《关于日本高松塚古坟的年代问题》，《考古》1981年第3期。

王仲殊：《关于日本高松塚古坟的年代和被葬者——为高松塚古坟发掘十周年而作》，《考古》1982年第4期。

王仲殊：《再论日本高松冢古坟的年代及所葬何人的问题》，《考古》2009年第3期。

畏冬：《先秦至六朝宫廷绘画概况》，《故宫博物院院刊》1992年第4期。

武家璧：《含山玉版上的天文准线》，《东南文化》2006年第2期。

武珺：《说八卦纹铜镜》，《文物鉴定与鉴赏》2010年第4期。

武敏：《新疆出土汉——唐丝织品初探》，《文物》1962年第7、8期合刊。

武玮：《唐代金银器中的道教文化》，《殷都学刊》2006年第2期。

吴丽娱：《汉唐盛世的郊祀比较——试析唐玄宗朝国家祭祀中的道教化和神仙崇拜问题》，《中国社会科学院院报》2004年9月14日。

吴元：《唐代鹦鹉纹铜镜考辨》，《环球人文地理》2014年第2期。

吴悦：《唐双鹦鹉系绶纹镜》，《收藏家》2012年第9期。

夏鼐：《近年中国出土的萨珊王朝文物》，《考古》1978年第2期。

夏鼐：《新疆新发现的古代丝织品——绮、锦和刺绣》，《考古学报》1963年第1期。

［日］小林正美著、白文译：《金箓斋法与道教造像的形成与展开——以四川省绵阳、安岳、大足摩崖道教造像为中心》，《艺术探索》2007年第3期。

胥洪泉：《论道教对唐代传奇创作的影响》，《四川师范大学学报》1990年第4期。

徐殿魁：《唐镜分期的考古学探讨》，《考古学报》1994年第3期。

徐良高：《略论中国古代骨牙角蚌器》，《文博》1994年第1期。

徐苹芳：《三国两晋南北朝的铜镜》，《考古》1984年第6期。

许晓东：《中国古代仿镜浅析》，《故宫博物院院刊》1998年第4期。

许新国：《都兰吐蕃墓出土含绶鸟织锦研究》，《中国藏学》1996年第1期。

薛克翘：《中印鹦鹉故事因缘》，《南亚研究》2001年第2期。

颜娟英：《唐代铜镜文饰之内容与风格》，《"中研院"历史语言研究所集刊》第60本第2分册，1990年10月。

杨冬梅、桑鲁刚：《漫话唐代金银平脱镜》，《收藏界》2001年第9期。

杨瑾：《从唐代鸾鸟类铜镜看唐代女性的情感生活》，《乾陵文化研究》（六），西安：三秦出版社，2011年。

杨忙忙、杨军昌：《唐金背禽兽葡萄镜钙化锈的清除及研究》，《考古与文物》2006年第5期。

杨洋:《唐"真子飞霜"铜镜的图像研究》,《湖北美术学院学报》2014年第4期。

杨鸿勋:《自我作古　用适于事——武则天标新立异的洛阳明堂》,《华夏考古》2001年第2期。

姚世英、陈晶:《苏州瑞光寺塔藏嵌螺钿经箱小识》,《考古》1986年第7期。

叶康宁:《"真子飞霜"铜镜新解》,《收藏界》2008年第12期。

殷伟璋:《记北京琉璃河遗址出土的西周漆器》,《考古》1984年第5期。

尹春洁:《浅析唐铜镜纹饰的造型艺术》,《外语艺术教育研究》2007年第4期。

尹春洁:《唐铜镜纹饰形式美研究》,《装饰》2009年第10期。

尹钊:《唐代铜镜上的道教文化》,《东方收藏》2015年第5期。

尹钊:《唐代铜镜上的佛教文化》,《东方收藏》2015年第3期。

尹钊、刘宝、张继超:《四海兼容的盛唐文化——从唐代铜镜看中外文化的交流》,《东方收藏》2011年第6期。

尹钊、徐文楷、张继超:《唐真子飞霜镜考》,《东方收藏》2014年第3期。

[日]原田淑人:《海獣葡萄鏡に就いて》,《東亞古文化研究》,1940年。

张保民:《含象鉴:司马承祯所铸铜镜》,《中国道教》2013年第6期。

张勃:《政策过程视角下的唐玄宗诞节》,《民间文化论坛》2007年第3期。

张东:《唐代金银器对陶瓷造型影响问题的再思考》,《上海博物馆集刊》2000年。

张广立、徐庭云:《漫话唐代金银平脱》,《文物》1991年第2期。

张鸿勋:《敦煌唱本〈百鸟名〉的文化意蕴及其流变影响》,《敦煌研究》1992年第1期。

张家泰:《艺术丰碑——记登封〈大唐嵩阳观纪圣德感应之颂〉碑的艺术成就》,《中原文物》1984年第2期。

张景丽:《唐镜中的花卉纹饰》,《收藏》2010年第9期。

张懋镕:《试论洛阳发现的三角缘神兽镜》,《中国文物报》2006年12月22日第7版。

张懋镕:《西周青铜器断代两系说刍议》,《考古学报》2005年第1期。

张乃翥:《武则天与龙门石窟佛教造像》,武则天研究会、洛阳市文物园林局:《武则天与洛阳》,西安:三秦出版社,1988年。

张乃翥:《武周万国天枢与西域文明》,《西北史地》1994年第2期、《洛阳大学学报》1995年第1期。

张朋川:《宇宙图式中的天穹之花——柿蒂纹辨》,《装饰》2002年第12期。

张清文：《从故宫藏"侯瑾之"铭铜镜看"真子飞霜"镜的本义》，《四川文物》2015年第4期。

张清文：《"菱花镜"考释》，《金田》2012年第10期。

张清文：《望江县藏八卦铭文镜时代重考》，《华夏考古》2016年第2期。

张全晓：《唐代千秋节俗初探》，《赣南师范学院学报》2009年第4期。

张素琳：《晋南地区西周墓葬初探》，《中国历史博物馆馆刊》1998年第1期。

张天莉：《唐代铜镜中葡萄纹饰的由来》，《中国文物报》2006年7月26日第5版。

张小丽：《试论隋唐时期的瑞兽镜》，《西安文物考古研究》第2辑，西安：三秦出版社，2013年。

张勋燎：《道教五岳真形图和有关两种古代铜镜材料的研究——道教考古专题研究之二》，《南方民族考古》第三辑，成都：四川科学技术出版社，1991年。

张勋燎：《古器物所见"五岳真形图"与道教五岳真形符》，《南方民族考古》第五辑，成都：四川科学技术出版社，1993年。

张勋燎、白彬：《江苏明墓出土和传世古器物所见的道教五岳真形符与五岳真形图》，张勋燎、白彬：《中国道教考古》第六卷，北京：线装书局，2006年。

张咏梅：《关于海兽葡萄镜的几个问题》，《中国文物报》2009年7月29日第5版。

张永山：《螺钿起源试探》，《华夏考古》1989年第2期。

张蕴：《西安地区隋唐墓志纹饰中的十二生肖图案》，《唐研究》第8卷，北京：北京大学出版社，2002年。

赵超：《式、穹窿顶墓室与覆斗形墓志——兼谈古代墓葬中"象天地"的思想》，《文物》1999年第5期。

赵静莲：《敦煌疑难名物词语考释五则》，《中国典籍与文化》2012年第3期。

赵澜：《〈大唐开元礼〉初探—论唐代礼制的演化历程》，《复旦学报》1994年第5期。

赵盼超：《"古意"新说》，《南京艺术学院学报》（美术与设计版）2008年第4期。

钟晓青：《火珠柱浅析——兼谈嵩岳寺塔的建造年代》，殷宪主编《北朝史研究——中国魏晋南北朝史国际学术研讨会论文集》，北京：商务印书馆，2004年。

［日］中野政树：《奈良时代の镜子——唐样式镜の资料》，*MUSEUM*（《东京

国立博物馆美術誌》）141号，1962年12月。

周长源、束家平、马富坤：《铸镜广陵市，菱花匣中发——析扬州出土的唐代铜镜》，《艺术市场》2006年第1期。

周健林：《传统髹漆工艺小录》，《东南文化》2000年第9期。

周南泉、叶琦枫：《螺钿源流》，《故宫博物院院刊》1981年第1期。

周秦：《天马鸾凤铜镜与金银平脱工艺》，《金属世界》1996年第5期。

周伟洲：《唐朝与南海诸国通贡关系研究》，《汉唐气象：长安遗珍与汉唐文明》，北京：中国社会科学出版社，2013年。

周卫荣：《中国古代失蜡工艺求真——兼述失蜡工艺特征与青铜器鉴定》，《江汉考古》2009年第3期。

周卫荣：《失蜡工艺与青铜器鉴定》，《收藏家》2011年第5期。

周亚：《铜镜使用方式的考古资料分析》，《艺术品》2014年第8期。

周郢：《武与泰山鸳鸯碑》，《中国道教》1999年第1期。

周郢：《泰山"鸳鸯碑"史事新笺》，《泰安师专学报》1997年第4期。

周永慎：《嵩山道教纪实》，《中国道教》2005年第4期。

朱红：《自我作古：唐代的诞节》，《史林》2010年第6期。

朱浒：《"房中"与升仙——汉代"容成"及其图像考》，《中国典籍与文化》2014年第2期。

朱江：《也来谈谈扬州出土的唐代铜镜》，《文博通讯》1981年第4期。

朱仁星：《镜台与镜架》，《故宫文物月刊》1990年第6期。

朱瑶：《〈启颜录〉成书考》，《四川大学学报（哲学社会科学版）》2011年第2期。

3. 学位论文

陈灿平：《隋唐墓葬出土铜镜研究》，北京大学博士学位论文，2011年。

陈倩：《唐墓中铜镜的出土状态及功能研究》，郑州大学硕士学位论文，2016年。

杜朝晖：《敦煌文献名物研究》，浙江大学博士学位论文，2006年。

郝明：《隋唐龙纹装饰研究》，西安美术学院硕士学位论文，2012年。

郝少晶：《仙山并照——唐代山水纹类铜镜研究》，陕西师范大学硕士学位论文，2014年。

胡珊珊：《唐镜铭文文学研究》，浙江大学硕士学位论文，2013年。

贾昌杰：《唐代铜镜上葡萄纹的初步研究》，西北大学硕士学位论文，2012年。

李婷婷：《唐代狩猎纹铜镜研究》，陕西师范大学硕士学位论文，2013年。

刘文飞: 《中国古代的鹦鹉分布及变迁研究》, 暨南大学硕士学位论文, 2010年。

刘永海: 《略论武则天称帝与祥瑞》, 首都师范大学硕士学位论文, 2008年。

谭骁: 《唐宋之际人物故事镜演变研究》, 陕西师范大学硕士学位论文, 2018年。

唐静: 《考古材料中十二生肖形象的类型及演变》, 吉林大学硕士学位论文, 2007年。

王颖: 《唐代花鸟纹铜镜的考古学研究》, 西北大学硕士学位论文, 2014年。

王晓宏: 《唐代故事镜研究》, 湖南大学硕士学位论文, 2017年。

徐晓菁: 《浅谈唐代铜镜中的装饰纹样》, 上海师范大学硕士学位论文, 2010年。

姚君: 《海兽葡萄镜纹饰研究》, 上海大学硕士学位论文, 2008年。

杨昔慷: 《海兽葡萄镜的初步研究》, 西北大学硕士学位论文, 2010年。

尹夏清: 《北朝隋唐石墓门及其相关问题研究》, 四川大学博士学位论文, 2006年。

余飞: 《唐代花草镜的初步研究》, 西北大学硕士学位论文, 2009年。

张婕: 《唐代蟠龙海兽葡萄镜及其纹饰探读》, 武汉纺织大学硕士学位论文, 2014年。

张清文: 《真子飞霜镜研究》, 陕西师范大学硕士学位论文, 2013年。

图表索引

图片

表格

后　记

2007年当我在西安美术学院周晓陆教授的指导下攻读博士学位时，为搜集更多的文献资料研究唐墓壁画，我开始通读唐代的笔记小说，旋即被其中的镜故事吸引。在检索了大量隋唐墓葬发掘的铜镜实物后，毅然将原本准备的唐墓壁画博士选题转为隋唐铜镜的研究，并得到了导师的赞同和支持，于2011年完成了博士学位论文。

承蒙上海古籍出版社的推荐，在博士学位论文修改基础上的成果《古意——隋唐铜镜艺术风格渊源的美术考古学研究》获得国家社科基金的后期资助。获得立项的同时，国家社科基金办公室又转达了专家的修改意见，而我自己也觉得有些地方还可以深化，想把这个成果做得更为完善。

没想到修改完善的过程进展得异常艰难。其间孩子多病，长期照顾全家生活的公婆相继故去，自己的身体出现问题，行政岗位又多次转换，重重的压力使我几度失去坚持下去的信心。好在上海古籍出版社、国家社科办都给予了充分的信任和宽容，我也在多次延期后，终于完成了这部耗费十二年心血的作品。

在此过程中，周晓陆、杨休、金申、齐东方、荣新江、郑岩、张鹏、王宁宇、程征、王维坤、张建林、刘呆运、王小蒙、谭青枝、张全民、杨军凯、王自力、李浪涛、游自勇、沈睿文、王力之、袁永明、田名利、郑彤、倪润安、程义等诸位师友给予我无私的帮助和指导。西安美术学院的刘晨晨、王锐、张华、赵战、周俊玲、于春、卢昉等诸位博士始终关心、鼓励我。他们在我进展困难时的援手，常让我感受到如沐春风般的温暖。

感谢北京大学考古文博学院齐东方教授，我的第一篇隋唐铜镜研究的论文因他的举荐得以发表，增强了我在这一领域的研究信心。

感谢中央美术学院郑岩教授，因为他的推荐，我的隋唐墓出土古镜的论文参加了由巫鸿先生主持的第二届"中国墓葬美术"国际讨论会。

感谢北京大学考古文博学院沈睿文教授，多年来，他在北大考古文博学院资料室为我复印邮寄了诸多资料。与他的每一次见面，都给予我在隋唐考古领域新的启发和新的思考。

感谢唐镜收藏家田国强先生，让我观摩了他的大量藏品，并慷慨赠与了他多年来搜集的日文唐镜图录。

感谢西安科技大学高新学院的郝明讲师，为我的研究细心搜集考古报告、图录、古籍，制作了大量的电子版书籍，极大地方便了书稿的写作、修改。

感谢上海古籍出版社的缪丹编辑，如果没有她的举荐、鼓励和勤恳的编辑工作，本书不会呈现出这样让人满意的面貌。

本书的部分成果曾在荣新江、张露、张鹏、项坤鹏、陈文曦、王小蒙、谭青枝、彭伟哲、刘向阳等先生主编或责编的集刊、期刊、栏目中发表。本书出版时按照书的结构进行了重新的编排，并补充了新的材料和观点。在此对诸位先生审稿、编辑的辛劳表示衷心的感谢。

西安美术学院的庄会秀老师、我的学生王潇、郑倩、李玥、茹媛、宋梦茹、龚雨萌帮助我校对了书稿中的部分内容，李玥、宋梦茹、赵宇欣、臧祝菲处理了书中的插图，黄馨禾核对了书中的日文翻译，这里一并表达谢意。

当我开始这一研究时，儿子年龄尚小；全力以赴地修订时，他已经经历了紧张的中考、高考。多年来，我的先生不仅承担了孩子的接送等日常事务，及时地解决孩子遇到的各种问题，还时常帮助我缓解行政工作的压力。我的母亲以年迈之身帮助我打理生活。最近一年，妹妹又替我承担起日常照顾父母双亲的责任。

令人欣慰的是，体弱多病的孩子已经在湖南大学岳麓书院开始了大学生活，似乎冥冥之中有天意，他填报了六个志愿，最终被录取的是历史学，这让我们有了更多的共同语言。

十二年一晃而过，但愿此书能记录下我还没有完全虚度的时光。

另外，我还想说，对于一个较为熟悉考古报告的人来说，文学与美学是比较生僻的领域。我对文学作品的认识及对美学理论的运用皆处于学习阶段，难免有错误的理解。故而书中还存在诸多不当之处，敬请专家、读者批评、指正。

Abstract

This book centers on the theme of "*Guyi* (Implications of Antiquity)". It elaborates the assimilations and innovations of indigenous traditional bronze mirror art of Sui and Tang Dynasty in aspects of formal, symbolic and cultural backgrounds.

The book is divided into eight chapters, covering four major issues:

The first, the trace of *Guyi*. It analyzes the antique revival elements and significances of graphic pattern of Sui and Tang bronze mirrors. Furthermore, it discusses the origins of Tang's special craft mirror, examining the visible patterns and craft to reveal the close connections between Sui and Tang's mirrors and Han's ones.

Second, the origin and *Guyi*. From the mirrors excavated from Sui and Tang tomb which predate Sui and Tang time, it draw the conclusion that the antique implications of Sui and Tang bronze mirror comes from remaining samples of previous time. Combined with Tang's understanding of antique mirrors, it elaborates the solid social base of Sui and Tang's bronze mirror antique implications.

Third, the making of *Guyi*. Using the casting of *Qianqiujing* (Longevity Mirror) and Taoist mirrors as examples to emphasizes the worship of divine and supernatural ideas of antique mirrors during Tang dynasty. As a result, new cast mirrors which nominally borrowed antique patterns flourished during Tang time, with mythical functions.

Fourth, the beauty of *Guyi*. It deals with the reason behind Sui and Tang's assimilation and following of Han's bronze mirror, and their innovative progress. Comparing with Han's bronze mirror, Sui and Tang's ancient implications are aesthetic features shown in different period, and further demonstrates the historical background of the practices of Sui and Tang's ancient implications.

This research bases on a cosmopolitan environment of Tang dynasty with intensive cultural exchanges with the outside world, focusing on how the Tang people to further their own native art tradition.

图书在版编目（CIP）数据

古意：隋唐铜镜艺术风格渊源的美术考古学研究 /
范淑英著. —上海：上海古籍出版社，2023.2
ISBN 978-7-5732-0511-7

Ⅰ. ①古…　Ⅱ. ①范…　Ⅲ. ①古镜—铜器（考古）—美
术考古—研究—中国—隋唐时代　Ⅳ. ①K875.24

中国版本图书馆CIP数据核字（2022）第209323号

古意：隋唐铜镜艺术风格渊源的美术考古学研究

范淑英　著

上海古籍出版社出版发行

（上海市闵行区号景路159弄1-5号A座5F　邮政编码201101）

（1）网址：www. guji. com. cn

（2）E-mail: guji1@guji. com. cn

（3）易文网网址：www. ewen. co

上海商务联西印刷有限公司印刷

开本700×1000　1/16　印张30.25　插页10　字数530,000

2023年2月第1版　2023年2月第1次印刷

ISBN 978-7-5732-0511-7

K·3291　定价：158.00元

如有质量问题，请与承印公司联系